中国社会科学院产业与区域发展智库重点项目

媒体融合

理论与实践比较研究

MEDIA CONVERGENCE

季为民 等 ◎ 著

经济管理出版社
ECONOMY & MANAGEMENT PUBLISHING HOUSE

图书在版编目（CIP）数据

媒体融合：理论与实践比较研究/季为民等著 . —北京：经济管理出版社，2023. 8
ISBN 978-7-5096-9195-3

Ⅰ. ①媒…　Ⅱ. ①季…　Ⅲ. ①传播媒介—研究　Ⅳ. ①G206. 2

中国国家版本馆 CIP 数据核字(2023)第 158355 号

责任编辑：胡　茜
助理编辑：杜羽茜
责任印制：张莉琼
责任校对：张晓燕

出版发行：经济管理出版社
（北京市海淀区北蜂窝 8 号中雅大厦 A 座 11 层　100038）
网　　址：www. E-mp. com. cn
电　　话：（010）51915602
印　　刷：北京晨旭印刷厂
经　　销：新华书店
开　　本：720mm×1000mm/16
印　　张：22. 5
字　　数：346 千字
版　　次：2024 年 1 月第 1 版　　2024 年 1 月第 1 次印刷
书　　号：ISBN 978-7-5096-9195-3
定　　价：98. 00 元

联系地址：北京市海淀区北蜂窝 8 号中雅大厦 11 层
电话：（010）68022974　　邮编：100038

前　言

党的十八大以来，以习近平同志为核心的党中央高度重视媒体融合发展，把媒体融合上升至国家战略高度。2013 年 8 月 19 日，习近平总书记在全国宣传思想工作会议上发表重要讲话时强调："手段创新，就是要积极探索有利于破解工作难题的新举措新办法，特别是要适应社会信息化持续推进的新情况，加快传统媒体和新兴媒体融合发展，充分运用新技术新应用创新媒体传播方式，占领信息传播制高点。"这是习近平总书记首次就"媒体融合"作出重要指示。此后，习近平总书记多次就媒体融合发展发表重要讲话，作出重要论述，为媒体融合提供了根本遵循和行动指南。2014 年 8 月 18 日，中央全面深化改革领导小组第四次会议审议通过《关于推动传统媒体和新兴媒体融合发展的指导意见》，媒体融合正式拉开帷幕。

在此后的十年里，各级各地各类媒体从"相加"迈向"相融"，不断推进媒体深度融合发展，取得了显著成效。在融合发展过程中，各级各地各类媒体根据自身情况，选择不同的融合路径，取得了不同的融合发展效果。为更好推进媒体融合发展，我们提出媒体融合比较研究视角，对媒体融合进行宏观、中观和微观的多层次观察研讨，以期为深度融合提供更多理论指导和成熟经验。

本书由理论篇、实践篇、技术篇、应用篇四个部分组成，深入探讨了媒体融合发展的成效、问题及发展路径。

理论篇：重点梳理了习近平总书记关于媒体融合的重要论述，阐述了其理论意义和理论价值，指明其对媒体融合发展的指导意义。理论篇还就媒体融合理论进行了深度解读，从历史、概念、理论、实践等多个视角阐释媒体融合理论，并对媒体融合的战略机遇、实践演进与未来发展作出系统论述和科学展望，总结了我国媒体融合的整体进展情况。

实践篇：对中央媒体融合发展的实践进行了比较研究，总结其中的共识与差异，指出发展方向和具体路径；对省级媒体融合发展进行总结，提出了优化路径；对地市级媒体融合建设进行了调研比较，提出了改进建议；对东部地区融媒体中心建设的模式进行了调查分析，总结了取得的成效及面临的问题；对广播电视与短视频的融合发展现状进行了总结，对其路径进行了分析。

技术篇：深度阐释了技术赋能对媒体深度融合发展的意义，论述了技术在媒体融合中的应用现状及方向，并重点对5G应用在媒体深度融合中的创新引领驱动作用进行了探讨，对直播短视频与新型主流媒体融合进行了深度剖析。

应用篇：围绕党和国家发展的重要议题，重点剖析了媒体融合发展在国家治理、基层治理、舆论引导、乡村振兴、国际传播等方面的重要作用，这些应用都是国家推进和探索媒体融合发展的重要应用场景。

总之，媒体融合已经走过10年，成效斐然。我们期待本书能够为媒体融合研究提供理论与实践的比较研究视野，为推动媒体深度融合、构建全媒体传播体系作出有益探索。

媒体融合：重构媒介生态竞合新图景

（代序）

季为民*

随着信息技术的广泛应用和创新发展，以互联网为传播平台的新媒体打破了传统媒体对信息传播的时空限制，日渐成为公众了解社会、获取信息和互动交流的重要渠道，迫使传统媒体加速与新媒体的业态融合，媒体融合已成为传统媒体创新发展、转型升级的现实选择。党的十八大以来，我国各级主流媒体积极推进媒体融合向纵深发展，围绕内容建设、技术突破和管理创新，努力建设现代传播体系和全媒体传播体系，打造新型主流媒体矩阵和媒体集团，做大做强主流舆论，媒体融合的成效日益显著①。

如何认识当前媒介生态，进一步推动媒体融合深度发展，成为传统主流媒体面临的重大课题。这一课题需要客观认识现代信息技术带来的信息传播革命，结合媒体融合现实和媒介生态理论的最新进展，对信息技术、网络技术主导下的媒体融合进行全面分析，从而清晰勾画未来媒介传播生态的新图景，帮助传统媒体通过媒体融合实现全面转型，重构媒介竞合新图景，实现媒体深度融合，构建新型媒介生态的方向与出路。

---

* 季为民，中国社会科学院大学新闻传播学院教授、博士生导师，中国社会科学院工业经济研究所副所长、研究员，《中国经营报》社社长、总编辑，《精品购物指南》报社社长，中国社会科学院习近平新时代中国特色社会主义思想研究中心特聘研究员。

① 曾祥敏，杨丽萍．我国媒体融合发展的十大创新探索［J］．传媒，2023，391（2）：28-31.

一、概念和背景：媒体融合需要营造竞合有序的媒介生态

对“媒体融合”（Media Convergence）概念的认识和关注开始于20世纪70年代。1978年，美国麻省理工大学教授尼古拉斯·尼葛洛庞帝在《数字化生存》一书中提出了“媒体融合”的设想，预言了电脑业、印刷和出版业以及广播和动画业正在和即将趋于融合。1983年，美国马萨诸塞州理工大学的伊契尔·索勒·普尔正式提出了“媒体融合”概念。他在《自由的科技》一书中提出数码电子科技的发展将导致历来泾渭分明的传播形态开始聚合，如报业、广电业、电信的边界将慢慢消失，各种媒介呈现出功能一体化的趋势。随后，美国新闻学会媒介研究中心主任Andrew Nachison将“媒体融合”定义为：“印刷的、音频的、视频的、互动性数字媒体组织之间的战略的、操作的、文化的联盟。”20世纪90年代，这一概念引入我国，国内学者也对“媒体融合”的概念进行了与时俱进的阐释，“媒体融合”不仅是指各种媒介（组织）之间的合作模式，还是各类型媒介通过新介质真正实现汇聚和融合形成的一种独立运行、流程完整、操作规范的新闻生产模式。在中国知网以“媒体融合”为主题进行搜索，截至2023年2月，我国媒体融合研究论文发表情况见图1。

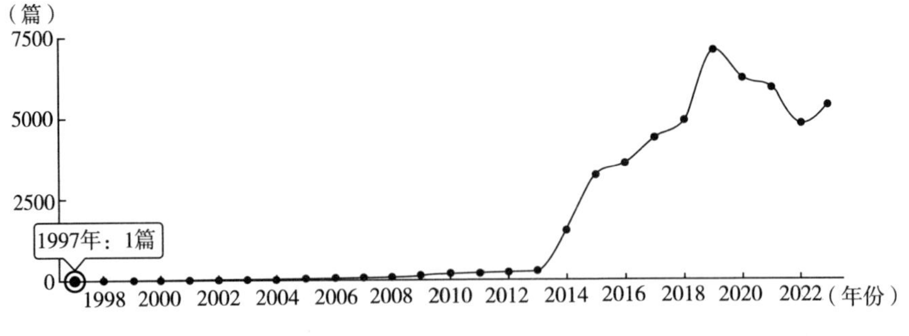

图1　我国媒体融合研究论文发表情况

资料来源：中国知网。

经过理论与实践的探索，“媒体融合”的概念从狭义媒体功能一体化（即不同媒介形态“融合”后“质变”形成一种新的媒介形态，如电子杂志、博客新闻等），拓展到广义的“媒体融合”，包括一切媒介及其有关要素的结合、汇聚甚至融合，不仅包括媒介形态的融合，还包括媒介功能、传播手段、所有权、组织结构等要素的融合。

“媒体融合”意味着媒体资源的重组分配，势必引发媒介产业的革命，引起“媒介生态”的竞争合作业态关系的重构。“媒介生态”（Media Ecology），最早是由麦克卢汉于20世纪60年代提出的概念，是传播学和生态学交叉的产物，认为任何传播行为和传播现象都离不开媒介生态的大环境。这种环境包括媒介生存发展的政治生态、经济生态、人文生态，以及媒介内生态。新闻媒体与新闻事业要获得可持续发展，就必须与时俱进，探索媒体深度融合发展的实现路径，在传播内容和传播方式上不断创新，并且在激烈的市场竞争中保持内部生态的竞合有序。

在现代信息技术、网络技术的推动下，互联网新媒体带来了信息传播途径和传播方式的创新革命，使全球化、“地球村”的媒介预言成为了21世纪媒介传播生态的现实。同时，新兴媒体的迅速兴起加快了传统媒体主动转型并与新兴媒体快速融合的步伐，大规模的媒体融合已经成为一种必然趋势。但是，到目前为止，国内大规模的媒体融合仍处在探索试验阶段，还没有特别成熟的经验模式可供大范围推广，新旧媒体之间的融合主要还是报纸与网络之间，广播、电视与网络之间的单向融合，传统媒体的转型和融合大都只在内部“妊娠”并发育出电子版媒体模块，或在互联网平台上嫁接各类公号、视频号。要深入探讨“媒体融合”这一信息时代背景下媒介产业发展的重要理念，就必须将其置于互联网和信息技术推动下的媒介生态和竞合关系中进行观察。例如，通过对传播技术和平台的研发与创新、运营理念和流程的更新与改造、职业意识和精神的塑造与内化，以及政策资源和机制的积淀与改革等方面的研究，来探寻传统媒体与新媒体有机融合的路径，实现竞争之下的融合、融合之上的竞争。只有这样，才能形成各类媒介之间有序竞争、互利共赢的局面。这种融合将有利于实现媒介与媒介之间权利和资源分配的适度平衡，有利于营造竞合有序的媒介生态。

二、认识和剖析：媒介生态失序凸显媒体融合瓶颈

进入21世纪以来，新兴媒体通过信息技术的加速创新实现了裂变式发展，改变了传统的舆论引导和传播格局，舆论生态更加公开、更加迅速、更加多元、更加多样、更加复杂、更加无界、更加难控、更富冲突、更难追溯，这也给新闻舆论工作带来全方位、深层次的挑战和影响。传统媒体被边缘化，主流媒体的议题很难成为主流舆论，主流舆论难以有效传播主流声音。这都要求做好媒体融合，从而实现传统媒体与新兴媒体的转型升级、互补共赢。实现这一目标首先要对信息技术、网络技术主导下的新媒体媒介生态有较为清晰的认识：

第一，传播技术和平台的研发创新不足造成了信息产品形式跟风多、模仿多、雷同多，过度媒体化带来话语秩序的失序失衡。

在数字时代，新媒体凭借易复制和低成本运作的优势快速发展、抢占市场，数量庞大的客户端、社交媒体、即时通信工具、自媒体等新媒体规模化地进入媒体领域，传统主流媒体机构的生存空间受到空前的蚕食和挤压，超低价营销和过度媒体化使自主传播很快占据了传媒市场，并成功抢夺了专业媒体的话语权，而新媒体舆论则呈现众生喧哗的失序状态。据统计，在2013年100个热点传播事件中，由“网络大V”等主导的占了近一半，且七成左右的首发平台是新媒体或自媒体。目前，这种自媒体野蛮生长的态势虽然有所遏制，但仍然处于泥沙俱下、问题多发的状态。同时，这也迫使以主流媒体为代表的传统媒体通过资源重新配置向新媒体转型，也使新媒体的内容供给极为丰富，资源快速聚集，加剧了媒体话语权的争夺。

传统媒体的融合求变并未收到立竿见影的效果。在这个过程中，互联网技术的不断革新，特别是智能手机和社交媒体的不断迭代，为人们提供了更为便捷、丰富的信息消费途径，这直接导致报纸等传统媒体读者群的流失。一些传统媒体，尤其是报纸，迫于订户急剧下降的现实，不得不停止出版纸质报纸而转向推出数字化产品。这一时期，传统主流媒体的媒体融合多处于被动跟进状态，技术终端原创性较差。传统媒体，特别是报

业，为了应对新媒体的挑战，虽然先后采取了一系列变革措施，如建网站、做电子版、发彩信、设微博、推送手机客户端、开微信公众号、加小程序等，但传统媒体数字化转型形成成熟经验和盈利模式的案例却寥寥无几，最终也难以摆脱给几大门户网站和互联网平台无偿提供内容的义务"打工"命运。彩信、微博、微信等融合载体建设的创新尝试因受制于平台运营商的主导控制，很难完全实现建设互联网新媒体的自主性和原创性，很难按照媒体的意愿和规划引起受众的关注。网络受众更倾向于访问新闻内容集成度高、阅读便捷性好，且能大规模融合定向发布信息的网络平台或门户网站，传统媒体的媒体融合之路似乎越走越窄。

第二，误读或异化互联网思维，过度强调以低成本无序竞争策略推进媒体融合；以单纯占领市场为目的，而放弃提升用户的服务水准和实现网民的权益保护。

互联网思维主导下的新媒体靠低成本占领大量市场份额，无序竞争引发业态环境结构混乱失衡。互联网运营的理念更新很快，免费或让利策略制造了不少成功的媒体市场营销案例，但没有雄厚的资金实力和准确的市场判断很难成功推广和实现这种运作方式。这对于传统媒体的资本运作模式、赢利模式都是颠覆性的。伴随着大数据、云计算技术迅猛发展，新媒体产业所占的市场比重还会不断上升。在美国、日本、韩国，新媒体产业所占比重已经远高于传统媒体产业。但问题是，多数靠资本优势胜出的新媒体更多关注市场占有率，而不太注重为网民提供良好的用户体验和权益保护，信息外泄和黑客攻击极易损害用户的权益。媒体融合的终极目标和成功体现应该是赢得受众和用户的认可。如果传统媒体为了夺回市场也盲目加入竞争，推出不切实际的媒体融合方案，不顾受众的感受和接受程度，最终会失去服务对象的支持，反而弱化了自身的传统优势和市场地位。

根据美国消费者满意度指数（ACSI）公布的《2014 年网络服务报告》，网络社交媒体在 43 类企业中的消费者满意度排名倒数第 4 位；2021 年的调查显示，在 47 个行业中，社交媒体排名倒数第 5 位，在过去 8 年中，网络社交媒体的消费者满意度一直在低位徘徊。ACSI 主席兼创始人克莱斯·福内尔说："很少有一个增长迅猛的行业出现如此之低的用户满意度。不过，一些重要企业似乎已经意识到，倘若不改善这一问题，他们的长期前景可能受到威胁。”随着媒体深度融合，媒体与用户间从传受单一关系，演变成互为传播者、生产者、体验者的多重融合关系，这一新型关系的本质是服务。传统媒体的融合实践应特别注重“从受众到用户，从内容到产品，从传播到服务，从大众到个体”的观念转变，根据用户需求精准创新服务形式和内容，根据用户评价主动转型改进服务内容，升级服务质量，从而满足用户需求。

第三，媒体融合过程中过度商业化和扁平化的运作，简化了严格的编辑程序和专业规范，可能引发新闻职业意识和专业精神的弱化，加之以自媒体为代表的新媒体具有高度私人化、自主化以及信息零散、传播速度快等特点，增加了监管难度，导致媒体品位下降，加剧了媒介生态环境的失序。

传统媒体有优良的职业道德传统，强调媒体要承担社会责任和社会公义，为了保证这一传统，对新闻从业者进行了较系统的专业训练和教育，并有较为严格的准入要求。媒体融合过程中的过度商业化操作可能削弱新闻职业意识和专业精神，导致一些媒体人行为失范。新媒体从业者准入门槛较低，往往缺乏专业训练和教育，很难保证其新闻产品的专业水准。同时，新媒体如果在资本控制下一味追求商业利益，或者为追求短期的商业利益不择手段甚至违法犯罪，不惜以虚假信息、低俗内容吸引受众，将社会效益让位于经济效益，那么将很容易导致低俗、庸俗、媚俗的低级趣味，从而严重污染媒体生态环境。

另外，新媒体的互动开放和海量内容提升了其自由度，却也增加了核实和管理难度。在数字化时代，距离的意义越来越小。自由性使社会之间的界限变得更具有穿透性①。少数人利用新媒体的平台“自由”传播，放弃专业责任，致使失实报道、网络谣言、负面信息等内容失控，影响了和谐媒介生态的构建。

第四，媒体融合的政策资源供给不能满足新媒体管理机制探索和实践的需要，传统政策壁垒和规制管理方式不适应新媒体的运作，已成为推动

① 罗崇宏．网络媒介生态环境及消极影响［J］．湖南科技学院学报，2011（2）：191-194.

媒介融合、实现媒介生态和谐有序的瓶颈。

我国的传统媒体在20世纪90年代主要实行“事业单位，企业化管理”的运行机制，同时倡导企业化、市场化、产业化运营，在不同媒体间形成了“条块分割、以块为主”的管理格局，不同部门之间壁垒重重，难以准入，给媒体融合增加了难度。尽管近几年来改革力度很大，对新媒体减少了一些管制和束缚，但是行业、部门利益之争依然存在。例如，网络电视因为兼容了电信、网络和广电内容，其发展受不同主管部门共同监管。当电信运营商进入广电领域，或者文字媒体进入广电领域时，行业之间的利益纷争就会或明或暗地成为其发展的掣肘。此外，媒体融合创新还面临着行政区划和管理权限带来的限制困扰。以往，地方传媒市场几乎被当地媒体集团所占据，随着互联网平台的进入，中西部地市级媒体的运营逐渐陷入困境，而县级融媒体的探索则需要财政的大量补贴和投入才能推进，如果无法在市场实现收支平衡，将很难实现良性发展，而且很难避免重复建设和资源浪费问题。这就需要在媒体融合的过程中重视市场对资源的有效配置有效竞争的机制建设。

当前，我国的新闻传媒体制机制与媒体融合的目标方向仍然存在一些矛盾和问题，主要表现为：适应媒体融合的组织结构、传播体系与管理体制不健全；未能按照互联网思维重构适应媒体融合的经营机制和生产流程；未实现全面转企改制实施全员聘用；按照现代企业管理制度进行创新的力度不足，科学有效的绩效考核机制与激励机制不完善①。特别是，报纸、电视、电信、广播等传统媒介各自发展成为相对独立、完整的产业链条，并且形成了各自的管理体系。正是这种媒介规制的分立与交错，也导致目前媒介管理政策难以周严，既有可能给不同类别的媒体融合造成森严壁垒，又有可能难以在实务上给予逻辑清晰的方向指导，产业壁垒难以打破，报纸、广播、电视在互联网平台上的融合依然若即若离、貌合神离。分割管理、行业利益、地方保护等虽然已开始打破，但其影响依然深远，依然是媒体融合的隐形壁垒，成为构建竞合有序的媒介生态的最大障碍。

---

① 刘建华．中国新闻传媒业融合发展问题与抓手［J］．中国出版，2020（2）：10-17.

三、方向与出路：构建新型媒介生态助推媒体融合

2014年8月18日，中央全面深化改革领导小组第四次会议审议通过了《关于推动传统媒体和新兴媒体融合发展的指导意见》。该意见对新形势下如何推动媒体融合发展提出了明确要求。习近平总书记强调，推动传统媒体和新兴媒体融合发展，要遵循新闻传播规律和新兴媒体发展规律，强化互联网思维，坚持传统媒体和新兴媒体优势互补、一体发展，坚持先进技术为支撑、内容建设为根本，推动传统媒体和新兴媒体在内容、渠道、平台、经营、管理等方面的深度融合，着力打造一批形态多样、手段先进、具有竞争力的新型主流媒体，建成几家拥有强大实力和传播力、公信力、影响力的新型媒体集团，形成立体多样、融合发展的现代传播体系。

2020年9月，中共中央办公厅、国务院办公厅印发了《关于加快推进媒体深度融合发展的意见》（以下简称《意见》）。《意见》从重要意义、目标任务、工作原则三个方面明确了媒体深度融合发展的总体要求，要求深刻认识全媒体时代推进这项工作的重要性和紧迫性，坚持正能量是总要求、管得住是硬道理、用得好是真本事，坚持正确方向，坚持一体发展，坚持移动优先，坚持科学布局，坚持改革创新，推动传统媒体和新兴媒体在体制机制、政策措施、流程管理、人才技术等方面加快融合步伐，尽快建成一批具有强大影响力和竞争力的新型主流媒体，逐步构建网上网下一体、内宣外宣联动的主流舆论格局，建立以内容建设为根本、先进技术为支撑、创新管理为保障的全媒体传播体系。《意见》指出，要推动主力军全面挺进主战场，以互联网思维优化资源配置，把更多优质内容、先进技术、专业人才、项目资金向互联网主阵地汇集、向移动端倾斜，让分散在网下的力量尽快进军网上、深入网上，做大做强网络平台，占领新兴传播阵地。《意见》指出，要走好全媒体时代群众路线，坚持以人民为中心的工作导向，把党的优良传统和新技术新手段结合起来，大兴“开门办报”之风，生产群众更喜爱的内容，建构群众离不开的渠道。《意见》强调，各级党委和政府要强化资金、政策保障，支持媒体深度融合发展。要强化

党的领导，把推进媒体深度融合发展作为落实意识形态工作责任制的重要内容。要加强评估考核，加强督促检查，推动媒体深度融合发展各项任务落到实处。

2020 年 11 月，国家广播电视总局印发《关于加快推进广播电视媒体深度融合发展的意见》。该意见强调，推动全媒体时代媒体深度融合，事关广播电视高质量创新性发展，事关壮大主流舆论，事关国家长治久安。各级广播电视机构要打造一批具有强大影响力和竞争力的新型广播电视主流媒体，占据舆论引导、思想引领、文化传承、服务人民的传播制高点。力争用 1~2 年时间，新型传播平台和全媒体人才队伍建设取得明显进展，主流舆论引导能力、精品内容生产和传播能力、信息和服务聚合能力、先进技术引领能力、创新创造活力大幅提升。用 2~3 年时间，在重点领域和关键环节的改革创新取得实质突破。着眼长远，广播电视行业逐步建立以内容建设为根本、先进技术为支撑、创新管理为保障的全媒体传播体系。

习近平总书记的重要讲话和中央的指导意见为媒体融合发展指明了方向，给传媒业带来了一次难得的发展机遇。作为中央全面深化改革的一部分，构建新型媒介生态的政策和体制瓶颈正在破除，媒体融合成为传媒产业发展的国家战略。只有遵循新闻传播的基本规律，既要发扬传统媒体的优势，又要把握互联网的新型思维，在内容、渠道、平台、经营、管理等方面进行深度融合，才能通过媒体融合构建和谐有序的媒介生态，取得媒体融合的新突破。

第一，媒体融合要实现全媒体框架下的流程再造。目前，多数传统媒体和新媒体还不能实现这种互联网思维下的运营理念更新和生产流程再造。为了实现低成本的媒体融合流程改造，全媒体策略成为传统媒体的可行选择。全媒体策略是通过将多种不同的媒体形态组合在一起，尽可能在较大程度上实现多种媒体资源的共享，从而适应不同传播主体或同一传播主体在不同环境下的信息传播和接收需求。

全媒体策略对媒体的运作理念和流程再造提出了全新的要求：建立全媒体新闻中心，发挥传统媒体采编资源和新媒体传播速度快、范围广的优势，对信息传播内容、流程进行再造，使新闻中心成为跨越传统媒体和新媒体的综合平台；注重提高媒体从业人员的技能，在强化“一人多能，身兼数职”工作模式的同时完成传统媒体采编任务和新媒体即时发布的职责；打造全媒体新闻中心平台对所有采编的信息内容进行统一调度，按照不同媒体的特点和需要进行新闻生产，打造全媒体立体传播，实现传统媒体、新闻网站、App 终端等实时编播的“全媒体”产品生产流程融合体。流程再造的目的是服务新闻产品的内容融合。传统媒体的优势在于内容生产，其权威性和公信力是新媒体无法比拟的；而新媒体在受众、渠道、传播方式上的优势，又是传统媒体难以达到的。进行内容上的融合，既能发挥传统媒体在新闻原创方面的优势，又能借助新媒体的创新技术，使两者相互借势利用，降低内容生产的成本，提高内容的使用率，实现内容增值，从而扩大内容的影响力，谋得共赢。数字技术让不同介质的内容生产走向了融合，实现了“一次生产、多次加工、多功能服务、多载体（渠道）传播”。

为了实现这一战略转型，各级媒体纷纷成立了全媒体编辑部，力图完善顶层设计、组织架构、采编流程、管理考核，建立一体化运作的全媒体内容生产体系，解决不同媒介之间优势互补、一体化融合发展的根本问题，从而打造报、台、刊、网、端、微、号等内容平台，生产全媒体产品，实现全媒体传播。这方面已有一些成功案例，但多集中在实力雄厚的中央媒体。例如，中央广播电视总台作为中央主流媒体和国家广播电视台，从传统技术布局向“5G+4K/8K+AI”战略格局转变，不断在组织机构、内容生产、技术发展、平台建设、管理模式等方面创新，形成了以央视频、央视新闻、云听等旗舰新媒体产品为核心，200 个百万级以上账号共同发力的传播矩阵，为主流媒体构建全媒体传播体系做了有效示范。又如，新华社的媒体融合实现了内容、机制、平台和技术四个方面的创新：卫星新闻实验室成功研发全球首位数字航天员、新华社数字记者“小诤”，系列报道整体曝光量超 10 亿；形成“编辑部+”融合生产系统，打造“网红”工作室，实行“揭榜挂帅”制度，推出品牌融合报道产品；实现社交媒体账号一体化运行，法人账号集群用户总规模超过 4.4 亿，海外社交媒体账号集群粉丝突破 2.46 亿，进入世界主流媒体第一方阵前列；依托扩展现实等技术推出“天地融屏访谈”等可视化、沉浸式产品，通过技术赋能“正能量”产生“大流量”。

随着信息时代的到来，国家治理体系和能力建设对互联网媒体的需求和赋能也在升级。在调研中发现，地市发挥着上承中央和省、下接区县的作用，地市级融媒体中心在国家融媒体中心发展布局的“四级架构”中处于第三级，发挥着至关重要的作用，虽然面临不少困难和挑战，但也有了不少探索和经验。2022 年 8 月，贵州省毕节市完成了两家市级融媒体中心（毕节日报社融媒体中心、毕节市广播电视台融媒体中心）的组建，在办好《毕节日报》和毕节市广播电视台的同时需要建设一批网站、App、微信公众号等互联网平台，以提升传播力、影响力、引导力、公信力。2022 年 5 月，云南省红河州融媒体中心揭牌，他们整合了红河日报社、红河广播电视台、红河网等媒体资源，并把单位性质定为州委直属正处级公益二类、财政全额拨款事业单位，构建了全媒体采访、数字媒体编辑、技术研发等 30 个内设机构，实现传统业务和新媒体业务采编力量有效整合。2022 年 6 月，湖北省荆门将荆门日报社、荆门广播电视台整合组建成荆门九派通传媒中心（荆门九派通传媒集团），推动市级媒体整合资源、融合服务、聚合用户，打造地市级新型主流媒体。同月，江西省抚州市将抚州日报社、抚州市广播电视台整合组建融媒体中心，定为抚州市委、市政府直属正处级事业单位，归口抚州市委宣传部管理，探索构建市级融媒体大数据资源库，实现融入“一朵云”、共建“一个端”、织就“一张网”、形成“一盘棋”的媒体融合战略新布局。

第二，实现媒体融合要重视全媒体专业人才的培养。传统媒体很早就通过创办网站开始了媒体融合的探索，然而真正获得成功的寥寥无几。根本原因在哪里？除了时机和方向有问题之外，最关键的是人才问题。一些传统媒体认为，网站甚至包括官方微博、微信公众号、客户端不过是媒体内容的延伸和复制平台，而没有真正以互联网的思维运作这些新媒体，忽略了新媒体本身的发展规律，没有充分认识和了解新媒体的传播途径、受众群和影响力。所以，传统媒体向全媒体转型，首先要解决的是思路和方向问题，即要用媒体融合的理念决定策略和行动，转变过去一贯的“媒体本位、内容为王”的旧思维，一切从用户和市场的需求出发，树立用户意识和市场意识。同时，打通内容、渠道、技术之间的壁垒，培养一批既精通内容生产又懂渠道、懂技术的复合型人才，即全媒体人才，以适应全媒体发展的要求。

媒体融合的重中之重是培养全媒体人才。要从融媒体人才队伍的培养和管理入手，启动传统媒体的转型之路。在人力资源的统筹使用上，要注重提高媒体从业人员的技能，强化“一人多能，身兼数职”的工作模式，注重专业人才的专业精神塑造。对于转变认识和人才培养，不少媒体已开始了一些有益尝试。浙江日报报业集团早在 2013 年底就开始对所有采编人员进行了全媒体融合创新专题培训，引起业界关注；为适应融合发展需要，《今晚报》制定了“百名人才规划”，培养一大批懂业务、善经营、会管理、擅用新媒体的复合型人才。

媒体融合不能只是传统媒体、新兴媒体之间的融合，要立足长远，新闻教育界也要有所作为。在新闻人才培养方面，让新闻专业的学生了解融媒体的趋势、方向。把媒体融合教育作为高校的重要课题给予更多的关注和积累，让新一代媒体人适应融媒体的生产流程、组织运营和社会目标，让新一代媒体人充分掌握融媒体技术，为中国媒体融合发展培养人才、储备人才。

第三，实现媒体融合要重塑媒体和受众、用户关系。在传统媒体的思维中，媒体是新闻内容的提供者，而读者是接受者，即受众。生产什么内容，以什么方式输出，全由媒体自己做主。媒体与受众之间互动很少，是单向的“给与受”的关系。进入新媒体时代，受众的角色发生变化，他们不再是被动的接受者，而是“至高无上”的用户。

媒体融合要树立用户观念和产品意识。传统媒体在进行媒体融合时，要充分考虑用户因素，深入进行用户调查和市场分析，根据用户的具体需求和媒体的自身条件，找到能够满足用户需求的传播渠道。最终考察媒体融合程度的关键性指标，是媒体与用户的融合程度。如果能够达到用户和媒体之间的深度融合，媒体融合就成功了。能否拥有良好的用户吸引力和市场影响力，是媒体融合是否成功的一项重要指标。一切以向用户延伸、满足用户需求为目的，摒弃脱离市场和用户的一厢情愿，才可能建成具有用户吸引力和市场影响力的融媒体。在发展基础性平台项目的同时，还要考虑产品型项目，将融合平台与融合产品放在同等重要的位置。当前，许多互联网平台根据市场需求以产品为导向建立项目团队，以产品经理和客户经理为代表，实现多岗位、多工种人员的跨界合作。这种新型组织形态既是满足市场运营和客户需求的选择，也是通过协同作战、取长补短适应营造生态化的良性媒体环境的路径。

第四，实现媒体融合要利用好技术、产业链和资本的协同驱动。媒体融合是信息技术支持下的媒体平台的融合，需要依托信息技术和多媒体平台的支持。传统媒体与新媒体进行融合，要充分了解各种技术和平台的优势与劣势，将传统媒体内容生产的优势与新媒体技术、渠道的长处相结合，取长补短，一体发展，除了自办网站、微博、微信、客户端等新媒体与传统媒体进行有效互动之外，传统媒体还可以“借鸡生蛋”，与运营成熟的商业网站合作，利用已经搭建好的技术平台去扩大传统媒体的影响力，更快捷、更精准地直达特定的受众群体，从而获得更大的社会效益和经济效益。

媒体融合需要全产业链经营。在市场经济的大背景下，传媒业的市场化、专业化、全球化成为一种趋势，媒体融合将加速这一趋势。在市场竞争和社会发展的双重驱动下，传统媒体与新兴媒体通过广告经营、产业辐射、跨界经营等多领域合作，形成一种立体的、连续的、全覆盖的“全产业链”经营模式，实现规范经营决策、资产保值增值、公平参与竞争、提高运营效率、增强企业活力、承担社会责任等目标，在持续发现新的利润增长点和承接社会公共需求之间寻求双维度发展，在追求利润最大化的同时，承担传播文明和文化的职责。媒体要做到多维度发展，就需要保持经营战略决策的前瞻性和敏锐度，在立足主业的同时，深入洞察社会发展进步的需要，服务受众和用户的不同信息需求，通过跨媒体整合营销形成高效供给适应用户个体需求特点的新媒体产业链。

媒体融合还需要引入多种资本力量协同驱动。媒体融合的技术升级和市场推广需要大量的资金支持，单凭传统媒体自身的资金实力难以支撑。股票市场、债券市场等作为国内资本市场服务创新经济的重要平台，资本市场的助力将为传统媒体融合创新、转型升级提供强大支持。人民网、浙报传媒、粤传媒等媒体在A股市场的探索实践，已经证明了媒体借力资本市场、推进转型升级的可行性与重要性。

现代信息技术带来了信息传播的革命，通过5G、人工智能、社交平台、互联网和新媒体等勾画出媒介传播生态的新图景。传统媒体主动转型实现媒体融合已经成为一种必然趋势，必须在互联网和信息技术的主导下，主动拥抱和适应竞合媒介新生态。

目　　录

理论篇

实践篇

技术篇

应用篇

理论篇

习近平关于媒体融合的重要论述及其实践意义

季为民　叶　俊*

日新月异的信息技术革命，对政治、经济、文化、社会、军事、外交等各领域产生了深刻影响。信息化与经济全球化相互促进，互联网已经融入社会生活的方方面面，并且深刻改变着人们的生产、生活乃至生存方式。随着互联网新技术的快速发展，媒体融合逐渐成为媒体转型发展的重要方向和任务。党的十八大以来，以习近平同志为核心的党中央高度重视媒体融合发展。习近平总书记在多个场合讲话中强调了媒体融合的重要性，这些讲话集中体现了他对媒体融合的洞见，为我国媒体转型、改革与发展指明了方向。

一、习近平关于媒体融合重要论述的主要观点

党的十八大以来，微博、微信等新兴媒体快速崛起，对媒介环境和新闻舆论工作的影响力与日俱增。在此背景下，党的十八大之后，中央对新兴媒体发展对媒体格局和舆论生态造成的影响冲击高度重视，习近平于2013年8月19日在全国宣传思想工作会议上首次就“媒体融合”作出重要指示，并于2014年在中央全面深化改革领导小组第四次会议上进一步提出推动传统媒体和新兴媒体的融合发展。此后，习近平就媒体融合议题多次发表重要讲话、作出重要批示，提出了系列关于媒体融合的重要论述，成为指导媒体融合发展的思想指南。

---

* 季为民，中国社会科学院工业经济研究所副所长、研究员；叶俊，中国社会科学院新闻与传播研究所副研究员。

（一）推动传统媒体与新兴媒体融合发展

媒体融合进入顶层设计，是推动媒体融合发展的重要动力。自2006年起，突破传统“报网互动”“台网互动”模式的媒体融合就开始在实践中探索，但融合的效果并不明显，传统媒体机制、思维的僵化是阻碍媒体融合进程的重要原因。2014年8月18日，在中央全面深化改革领导小组第四次会议上，习近平强调，推动传统媒体和新兴媒体融合发展，要遵循新闻传播规律和新兴媒体发展规律，强化互联网思维。

具体到融合方向上，习近平强调，要“坚持传统媒体和新兴媒体优势互补、一体发展”①。我国新闻事业向来重视内容建设，把内容作为新闻事业发展的重中之重，新闻界历来有“内容为王”的说法。而自互联网特别是微博、微信、客户端出现后，一些人喊出了“渠道为王”的口号，放松了内容建设，导致新闻界出现了忙于开拓新媒体平台而放松内容建设的趋向。在媒体融合究竟应该坚持什么方向的问题上，习近平明确指出，要“坚持先进技术为支撑、内容建设为根本”②。这一论断从根本上解决了“内容为王”与“渠道为王”的争论。“先进技术为支撑”，要求我们要顺应互联网传播移动化、社交化、视频化的趋势，积极运用大数据、云计算等新技术，发展移动客户端、手机网站等新应用、新业态，不断提高技术研发水平，以新技术引领媒体融合发展、驱动媒体转型升级。“内容建设为根本”，要求我们要适应新兴媒体的传播特点，加强内容建设，创新采编流程，优化信息服务，以内容优势赢得发展优势。

在融合途径上，习近平强调，要“推动传统媒体和新兴媒体在内容、渠道、平台、经营、管理等方面的深度融合”③。在此之前，媒体融合更多的是对渠道平台的搭建，对内容融合不够重视，经营管理的融合也因体制机制问题受到束缚。习近平的这一论述深刻揭示了媒体融合的实质，为媒体融合指明了方向和路径，切实有效地推动了媒体融合发展。2014年，中央全面深化改革领导小组第四次会议审议通过的《关于推动传统媒体和新兴媒体融合发展的指导意见》对新形势下如何推动媒体融合发展提出了明确要求，做出了具体部署。随后，媒体融合逐渐成为全国新闻学界、业

---

①②③ 习近平主持召开中央全面深化改革领导小组第四次会议［EB/OL］. 中央政府门户网站，［2014-08-18］. http://www.gov.cn/xinwen/2014-08/18/content_2736451.htm.

界与管理部门的共识，2014 年也因此被称为“媒体融合元年”。

（二）遵循新闻传播规律和新兴媒体发展规律

在新媒体环境下，传统媒体从采写编评到运营管理，都遭遇了巨大的挑战。同时，媒体格局与舆论格局也发生了巨大变化，传统主流媒体遭遇了“边缘化危机”。在此情况下，要发展传统主流媒体，把握新闻舆论的主动权，就要推进媒体融合战略。媒体融合发展，是以传统媒体为主还是以新媒体为主，这是融合过程中的难题，对融合方向有直接影响。

习近平强调：“推动传统媒体和新兴媒体融合发展，要遵循新闻传播规律和新兴媒体发展规律。”① 把遵循新闻传播规律与新兴媒体发展规律纳入顶层设计，在媒体融合的大背景下，乘势而上，顺势而为，严格遵循规律行事，是未来媒体融合的基本要求。从报纸、广播、电视，以及互联网的发展历史来看，任何一个新兴媒体的出现和发展，都要受到新闻传播规律和媒体自身发展规律的制约，一切无视和违背规律的做法，终究要受到规律的惩罚。对新闻传播规律和新兴媒体发展规律的强调，符合媒体发展历史及其规律，为媒体融合发展明确了原则性要求。

（三）构建新型主流媒体

在新媒体的冲击下，传统媒体遭遇了前所未有的挑战，由此也带来了整个媒体格局与舆论格局的巨大变化。在此背景下，如何保证主流媒体不断增强实力，切实把握新闻舆论的主动权，在引导社会舆论的过程中发挥主导性作用就显得极为重要。近年来，为了应对新媒体的挑战，传统主流媒体纷纷走上了发展新媒体、推进媒体融合的道路。

面对当前复杂的媒体困局与舆论格局，传统主流媒体到底应该如何找准融合发展的定位，确定改革发展的目标？习近平在中央全面深化改革领导小组第四次会议上强调，要“着力打造一批形态多样、手段先进、具有竞争力的新型主流媒体，建成几家拥有强大实力和传播力、公信力、影响力的新型媒体集团”②。习近平关于打造“新型主流媒体”和建设“新型媒体集团”的论述，是一个关涉当前传媒改革全局的战略性部署，也是一个具有实践指导意义的顶层设计，它体现了习近平对传统主流媒体未来发

①② 习近平主持召开中央全面深化改革领导小组第四次会议［EB/OL］. 中央政府门户网站，［2014-08-18］. http：//www. gov. cn/xinwen/2014-08/18/content_2736451. htm.

展的战略思考和殷切期待。如今，经过多年发展，一大批新型主流媒体已经发展起来，有效地占据了互联网舆论的主阵地，扭转了此前主流媒体的“边缘化”危机，牢牢掌握了舆论引导的主动权。

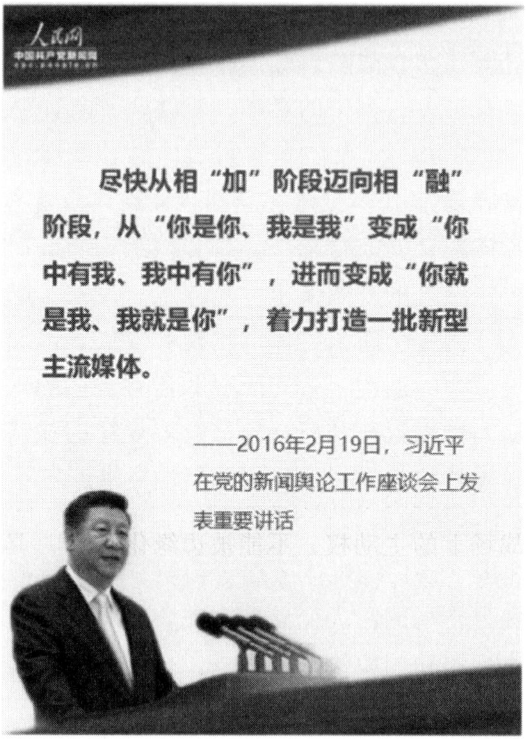

习近平谈媒体融合发展：关键在融为一体、合而为一

资料来源：中国共产党新闻网，http：//cpc. people. com. cn/n1/2018/0822/c164113-302429 91. html。

（四）构建全媒体传播体系

党的十八大报告明确提出，要“构建和发展现代传播体系，提高传播能力”。媒体融合是构建和发展现代传播体系和提升新闻舆论传播力、引导力、影响力、公信力的重要途径。在构建现代传播体系的探索上，习近平明确提出，要“形成立体多样、融合发展的现代传播体系”①。“立体多

① 习近平主持召开中央全面深化改革领导小组第四次会议［EB/OL］. 中央政府门户网站，［2014-08-18］. http：//www. gov. cn/xinwen/2014-08/18/content_2736451. htm.

样”，强调现代传播体系是一个包括报刊、广播、电视、网络等多种媒体形态的传播体系；“融合发展”强调的是各类媒体形态不能单兵作战，而必须融合汇聚起来，唯有这样，才能更好地建立起现代传播体系。可见，在对现代传播体系的思考中，习近平充分考虑到了“媒体融合”的重要性。同时，习近平高度重视新闻舆论的传播力、引导力、影响力、公信力，把其作为媒体发展的重要目标。党的十八大以来，从党的新闻舆论工作座谈会，到党的十九大报告，再到中央政治局在人民日报社就全媒体时代和媒体融合发展举行第十二次集体学习，习近平多次强调提高新闻舆论的传播力、引导力、影响力、公信力。

（五）坚持媒体融合发展的正确方向

随着互联网的发展，网络传播已成为党的宣传思想体系的重要组成部分。2013 年 8 月 19 日，在全国宣传思想工作会议上，习近平明确指出，根据形势发展需要，要把网上舆论工作作为宣传思想工作的重中之重来抓，同时强调，宣传思想工作是做人的工作，人在哪儿重点就在哪儿。为此，习近平要求必须重视网络媒体迅猛发展的事实，“加大力量投入，尽快掌握这个舆论战场上的主动权，不能被边缘化了”①。具体到实践中，就是要坚持媒体融合发展的正确方向。

原则上，要有正确的政治方向。媒体融合环境下的传媒改革与管理是两大难题。习近平深刻认识到了加强传媒业管理的重要性，他在提出媒体融合战略的同时，明确指出：“要一手抓融合，一手抓管理，确保融合发展沿着正确方向推进。”②“抓融合”，就是要促进传媒业的融合发展；“抓管理”，就是要加强对传媒业的管理，确保新闻事业能够始终坚持正确的方向，发挥好新闻媒体作为党、政府和人民耳目喉舌的重要作用，同时要严格遵循新闻传播规律和新兴媒体发展规律，实现新闻媒体的有效运行。

内容上，要弘扬主旋律。如何适应形势的需要改进网络宣传，是当前摆在新闻工作者面前的重要课题。2014 年 2 月 27 日，在中央网络安全和

---

① 中共中央党史和文献研究院．习近平关于网络强国论述摘编［M］．中央文献出版社，2021.

② 习近平：强化互联网思维　打造一批具有竞争力的新型主流媒体［EB/OL］．新华网，［2014-08-19］．http：//news. xinhuanet. com/zgjx/2014-08/19/c_ 133566806. htm.

信息化领导小组第一次会议上，习近平强调："做好网上舆论工作是一项长期任务，要创新改进网上宣传，运用网络传播规律，弘扬主旋律，激发正能量，大力培育和践行社会主义核心价值观，把握好网上舆论引导的时、度、效，使网络空间清朗起来。"① 这一论述要求，是在对网络媒体深刻认知的基础上作出的，符合网络传播的基本规律，是对做好网络宣传工作的指导性意见。

方法上，要加快完善互联网治理。当前，网络媒体发展迅速，网络舆论形势复杂，网络媒体管理工作跟不上形势的发展变化，这是我们面临的现实境况。微博、微信等新媒体传播快、影响大、覆盖广、社会动员能力强，用户增长迅速，成为舆论格局中的重要组成部分。如何加强对网络媒体的法治建设和有效引导，确保网络信息传播秩序和国家安全、社会稳定，已经成为摆在我们面前的突出问题。加强网络管理和法治工作是发展网络媒体的题中之义。在2013年全国宣传思想工作会议上，习近平强调："要依法加强网络社会管理，加强网络新技术新应用的管理，确保互联网可管可控，使我们的网络空间清朗起来。做这项工作不容易，但再难也要做。"② 在习近平的论述中，网络管理的内容既包括"网络社会"，也包括"网络新技术"，其目的是保证党和政府能够对互联网实施有效管理，以促进网络空间更加健康文明。

队伍上，要坚持政治家办媒体。习近平充分认识到"政治家办报"的重要性。在2013年全国宣传思想工作会议上，习近平强调要坚持"党管媒体"的原则，并在坚持"政治家办报、办刊、办台"的基础上，提出了要坚持"政治家办新闻网站"的重要论述。习近平指出，"坚持什么、反对什么，说什么话、做什么事，都要符合党的要求，过得硬、靠得住，真正做到'千磨万击还坚劲，任尔东西南北风'"③。这些论述为我们在新时期新技术条件下更好地坚持政治家办媒体明确了方向、目标和路径，为

---

① 习近平：把我国从网络大国建设成为网络强国［EB/OL］. 新华网，［2014-02-27］. http：//news. xinhuanet. com/politics/2014-02/27/c_119538788. htm.

② 习近平谈打造清朗的网络空间［EB/OL］. 人民网，［2021-09-07］. politics. people. com. cn/n1/2021/0907/C1001-32220142. html.

③ 习近平：国家安全是头等大事［EB/OL］. 共产党员网，［2022-04-15］. https：//www. 12371. cn/2022/04/15/ARTI1649981318858737. shtml.

进一步做好新闻宣传工作提供了基本遵循[①]。

二、习近平关于媒体融合重要论述的理论价值

习近平关于媒体融合发展的系列重要论述，是其新闻宣传思想的重要组成部分，是马克思主义新闻观的最新成果，是我们做好当前新闻宣传工作，促进我国传媒业改革发展的重要指针。

（一）丰富和发展了马克思主义新闻观思想体系

在马克思主义新闻观思想体系中，新闻媒体与新闻事业是重要内容。马克思主义向来重视利用媒体、发展媒体。马克思和恩格斯所处的时代是工业革命在欧洲突飞猛进的时代，也是人类传播技术飞速发展的时期。印刷机、火车、汽船、电报的改进与问世，缩短了人们之间的距离和交往所需的时间，促进了报刊、通讯社、电报局的发展，“顷刻之间就可以把自己的发明传遍全世界的报刊和电讯，在一天当中所制造的神话，比以前一个世纪之内所能制造的还要多”[②]。互联网新媒体的快速发展和媒体融合的趋势，是马克思和恩格斯所不能预料的，但对这种技术潜能的认知符合马克思主义理论传统。

在中国共产党新闻思想史上，也有重视媒介技术、发展新兴媒体的优良传统。毛泽东早年意识到报刊的重要性，曾于1919年亲自创办了《湘江评论》。广播技术出现后，周恩来于1940年由苏联回国，专程带回一部广播发射机；后来在周恩来的组织领导下，当年年底中国共产党就建立起了自己的广播电台。

习近平关于媒体融合的系列重要论述继承了马克思主义新闻观的优良传统。在新的媒体环境下，习近平站在了更高的高度，对技术变革引发的传媒业的变革与发展进行了科学研判，深刻阐释了新闻媒体与媒体技术之间的关联，指出了传媒发展与新技术之间的关系。基于新媒体及媒体融合是新闻业的全新探索，习近平的这些观点大多是以往马克思主义经典作家及中国

① 杨振武．新时期中国特色社会主义新闻事业的行动纲领［N］．人民日报，2013-10-16（7）．

② 马克思恩格斯全集（第33卷）［M］．北京：人民出版社，1973：258.

共产党领导人所未提及的，大大丰富了马克思主义新闻观思想体系。

（二）完善和健全了中国特色社会主义新闻理论体系

中国特色社会主义新闻理论，是密切结合中国国情的新闻理论体系，是动态发展的新闻理论体系，是开放包容、与时俱进的新闻理论体系。在这个理论体系中，新闻媒体、新闻业是重要内容。随着互联网技术的发展，互联网新媒体已成为媒体发展创新的主要方向。作为一个动态与开放的理论体系，媒体融合自然成为了中国特色社会主义新闻理论的重要组成部分。

在具体理论主张上，中国特色社会主义新闻理论强调党性和人民性的统一，坚持新闻媒体要为人民服务、为社会主义服务的宗旨，坚持新闻真实性、政治家办报、党管媒体等原则。对于媒体融合，其理论建构与工作实践必须旗帜鲜明地代表党的立场，代表人民的利益，继承与发扬中国特色社会主义新闻事业的科学理论与优良传统，这就对媒体融合提出了更高的要求。习近平关于媒体融合的系列重要论述，从顶层战略高度，对媒体融合进行了系统阐述，并提出了新的要求。习近平提出的“政治家办新闻网站”“网络舆论引导是重中之重”等观点，是与时俱进的理论阐释，丰富了中国特色社会主义新闻理论体系。

（三）为媒体融合与传媒改革提供思想理论指导

一种新型媒体的实践发展，往往会推动媒体理论的创新。我国新闻学界与传播学界对媒体融合进行了深入研究，深入探讨媒体融合的特征、规律和方法，积极探索符合中国国情的网络媒体理论。

在互联网背景下，一方面，出现了一系列新闻理论研究创新成果，如对网络匿名性与实名制的研究；另一方面，传统的新闻与传播理论也在不断更新，如网络环境下的“沉默的螺旋”理论、“把关人”理论都有了改进。习近平关于网络媒体的一系列观点，是对这些理论创新成果的升华与总结，是全局性和战略性的新闻理论。

媒体融合理论，是传统媒体为适应新媒体环境而催生的全新理论。这一理论的核心是，随着媒体技术的发展和一些藩篱的打破，电视、网络、移动技术的不断进步，各类新闻媒体将融合在一起。媒体融合理论的创新发展也推动了媒体融合实践探索，从《人民日报》、新华社、中央广播电视总台，到各地方媒体、市场化媒体，都在紧锣密鼓地实施媒体融合战略。

媒体融合是媒体转型的重要方向，也是传媒改革的重要动力。媒体转型是媒介技术变革和传媒产业发展的内在要求，也是人民群众对日益增长的新闻信息需要的外在要求。媒体转型要求体制改革，也要求有新的战略布局。媒体融合正是为了适应新形势而提出的新型理论和战略布局。习近平关于媒体融合的重要论述，是站在媒体融合理论的基础之上，结合当前我国新闻、宣传与舆论工作的实际情况，提出的战略性布局和指导思想，对媒体融合和传媒改革具有重要理论指导意义。

三、习近平关于媒体融合重要论述的实践意义

在网络媒体高度发达及媒体融合的趋势下，习近平关于媒体融合系列重要论述，一方面对我国媒体融合提出了新的更高的要求，另一方面对媒体融合发展提供了有效的现实指导。

（一）推进媒体融合健康发展，加快传媒产业转型

从媒介技术演变历史来看，任何一种新的媒介技术必然会带来媒体格局的变化及整个传媒产业的变革。网络媒体与媒体融合的发生发展，正是互联网信息技术带来的媒体变革。在互联网信息技术推动下，传媒产业正在适时转型，以应对媒体格局的全新变化。

习近平关于媒体融合系列重要论述，对推动我国媒体融合具有重要指导意义，将全面指导我国的媒体融合进程，加速我国传媒产业的转型。从以往的“报网互动”到当下的“媒体融合”，新闻界一直都在探索传媒产业转型之路。但是，目前新闻业界还没有摸索出成熟的媒体融合路径模式。不仅如此，学界与业界对媒体融合的概念、模式、渠道等还存在诸多争议。例如，关于“内容为王”还是“渠道为王”的争论，就始终没有达成共识。这些争议的存在，导致媒体融合实践缺乏科学理论的支撑，局面较为混乱。在这一点上，习近平提出把“技术建设和内容建设摆在同等重要的位置”①，给我们指明了解决问题的方向。这就要求我们，在媒体融

① 参见2014年8月18日召开的中央全面深化改革领导小组第四次会议审议通过的《关于推动传统媒体和新兴媒体融合发展的指导意见》。

合的过程中，传统媒体既要充分利用新技术的平台融合优势，也要继续保持内容生产优势，在探索实践中找到解决问题和争论的办法。

媒体融合是当前我国传媒产业转型的重要方向。新闻界只有积极探索媒体融合的有效路径，才能推进传媒产业转型。在这一过程中，还需要加强管理模式的创新。当前，在媒体融合过程中，一些主管部门失去了方向，不知到底要不要管，怕“一管就死”，而“不管就乱”。习近平提出“一手抓融合，一手抓管理”①，对于传媒管理者和管理部门来说，具有很强的实践意义。管理部门不能因为担心“管死了”就不敢管，也不能为了管理方便就不去推进媒体融合。在全面推进媒体融合的进程中，习近平强调要“强化互联网思维”②。建立互联网思维是推进媒体融合的基础和关键。互联网思维的提出，为推动媒体融合工作解决了根本的思想认识问题。在媒体融合的各个环节和进程，习近平有关网络媒体与媒体融合的观点及论述都抓住了问题的关键，为推进我国媒体融合健康有序发展，实现传媒产业转型指明了方向。

（二）牢牢把握舆论导向，加强舆论引导能力建设

舆论引导能力是一种重要的执政能力。舆论引导能力建设包括坚持党管媒体的原则，坚持团结稳定鼓劲、正面宣传为主，完善新闻发布制度和重大突发事件新闻报道快速反应机制，高度重视互联网等新型媒体对社会舆论的影响等重要内容。2004 年，党的十六届四中全会审议通过《中共中央关于加强党的执政能力建设的决定》，强调新闻媒体要牢牢把握舆论导向，正确引导社会舆论，增强引导舆论的本领，掌握舆论工作的主动性，为加强党的执政能力建设做出应有的贡献。

习近平提出的政治家办新闻网站、打造一批新型主流媒体、加快完善互联网管理领导体制等重要观点，创新发展了传统新闻理论。这些重要论述是基于对当前我国媒体格局和舆论格局变化提出的。当下，媒体格局早已突破传统的“一报两台”（党报、电视台、广播电台）的单一媒体格局，舆论格局也已从原来的“两个舆论场”向“三个舆论场”乃至“N

---

① 参见 2014 年 8 月 18 日召开的中央全面深化改革领导小组第四次会议审议通过的《关于推动传统媒体和新兴媒体融合发展的指导意见》。

② 习近平．加快推动媒体融合发展　构建全媒体传播格局［J］．求是，2019（6）．

个舆论场”发展，每一个媒体平台都能形成自己的舆论场，舆论格局也变得更加复杂。这种情况下，就更需要对舆论格局有一个科学的把握。习近平提出“网络舆论工作是重中之重”，就是基于当下舆论格局和舆论格局的变化，希望传统主流媒体通过融合发展更好地传播党和政府声音①。

经过多年探索，以《人民日报》、新华社为代表的传统主流媒体在媒体融合上已经取得了明显成效。《人民日报》微博、抖音账号的粉丝量过亿，通过线上线下的互动，初步实现了“打通两个舆论场”的目标，在引导网络舆论方面发挥着重要作用。新华社专门成立了新媒体中心，应用前沿数字传播技术，先后推出了上百个大型多媒体集成报道产品和“轻应用”产品，探索了“沙画新闻”“萌图新闻”“动图新闻”等融合报道创新，对中央重大方针政策进行新媒体、全媒体融合传播，产生了强烈社会反响，发挥了积极正向的舆论引导作用。

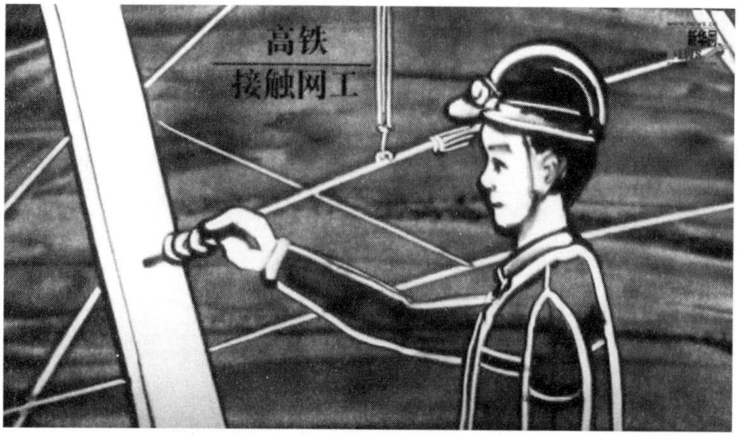

沙画丨致敬高铁守护者

资料来源：新华网，http：//m. news. cn/fj/2023-05/01/c_1129584072. htm。

（三）推动传媒深化改革，建立现代传播体系

改革开放以来，传媒改革从未停止过。但是，囿于体制机制瓶颈，深

---

① 推动主流媒体在融合发展之路上走稳走快走好［EB/OL］. 新华网，［2014-08-21］. http：//news. cntv. cn/2014/08/21/ARTI1408608240048437. shtml.

化改革破局艰难。党的十八大以来，以习近平同志为核心的党中央不断推动全面深化改革向广度和深度进军，给传媒改革带来了新的机遇。非时政类报刊全面转为企业化经营，广播电视实行制播分离改革，全面推进媒体融合，成为新一轮传媒改革的方向。

党的十八大报告明确提出，要“构建和发展现代传播体系，提高传播能力”。但具体什么是现代传播体系呢？习近平提出要建设“立体多样、融合发展”的现代传播体系。这一明确的指示，为下一步传媒改革和现代传播体系建设提供了依据，使得建设现代传播体系的目标更加明确。实践中，《人民日报》、新华社、中央电视台和不同行业媒体等纷纷推动改革，加快现代传播体系建设步伐，已取得初步成果。

（四）增强国际传播能力，提升国家软实力

推动传媒改革，增强国际传播能力，是提升国家软实力的必然要求。当前我国文化软实力与西方发达国家相比仍有较大差距，国际传播话语权大多控制在西方发达国家媒体手中，这也为我们树立良好国家形象、传播中国声音制造了障碍，提出了挑战。习近平提出打造网络强国，遵循新闻传播规律和新兴媒体发展规律，建设一支政治强、业务精、作风好的强大队伍等重要论述，为推进媒体融合、促进传媒改革、提升国家软实力，指明了方向和路径。

此外，网络空间自由问题也是各界关注的话题。经过 20 多年的发展，“网络无国界，但网络空间有主权”已是国际社会的基本共识。如何维护网络空间的主权成为一个亟待解决的问题。习近平在强调打造网络强国的同时，提出要建立“多边、民主、透明的全球互联网治理体系”①，这就给网络空间治理提出了明确方向。

同时在媒体融合实践中，我国通过加强中外媒体之间互动交流、举办世界互联网大会等丰富多彩的形式，积极参与国际媒体间的合作和对话协商，有效提升我国在国际舞台上的话语权，为探讨并建立多边、民主、透明的全球互联网治理体系努力实践，并且取得了积极效果。

---

① 习近平：加快构建网络空间命运共同体［EB/OL］. 新华网，［2022-11-11］. www.news.cn/politics/2022-11/11/C_1129120598.htm.

媒体融合理论研究

张　垒　王　妍*

媒体融合（也称为媒介融合）的概念发源于西方，由“Media Convergence”一词翻译而来。这一理论概念在传播技术和政策变化的背景下产生，西方学者早期的研究重点主要集中于媒体融合的理论定义、核心议题和新闻编辑室融合模式探究等方面。

媒体融合的概念和理论从2004年正式进入中国以来，经历了几个主要发展阶段。

2004~2013年是媒体融合早期发展阶段，这一阶段受到西方理论影响，媒体融合研究开始起步，研究主要集中于理论定义、内涵阐释与传统媒体转型等方面的理论探讨。

2014~2019年是媒体融合理论深入推进阶段。2014年被称为“媒体融合元年”，中央全面深化改革领导小组第四次会议审议通过了《关于推动传统媒体和新兴媒体融合发展的指导意见》，媒体融合上升为国家战略。此后几年间，学界关于媒体融合的理论研究文献数量迅速增长。学者们不断提出新理论新观点，结合新的媒体发展环境总结媒体融合新特点，结合发展实际提出媒体融合新路径，并对“中央厨房”“县级融媒体”等媒体融合的具体实践提出理论上的建议和反思。

2020年至今是媒体融合理论纵深发展阶段。2020年6月，中央全面深化改革委员会第十四次会议审议通过了《关于加快推进媒体深度融合发展的指导意见》，媒体融合发展进入深水区。有学者称此阶段为

* 张垒，中央民族大学新闻与传播学院教授；王妍，中央民族大学新闻与传播学院硕士研究生。

“媒体融合从局部转型走向系统重建”[①]，学者们更多关注媒体融合在当下及未来如何实现创新性发展，打破困境实现质变，探讨媒体融合对公共治理、舆论引导、国际传播等方面的影响，理论与实践的互动进入新阶段。

一、媒体融合概念溯源

“媒体融合”（Media Convergence）概念是一个舶来品。多数研究者认为，1983 年，美国传播学者伊契尔·索勒·普尔（Ithiel de Sola Pool）在其《自由的技术》（*Technologies of Freedom*）一书中提出“Convergence”一词，从而使“融合”首次进入新闻传播学界的视野。普尔认为，“模式融合”（The Convergence of Modes），也称为传播形态融合，正在模糊媒体之间的界限，甚至模糊了点对点通信（如邮政、电话和电报）与大众通信（如出版、广播和电视）之间的界限[②]。

此外，香港学者宋昭勋提出“Convergence”一词与大众传播真正意义上的联姻源于 20 世纪 70 年代中期计算机和网络的发展。1977 年，大卫·法伯（David Farber）和保罗·巴兰（Paul Baran）发表了《计算和通讯系统的聚合》（*The Convergence of Computing and Telecommunication Systems*）一文。1978 年，美国麻省理工大学的尼古拉斯·尼葛洛庞蒂（Nicholas Negroponte）用三个相互交叉的圆环趋于重叠的聚合过程（见图 1），预测广播和动画业、电脑业与印刷和出版业之间的融合将于 2000 年完成[③]。媒体融合（Media Convergence）的概念则最早见于《纽约时报》。《纽约时报》在报道《圣荷西水星报》与美国在线共同推出名为《水星中心新闻》的电

① 胡正荣，李荃．媒体融合的时空升维发展——对《关于加快推进媒体融合深度发展的指导意见》的深度解读［J］．新闻与写作，2021（1）：5-11.

② De Sola Pool I. Technologies of Freedom［M］．Cambridge：The Belknap Press of Harvard University Press，1983：23.

③ 宋昭勋．新闻传播学中 Convergence 一词溯源及内涵［J］．现代传播（中国传媒大学学报），2006（1）：51-53.

子服务时，使用了一个小标题："一次媒体融合"（A Media Convergence）[①]。在随后美国传媒业的实践中，"Media Convergence" 开始成为常用语。

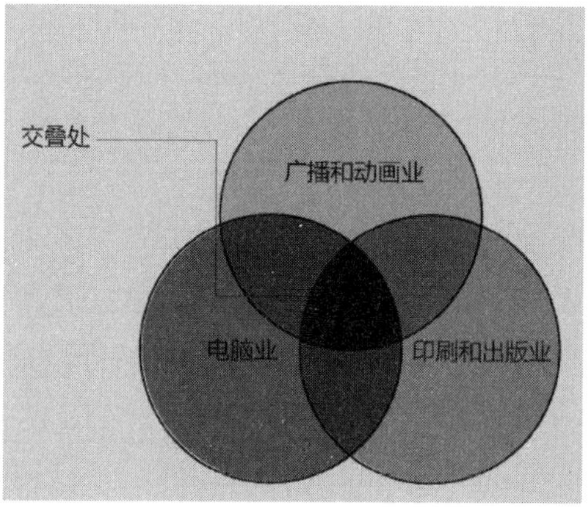

图 1　尼古拉斯·尼葛洛庞蒂（Nicholas Negroponte）提出的三大行业间的融合

媒体融合概念的提出离不开"技术"的作用。在普尔的《自由的技术》出版前，新闻实务界和理论界的主要思想家就已经意识到技术变革将在很大程度上影响新闻媒体[②]。但也有学者，如加布里埃尔·巴尔比（Gabriele Balbi）认为媒体融合的发生先于数字化，但它的确是在数字化这一宏观背景下真正进入学术话语的[③]。何塞·加西亚·阿维拉（José A. García Avilés）等则认为，媒体融合不应该被视为一个技术驱动的过程，而应被视为一个在特定环境下利用技术创新来实现特定目标的过程[④]。

---

① 宋昭勋．新闻传播学中 Convergence 一词溯源及内涵［J］．现代传播（中国传媒大学学报），2006（1）：51-53.

② Gordon R. The meaning and Implications of Convergence［M］// Kawamato K. Digital Journalism：Emerging Media and the Changing Horizons of Journalism. New York：Rowman & Littlefield Publishers，2003：57-74.

③ Balbi G. Deconstructing "media convergence"：A Cultural History of the Buzzword，1980s-2010s［M］// Sparviero S，Peil C，Balbi G. Media Convergence and Deconvergence. Cham：Palgrave Macmillan，2017：31-35.

④ García Avilés J A，Meier K，Kaltenbrunnoer A，et al. Newsroom Integration in Austria，Spain and Germany：Models of Media Convergence［J］. Journalism Practice，2009，3（3）：285-303.

随着研究的不断深入，媒体融合理论呈现出更加丰富的多元视角。从业务角度看，有学者认为，融合是通过新闻编辑室的合作和伙伴关系，分享和交叉推广来自各种媒体的内容的实践①，是指技术、产品、人员和地理在不同的印刷、电视和网络媒体之间的某种结合②。从行业层面看，美国新闻学会媒介研究中心主任安德鲁·纳奇森（Andrew Nachison）将媒体融合定义为："印刷的、音频的、视频的、互动性数字媒体组织之间的战略的、操作的、文化的联盟。"③ 从社会层面看，丹麦学者克劳斯·布鲁恩·延森（Klaus Bruhn Jensen）认为媒介融合是一种交流与传播实践跨越不同的物质技术和社会机构的开放式迁移④。从文化角度上看，美国媒介和文化研究学者亨利·詹金斯（Henry Jenkins）认为融合是多个媒体平台的内容流动，多个媒体行业之间的合作，以及媒体受众的迁移行为，融合这个词成功地描述了技术、工业、文化和社会的变化，代表了一种文化转变⑤。

除了对媒体融合进行定义，研究者也针对媒体融合的不同分支进行细化讨论。詹金斯早在 2001 年就提出了媒体融合的五个核心观点，即技术融合、经济融合、社会有机融合、文化融合和全球融合⑥。塔尼娅·斯托苏尔（Tanja Storsul）和达格尼·斯图达尔（Dagny Stuedahl）提出媒体融合的六个解释含义，包括网络融合、技术融合、服务融合、修辞融合、市场融合和监管融合⑦。美国西北大学教授李奇·高登（Rich Gordon）对不同传播语境下"媒体融合"一词所表达的含义做了如下分类：媒体技术融合（Convergence in Media Technology）、媒体所有权合并（Convergence of

① Group M, Brooks B S, Moen R, et al. Telling the Story: The Convergence of Print, Broadcast and Online Media [M]. Boston: Bedford/St. Martin's, 2004: 15.

② Singer J B. Strange Bedfellows? The Diffusion of Convergence in Four News Organizations [J]. Journalism Studies, 2004, 5 (1): 3-18.

③ 蔡雯．新闻传播的变化融合了什么——从美国新闻传播的变化谈起［J］．中国记者，2005 (9): 74-76.

④ 克劳斯·布鲁恩·延森．媒介融合：网络传播、大众传播和人际传播的三重维度［M］．刘君译．上海：复旦大学出版社，2012：17.

⑤ Jenkins H. Convergence Culture: Where Old and New Media Collide [M]. New York: New York University Press, 2006: 2-3.

⑥ Jenkins H. Convergence? I Diverge [J]. Technology Review, 2001, 104 (5): 93.

⑦ Fagerjord A, Storsul T. Questioning Convergence [C] // Storsul T, Stuedahl D. Ambivalence Towards Convergence: Digitalization and Media Change. Sweden: Nordicom University of Gothenburg, 2007: 20.

Ownership)、媒体战术性联合(Convergence of Media Tactics)、媒体组织结构性融合(Structural Convergence of Media Organization)、新闻采访技能融合(Convergence of Information Gathering)、新闻叙事形式融合(Convergence of News Storytelling)①。

二、媒体融合概念的引入与发展

在我国，媒体融合始于融合新闻，最早是由中国人民大学蔡雯教授于2004~2005年在美国进行富布莱特项目研究时将其引入国内的。蔡雯对西方的新闻实践、西方学者对媒体融合的研究进行了较为翔实的讨论。随后，多位中国学者在此基础上对媒体融合进行了深入探讨。

2006年，美国密苏里大学新闻学院副院长布莱恩·布鲁克斯(Brian Brooks)来到中国人民大学作了一系列学术前沿讲座。在题为《媒体融合让新闻报道更出色》的报告中，他提到媒介融合(媒体融合)是新闻学上的一个假设，核心思想就是随着媒体技术的发展和藩篱的打破，以及电视、网络、移动技术的不断进步，各类新闻媒体将融合在一起。布莱恩·布鲁克斯的此次讲座，在一定程度上提高了中国新闻传播学界对于媒体融合的关注度。

(一)媒体融合的概念与定义

我国早期关于媒体融合的理论研究，同样主要围绕对其概念和定义的认识和理解而展开。

蔡雯在《新闻传播的变化融合了什么——从美国新闻传播的变化谈起》一文中提到“融合媒介”与“媒介融合”的概念，认为融合媒介是一种策略，媒介融合是一种实践，融合媒介会产生融合新闻②。彼时，中国国内尚未对“Media Convergence”形成一致的定义，出现了“媒体融合”“整合传媒”“传媒整合”“媒体聚合”等多元表达，但其内涵基本一

① 宋昭勋.新闻传播学中Convergence一词溯源及内涵[J].现代传播(中国传媒大学学报)，2006(1):51-53.

② 蔡雯.新闻传播的变化融合了什么——从美国新闻传播的变化谈起[J].中国记者，2005(9):74-76.

致。在布莱恩·布鲁克斯教授的讲座后，学界关于“Media Convergence”的中文释义开始主要集中于“媒体融合”或“媒介融合”。

徐沁在2008年发表的一篇文章中结合前人研究，总结媒介融合的概念有狭义和广义之分。狭义的媒介融合仅仅是指将不同的媒介形态“融合”在一起，“量变”产生“质变”，形成一种新的媒介形态；而广义的媒介融合则包括一切媒介及其有关要素的汇聚与融合，包括媒介形态、媒介功能、传播手段、资本所有权、组织结构等要素的融合，它既指各种融合的结果，也涵盖各方融合的过程①。

随着引介和研究的深入，我国学界对媒体融合的认识也逐渐从狭义向广义转变，大部分学者都认同媒体融合不是单纯的媒介形态的融合，而是一个过程，是多因素影响下的全方位、多层次的融合②③④⑤。2009年，蔡雯和王学文给媒介融合做出了一个较全面的定义：“媒介融合是指在以数字技术、网络技术和电子通信技术为核心的科学技术的推动下，组成大媒体业的各产业组织在经济利益和社会需求的驱动下通过合作、并购和整合等手段，实现不同媒介形态的内容融合、传播渠道融合和媒介终端融合的过程。”⑥ 这一定义囊括了宏观和微观，包括了科技、产业，以及内容形态的方方面面，体现了早期阶段我们对于究竟什么是媒体融合的基本判断。

此外，也有学者提出应该对媒体融合和媒介融合分别进行阐释：媒介是信息传播的物质载体，是将信息生产者与信息接受者连接起来的渠道；媒体是信息传播的组织机构，它涵盖了从信息采集、加工到传播的过程⑦。媒介层面的融合侧重于物质技术和传播形态等的融合，媒体层面的融合则侧重于不同类型、不同区域、不同层级的媒体机构的融合。媒介融合是动

---

① 徐沁．媒介融合：新闻传播业的新趋势［J］．东南传播，2008（6）：71-73.

② 高钢．媒体融合：追求信息传播理想境界的过程［J］．国际新闻界，2007（3）：54-59.

③ 许颖．互动·整合·大融合：媒体融合的三个层次［J］．国际新闻界，2006（7）：32-36.

④ 丁柏铨．媒介融合：概念、动因及利弊［J］．南京社会科学，2011（11）：92-99.

⑤ 李良荣，周宽玮．媒体融合：老套路和新探索［J］．新闻记者，2014（8）：16-20.

⑥ 蔡雯，王学文．角度·视野·轨迹：试析有关“媒介融合”的研究［J］．国际新闻界，2009（11）：87-91.

⑦ 许志晖．媒体融合的经济学分析——探寻媒体融合的动因、路径及其效应［D］．北京师范大学博士学位论文，2011.

因、基础和目的，媒体融合是手段和过程①。所以通俗来说，我们将从事信息生产与传播的媒体机构间的融合称为媒体融合，将媒介融合看作更广泛的各类媒介的融合。

媒体融合理论发展至今，学界没有对媒体融合形成统一的定义，学者丁柏铨也提出不宜对媒体融合做出过于绝对的理解。随着时代的发展，媒体融合的概念与定义仍然在不断演变。

（二）媒体融合的内涵

媒体融合并非单一形态的融合，需要对融合层次、融合内容进行划分。国外学者亨利·詹金斯、李奇·高登等均对媒体融合的内涵进行了不同层次的划分，分别论述各个层次媒体融合的特性。这些学者的观点给国内学者提供了很好的参考，如李奇·高登的“六融合说”（即媒体技术融合、媒体所有权合并、媒体战术性联合、媒体组织结构性融合、新闻采访技能融合、新闻叙事形式融合）一直有着很高的引用率。但也有学者，如蔡雯，指出这一分类方式存在缺乏统一标准的弱点，前几种类型是基于媒介组织行为的一种划分，而新闻采访技能融合和新闻叙事形式融合则是基于新闻采编技巧的划分②。

我国学者也对媒体融合的内涵从不同的方面和层次进行了详细研究。许颖提出媒体融合具有媒体战术性融合、组织结构性融合和媒体平台大融合三个层次的融合③。丁柏铨从物质层面、操作层面和意识层面来论述媒介融合④。李彪则从媒体的前台和后台层面将媒体融合分为介质融合、业务融合和业态融合⑤。陈玉林提到，媒体融合发展将经历三个层次：媒体机构内部的融合、整个媒体行业的融合和媒体与全社会跨行业的全面融合⑥。

总的来说，可以从形态层面的融合、体系层面的融合和社会层面的融

---

① 李玮，谢娟．“媒介”、“媒体”及其延伸概念的辨析与规范［J］．武汉理工大学学报（社会科学版），2011（5）：694-699.

② 蔡雯．从“超级记者”到“超级团队”——西方媒体“融合新闻”的实践和理论［J］．中国记者，2007（1）：80-82.

③ 许颖．互动·整合·大融合：媒体融合的三个层次［J］．国际新闻界，2006（7）：32-36.

④ 丁柏铨．媒介融合：概念、动因及利弊［J］．南京社会科学，2011（11）：92-99.

⑤ 李彪．“互联网+”时代传统媒体融合转型的做点［J］．编辑之友，2015（11）：51-55.

⑥ 赵金．跃升：从“万物皆媒”到“媒融万物”：访人民日报媒体技术公司副总经理陈玉林［J］．青年记者，2020（27）：9-11.

合，来更好地把握媒体融合的主要内涵。

1. 形态层面的融合

形态层面的融合是媒体融合初期的外在表现，是在新数字技术和互联网发展的背景下以内容生产为核心的融合，核心是内容融合、渠道融合和终端融合，这也是蔡雯在媒体融合研究的早期阶段所提出的媒体融合所包含的三个核心内容①。

内容融合指分属于不同媒介形态的内容生产，依托数字技术形成跨平台和跨媒体的使用，利用数字化终端，形成多层次、多类型的内容融合产品②，包括传统媒体之间的融合、传统媒体与新媒体之间的融合、新媒体之间的融合③。传统媒体与新媒体都在尝试通过各种途径改变单一化的生产，创新行业生产方式④。

渠道融合指不同形态的媒介产品传播渠道的融合与互联互通。传播渠道主要指电信网、广电网、互联网三个信息传输渠道⑤。过去，传统媒体与新兴媒体的竞争主要是渠道的竞争⑥，渠道融合发展的程度、形态、模式在很大程度上决定着传统媒体与新兴媒体融合发展的未来⑦。传播渠道在今天不断扩大，成为渠道集成、渠道应用的复合体。

终端融合是指多种媒体功能整合在一起，以一种开放的终端平台将信息和服务传递给使用者，主要指计算机、通信、电子消费终端产品的融合⑧。目前智能终端发展异常迅速，有学者认为终端融合是传统媒体实现

---

① 蔡雯，王学文．角度·视野·轨迹：试析有关“媒介融合”的研究［J］．国际新闻界，2009（11）：87-91.

②⑤⑧ Gordon R. The meaning and Implications of Convergence［M］// Kawamato K. Digital Journalism：Emerging Media and the Changing Horizons of Journalism. New York：Rowman & Littlefield Publishers，2003：57-74.

③ 胡正荣，李荃．媒体融合的时空升维发展：对《关于加快推进媒体融合深度发展的指导意见》的深度解读［J］．新闻与写作，2021（1）：5-11.

④ 严三九．中国传统媒体与新兴媒体内容融合发展研究［J］．新闻与传播研究，2017（3）：101-118+128.

⑥ 谭天．从渠道争夺到终端制胜，从受众场景到用户场景——传统媒体融合转型的关键［J］．新闻记者，2015（4）：15-20.

⑦ 严三九．中国传统媒体与新兴媒体渠道融合发展研究［J］．现代传播（中国传媒大学学报），2016（7）：1-8.

渠道融合后局部突围的重要方式①。

2. 体系层面的融合

在形态层面融合上，媒体机构除了对新闻产品进行融合处理，也将着眼点置于自身结构体系中。体系层面的融合包括业务融合、组织融合和产业融合。

业务融合是对媒体自身的媒介资源、生产部门进行调整，对组织架构进行整合，打通内部信息流动渠道，实现新闻信息的采集、加工、生产效率的最大化。业务融合的最早范例是美国佛罗里达州的“坦帕新闻中心”，其将30多个媒体放在同一个大平台里运作，将《坦帕论坛报》、WFLA-TV和坦帕湾在线网站置于同一个写字楼同一平台上办公，各媒体联合采访、共同工作。业务融合在中国的典型实践是“中央厨房”，遵循“一次采集、多种生成、多元传播”的生产思想，创新媒体组织的内部结构，重构了信息生产与传播的模式。

人民日报“中央厨房”现场

资料来源：人民网，http：//media. people. com. cn/n1/2017/0123/c192370-29044372. html。

① 谭天．从渠道争夺到终端制胜，从受众场景到用户场景——传统媒体融合转型的关键［J］．新闻记者，2015（4）：15-20.

组织融合包括组织结构体系的打通和组织所有权的融合。组织结构体系的打通是指在业务融合的基础上，组成跨部门、跨媒体的团队，充分调动并有效利用媒体组织内的现有资源，使原来因媒介或部门设置而孤立的工作单元为了共同的目标进行重组①。组织所有权的融合是传媒公司之间通过收购、合并等手段，进行产权、运营、产品上的整合，形成规模庞大的多媒体集团，从事具有规模效益的多媒体业务②。与单枪匹马的媒介组织相比，媒体集团具有更大竞争力。传统媒体通过转企改制获得市场身份，是我国传统媒体在与新兴媒体融合方面有所作为的制度基础③。中国现有的传媒集团普遍采用的新媒体战略正是为了实现多元化经营、资源利用最大化的目标④。

产业融合即广播和电影业、计算机业、印刷和出版业的融合。为了适应和满足市场竞争的需要，传媒产业的边界也在不断延伸，电信网、互联网和广播电视网的“三网融合”是早期产业融合的表现，而产业融合的深入发展则表现为打破行业壁垒的跨行业生产重组，从技术、产品和经营等多方面实现跨界融合，实现更多的价值增长。

3. 社会层面的融合

社会层面的融合，体现在文化的融合和社会生态的融合上。

詹金斯早在 2001 年就提出媒体融合的五个核心概念，其中就包括文化融合。它是在技术融合、内容形态融合、组织融合等基础之上更深层次的融合。文化融合浅层表现为符号之间的融合，如听觉文化融合视觉文化，深层表现为媒介携带的“话语方式”或传播规则，在另一种媒介中的嵌入与显现⑤。传统媒体的文化特质与新媒体的文化特质不同，媒体融合

---

① 陈卓 . 试论媒介融合进程中媒体组织重构的路径［J］. 国际新闻界，2010（4）：95-98.

② 宋昭勋 . 新闻传播学中 Convergence 一词溯源及内涵［J］. 现代传播（中国传媒大学学报），2006（1）：51-53.

③ 朱鸿军，农涛 . 媒体融合的关键：传媒制度的现代化［J］. 现代传播（中国传媒大学学报），2015（7）：6-11.

④ 胡正荣，柯妍 . 媒介融合背景下的电视新媒体所有权变化及其对文化创意产业的启示［J］. 电视研究，2010（6）：10-12.

⑤ 喻国明，耿晓梦 . “深度媒介化”：媒介业的生态格局、价值重心与核心资源［J］. 新闻与传播研究，2021（12）：76-91+127-128.

需要打破它们之间存在的文化壁垒，进行多元价值观的统合①。

在我国，媒体融合受到政策层面的大力推动。学者认为，作为国家发展和治理体系现代化过程的一部分，媒体融合就是在数字化轨道上重建我们的现代传播体系②。媒体深度融合走向了系统化的重建，它跨越了媒介之间的界限，也跨越了媒介与社会其他领域的界限，因此需要有“协同”和“共同体”的思维③。

（三）媒体融合的多元视角

除了从大众传播的视角来探讨媒体融合，还有一些学者从多元视角来探讨媒体融合的发展。从政治沟通角度，陈刚认为中国媒体融合侧重政府主导，更多关注的是意识形态安全问题，所以媒体融合过程最关注的是如何在互联网形成的新的传播环境中，继续强化意识形态的引领作用④。朱春阳提出，媒体融合的实质是希望传统媒体能够向新媒体学习拓展公共政治参与机会与参与空间的经验和技巧，作为官方媒体的传统媒体将融入公众信息获取与沟通交流的传播关系网络中，从而提升党政体系与社会体系之间信息交换的效率⑤。在对外传播层面，媒体融合发展扩展了政治空间，以信息话语权为途径保障国家利益，是推进中国特色大国外交的有效方式⑥。

从传媒经济学的角度，许志晖将媒体融合的概念重新界定为在技术进步和规制放松的条件下，传媒产业内部各行业之间以及产业外部与其他产业之间，经过技术、业务、市场等层面的融合后，改变了原有的产业边界和市场结构，产生了全新的产品和市场需求，从而推动整个传媒产业向更高级的产业形态演进。他认为，媒体融合的本质是不同参与主体之间的互

---

① 彭兰．新媒体传播：新图景与新机理［J］．新闻与写作，2018（7）：5-11.

② 支庭荣．我国媒体融合发展的内在逻辑与焦点问题［J］．人民论坛·学术前沿，2019（3）：6-14.

③ 张磊，胡正荣．重建公共传播体系：媒体深度融合的关键理念与实践路径［J］．中国编辑，2022（1）：4-9.

④ 陈刚．数字逻辑与媒体融合［J］．新闻大学，2016（2）：100-106+151.

⑤ 朱春阳．政治沟通视野下的媒体融合：核心议题、价值取向与传播特征［J］．新闻记者，2014（11）：9-16.

⑥ 黄楚新．中国媒体融合发展现状、问题及趋势［J］．新闻战线，2017（1）：14-17.

动交融，从而优化传媒产业资源配置，实现传媒产业效益最大化①。

（四）媒体融合的重心转变

一是从媒体内部融合向跨行业深度融合转变。早期关于融合的观点和研究主要聚焦传媒组织内部，是对各个传媒组织内部融合的描述与设想。随着媒体融合的外部发展因素不断发展变化，传媒组织顺应时势逐渐将目光从自身融合转向跨媒体、跨行业、跨区域的融合，致力于建设新型主流媒体集团。

二是从“内容为王”向“内容+”思维转变。“内容为王”长期以来被新闻界奉为圭臬，随着媒体融合的深入推进，也有学者对“内容为王”的观念提出新的解释、拓展甚至质疑。比如喻国明表示，媒体市场竞争特点和要求的法则大体上可以表述为以“产品为王”取代“内容为王”②。还有学者认为，“内容为王”的理念是传者中心论，没有重视用户的信息需求，缺乏一定的双向传播意识，没有注重不同媒介平台的传播性质的不同。“‘内容+’为王”则是对“内容为王”思维的迭代升级，其背后的逻辑是：用户中心，服务意识，产品思维，不断迭代，交流互动，个性化③。“内容+”思维，本质是连接和开放，目标是建立互联网时代内容连接服务的新模式。这是新媒体属性的内在要求，是以用户中心为特征的互联网思维的要求，是媒体融合所应建立的正确的思维④。

三是从受众思维向用户思维转变。媒体融合的早期，鲜有学者关注用户层面的融合转变，而是聚焦于媒体自身的融合。随着媒介技术的不断演变发展，传统的媒介供方市场向需求方市场不断转变⑤。2010 年后，学界开始注意到“用户”是媒体融合发展过程中不可或缺的一环，将用户层面融入关于媒体融合的思考中。多位学者都提到，媒体融合的关键在于受众

① 许志晖．媒体融合的经济学分析——探寻媒体融合的动因、路径及其效应［D］．北京师范大学博士学位论文，2011.

② 喻国明．传媒发展：从“内容为王”到“产品为王”［J］．新闻与写作，2007（11）：21.

③ 黎斌．媒体融合新思维：从“内容为王”到“‘内容+’为王”［J］．中国广播电视学刊，2017（1）：27-30.

④ 宋昭勋．新闻传播学中 Convergence 一词溯源及内涵［J］．现代传播（中国传媒大学学报），2006（1）：51-53.

⑤ 李彪．“互联网+”时代传统媒体融合转型的做点［J］．编辑之友，2015（11）：51-55.

思维向用户思维的转变，如詹金斯提出的消费者转变为生产者，或是所谓的产消者（Prosumer）。严三九通过调研发现绝大多数新闻从业者已用“用户”理念去思考受众需求①。这就要求以提供服务的思维替代提供信息的思维，才能更好地实现媒体融合。此外，用户思维还要求将用户融入融合过程中，即要将用户深层引入媒体的业务流程与业务模式中，把用户视为媒体系统的新生产要素②。

三、媒体融合的争议与讨论

媒体融合概念引入中国以来，学界对其的争论一直不绝于耳。总的来看，这些争议和讨论主要集中在以下几个方面：

（一）互联网在媒体融合中的功能与作用

互联网在媒体融合早期进程中起到重要推动作用。熊澄宇指出，所有媒介向电子化和数字化的形式靠拢的趋势是由计算技术驱动的，并在网络技术的推动下变得可能③。也有学者认为，传统媒体和新兴媒体的融合，并非指将互联网融合进传统媒体，因为互联网本身就是一个融合媒体④。互联网媒介是最佳的融合媒介和基础，这也就要求在进行融合时必须以互联网为主体⑤。

早期的媒体融合实践主要将互联网和传统媒体看作一种竞争关系，传统媒体在互联网的冲击下不得已进行媒体融合，是一种被动的融合。但实际上，媒体融合的任务是要适应互联网媒介新生态⑥。要适应因互联网的兴起而改变的用户媒介消费习惯，主动改变传播思维，主动根据自身的不同特性制定融合方案。互联网不仅是工具和渠道，更是一种可以改造世界的新结构方式⑦。

---

① 严三九．中国传统媒体与新兴媒体融合发展的现状、问题与创新路径［J］．华东师范大学学报（哲学社会科学版），2018（1）：89-101+179.

② 彭兰．新媒体传播：新图景与新机理［J］．新闻与写作，2018（7）：5-11.

③ 熊澄宇．整合传媒：新媒体进行时［J］．国际新闻界，2006（7）：7-11.

④ 李良荣，周宽玮．媒体融合：老套路和新探索［J］．新闻记者，2014（8）：16-20.

⑤ 郭全中．媒体融合：现状、问题及策略［J］．新闻记者，2015（3）：28-35.

⑥ 黎斌．媒体融合新思维：从“内容为王”到“‘内容+’为王”［J］．中国广播电视学刊，2017（1）：27-30.

⑦ 李彪．“互联网+”时代传统媒体融合转型的做点［J］．编辑之友，2015（11）：51-55.

随着研究的深入，越来越多的研究者和从业者开始呼唤从传统媒体思维向互联网思维转变。互联网在媒体融合中发挥的作用越来越深入，传统媒体主导的媒体融合更应强调以用户为中心，树立“互联网+用户”“互联网+内容”等以互联网为技术基础的融合思维。随着媒体融合进入深水区，以互联网为主体推动媒体深度融合，将互联网思维融入顶层设计和新闻生产中，促进传媒业业态转型升级，也逐渐成为共识。

（二）多元的媒体融合观

一是“以西为鉴”和坚持“中国特色”的融合观。虽然我国早期的媒体融合理论主要来自西方，但随着媒体融合在中国本土的不断推进，我们在理论与实践两个方面，都走出了一条具有中国特色的媒体融合之路，甚至把西方学者（布莱恩·布鲁克斯）提出的作为“新闻学上的一个假设”的媒体融合转化成为现实实践。经过中国媒体的实践检验，融合发展成为传统媒体满足新时代发展要求的一条可行之路。以习近平同志为核心的党中央对媒体融合发展作出的战略部署和提出的具体要求，都推动着我国传统媒体在融合发展上走在世界前列。

二是传统媒体作为主体与新兴媒体作为主体的融合观。从字面上看，媒体融合是指传统媒体和新兴媒体融合。支庭荣曾认为媒体融合就是传统媒体融于新兴媒体，所有媒体融于移动互联网。后来他进一步指出，媒体融合大多数意指传统媒体的职责、使命、目标、任务、资金、人才以及其他资源与新兴媒体及其所代表的信息传播技术的结合，以及各类媒体进行生产关系的调整①。多数学者持有的观点都是将传统媒体作为融合主体出发来讨论媒体融合。周逵以反向视角来看待媒体融合，将新兴媒体作为分析主体，阐释别样的融合逻辑②。丁柏铨则认为，传统媒体和新兴媒体之间不存在谁是主体的问题，应该是“双主体”，是互为融合的对象，达到“你就是我，我就是你”的境界③。

---

① 支庭荣．我国媒体融合发展的内在逻辑与焦点问题［J］．人民论坛·学术前沿，2019（3）：6-14.

② 周逵．反向融合：中国大陆媒体融合逻辑的另一种诠释［J］．新闻记者，2019（3）：45-51.

③ 丁柏铨．论媒体融合的主体［J］．新闻爱好者，2019（10）：4-7.

（三）对媒体融合效果的质疑和批判

部分学者认为，对传统媒体来说，媒体融合并未实现真正意义上的融合，融合的效果甚微。2014 年《关于推动传统媒体和新兴媒体融合发展的指导意见》出台后，许多传统媒体的转型只是披上了“新媒体的外衣”，在本质上并没有实现真正的融合①。在早期，大部分媒体的传统思维并未改变，片面地追求实现“媒体融合”，实际上实现的只是媒体形态的融合。谢新洲也指出，我国的传统媒体改革虽然在各类媒体中已经有了大范围的实践，但是就改革效果而言，媒体融合尚未取得突破性进展②。唐绪军等指出媒体融合的发展成效有待加强，在业务模式、人才平台、盈利方式、体系构建等方面，主流媒体的转型发展实践与国家要求、市场需求还有一定差距③。

还有部分学者认为媒体融合对新闻从业者产生较大影响④⑤，主要体现在以下几方面：第一，“术业有专攻”的概念消解。过去，新闻从业者往往精通于新闻业务的某一类别，如文字、摄影等，但媒体融合的一个重要观点就是培养全媒体人才，培养会“采写编评摄剪”全流程业务的“全能记者”。理论的出发点是好的，但在实践层面，对大多数新闻工作者来说是较为困难的。第二，突出共性而淡化个性的新闻产品。“中央厨房”的操作模式运用在新闻生产中，虽然提升了工作效率和新闻产品的产出率，但在一定程度上，此种“新闻流水线”的生产流程弱化了新闻工作者的个人色彩，还可能导致内容同质化的问题。

也有一些研究者对媒体融合实践中存在的盲目融合、响应号召式突击融合的情况加以批判。彭兰指出，“中央厨房”模式并非一定要复制到每个媒体，同时不是所有媒体都要全媒体化，这样可能会造成资源的分散，在新的领域很难形成自己的影响力，甚至可能拖累自己原有的优势产品⑥。

---

① 黄楚新，邵赛男．跨越与突破：媒体融合纵深发展的路径［J］．中国编辑，2021（3）：4-9.

② 谢新洲．我国媒体融合的困境与出路［J］．新闻与写作，2017（1）：32-35.

③ 唐绪军，黄楚新，王丹．媒体深度融合：中国新媒体发展的新格局——2020-2021 年中国新媒体发展现状及展望［J］．新闻与写作，2021（7）：97-102.

④ 丁柏铨．媒介融合：概念、动因及利弊［J］．南京社会科学，2011（11）：92-99.

⑤ 罗娟．媒体融合的消极影响探究［J］．编辑之友，2013（10）：74-75.

⑥ 彭兰．新媒体传播：新图景与新机理［J］．新闻与写作，2018（7）：5-11.

（四）对媒体融合研究的反思

媒体融合理论最早由西方引入中国，西方相关理论和实践曾经是我国的重要参考，但由于中西方传媒体制大相径庭，西方理论与中国实践之间的落差也不断凸显。陈刚指出，已有的部分研究缺乏对比性研究和历史性研究，特别是对美国媒体融合相关产业现象缺乏免疫力，没有认清中美间的差异①。陈刚还指出，已有研究中把媒体融合和传统媒体的存在视为天然合法，缺乏批判性反思，没有深刻认识其在中国的复杂性与精神实质②。媒体融合的理论和实践研究文献虽然数量增长迅猛，但同时也存在对策性研究、案例式分析、经验总结式讨论多，而真正严肃的思考和深刻反思少的普遍问题。大量以解决实际问题为目标的研究，使真正的理论研究面临边缘化的窘境。

四、媒体融合理论的发展趋势与研究走向

（一）新媒体的反向融合

有学者提出与传统语境下的媒体融合相反的研究逻辑，即“反向融合”，从新兴媒体主动与传统媒体融合的现象出发，为媒体融合开辟了一条新的分析逻辑③。第一，内容话语层面的反向融合。新媒体主动从互联网的话语形态向传统媒体的话语体系靠拢，增强互联网内容产品的规范性。第二，商业媒体寻求体制性资源的反向融合。不是将传统媒体人才流失看作媒体融合发展的困境，而是将其看作商业性新媒体获得体制性资源、体制性管理思维的机会，增强自身抗风险能力。第三，资本结构层面的反向融合。传统媒体引入商业资本，能够帮助传统媒体“造血”，但从商业媒体角度来看这意味着借体制内资源获得稀缺的牌照资源，也是国有资本融入商业企业资本结构的新尝试。

媒体融合发展至今，已经不能完全看作传统媒体的媒体融合，新兴媒体和传统媒体的融合可以看作是另一种意义上的融合。尽管在“融合”与“反向融合”之间，关于融合实践的主体、路径、方式和向度均大相径庭，

①② 陈刚．数字逻辑与媒体融合［J］．新闻大学，2016（2）：100-106+151.

③ 周逵．反向融合：中国大陆媒体融合逻辑的另一种诠释［J］．新闻记者，2019（3）：45-51.

但从其根本性目的来看，都体现出为了壮大主流舆论场、提高党和政府在新媒体新阵地上传播能力的目标一致性①。

（二）以创新理论激活媒体融合

创新理论是学者们推进媒体融合理论研究深入发展的一个重要支撑。针对媒体融合如何创新的问题，从理论层面看，有学者提出媒体应颠覆性创新。颠覆性创新旨在提供一种与主流市场完全不同的产品组合，而并未为主流市场的客户提供更好的产品，此种创新往往能够使小企业在与其他大企业的竞争中突出重围，甚至实现对大企业的颠覆。朱鸿军基于颠覆性创新理论，认为新兴媒体底层技术的革命性差异带来了与传统媒体的本质不同，自然会驱使试图迭代为新兴媒体的传统媒体在融合发展时以颠覆性为底色创新；同时提出传统媒体的融媒体转型遭遇着结构性困境，我国传统媒体的融媒体建设必须走一条颠覆性创新之路②。

曾培伦以熊彼特创新理论来探讨媒体融合。“熊彼特式创新”是经济变动的一种形式或方法，它将“不断地从内部革新经济结构，即不断打破旧的结构，不断创造新的结构”，是一种“创造性毁灭的过程”③。曾培伦认为，传统媒体在处理和新媒体的关系上，更多是抱着“守土有责”的心态，是一种“姿态上的融合”。现在的融合需要把先前的旧观念和旧体制进行壮士断腕般的变革，才能实现真正的“创新”④。

基于不同创新理论探讨媒体融合发展的核心要点在于打破传统的生产关系、传统的体制机制的桎梏，将互联网新发展思想贯彻到媒体融合的每一环节，由内而外地推进融合，避免继续走表面融合的老路。

（三）媒体融合的“解体”——去融合

Sergio Sparviero 等在《媒体融合与去融合》（*Media Convergence and De-convergence*）一书中汇集了 2013 年于奥地利萨尔茨堡举办的“解构媒体融

① 周逵．反向融合：中国大陆媒体融合逻辑的另一种诠释［J］．新闻记者，2019（3）：45-51.

② 朱鸿军．颠覆性创新：大型传统媒体的融媒转型［J］．现代传播（中国传媒大学学报），2019（8）：1-6.

③ 熊彼特．资本主义、社会主义和民主主义［M］．绛枫译．北京：商务印书馆，1979：102-108.

④ 曾培伦．熊彼特创新理论视阈下的中国媒介融合路径危机［J］．新闻大学，2017（1）：110-115+144+151.

合”会议中的学术文章。他们认为媒体融合近期发展的核心特征不是媒体技术、市场、用途和内容的整合，而是它们的解体、倍增和复杂性的增加。为了抓住这些经常被忽视的趋势，他们建议将当前媒体和传播领域的变革理解为媒体融合和去融合的相互作用[①]。去融合的概念产生于媒体融合不同维度的消解，包括技术维度、经济市场维度、政治管制维度、文化维度，强调媒体和传播部门的融合和分化运动之间的相互作用。去融合还代表着拒绝承认正在进行的变化是线性的、相互关联的过程，从而导致可预测的解决方案[②]。

在国内，孙鹿童与张磊基于荷兰的《人民报》新闻编辑室的去融合化改革实践，提出对我国媒体融合的思考。荷兰《人民报》在2011年将已经融合化的新闻编辑室重新分割成为报纸新闻编辑室和网站新闻编辑室，前者回归报纸的日常生产，后者则为四家荷兰报纸的网站服务[③]。这种在媒体融合浪潮中走融合道路的新闻生产模式，也可以为我国媒体融合的发展困境提供一定启发。

正如彭兰所指出的，不是所有媒体都要全媒体化[④]。我们应该从媒体自身的特性、媒体的用户群体等多方面来考量，怎样在最大程度上，既能够保留自身新闻生产的特色，又能适应当前的全媒体化浪潮，回归对于新闻本质的追求。

---

① Peil C, Sparviero S. Media Convegence Meets Deconvergence [R] // Sparvieros S et al. Media Convergence and Deconvergence. Global Transformations in Media and Commmunication Research-A Palgrave and IAMCR Series, 2017: 6-7.

② De Sola Pool I. Technologies of Freedom [M]. Cambridge: The Belknap Press of Harvard University Press, 1983: 23.

③ 孙鹿童，张磊．新闻编辑室的融合化与去融合化［J］．青年记者，2015（7）：19-20.

④ 彭兰．新媒体传播：新图景与新机理［J］．新闻与写作，2018（7）：5-11.

媒体融合战略发展研究：机遇、演进与展望

涂凌波　王子薇　杨泰一*

党的十八大以来，党中央高度重视媒体融合发展，从党和国家发展的全局出发谋划媒体融合发展战略，制定和出台了一系列推动媒体融合发展的政策举措。2013 年，习近平总书记在全国宣传思想工作会议上指出，"'明者因时而变，知者随事而制'，宣传思想工作创新，重点要抓好理念创新、手段创新、基层工作创新，努力以思想认识新飞跃打开工作新局面"。2014 年 8 月，中央全面深化改革领导小组第四次会议审议通过了《关于推动传统媒体和新兴媒体融合发展的指导意见》，全面部署和推动媒体融合发展战略。自此，媒体融合上升为国家战略。2020 年 9 月，中共中央办公厅、国务院办公厅印发《关于加快推进媒体深度融合发展的意见》，提出打造全媒体传播体系，推动媒体融合发展进入快车道、深水区。随着"推进媒体深度融合，做强新型主流媒体"被纳入《中华人民共和国国民经济和社会发展第十四个五年规划和 2035 年远景目标纲要》，媒体融合战略作为国家发展战略的重要组成部分，在现代化强国建设新征程上具有重要的意义。

媒体融合逐步上升为国家战略，有其特殊的时代背景和历史机遇。在建设社会主义现代化国家的总目标与推进国家治理能力现代化的大背景下，建设新型主流媒体、构建全媒体传播体系，是媒体融合的战略任务。

* 涂凌波，中国传媒大学电视学院教授、博士生导师，媒体融合与传播国家重点实验室（中国传媒大学）研究员；王子薇，中国人民大学新闻学院博士研究生；杨泰一，中国传媒大学电视学院硕士研究生。

媒体融合战略围绕如何建设新型主流媒体展开，最终通过整合资源与转型升级拓宽功能边界，提升主流媒体的舆论引导能力和社会服务能力。本部分从战略的视角回顾我国媒体融合发展之路，回溯新时代以来媒体融合战略所经历的三个发展阶段，基于我国媒体融合实践的经验、案例和对策研究，对媒体融合发展的顶层战略设计进行学理性和宏观分析。

一、媒体融合战略的时代背景与历史机遇

媒体融合作为国家发展战略的一部分，离不开国家需求、媒介技术发展、传播生态环境变化以及制度的嵌入与微观实践。近年来，我国媒体融合持续推进，从推广“中央厨房”到建设县级融媒体中心，以“一体化”平台建设为主要形式，主流媒体的传播阵地不断拓展，传播效力明显提升。2019 年，中共中央政治局就全媒体时代和媒体融合发展举行第十二次集体学习，习近平总书记强调，推动媒体融合发展、建设全媒体成为我们面临的一项紧迫课题。

（一）媒体融合战略的宏观背景

1. 社会主义现代化强国建设

全面建设社会主义现代化国家，是党在全面建成小康社会奋斗目标完成之后新的奋斗目标，是我国社会主义现代化建设“三步走”总体战略的继续和深入。2020 年，《中共中央关于制定国民经济和社会发展第十四个五年规划和二〇三五年远景目标的建议》将媒体融合纳入我国国家发展战略的长远规划，这是中央为实现媒体融合全面质变而提出的顶层设计，体现出我国推进媒体融合深度发展的强大决心。因势而动，顺势而为，媒体融合发展符合时代和国家的战略机遇，符合新时代我国总体发展的战略需求。

2. 国家治理体系和治理能力现代化

推进国家治理体系和治理能力现代化是全面深化改革的总目标。国家治理能力现代化意味着通过改革和完善体制机制、法律法规，实现国家治理制度化、规范化、程序化，适应社会主义现代化建设需要，增强依法治

国理政的本领，把各方面制度优势转化为管理国家的能力与水平①。媒体融合战略具有深刻的政治逻辑、技术逻辑和市场逻辑②，服务于国家治理体系和治理能力的平台化转型③，服务于推进国家治理体系和治理能力现代化的总目标。近年来，随着智能技术深度嵌入社会发展，数据驱动与智能驱动双驱并进，主流媒体通过融合创新实现流程再造，“新闻+政务商务服务”打破了传统的媒体模式，打通媒体融合枢纽，进而深入推进网格化社会治理，网络问政、数据治理等也助推社会治理能力现代化。

“我的长沙”App 介绍

资料来源：长沙交通音乐广播搜狐号，https：//www. sohu. com/a/432852948_390690。

---

① 郑言，李猛．推进国家治理体系与国家治理能力现代化［J］．吉林大学社会科学学报，2014，54（2）：5-12+171.

② 林如鹏，汤景泰．政治逻辑、技术逻辑与市场逻辑：论习近平的媒体融合发展思想［J］．新闻与传播研究，2016，23（11）：5-15+126.

③ 姬德强．媒体融合与国家治理体系的平台化转型［J］．青年记者，2020（10）：12-14.

3. 媒体格局与舆论生态变化

媒介技术的飞速发展和普遍应用，导致媒体格局、舆论生态、受众需求和传播方式等发生深刻变革，舆论格局更加复杂，打造主流舆论阵地更为关键。2013 年，习近平总书记在全国宣传思想工作会议上就提出，根据形势发展需要，要把网上舆论工作作为宣传思想工作的重中之重来抓。从意识形态工作来看，媒体融合发展事关我国意识形态工作的主动权和话语权，也是巩固思想文化阵地、壮大主流思想舆论的重要支点。从实践来看，在做大做强主流舆论、巩固全党全国人民团结奋斗的共同思想基础中，媒体融合战略发挥着举足轻重的作用。

4. 媒介技术的迭代升级

技术不断为媒体融合发展提供新的空间和可能性。大数据、人工智能、5G、VR、区块链等新技术带来了信息生产传播的深刻变革，为传统媒体的转型升级、融合发展带来了机遇，同时也带来了巨大挑战。技术和市场带来的竞争性压力，驱动着融合的潮流，包括技术的应用、组织的调整、力量的配置以及手段的创新等，通过系统性思维打造媒体生态系统①。顺应媒介技术的迭代升级，是传统媒体走向媒体融合发展的必然之举。一方面，随着“中央厨房”、智能采集终端、写稿机器人、虚拟主播机器人等智能化转型愈演愈烈，传统媒体抓住技术发展红利，强势进军新媒体行业；另一方面，传统的二元结构也在媒体融合发展中发生着变化，政府不再将互联网简单视为技术平台，更加重视其作为一种重要舆论工具的功能，并力图通过媒体融合与建设新型媒体集团的方式将互联网等新兴媒体纳入党和政府对传媒业的管理体系中②。

（二）媒体融合的战略意义与价值

战略这一概念本源于军事语境，“二战”后军事领域的战略概念被引入工商管理领域，最终发展成为一种新的管理研究途径或新学科分支③。

---

① 梅宁华，支庭荣．中国媒体融合发展报告 2021［M］．北京：社会科学文献出版社，2021：80-81.

② 殷琦．创新的转向：中国媒体融合演进的路径与机制［J］．新闻大学，2021（1）：103-116+121.

③ 戴维·奥斯本，彼得·普拉斯特里克．再造政府：政府改革的五项战略［M］．谭功荣，刘霞译．北京：中国人民大学出版社，2014：29.

在企业或者政府管理中，战略更多指利用关键的杠杆作用支点进行根本变革，使变革影响到整个组织。讲究战略意味着运用一切可能的杠杆作用，以一种能够变革每个人行为模式的方式来改变制度中的动力机制。战略系统考虑组织的内外环境及相互作用，未来远景、长期目标和近期目标。波齐曼和斯特劳斯曼在《公共管理战略》一书中则认为，战略包含着组织的外部环境、使命和目标①。

当前，人类社会已经进入信息社会，要最大限度地实现国家利益，就必须对当下的信息技术革命有全面的认识并使之融入国家战略的整体设计中。信息环境的变化已经促使世界多国构建相关的国家战略，如英国基于"数字政府即平台"理念推进政府数字化转型战略，美国也确立了基于大数据的信息网络安全战略②。在我国，在当前的形势下，构建国家战略必须对国内和国外传播模式进行全面的再认识③。整体上，我国注重文化软实力建设，强化对外文化交流机制，积极建立科学完备的中国国家战略体系，加强马克思主义战略理论体系建设④。

从战略的视角来看，媒体融合上升为国家战略意味着制度层面的顶层设计，即是对未来远景、长期目标和近期目标的整体规划。从媒体发展来看是一种制度创新，就战略实施而言对内是结构化的、对外是体系化的，这意味着媒体融合战略既需要内部的整合与重组，也需要外部不同要素之间的协调与配合。媒体融合是执政党基于意识形态安全考虑所采取的系统改革。通过媒体融合改革，疏浚被那些具有头部影响力的商业化网络平台阻塞的传播出口，推动主流媒体与网络空间的广域连接，改变主导意识形态的被动局面⑤。媒体融合发展战略的重要意义在于厘清主流媒体与商业

① 陈振明．公共管理需要新的战略思维——评《公共和第三部门组织的战略管理》［J］．中国人民大学学报，2001（6）：118-120.

② 张晓，鲍静．数字政府即平台：英国政府数字化转型战略研究及其启示［J］．中国行政管理，2018（3）：27-32.

③ 沈国麟．大数据时代的数据主权和国家数据战略［J］．南京社会科学，2014（6）：113-119+127.

④ 门洪华．关键时刻：美国精英眼中的中国、美国与世界［J］．中国社会科学，2012（7）：182-202+207.

⑤ 张涛甫，赵静．媒体融合的政治逻辑：基于意识形态安全的视角［J］．新闻与传播研究，2021，28（11）：69-83+127-128.

媒体之间的平衡关系，以及主流媒体如何打破自身传播影响力弱化的现实困境，从而能够继续稳固、发展和创新由执政党领导的既有传媒政治框架，坚守主流媒体对于主流舆论的传播力、引导力、影响力、公信力。

（三）媒体融合的战略机遇

1. 国家政策机遇

2014 年 8 月，中央全面深化改革领导小组第四次会议审议通过了《关于推动传统媒体和新兴媒体融合发展的指导意见》，从政策上对媒体融合给予支持和倾斜，此后我国陆续出台媒体融合政策，推动媒体融合向纵深发展。2020 年 9 月，中共中央办公厅、国务院办公厅印发《关于加快推进媒体深度融合发展的意见》，强调要“尽快建成一批具有强大影响力和竞争力的新型主流媒体”。依托媒体融合建设全媒体传播体系、构建新型主流媒体，国家政策和相关决策意见的出台，进一步为媒体融合发展提供了政策的机遇和保障。

2. 媒介技术机遇

媒介技术发展是推动媒体融合发展的底层逻辑，亦是实现媒体融合纵深发展的关键。近年来，智能媒介技术的发展为传统的新闻生产与报道提供了新的模式和路径，5G+4K 技术、算法推荐技术、大数据和云计算技术等已成为多数媒体融合新闻报道的标配。媒介技术发展带来的革命性变革，不仅打造新闻生产的新样态，也在重塑信息消费的新形式。简单而言，当前不论是信息生产抑或是信息消费，都难以逃离媒介技术的底层影响，媒介技术向数字化、智能化、场景化的进一步变革，都将为媒体融合带来新的机遇和可能。

3. 互联网平台化机遇

传统媒体与互联网平台媒体在相互融合与竞争中打造了新的媒体生态格局。在平台化的趋势下，互联网机构呈现出“平台型媒体”的一些特征。互联网平台型媒体有两方面含义：其一，互联网平台媒体是一个聚合信息并能有效实施传播与互动的平台；其二，互联网平台媒体依靠技术和资本建构了完整的互联网生态系统，通过连接性塑造社会行为、创造商业价值[①]。互联网平台型媒体与传统主流媒体之间是一种相互嵌入的关系，这也为主流媒体的反向融合提供了重要机遇。

我国的媒体融合发展战略致力于打造更加权威的媒体服务平台。一方面，主流媒体可以打造自己的智能传播平台，推动媒体融合向纵深发展，打造可控高效、集成发展的全媒体传播体系。另一方面，主流媒体可以实现破圈融合，借助互联网平台型媒体提高自身传播力、影响力，扩大信息传播范围。

4. 加强国际传播能力建设的机遇

新的世界媒体格局为广大发展中国家的传媒业改变以往落后状况，实现跨越式发展提供了难得的历史机遇[②]。我国综合国力的上升迫切需要国际传播能力的进一步提高，尤其是我国当前仍然处于世界信息输送的中下游，常常面临着信息传播受阻、信息传播逆差的不利情况。此外，新兴媒体已经成为国际传播的新阵地，国际传播呈现出移动化、社交化、可视化的新趋势[③]。

2021 年 5 月 31 日，中共中央政治局就加强我国国际传播能力建设进行第三十次集体学习。习近平总书记在主持学习时强调，要加强和改进国际传播工作，展示真实立体全面的中国，“必须加强顶层设计和研究布局，构建具有鲜明中国特色的战略传播体系，着力提高国际传播影响力、中华文化感召力、中国形象亲和力、中国话语说服力、国际舆论引导力”[④]。如何通过媒体融合战略，推动我国国际传播能力建设，成为一项重要而紧迫的任务。加快媒体深度融合，打造具有国际影响力的新型媒体集群，这对于我国主流媒体尤其是国际传播媒体而言，是重要的时代任务和时代机遇。

---

① 张彩霞，张涵．互联网平台媒体的反向融合逻辑与新传播生态［J］．现代传播（中国传媒大学学报），2022，44（2）：154-161.

② 林如鹏，汤景泰．政治逻辑、技术逻辑与市场逻辑：论习近平的媒体融合发展思想［J］．新闻与传播研究，2016，23（11）：5-15+126.

③ 姜飞，彭锦．以媒体融合促进对外传播能力建设［J］．现代传播（中国传媒大学学报），2019，41（8）：7-11.

④ 习近平在中共中央政治局第三十次集体学习时强调　加强和改进国际传播工作　展示真实立体全面的中国［N/OL］．［2021-06-01］．http：//www.chinanews.com/cn/gn/2021/06-01/9489970.shtml.

二、媒体融合战略的基本构成与演进路线

（一）媒体融合战略的核心内容

媒体融合的本质是新媒体化，一方面在于通过新媒体占领舆论阵地，提升传播能力和服务能力；另一方面则在于通过资源整合，优化传播结构和模式，提高传播效率和效果①。媒体融合战略围绕如何建设新型主流媒体展开，最终通过整合资源与转型升级拓宽功能边界，提升主流媒体的舆论引导力和社会服务能力。具体而言，媒体融合战略重点在于媒体融合主体之间的连接关系以及媒体融合的发展路径两方面的问题。前者主要解决的问题是媒体内部体制机制改革以及不同类型媒体间的平衡与发展；后者主要解决的问题则是传统主流媒体如何向新型主流媒体进一步迈进，以及如何构建完善、合理的全媒体传播体系进而提升自身传播能力和舆论引导力。

（二）媒体融合战略的三阶段目标

一般认为，媒体融合的目的在于推动建设新型主流媒体，做大做强主流舆论，同时增强服务意识与服务能力，推动国家治理体系和治理能力现代化。从战略研究的视角来看，媒体融合的战略目标包括远期目标、中期目标和近期目标三个阶段目标。按照主体划分则包括国家传播能力目标、区域社会发展目标和传媒行业发展目标。

1. 远期目标

媒体融合战略的长期愿景是构建完善的全媒体传播体系，实现媒体生态融合，全媒体传播体系深度嵌入国家和社会治理体系，成为推动国家发展的重要引擎以及整个社会体系的有机构成部分。同时，形成良好的舆论生态格局，牢牢占据舆论引导、思想引领、文化传承、服务人民的制高点。首先，打造媒体融合新生态，实现全方位、多时空覆盖不同的传播群体。其次，打通内部各主体、生产要素、服务节点之间的关系壁垒，建立资源集约、结构合理的媒体融合机制。最后，全媒体传播体系能够如毛细

① 谢新洲，石林．“上下夹击”与“中部突围”：我国地市级融媒体发展研究——基于四市媒体融合发展的实地调研［J］．现代传播（中国传媒大学学报），2019，41（12）：1-8.

血管般融入整个社会生态中，服务于我国政治、经济、文化、社会的全方位发展，推动国家和社会治理能力现代化，助力现代化强国建设目标的实现。

2. 中期目标

建设新型主流媒体是实现媒体融合的必经之路，亦是媒体融合发展战略的中期目标。当前我国构建新型主流媒体的根本在于实现“新型”与“主流”的平衡①。“新型”意味着要运用互联网思维、平台思维以及用户思维，在传统媒体与互联网平台之间寻求合作与平衡发展；而“主流”意味着主流媒体在转型为新型主流媒体时，更应凸显主流媒体的功能、角色与社会责任，坚守主流舆论阵地。

3. 近期目标

实现媒体的深度融合和一体化发展，初步形成全媒体传播的基本结构。从“相加”走向“相融”，打造一体化的媒体生态格局至关重要。媒体深度融合发展不仅包括不同类型媒体的融合，还包括媒体内部生产要素和资源配置的融合。从媒体类型来看，实现媒体一体化发展就是要统筹处理好不同类型媒体的关系，包括传统媒体和新兴媒体、中央媒体和地方媒体、主流媒体和商业平台、大众化媒体和专业性媒体等，其中传统媒体和新兴媒体的关系是至关重要的。从媒体内部来看，实现媒体一体化发展就是要实现信息内容、媒介功能、技术应用、平台终端、管理手段、体制机制、组织结构、人才队伍等要素的共融互通。

（三）媒体融合战略的分层次目标

1. 国家传播能力目标

以国家作为主体考察媒体融合发展战略，核心在于增强国家的传播能力，构建“对内引导主流舆论，对外讲好中国故事”的传播格局。在网络舆论日趋复杂的生态下，我国主流媒体应通过全媒体传播体系全方位、多样态的延伸触角，增强主流舆论的引导力。在我国国际传播整体战略中，推动传统媒体和新兴媒体深度融合，抓住融合赋能的机遇，有助于增强国际传播效能。

---

① 陈虹，杨启飞．平衡与连接：构建新型主流媒体的内在逻辑与行动框架［J］．现代传播（中国传媒大学学报），2021，43（10）：1-5.

2. 区域社会发展目标

媒体融合发展直接服务于社会治理，这是具有中国特色的媒体融合的生动实践，也是在社会层面的媒体融合发展目标。不论是构建新型政务媒体，还是深化主流媒体内部的体制机制融合，其目标都在于加强自身的服务水平。通过搭建服务型平台，建立媒体与人民群众之间的密切联系，进一步提升政府的服务能力和社会治理水平。

3. 传媒行业发展目标

就传媒行业而言，当下主流媒体要打通体制枢纽，建立资源集约型的新型主流媒体，统筹各类资源，实现全媒体新闻产品生产机制全流程、常态化运行。建设新型主流媒体是当前传统媒体实现自身转型并适应媒体市场的重要路径，也是传统媒体打造自身独特生态领域，实现与商业媒体平衡的必经之路。能否成功建设新型主流媒体将深刻影响既有的市场格局，也将深刻影响未来传媒行业的发展以及整个媒体融合战略的发展。

（四）媒体融合战略发展的三个阶段

媒体融合发展至今大体上经历了以下三个阶段：

1. 第一阶段：2013~2014 年

这一阶段是媒体融合理念提出和初步实践阶段，媒体融合初步上升为一种战略。2013 年 8 月 19 日，习近平在全国宣传思想工作会议上强调新形势下宣传工作要积极创新。习近平指出：“宣传思想工作创新，重点要抓好理念创新、手段创新、基层工作创新，努力以思想认识新飞跃打开工作新局面，积极探索有利于破解工作难题的新举措新办法，把创新的重心放在基层一线。”① 理念、手段、基层工作创新的提法，为此后探索媒体融合发展奠定了基础。2014 年 8 月 18 日，中央全面深化改革领导小组第四次会议审议通过了《关于推动传统媒体和新兴媒体融合发展的指导意见》，媒体融合正式上升为国家战略。

2. 第二阶段：2015~2018 年

媒体融合理念不断成熟完善，从中央到地方各级媒体不断探索媒体融合发展模式，媒体融合战略逐渐清晰。一方面，媒体融合发展实践探索进

① 习近平．论党的宣传思想工作［M］．北京：中央文献出版社，2020：16.

入快车道，国家也陆续推出系列政策措施完善媒体融合发展格局；另一方面，以“中央厨房”为典型样态的媒体融合发展模式，开始成为媒体纷纷仿效的对象，同时各地媒体也在媒体融合战略下探索自身的发展路径。

2018 年 8 月，习近平在全国宣传思想工作会议上明确提出要扎实抓好县级融媒体中心建设，更好地引导群众、服务群众①。此后，县级融媒体建设在全国展开，县级融媒体建设是打通基层服务“最后一公里”的重要举措。推动县级融媒体发展，表明我国媒体融合战略不断深化，媒体融合纵向传播格局有序推进。

3. 第三阶段：2019 年至今

媒体融合迈向纵深发展，由增量扩张转变为内涵拓展，进入智能融合、生态融合、柔性融合的新阶段。这一阶段，媒体融合的整体格局初步建立，从中央到县级的融媒体布局基本完成，媒体融合发展进入生态融合的新阶段。2019 年，党的十九届四中全会提出要“建立以内容建设为根本、先进技术为支撑、创新管理为保障的全媒体传播体系”，将其纳入国家治理体系和治理能力现代化范畴，从内容、技术和创新管理等角度为媒体融合发展如何参与社会治理、促进国家治理体系和治理能力现代化指明了路径。

2019 年在十九届中央政治局第十二次集体学习时，习近平总书记对加快媒体融合发展做出重要指示，指出要全面把握媒体融合发展的趋势和规律，要坚持一体化发展方向，推动媒体融合向纵深发展，要形成资源集约、结构合理、差异发展、协同高效的全媒体传播体系②。这是对媒体融合发展做出的系统战略部署，明确提出全媒体传播体系建设重大任务，构建全媒体传播体系的具体思路。此外，习近平总书记还深入阐述了“四全媒体”（全程媒体、全息媒体、全员媒体、全效媒体）的特征，要求主流媒体把握发展机遇，守正创新，锐意进取，实现新闻传播多领域拓展、全方位覆盖以及全天候延伸，筑起“四全媒体”传播格局。

2020 年是我国媒体融合进一步走向纵深发展的重要节点。2020 年 6 月，中央全面深化改革委员会第十四次会议审议通过《关于加快推进媒体

---

① 习近平．论党的宣传思想工作［M］．北京：中央文献出版社，2020：340.

② 习近平．论党的宣传思想工作［M］．北京：中央文献出版社，2020：353-358.

深度融合发展的指导意见》，从重要意义、目标任务、工作原则三个方面明确了媒体深度融合发展的总体要求；要以先进技术引领驱动融合发展，加强新技术在新闻传播领域的前瞻性研究和应用；按照资源集约、结构合理、差异发展、协同高效的原则，完善中央媒体、省级媒体、市级媒体和县级融媒体中心四级融合发展布局；逐步构建网上网下一体、内宣外宣联动的主流舆论格局，建立以内容建设为根本、先进技术为支撑、创新管理为保障的全媒体传播体系。

三、媒体融合战略的发展路径与展望

（一）优化媒体深度融合的体制机制

1. 在融合的体制机制层面，实施顶层重构、流程再造

需要进一步破解当前制约主流媒体融合发展的体制机制障碍。有研究指出，审批制、主管主办制、属地管理制、行业管理制构成了媒体融合体制机制的主体，这四大制度不仅是造成传媒市场条块分割、制约传统媒体发展的痼疾，更已成为媒体融合顺利开展的掣肘①。在媒体融合发展顶层设计中，要转变观念，适应新媒体发展规则，理顺融合发展的体制机制，依托政府支持和内容质量优势开辟融合路径，做好融合平台建设，实现内容生产的流程再造。传统主流媒体需要适应数字媒介逻辑所强调的开放和连接，即以开放的逻辑探索与外界资源的互补与融合②。

2. 在媒体管理层面，打破内部分工隔阂，向融合管理迈进

“中央厨房”模式在一定程度上重塑了媒体的生产模式，也打破了既有的媒体分工流程。融合报道强调“一次采编、多次分发”，这改变了传统的新闻生产流程和模式。媒体内部针对新型生产采编流程重新配置资源、整合人才，实现多部门多工种的协同合作。随着全媒体的发展，媒体业务的“分业经营”模式已经被打破，条块分割的“分业管理”模式在

---

① 朱鸿军．走出结构性困境：媒体融合深层次路径探寻的一种思路［J］．新闻记者，2019（3）：39-44.

② 喻国明，耿晓梦．“深度媒介化”：媒介业的生态格局、价值重心与核心资源［J］．新闻与传播研究，2021，28（12）：76-91+127-128.

未来也会被打破，迈向融合管理阶段。在具体操作层面，应实现流程再造与业务链条的变革，同时推进管理体制的变革，疏通机制改革中的阻碍。

3. 在媒体运营层面，推动“点式融合”向“面式融合”演进

当前，各地方主流媒体大多已建成各具特色的融媒体中心。以融媒体中心为依托带动资源整合和流程再造，打造更加适应媒体融合发展和全媒体传播的组织架构和运行机制，是目前媒体融合发展常用的模式。但从实践效果来看，一些融媒体中心尚未有效整合全媒体业务，不同媒介形态的业务之间还需要加强互联互通、协同发展。更高效的媒介资源整合以及媒体运营需要不同媒体之间真正实现融合。此外，还应该加强人才队伍建设。在媒体融合战略下，应该加强人才造血机制建设，并努力培养全媒型、复合型人才。

（二）迈向“四全媒体”结构转型

“四全媒体”建设是媒体深度融合发展的重要组成部分。2019 年，习近平总书记在中共中央政治局第十二次集体学习时指出：“全媒体不断发展，出现了全程媒体、全息媒体、全员媒体、全效媒体，信息无处不在、无所不及、无人不用，导致舆论生态、媒体格局、传播方式发生深刻变化，新闻舆论工作面临新的挑战。”① “四全媒体”理念丰富了“全媒体”概念的内涵维度，为新形势下主流媒体做好新时代宣传思想文化工作提供了根本遵循，也为推动媒体融合纵向发展指明了方向。

1. 全程媒体

全程媒体意味着信息传播打破时空界限，打破过往的线性传播流程。依托信息技术的深刻变革，改变传统的新闻生产、传播与把关流程，进而引发传播模式的变化。全程媒体发展既要优化运作机制，提升新闻生产“全程”意识，还要加快采编流程再造，实现新闻采集、生产、分发全流程合理化布局。全程媒体同样意味着信息的随时发布，建立符合新兴媒体传播规律的信息发布机制，尤其是在面对重大突发事件和热点事件时，能够做到及时传播信息、引导舆论、化解舆论危机。

2. 全息媒体

全息媒体的重要功能在于搭建了场景化的信息传播模式。全息媒体意

---

① 习近平．论党的宣传思想工作［M］．北京：中央文献出版社，2020：354.

味着进一步延伸了人的感官，为受众提供了更加多元化的传播体验。这也要求主流媒体顺应互联网传播趋势，实现内容产品从可读可视到沉浸式全感官体验、从静态到动态、从一维到多维的升级，满足多终端传播和多种体验需求。当然，全息媒体还需要综合考虑需求和成本之间的关系，全息度越高，显然其获取、存储和展示的成本就越高①。全息媒体的发展对于主流媒体的融合发展来说也是一次深刻挑战。

3. 全员媒体

全员媒体意味着融媒体生产中的全员参与、全员触达、全员互动。毛泽东同志提出“开门办报”的重要思想：“我们的报纸也要靠大家来办，靠全体人民群众来办，靠全党来办，而不能只靠少数人关起门来办。”② 其中就蕴含了全员参与新闻生产的理念。由此可见，全员媒体不仅符合融合发展的需要，更传承了我党新闻工作的优良传统。全员媒体意味着媒体融合发展应该注重“开门办报”，在融合新闻生产中广泛吸纳人民群众的传播力量。同时，群众协同参与社会治理是提升社会治理能力的重要路径，全员媒体意味着搭建政府与群众之间的有效对话渠道和平台，有利于政府及时了解群众的诉求，提升政府工作效能。

4. 全效媒体

全效媒体体现在全环节提升生产效率、全流程把握转换效果、全方位提升传播效能和全平台实现服务效用四个方面。全效媒体意味着媒体必须有效整合既有资源，实现集约式传播。对于主流媒体而言，新闻宣传工作需提高精准度和有效性，打造完善的垂直传播流程，实现精准分发、有效传播。全效媒体要求把受众分析放在更高的位置，从受众的需要出发，既满足受众又高于受众，降低其使用疲惫感，提升其转换效能③。

（三）完善四级融合发展布局

随着中央、省、市、县等各级媒体推进媒体融合不断向纵深发展，一批形态多样、手段先进、具有竞争力的新型主流媒体开始建设起来。从中

① 沈正赋．“四全媒体”框架下新闻生产与传播机制的重构［J］．现代传播（中国传媒大学学报），2019，41（3）：8-14.

② 毛泽东选集［M］．北京：人民出版社，1991：1318-1319.

③ 沈阳．“四全”媒体的新内涵与技术新要求［J］．青年记者，2019（7）：29-30.

央媒体到县级融媒体，每一级媒体都是纵向传播格局不可或缺的一部分。2020 年 9 月，中共中央办公厅、国务院办公厅印发《关于加快推进媒体深度融合发展的意见》，进一步要求主流媒体深化改革，明确要求全媒体传播体系的建设必须按照资源集约、结构合理、差异发展、协同高效的原则，完善中央媒体、省级媒体、市级媒体和县级融媒体中心四级融合发展布局。

1. 打造旗舰型新型主流媒体，牢牢掌握意识形态工作领导权

中央媒体是我国媒体融合发展的“先锋队”和“压舱石”，其主要任务是占领舆论高地，稳固主流舆论。中央媒体的融合发展不仅局限于技术、内容、渠道等方面的深度融合，更重要的是要牢牢掌握意识形态的主导权，守好舆论阵地，充分发挥中央媒体作为党的耳目喉舌的功能作用。此外，中央媒体作为我国媒体融合发展的“旗舰”，应做好引领、示范以及带动作用。一方面，中央媒体应充分利用资源优势和政策优势，发挥自身在舆论上的导向作用、旗帜作用和引领作用；另一方面，中央媒体要做好国际传播工作，讲好中国故事，传播中国好声音，向世界展示真实、全面、立体的中国。

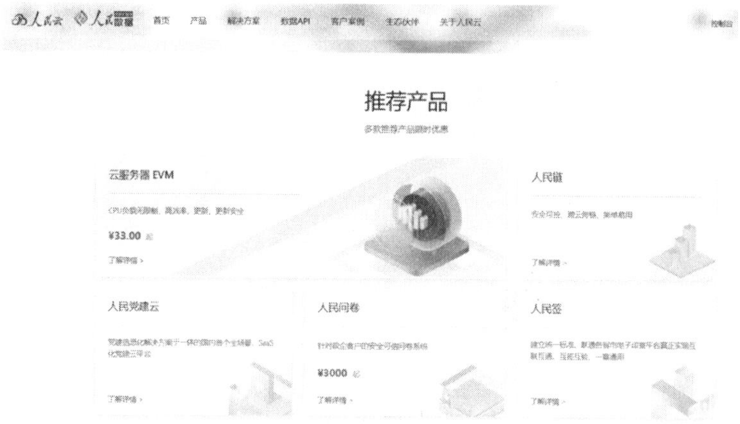

人民云官网首页

资料来源：人民云丨让人民放心的云平台（peopleyun. cn）。

2. 依托省级媒体打造新型主流媒体集团，建立多样化传播格局

省级媒体是我国媒体融合生态格局的重要桥梁，具有上传下达、引导市县级媒体的重要功能。省级媒体依托庞大的地域资源和政策倾斜，具有很强的聚合性和引导性。在媒体融合战略中，省级媒体的重心在于打造本省的云平台，实现云端共联，打通市县媒体资源。同时，省级融媒体建设应保留弹性，给予地方性媒体发展的空间和活力，避免产生同质化现象以及资源的冗余。此外，省级媒体应重组流程，集合资源，充分发挥聚合效应，打造本省的媒体集团，这也是未来媒体融合发展的重要方向。

3. 加强市级融合媒体建设，构建区域传播节点

市级媒体建设处于当前“四级媒体”融合发展的第三层级。值得关注的是，市级融合媒体建设因尚未获得政策的强力支持而呈现出“空心化”的发展趋势，但市级媒体仍然具有难以替代的重要作用与战略意义。首先，市级媒体是意识形态工作的重点领域；其次，市级媒体数量少，因此辐射程度更高，受众忠诚度亦相对较高；最后，市级媒体具备更强的灵活性，在财政经费、人才队伍、技术平台等方面的基础资源更加扎实①。在媒体融合战略中，市级媒体建设应该“扬长避短”，充分发挥其相对优势，弥补政策上的短板。一方面，市级融媒体可以提高媒体地域内其他生产主体间的耦合协调程度；另一方面，市级融媒体要注重融合发展的可持续性、挖掘地方特色，形成具有辐射效应的传播能力和服务能力。

4. 全面打造县级融媒体“矩阵”，打通媒体融合纵向格局的“最后一公里”

县级融媒体起步于物理融合，通过资源配置的整合升级实现化学融合，而后进一步整合融合路径，打通媒体内外各生产要素之间的联系，实现生物融合②。当下，县级融媒体已经在一定程度上承担起政务功能，甚至承担起了文明实践、乡村公共文化建设等重要使命。

县级融媒体的发展速度快，政策倾斜力度大，因此县级融媒体之间的

---

① 谢新洲，石林．“上下夹击”与“中部突围”：我国地市级融媒体发展研究——基于四市媒体融合发展的实地调研［J］．现代传播（中国传媒大学学报），2019，41（12）：1-8.

② 梅宁华，支庭荣．中国媒体融合发展报告 2021［M］．北京：社会科学文献出版社，2021：65-70.

竞争更加激烈，这也意味着未来县级融媒体的发展压力更大。一方面，人才造血机制尚未完善，县级融媒体人才培养成本高且培养难度较大，打造完整的人才培养与引进机制是县级融媒体进一步发展的关键。另一方面，县级融媒体发展地域水平落差大，东西部、省内部不同县级融媒体发展水平参差不齐。作为集多功能于一体的基层传播组织，媒体融合水平落后意味着其难以有效完善基层服务功能。

县级融媒体不仅要在体制机制上下功夫，而且需要其他部门的支持与配合。县级融媒体发展要注意整合资源，真正做到贴近群众，解决民生问题。县级融媒体的核心优势在于其在地性，利用先天地域优势拓宽公共服务领域边界，将媒体与政务、服务等业务相结合，提供多样化综合服务，满足用户多样化的需求。

（四）拓展技术合作运用的新路径

当前，信息技术发展日新月异，大数据、云计算、5G、人工智能等发展迅猛，但媒介技术的窗口红利正在逐步消失。在媒体融合战略中，主流媒体要加快推动技术更新，抢占技术高地，实现从技术跟跑到技术领跑的跃迁，才能优先抢占技术风口，整合各类资源，重构技术布局，推动媒体融合进一步纵深发展，实现不同媒介技术的有效融合。技术能力的提升当然意味着资金的投入和有效使用，这里就要辩证地分析自主研发技术与技术应用之间的关系，辩证地看待主流媒体与互联网平台在技术合作上的新路径。

技术在融合发展中发挥了重要的推动作用，但归根结底媒体融合发展离不开内容的创新。当前主流媒体的核心优势在于优质内容生产以及头部媒体长久积累的公信力和号召力。在媒体融合战略中，通过技术创新应用，形成“内容+科技”双轮驱动、双轮联动的模式，实现优质内容精准传播，进而形成独特的资源优势和内容优势。

结　语

在全面建设社会主义现代化国家新征程上，把握好媒体融合的战略前景和战略发展要求，才能够更好地认识和推动媒体融合发展路径和实践创新。当前我国媒体融合发展迎来战略机遇期，需要把握新发展格局，实现跨越式发展。“十四五”时期是主流媒体深度融合发展的关键窗口期，也是媒体深度融合在管理机制、技术开发、产品创新、平台运维、人才建设和市场能效等方面突破阻碍的关键机遇期，因此需要强大的改革决心和坚定的执行力推动媒体融合迈向构建完善的全媒体传播体系的长期目标。持续推进媒体深度融合发展，深化媒体体制机制改革，加快建设全媒体传播体系，是当前我国媒体融合发展的重要目标与任务。从历史视野和全球视野来看，媒体融合战略同样面向全球语境下的传播生态，媒体融合可以推动国际传播能力建设，促进人类文明交流互鉴，增强中华文明传播力、影响力，为推动构建人类命运共同体做出贡献。

我国媒体融合整体进展和典型案例研究*

郭全中**

近年来，国内传统媒体采取各种措施积极推进媒体融合，主要包括：在渠道建设上，自主平台打造与“借船出海”两翼齐飞，融媒体格局逐渐形成；在表现形式上，图文音视频、短视频、直播、条漫等一起登场，实现媒体形态全态化；在功能延伸上，从引导功能向“引导+服务”双功能驱动转变，成为政府治理体系和治理能力现代化的重要抓手，并进入经济建设主战场；在体制机制改革与人才队伍培养上，积极实施供给侧结构性改革，彻底重构适合互联网技术的采编流程，构建更有激励效应的激励约束机制，培养精干高效的全媒体人才队伍，有效激发媒体的活力和创造力；在多元化盈利模式上，通过产业园区、投资、直播电商等多元化拓展方式获取更多的利润，为媒体融合提供更多的资金来源。本部分在分析归纳传统媒体深度融合最新进展的基础上，分析各类融合新措施的优缺点，进而提出相应的对策建议。此外，芒果 TV、“南方+”、《南方都市报》、江阴融媒体等取得了较好的融合效果，本部分以以上媒体为例，进行典型案例研究。

一、媒体融合进入深度融合新时期

（一）自主可控平台打造与“借船出海”

媒体融合的目标是打造强大的现代传播能力，核心是重建用户连接，

---

* 本文相关资料、数据主要来源于实地调研。

** 郭全中，中央民族大学新闻与传播学院教授。

途径是打造自主可控的主流媒体平台与借助互联网媒体平台传播（“借船出海”）。传统媒体通过打造自主可控平台以及“借船出海”，初步构建了基于互联网的现代传播体系，彻底告别了之前的传统媒体形态，在一定程度上实现了融媒体化发展。

1. 自主可控平台打造

目前，在自主平台打造方面，取得了一定进展。在中央媒体深度融合方面，出现了人民日报客户端、“人民日报+”、央视影音、央视频、新华社发布等平台型客户端。在地方媒体深度融合方面，出现了澎湃新闻、芒果 TV、浙江新闻、“南方+”、封面新闻、新京报、长江云、齐鲁壹点等平台型客户端，这些平台的下载量、日活量、运营能力等都取得了较大的进步。这些自主可控平台又可以分为集全单位之力打造的平台与单个媒体打造的平台，其中，新华社发布、芒果 TV、浙江新闻、“南方+”是集全单位之力打造的自主可控平台，而人民日报客户端、央视频、封面新闻、齐鲁壹点等则是单个媒体打造的自主可控平台。

第一，自主可控平台生态化难度极大。虽然传统媒体在打造自主可控平台方面取得了一定进展，但是与互联网平台相比远远落后，核心在于没有形成多方共赢的生态系统，而难点主要有以下几点：一是难以充分发挥用户等社会力量的作用。平台化的核心是打造用户规模巨大、活跃度高、多元治理、参与共赢的生态系统，而这要充分发挥多元参与主体，尤其是用户、专业内容生产者等参与主体的积极性，但是在实际操作中，由于内容监管能力的滞后导致其难以充分利用社会力量。二是缺乏充足的运营资金和运营能力。生态系统的打造需要巨额资金和众多的高素质运营人员，互联网平台通过多轮融资融来巨额资金，且以高薪招聘到高素质的互联网运营人才，能够真正打造出规模巨大的生态系统。传统媒体由于在引入民营资本等方面存在着诸多限制，导致其难以为平台打造提供充足的资金支持，而且由于编制、薪酬总额、薪酬水平等的限制，难以招聘到真正优秀的互联网技术人才和互联网运营人才。三是技术实力相对较弱导致内容风控弱，难以引进数量众多的自媒体内容。由于互联网平台内容数量超多，且音频、视频等内容占比多，需要打造技术足够先进、审核能力足够强的内容审核平台才能有效解决内容风险问题，动辄需要数亿元资金，对于传统媒体来说无疑是天文数字。

第二，集全单位之力打造的自主可控平台。对于全单位旗下子媒体众多尤其是规模较大、实力较强的传媒集团和中央媒体来说，应该集全单位之力来打造自主可控平台。其优势在于：一是能够更好地发挥互联网的规模优势和协同效应。根据梅特卡夫定律，网络价值与用户数量的平方成正比，集全单位之力打造的自主可控平台的网络价值最大，而且能够打破各子媒体的部门利益，实现用户和数据的互联互通。二是可以更为彻底地按照互联网规律重构采编流程。当下，传统媒体互联网转型成效不佳的重要原因是，虽然引进了先进技术，但是旧有的采编流程没有重构，而通过搭建统一的互联网平台可以更好地打通不同子媒体之间的藩篱，更好地进行采编流程重构和优化。其难点在于：一是需要懂互联网、有魄力、有能力的“一把手”强力推进，否则很难打破部门利益，不可能集全单位之力打造统一的自主可控平台；二是需要实现全员观念转变，真正按照互联网技术的要求重构采编等流程；三是需要处理好主平台与各子媒体之间的利益分配关系，实现主平台与各子媒体之间的激励相容，以充分发挥主平台与各子媒体的积极性、主动性与创造性。

第三，子媒体打造的自主可控平台。澎湃新闻、封面新闻等子媒体打造的自主可控平台的优势主要有：一是“船小好调头”，更容易打造平台，由于不需要协调全单位资源，只要子媒体的“一把手”有能力和魄力就可以去打造自主可控平台；二是子媒体更容易统一思想、利益更容易调整；三是子媒体层面引进战略投资者等比集团层面更容易，如澎湃新闻和封面新闻都引入了国有战略投资者。当然，劣势也很明显：一是能够调用的资源相对少，天花板相对较低，子媒体很难调用自身之外的集团资源，自然也影响了其发展前景，导致天花板不够高；二是很难打通集团不同子媒体之间的用户、数据等资源，难以充分发挥互联网的规模效应和协同效应。

2. “借船出海”

互联网自 1994 年正式进入我国以来，经历了 PC 互联网、移动互联网和智能互联网的迭代，门户网站、社交媒体和算法推荐不断演进，互联网渠道已经成为信息分发的主导渠道和核心平台。在这种情况下，已经失去了渠道优势的传统媒体基本上都借助互联网平台传播自身的内容，即通过

“借船出海”来提升现代传播能力。

第一，全渠道传播成为“借船出海”的主要形式。传统媒体为了更好地分发和传播内容，纷纷采取全渠道传播的方式，不仅进入微信、微博、抖音、快手等头部平台，而且还进入哔哩哔哩（B站）等平台。尤其是在话语体系方面，一方面采取更为接地气的互联网话语体系，另一方面根据不同互联网平台的特点调整自身内容。

第二，进一步扩大“借船出海”的范围。传统媒体除了自身借助互联网平台“借船出海”之外，还纷纷组建行业系统或区域系统的政务号矩阵群等来扩大传统媒体的内容和影响力，获得了互联网平台的更多加持和激励，也更能获得行业和当地政府的重视和支持。

第三，传播效果好但难以重构商业模式和盈利模式。“借船出海”无疑能够极大地提升传统媒体内容的分发能力和传播能力，助力传统媒体的爆款新闻获得亿级甚至十亿级阅读量，传统媒体也能获得一定的版权费和广告分成。但是由于用户都是互联网平台的，传统媒体并不能建立起用户个人数据模型，重构商业模式和盈利模式自然也就无从谈起。

（二）媒体形态全态化

随着互联网媒体的不断迭代进化，媒体形态更为多样化、丰富化，图文、视频、音频、数据新闻、短视频、条漫、直播、互动视频等媒体形式不断推陈出新。

第一，基本实现了全态化的融合。无论是中央媒体还是地方媒体，无论是报纸杂志还是广播电视，在进行深度融合时，基本上都采用了所有的媒体形态，即实现了全态化融合。传统媒体的全态化融合取得了扎扎实实的实效，一方面出现了多态化乃至全态化的爆款新闻，综合传播量过亿的新闻比比皆是；另一方面，通过全态化的展现方式拉近了与用户之间的距离，给用户带来了更好的体验。

第二，创新性、主动性、贴近性还有一定差距。一是创新性的媒体形态多是互联网平台企业和民营公司首创和率先推出的，而传统媒体首创和率先推出的则较少。二是多数传统媒体的迭代速度较慢，积极应用新媒介形态的主动性不够，不愿意在新媒体形态刚出现时就积极“试错”，而经常等新媒体形态相对成熟时才介入，导致丧失了新媒体形态出现的红利期，获益相对较小。三是传统媒体仍然秉持着“精英传播”意识，而新媒体形态由于面向的群体更多、用户数量更大、用户类型更为丰富，更需要贴近性的操作方式。虽然一些党报新媒体通过改变话语体系，在贴近性上取得了不错的效果，但是整体来说，相较于整体用户需求贴近性依然不够。

（三）功能深度延伸“三智化”

媒体深度融合的根本目标是打造现代传播能力。在传统媒体发行、广告和相关收入断崖式下滑的情况下，应该充分借鉴互联网媒体生态化运营的经验，通过生态化运营来为媒体深度融合提供充足的资金支持，这就要求其功能从之前的舆论引导向“智媒体+智慧政务+智慧城市运营”“三智化”生态系统深度延伸，通过生态化运营来重建用户连接，进而重构商业模式和盈利模式。

1. 智媒体功能

从实践来看，字节跳动、快手等新兴互联网平台整体上是以大数据和人工智能技术打底的，虽然从本质上讲，字节跳动和快手等平台不是媒体，但是其作为内容智能化分发平台，不仅整体智能化水平领先于其他互联网平台，而且新闻信息分发的智能化水平处于国内外前列。国内的传统媒体逐步意识到智媒体的广阔前景和重要性，开始布局和探索智媒体。在传统媒体深化融合的实践中，封面新闻在国内业界实践中最早举起向智媒体转型的大旗，经过近几年的发展和布局，智媒体初具雏形。封面新闻向智媒体转型的主要做法如下：一是高度重视技术，组建了专门的技术公司，用市场化的薪酬水平招聘高水平的技术人才，实现技术和内容双驱动；二是以封面新闻为主体实现了彻底的深度融合，从采编流程、人员、组织结构、机制、绩效考核和薪酬分配等方面进行了彻底的融合；三是采取生态化运作方式，引进各类资源尤其是社会资源，努力突破媒体边界实现“破圈”；四是积极推进体制创新，一方面引进国有战略投资者，为做强做大平台提供较为充足的资金支持，另一方面尝试以科技公司为主体引入股权激励等长期激励，以激发骨干员工的创新性、积极性和主动性。截至2020年8月，封面新闻客户端下载量超过3710万，日活208万，月活598万，整个传播矩阵用户上亿，2019年收入超过1.6亿元，净利润同比增长68%。此后，80%以上的传统媒体都把打造智媒体当作深度融合的目标，并在人工智能编辑部等方面打造了一些新产品，逐步向智媒体迈进。但是从整体来说，虽然有封面新闻、天目云、澎湃新闻、“南方+”、央视频等智能化水平相对较高的互联网媒体，但是传统媒体的智媒体水平整体上说仍然处于初级阶段，智能化水平和能力与字节跳动、快手等领先的智能化平台差距悬殊。

智媒体的本质是通过大数据和人工智能等新技术实现信息的智能精准分发，在提升用户体验的基础上沉淀大量的用户，进而打造生态化的商业模式和盈利模式；其核心是基于巨量大数据精准的算法推荐，信息分发效率很高；其目的是满足用户个性化、精准化和定制化的信息需求，进而实现高商业价值的变现。传统媒体的智媒体打造目前存在如下显著问题：一是整体技术实力薄弱。传统媒体缺乏整建制的技术队伍，技术能力储备严重不足，尤其是对大数据和人工智能等最新技术的了解不够，难以有效落地。二是缺乏大数据资源，导致难以研发出高质量的算法。虽然传统媒体沉淀了大量的内容资源并且也进行了电子化，但是绝大多数并没有进行有效的数据化，数据化是指对电子化内容进行颗粒度很细的标签化。由于高质量的算法高度依赖于数量巨大的高质量的大数据资源，这导致缺乏大数据资源的传统媒体难以研发出高质量的算法。算法作为互联网平台的核心竞争力和专有技术，互联网平台企业一般不愿意与传统媒体分享。即使互联网平台企业与传统媒体分享了初始算法，但是由于传统媒体后续缺乏足够的数据资源，算法推荐的质量也难以与互联网平台企业相比。三是迭代能力弱。智能互联网由于与用户建立起了直接的联系，可以根据用户的及时反馈快速迭代，能够快速解决问题并提升用户体验。而传统媒体打造的智媒体因为缺乏迭代理念和技术能力不足，难以快速迭代进而导致用户体验不佳。四是缺乏有效的用户沉淀平台。智媒体主要由大数据资源和技术平台、智能生产和传播平台、用户沉淀平台三大平台构成，传统媒体的智媒体构建主要聚焦在智能生产和传播平台，少数也构建了大数据资源和技术平台，而绝大多数没有涉及用户沉淀平台的打造，导致难以沉淀足够数量的用户。五是用户数量少，难以打造可持续的盈利模式。虽然传统媒体打造的智媒体也沉淀了一定数量的用户，但是由于尚未形成良性的生态系统，单纯依靠自身现有的内容生产资源难以沉淀足够的用户，更难以像沉淀了数以亿计日活用户的互联网平台企业一样打造可持续的生态化的商业模式和盈利模式。

2. 数据智库化功能

传统媒体紧紧抓住国家大力鼓励和支持智库发展的新机遇，进一步拓展自身的服务功能，通过搭建数据化智库来服务国家治理能力现代化，取得了不错的成果。

第一，《南方都市报》等积极拓展数据智库工作。数据智库的本质是利用大数据资源和技术为政府和企业等客户提供高质量的产品服务。目前，《南方都市报》、南方财经全媒体集团、封面新闻、澎湃新闻、《齐鲁晚报》等都在数据智库建设上进行了不错的布局和尝试。《南方都市报》数据化智库的主要做法如下：一是以大数据技术和大数据资源为基础，《南方都市报》成立了大数据研究院，组建了专门的大数据技术队伍，并构建大数据资源库；二是通过组织重构，大幅度提升了整个团队的市场化服务能力；三是打造了众多治理类产品，能够帮助政府组织提升治理能力和助力企业营销传播。经过近些年的发展，《南方都市报》2019 年新媒体、新业务收入近 2 亿元，占总收入的一半，数据化智库在其中贡献了重要力量。除了《南方都市报》，南方财经全媒体集团、封面新闻、澎湃新闻、《齐鲁晚报》等均在经营收入上取得了不错的业绩，收入占比快速提升。尤其需要指出的是，数据化智库转型不仅为媒体经营贡献了真金白银，也为当地的政府治理体系和治理能力现代化贡献了重大力量。

第二，数据化智库的缺点在于天花板不够高。数据化智库转型存在的问题如下：一是大数据资源和能力不足。虽然传统媒体的数据化智库的大数据资源积累较多且技术能力得到了显著提升，但是与互联网平台企业或者传统媒体打造的智媒体平台相比有不小的差距。二是数据化智库目前打造的产品多是定制化产品，尚未打造出面向 C 端或者大规模 B 端客户的通用性产品，导致发展的潜力受限。

3. 智慧政务功能

在互联网时代下，各级党务政务工作都需要通过“互联网+”来更好地服务人民群众，智慧政务是有效合理的方式，传统媒体可以通过提升自身能力紧紧抓住智慧政务的机会和风口。

南方都市报智库作品

资料来源：南方都市报客户端。

第一，传统媒体在智慧政务方面的布局和尝试。一是代运营当地党委和政府部门的“两微一端”等政务号。目前，绝大多数传统媒体都在帮助各地政府代运营当地党委和政府部门在微信、微博、抖音、快手等互联网平台上的政务号，而有的县市级媒体则负责当地党委和政府几乎所有部门政务号的代运营，如瑞安日报社。二是与互联网平台企业合作，组织和协调整个行业或区域的政务号入驻，如中国交通报社组织和协调交通系统的政务号入驻互联网平台，实现了交通领域在互联网平台上宣传传播的有效协同。三是传统媒体在自有的移动客户端上开设了政务号板块，大量引进各级政府部门入驻，进一步强化了传统媒体在党政领域的优势，如“南方+”新闻客户端的南方号平台拥有超过7000家入驻机构1.5万名新媒体运营人员，已成为广东规模最大的政务新媒体聚合平台。2019年，“南方+”实际收入2.11亿元，2020年目标收入2.6亿元。四是深度参与当地党委和政府的智慧政务。从用户需求来说，各类政务服务的刚需度超过新闻服务，这也是很多地方政务号的粉丝量超过媒体号的核心原因，更是不少地方媒体旗下的新闻客户端下载用户量尤其是活跃用户量很低的根本原因，而拓展到刚需度更高的政务服务领域则可以很好地解决该难题。目前，在智慧政务方面做得较好的是苏州广播电视总台旗下的无线苏州，其致力于建设“融媒资讯整合宣传平台”“政府公共信息查询平台”“市民生活信息服务平台”与“城市信息数据共享平台”等，取得了不错的效果。“南方+”也大力参与广东省数字政府建设，主要通过南方网参与底层建设的方式参与。

无线苏州智慧政务系统

资料来源：无线苏州平台（移动客户端）。

第二，智慧政务是传统媒体深化融合的应有之义。一方面，传统媒体身负服务党和政府中心工作的重担，而智慧政务就是服务党委和政府中心工作的最新形式，智慧政务不仅是传统媒体深化融合必须要做好的事情，而且是决定传统媒体未来安身立命的根本。另一方面，政务服务是传统媒体的核心优势，更是传统媒体长期以来收入的重要来源，传统媒体如果能通过自身的智慧化转型为当地党委和政府提供高质量的智慧政务，则能够进一步强化自身在优势领域的领先优势，夯实自身生存发展的基石，否则就会丧失自身的根据地和重要收入来源。

第三，智慧政务亟须进一步深化。虽然传统媒体现有的智慧政务服务取得了不错的业绩，但是离与智慧政务完全对接还有很大的距离。一般来说，现在各地政府都在当地大数据局或者信息办的指导下推出了当地的政务服务客户端，由于政务服务具有很高的刚需性，政务服务客户端的下载量在很短的时间内就实现了激增，用户月活量和日活量都维持在较高水平。传统媒体的新闻客户端因为刚需度不够，导致用户月活量和日活量远远不及当地的政务服务客户端。尤其需要指出的是，由于传统媒体隶属于当地宣传部，而大数据局和信息办则属于当地政府部门，两者之间存在利益不一致的情况，很难实现两者之间的合力与协同发展，导致新闻客户端的价值大幅度降低。

4. 智慧城市运营功能

在大数据和人工智能等新技术的驱动下，智慧城市建设方兴未艾。杭州城市大脑是智慧城市建设的典范，包括警务、交通、文旅、健康等 11 个大系统和 48 个应用场景，日均数据可达 8000 万条以上。目前，阿里巴巴、华为、腾讯等互联网巨头正在积极参与智慧城市建设，如东莞数字政府的预算金额超过 27 亿元，由华为公司中标承建。从未来发展趋势来看，智慧城市建设和运营蕴藏着巨大的商机，对于陷入经营困境的传统媒体来说具有极其重大的战略意义。

第一，参与智慧城市建设和运营是打造治国理政新平台的重要途径。新时代，传统媒体深化融合的目标是成为当地治国理政新平台，智媒体、智慧政务是治国理政新平台的重要组成部分，但是覆盖范围与老百姓的美好生活需求相比远远不足，而这需要深度参与智慧城市的建设和运营来弥补，尤其是要真正积累和沉淀多元化的大数据，这就更需要参与智慧城市运营。需要指出的是，传统媒体的广告收入在经历多年断崖式下滑之后，已经陷入生存困境。相比之前，传统媒体的覆盖范围和业务空间都大大萎缩，而单纯依靠智媒体和智慧政务都难以从根本上摆脱经营收入和业务空间受限的困境，但进入智慧城市运营则能够从根本上扩展传统媒体的运营范围，提升其核心能力。目前，在智慧城市运营方面，一是浙江日报报业集团参与了杭州城市大脑建设；二是苏州广电积极参与苏州智慧城市建设和运营；三是河南日报报业集团入股河南省政府管理的省级大数据运营公司正数网络技术有限公司，出资2.1亿元持股21%，为第三大股东；四是有线电视网络公司积极布局物联网产业，致力于打造智慧广电，其中的典型代表是华数传媒和贵广网络。

第二，传统媒体缺乏布局智慧城市运营的尝试和勇气。一是只有极少数传统媒体去尝试布局智慧城市运营。目前虽然有苏州广电、浙江日报报业集团、南方报业传媒集团、河南日报报业集团、长兴传媒集团等主动布局智慧城市建设和运营，但是所占比例极低。二是不少传统媒体认为进军智慧城市是不务正业。不少传统媒体认为媒体应该只做与宣传和传播有关的事情，而跳出新闻和传播的业务就是不务正业，不应该涉及。毫无疑问，在生态化运营已经成为传媒运营的必然之路的当下，这种观念无疑是极为保守和落后的。三是绝大多数传统媒体存在畏难情绪。虽然大部分传统媒体认为应该“跳出传媒看传媒”，积极布局智慧城市运营，但是由于智慧城市建设和运营基本上由当地的大数据局和信息办负责，而传统媒体参与的优势很小，严重影响了传统媒体参与的信心和决心。尤其是历经近些年的低落期，传统媒体的干劲和斗志也相对衰减，导致畏难情绪高涨，不愿意去尝试智慧城市运营这一潜力无限但难度极高的新兴业务。

（四）体制机制改革与全媒体人才培养

为了更好地推进媒体融合的深化，传统媒体通过各种体制机制改革尝试和构建素质更高、能力更强、结构更合理的全媒体人才队伍，为媒体融合提供更为科学合理的体制机制保障和人才支持。

1. 深化体制机制改革

深化体制机制改革主要体现在集团化管理体制改革、股权激励探索试点、内部组织架构改革、采编流程再造等。

第一，部分传媒集团构建更为科学合理的集团公司管理体制。虽然1996年广州日报报业集团成立，成为我国第一家报业集团和传媒集团，此后不少传媒集团也成立了集团公司并设置了董事会、监事会等内部治理架构，但是在实际运作中，很多传媒集团的集团公司形同虚设，没有发挥应有的作用。“控之有序、分之有度”的母子公司管理体制能够更好地应对市场变化，更有效地实现科学的集团化管控，部分传媒集团开始尝试集团公司改革。2019年，河南日报报业集团根据自身改革需要，启动成立集团公司的改革工作，并设计了科学合理的公司治理机制，为集团的可持续发展提供制度化保障，2020年，该项改革工作已经顺利完成。

第二，人民网等积极推进股权试点。长期以来，传统媒体业存在着“重精神激励轻物质激励、重短期激励轻长期激励”的问题，导致从业人员的积极性、主动性和创新性不够，亟须建立起有效的长期激励约束机制。在实践中，2016年东方明珠新媒体实施股权激励计划，2020年人民网也开始进行股权激励试点。两者股权激励的特点如下：一是用于股权激励的股票数量占比很低；二是激励人员较多；三是有着很强的业绩对赌协议；四是需要现金购买且价格相对并不低。人民网和东方明珠新媒体的股权激励虽然方向正确但整体来说激励力度不够：一是股权激励为增量持股激励；二是“福利性”奖励属性更多，激励效果并不显著；三是程序较为复杂。正是由于国有传媒上市公司的增量持股激励程序复杂、耗时长且激励效果不明显，所以迄今为止只有东方明珠新媒体和人民网进行了探索，而绝大多数国有传媒上市公司的意愿并不强。

第三，进行工作室、阿米巴、项目制等组织改革。在传统媒体既有业务坍塌的情况下，需要通过各种方式探索新业务，而有效的方式则是缩小组织结构来更为有效地应对市场和用户需求。目前，传统媒体在进行组织结构探索时，常常采取工作室、阿米巴、项目制等组织变革，取得了一定的效果。

2. 培养全媒体人才队伍

在“四全媒体”时代，传统媒体的人才队伍需要提升自身的素质，以适应媒体深化融合的需求，但实践中，传统媒体的优秀人才大量流失，这都给传统媒体的全媒体人才队伍建设提出了重大挑战。

第一，传统媒体的人才队伍整体质量不高。存在如下主要问题：一是优秀人才的流失率太高。随着传统媒体薪酬水平的长期停滞甚至下滑，有市场竞争力的优秀人才大量流失，导致传统媒体出现人才空心化现象。二是人才队伍结构不合理。一则传统媒体人才相对较多，新媒体人才较少；二则传统采编人才相对较多，而技术、运营、管理等人才相对较少，尤其是复合型人才更少；三则县级融媒体中心的人才队伍素质不能满足媒体深度融合的需要。

第二，全媒体人才队伍建设进度较慢，一是员工观念转变较慢，互联网思维和市场化意识仍然没有成为传统媒体的主导理念；二是囿于编制、薪酬总额，难以招到足够数量的优秀人才；三是难以吸引到特别优秀的人才加盟；四是传统媒体业务的吸引力在大幅度减弱；五是传统媒体对人才的重视度和培养都不够。

（五）多元盈利模式新探索

鉴于传统媒体传统业务收入的断崖式下滑，亟须拓展新业务来为传统媒体的生存和融合转型提供源源不断的真金白银，而利用自身的资源优势进行多元化探索是较好的路径。

1. 布局互联网产业

互联网产业空间大、增速快、净利润高，是未来的发展趋势。从本质上说，互联网媒体是媒体转型的方向，而互联网产业则是媒体产业布局和转型的方向。目前，在互联网产业布局较早的有浙报传媒集团、中文传媒等，其中，浙江日报报业集团旗下的浙数文化以31.9亿元收购了边锋、浩方两家游戏公司，总投资23.27亿元建设互联网数据中心和浙江大数据交易中心项目，收购“ST罗顿”布局电子竞技产业；中文传媒以26亿元收购“智明星通”。

2. 投融资

媒体深化融合需要大量的资金支持，解决的途径如下：一是通过上市、引进战略投资者等方式来获取大量资金。目前，传统媒体已经有数十家上市公司，从资本市场上筹集了大量的资金。其中，华数传媒引入阿里巴巴65.36亿元的战略投资，中国广电引入阿里巴巴、国家电网各100亿元的战略投资是其中的突出案例；澎湃新闻、封面新闻、界面新闻等纷纷引进战略投资者，为深度融合提供了较强的资金支持。二是通过战略投资来获取利润丰厚的投资收益。江苏凤凰出版传媒集团、浙报传媒集团、上海报业集团、河南日报报业集团、大众报业集团、南方报业传媒集团等都成立了相应的基金，进行了大量的投资，尤其是江苏凤凰出版传媒集团获得的投资收益巨大。

3. 产业园区

媒体充分利用自身的品牌和影响力，积极布局文化创意产业园区，很好地实现了自身影响力的价值变现。产业园区拓展做得不错的主要有杭州日报报业集团、羊城晚报报业集团、南方报业传媒集团、湖南广电集团、浙江广电集团、瑞安日报社等。打造产业园区的核心是，基于当地的产业集团，做好政府和企业之间的桥梁和纽带，服务好当地产业的转型升级与创新。

4. 布局教育产业

我国作为人口大国和教育大国，教育产业有着巨大的前景和市场，媒体也纷纷利用自身的资源积极拓展教育产业，做得较好的有华媒控股、河南日报报业集团等。华媒控股重点布局职业教育等，收购了“中教未来”；河南日报报业集团布局大学教育，与河南大学合办了民生学院（现更名为开封科技传媒学院）。

5. 布局 MCN 和直播电商

近两年，直播电商火爆，媒体也纷纷利用自身的能力布局 MCN 和直播电商。其中，MCN 布局较早的有中广天择、湖南广电、浙江广电等；直播电商有中央广播电视总台、浙江广电、《齐鲁晚报》、《南方都市报》等。

媒体利用自身的优势积极探索多元化盈利模式，对于媒体的创新和新业务探索有着巨大的促进作用，做得好也能为媒体转型提供资金来源。但是媒体囿于自身能力，多元化的探索也可能是“深坑”，可行的路径则是与专业团队合作，让专业的人做专业的事，充分发挥各自的优势。

二、我国媒体融合的具体案例实践

（一）芒果 TV 自主可控平台的打造

芒果 TV 的前身是一家脱胎于金鹰网视频频道的专业视频网站，此后发展为融芒果 TV 视频网站、芒果 TV 互联网电视、芒果 TV 手机电视、湖南 IPTV 等于一体的视频产品系列，其正式创立于 2014 年 4 月 20 日，标志就是“芒果独播”战略启动。整体来说，芒果 TV 是具有创新基因的湖南广电集团在做好顶层设计的前提下，集全集团之力通过“一体共生”战略重金打造的互联网视频平台，主要采取独播独创战略、引入资本战略、高激励的激励约束机制等有效的战略措施，目前已经初步成为真正意义上的自主可控平台。

1. 科学合理的顶层设计

媒体融合作为艰巨的系统化工程，既需要迭代创新，更需要进行科学的顶层设计，芒果TV的顶层设计主要体现在一把手高度重视、制定23条政策以及统一思想等方面。

第一，“一把手”高度重视。媒体融合转型作为战略性、长期性、系统化的彻底转型，必须成为“一把手工程”，由“一把手”具体部署和实施，否则就可能沦为空谈。2013年10月，时任湖南广播电视台党委书记、台长的吕焕斌，担任芒果传媒有限公司董事长，这使得挂牌三年后的芒果传媒有可能成为湖南广电真正意义上的市场主体。此后，湖南广播电视台对芒果传媒的董事会进行重新调整，时任台党委成员一半以上都在芒果传媒决策班子、公司党委和董事会中发挥着主要作用，芒果传媒成了最佳的决策平台，而融合发展战略则提升到了“一把手工程”的地位。此外，湖南广电要求旗下各单位都把新型主流媒体建设作为“一把手工程”，使得芒果TV这一自主可控平台的打造成为各级“一把手”的共识和任务。

第二，制定“23条”指导媒体融合。为了更好地贯彻和落实媒体融合转型，2015年2月湖南广播电视台党委正式通过《湖南广播电视台建设新型主流媒体若干意见》，该意见共23条。这既是湖南广电媒体融合发展的前置条件和标准要求，又是湖南广电媒体融合的发展纲领和指导意见。

第三，“731会议”统一思想。科学合理的顶层设计需要脚踏实地的落地才能取得较好效果，为了更好地贯彻和落实“23条”以及统一思想，湖南广电于2015年春天，在浏阳“731基地”召集100多名中层以上干部，进行了为期4天的封闭学习与研讨。最后达成了广泛共识：建设新型主流媒体，走融合发展之路，全面拥抱互联网。

第四，选择差异化战略。芒果TV充分发挥湖南广电经年积累和沉淀的数以亿计的年轻受众的优势，以及娱乐内容生产的强大人才优势，把芒果TV定位为面向年轻人的、以娱乐内容为主的视频网站，与爱奇艺、优酷、腾讯视频等视频平台进行了一定程度的区隔。

2. 体制机制创新：芒果TV打造自主可控平台的坚实制度保障

自主可控平台的打造是一项长期、艰巨、复杂的系统性工程，需要相对长期稳定的体制机制作为保障，才能使该项战略工程不变形、不半途而废，并通过长期的久久为功真正实现。湖南广电敢为天下先，通过体制机制的全面创新，为芒果 TV 这一自主可控平台的打造营造良好的体制环境。

第一，深化事企体制改革，采取“一个党委、两个机构、一体化运营”的管理模式。主流媒体普遍存在着事企不分的现象，导致难以成为真正的市场主体，湖南广电集团通过事企体制改革，完成台属可剥离经营资产的整合，组建“湖南广播影视集团有限公司”，向统一市场主体转型。这种集团顶层设计上的制播分离，能够确保制播分离后媒体业务链的完整性，为集全集团之力支持芒果 TV 发展提供了制度保障。

第二，转变管理运行机制，建立“频道制+公司制”的运行模式。湖南广电集团采取的是“湖南卫视、芒果 TV”双平台融合发展战略，通过定制、委制等项目制方法，创新组织管理、资本构成、体制机制等，实现内容团队与芒果 TV 的有机融合，推动达到责任一体化、运行一体化的最终目标。

第三，采取高激励的激励约束机制。芒果 TV 采取相对市场化的激励约束机制，坚持收入分配向业务带头人、业务骨干、创新型人才和团队倾斜的原则，建立公平合理的收入分配体系。从芒果 TV 董监高的激励约束机制来看，虽然尚没有引入股权激励等长期激励约束机制，但是董监高等高管层的年薪不仅远高于主流媒体，而且在互联网视频网站里都不算低。

3. 集全集团之力发展芒果 TV，实现“一体共生”

芒果 TV 既得益于起步早，抓住了移动互联网的红利，更得益于湖南广电的全力支持，而且湖南广电当时实力雄厚，能够为芒果 TV 提供强有力的支持。

第一，敢为天下先的湖南广电的实力强、家底厚。湖南广电经历了前些年的积累，2013 年整体创收 183.4 亿元，2014 年整体创收首次突破 200 亿元，2015 年整体创收 240.4 亿元，居全国省级台的首位。实力雄厚的湖南广电更有实力也更敢于投入重金打造自主可控平台——芒果 TV。

第二，大力实施独播独创战略，紧紧抓住了移动互联网的红利期。2014 年我国移动互联网尚属于高速发展期，有着巨大的红利可以获取。

湖南广电力排众议于2014年4月提出版权不分销的独播策略，其本质上是把每年数亿元的版权收益作为用户运营资金，实实在在地拿到了移动互联网的红利。2014年4月26日，《花儿与少年》全网独播，前两日的点击量达到561万次；《花儿与少年》大结局在芒果TV两天的点击量为1200万次。独播战略实施后，芒果TV的用户快速增长，只用了一年时间，就获得了一线商业视频网站四五年才能累积的用户下载量。需要指出的是，湖南卫视在移动互联网红利期牺牲了10多亿元的版权收益来获取用户，看似湖南卫视牺牲了不少的真金白银，但如果放在移动互联网红利丧失殆尽的当下，获取同样多的用户至少需要10倍的投入。

第三，湖南卫视资源大量输送给芒果TV。一是从2014年到2019年上半年，湖南卫视向芒果TV输送节目数量约150档，累计时长超过2600小时；二是《爸爸去哪儿》《妈妈是超人》《超级女声》等经典IP直接转移到芒果TV进行生产制作；三是周播剧场“青春进行时”每年向芒果TV输送自制剧208集，且拥有独家网络播出版权；四是开放芒果TV会员“抢先看”权益。

第四，实现湖南卫视与芒果TV的双向打通，快速提升芒果TV的IP和品牌价值。一是在湖南卫视开辟时段，提供芒果TV优质内容上星；二是推动芒果TV定制内容引入湖南卫视；三是支持芒果TV的自制剧按照程序进入湖南卫视定制体系；四是湖南卫视王牌节目向芒果TV全面开放，为芒果TV新项目进行宣发；五是在可能的场合大力推广芒果TV App，并加挂芒果TV上线预告条。

第五，将湖南卫视成功的关键元素注入芒果TV。湖南卫视成功的关键在于优秀团队、制作经验、品牌属性、受众属性、媒体属性等，在湖南卫视、芒果TV两大平台深度融合时，湖南卫视把这些关键元素毫无保留地注入芒果TV。例如，在湖南卫视实施的工作室制度中，也专列条款鼓励和支持制作团队承担芒果TV的制作任务，并建立配套的评审机制和沟通小组。

4. 善用资本，大幅度缩短芒果TV成长期

对于互联网平台来说，大规模资本能够极大地缩短成长周期，芒果TV在打造自主可控平台时，充分利用了资本和资本市场的力量。芒果TV共经历了6次融资，其中一次是重大资产重组，即2018年6月，快乐购重大资

产重组正式获批，快乐时光、芒果互娱、天娱传媒、芒果影视、芒果娱乐五家公司整体打包注入快乐购，正式成为国内A股首家国有控股的视频平台。2018年7月，快乐购正式更名“芒果超媒”，其中芒果TV由快乐阳光负责具体运营，是其中的重要组成部分。经过两轮融资，中国移动旗下的子公司中移资本已经成为芒果超媒仅次于湖南广电的第二大股东，具体见表1。2021年9月，芒果超媒的公告显示，杭州阿里创投拟转让其所持有的芒果超媒股权，预计此次受让方大概率为战略性长期持股的国有主体。

表1　芒果TV的历次融资情况

时间	投资金额	轮次	投资方
2015年6月	5亿元	A轮	上海国和、联新资本、厦门建发、中国文投等
2016年6月	15亿元	B轮	国有资本为主
2018年6月	—	重大资产重组	快乐阳光、芒果互娱、天娱传媒、芒果影视、芒果娱乐五家公司整体打包注入快乐购，正式成为国内A股首家国有控股的视频平台
2019年5月	配套融资20亿元中的近16亿元	借壳上市后	中国移动子公司中移资本，成为芒果超媒的第二大股东，持股比例为4.37%
2020年12月	62亿元	借壳上市后	阿里创投以总计62亿元的价格受让芒果超媒9364.79万股股票，2020年12月25日，该次股份转让完成过户登记
2021年6月	配套融资45亿元中的约30亿元	借壳上市后	中国移动全资子公司中移资本、中欧基金和兴证全球基金

资料来源：根据芒果超媒的财报和公告资料整理。

（二）“南方+”的“一体化”路径

南方报业传媒集团在区域新媒体平台的打造上同样面临挑战。全国报业发展进入衰退期，南方报业传媒集团旗下原来有巨大影响力与营收力的市场化媒体出现了经营状况恶化、影响力下滑的局面。在深刻分析互联网发展规律、趋势与区域性媒体优势的基础上，南方报业于2015年10月23日正式上线“南方+”移动客户端。“南方+”是南方报业传媒集团集全集团之力打造的区域新媒体平台，定位为广东省委、省政府权威信息发布平台，采取的是“一体化”思路。

1. 定位为综合服务平台

“南方+”把自身定位为广东省委、省政府权威信息发布平台，其本质是综合服务平台，这样能够更好地发挥南方报业传媒集团的体制性优势来获取方方面面的资源。

第一，“南方+”以南方报业的优质内容服务为根本。“南方+”作为南方报业创办的移动客户端，媒体属性无疑是其最根本的属性，舆论引导是其最根本任务。“南方+”自上线之日起，就找准自身定位，充分发挥南方报业的内容生产优势和资源整合能力，对内兼容了南方报业旗下媒体的内容发布，包括《南方日报》、《南方》杂志、南方新闻网、《南方农村报》、《南方周末》、《南方都市报》、《南方人物周刊》、《南都周刊》等的优质内容。“南方+”在做好领导人活动、中心工作梳理以及人事动向、反腐行动等硬核资讯报道的基础上，还致力于通过高质量的政经类、深度类、观点类内容，打造深阅读场景。其中，“南方读+”栏目通过热点网文化的操作，深入解读国内外重要新闻事件，为用户提供了不一样的视角，产生了多篇刷屏之作；“南方+”联合《南方日报》时政部打造创新时政报道内容与形态的栏目“阅政观”，打出“专业化解读+互联网表达+融媒体传播”组合拳，自2020年改版上线孵化出阅政观、粤政一周、政见三大产品线，涌现出不少优质内容。目前，“南方+”客户端与《南方日报》、《南方》杂志、南方新闻网深度融合，共同构建起广东“一报、一刊、一网、一端”的主流媒体立体传播格局。

第二，“南方+”积极整合外部政务信息。“南方+”为了更好地服务群众，充分利用自身的体制性优势，在整合集团内部优质内容资源的基础上大力整合全省政务新媒体及机构新媒体，把握省内重大新闻及重要资讯在移动端的首发权，牢牢占据广东省委、省政府在移动互联网领域的第一权威发布平台位置。例如，2021年6月2日，“南方+”客户端集中优质力量，对广东省政府新闻办新闻发布会进行独家现场直播，介绍疫情下广东省高考筹备工作相关安排，并选取关键信息进行推送，既稳妥又有亮点，全网流量超过2100万。该直播信号同步共享给其他媒体，取得了良好的舆论引导效果，体现了“南方+”重要的服务支撑作用。尤其需要指出的是，“南方+”是广东省人事资讯的第一权威移动发布平台。

第三，与各地市深度合作提升政务服务能力。“南方+”客户端依托南方日报社和南方报业传媒集团，与广东省及各地党政机关有着长期合作的良好关系，通过深挖智慧政务资源来不断提升政务服务能力。目前，“南方+”已设立21个城市频道、超过300个共建频道。南方报业传媒集团通过内部资源整合，《南方日报》21个记者站、南方新闻网21个地方频道和“南方+”客户端的21个城市频道正在推进一体化运行，未来将实现党报、党网、党端在广东省内全面覆盖，全方位构建主流舆论阵地。

第四，大力引进各类“南方号”。区域新媒体平台要打造良性互动的生态系统，就需要满足多层次用户的多样化需求，这就需要引入各类PGC、UGC内容来更好地满足不同用户的需求。“南方+”客户端注重平台生态的打造，以政务号为重点不断引入各类“南方号”，目前“南方号”入驻量已经超过7000家。

第五，不断延伸服务领域和半径。引导能力与服务能力相辅相成、共生发展，“南方+”采取各种有力措施强化服务能力，进而有效提升引导能力。目前，“南方+”通过构建起“新闻+政务服务商务”服务体系，以新闻传媒为核心，融合党建服务、政务服务、文创服务、数据服务、交易服务、城市服务、智慧生活的业务结构和服务功能。一是在抗击新冠疫情上，“南方+”在开发出全国疫情地图、广东疫情地图两大实时工具的基础上，还快速上线了确诊病例周边小区查询的本地特色工具，累计获得2亿点击量。面对2021年5月以来的新一轮本土疫情，“南方+”不断优化疫情资讯互动服务，更新“一键查询全球全国全省疫情”工具，后续上线风险区域分布地图功能等，及时满足用户刚需。二是针对2020年高考，“南方+”与广东省教育考试院联合推出“高考一本通上线！你关心的信息都在这了”查询H5页面，从单频次浏览的展示型H5向多频次使用的实用型H5转型升级，滚动更新权威发布分数线等招生录取信息。为满足疫情防控常态化的需求，上线在“+”上课、在“+”看展、在“+”咨询、在“+”招聘等在“+”系列服务功能，让“南方+”的服务能力上了新台阶。其中，2020年2月7日起上线的在“+”上课频道，在疫情期间向广大学生和家长提供线上课程，截至2020年5月20日共上线课程

8000 多节，总点击量超 1.2 亿，成为广东师生在疫情期间上课的主渠道之一。

第六，打造了相对丰富的产品矩阵。“南方+”目前已建成集 App、手机站、小程序、数字报、“两微”于一体的移动产品矩阵，深度覆盖多个业务场景，并致力于在多场景之间形成闭环。

2. “南方+”一体化发展的具体路径

“南方+”为了更好地突破移动客户端发展的资源、流程、商业模式等制约，通过创造性地采取“三个一体化”转型升级路径，充分利用《南方日报》良好的运营状况以及能够获得的各种体制性资源，探索出了一条区域新媒体平台的可行路径。所谓“三个一体化”，即内容一体化生产、技术一体化支撑、经营一体化统筹的转型路径稳步推进，最大程度地集约资源。目前，承担“南方+”日常建设运营职责、发挥运作主体作用的“南方+”客户端事业部，仅有 5 个内部机构、130 多名专职人员。在事业部背后，是整个《南方日报》乃至集团各媒体的人员，南方报业各媒体的记者为“南方+”客户端提供了大部分的新闻内容和产品，经营业务则全部由《南方日报》经营部门负责。

第一，内容一体化生产。对于区域新媒体平台来说，如果单纯依靠自身，一则没有足够的优秀采编人才难以生产出一定数量的优质内容；二则没有充足的资金进行大量的内容原创；三则新媒体采编流程与传统媒体采编流程“两张皮”，难以真正融为一体。“南方+”的内容一体化生产则解决了上述三大难题。具体做法有：一是“南方+”客户端在战略上坚定内容主业不动摇，大力推动《南方日报》、南方新闻网深度融合，将《南方日报》采编部门打造为全媒体采编部门，推动全体采编人员向全媒体转型。由《南方日报》各地方机构统一运营《南方日报》各地观察版或视窗版、南方网的地方频道和“南方+”客户端的共建频道；成立报网端融合运营委员会、“南方+”客户端编委会，强化报网端一体化决策联动，由于《南方日报》目前经济效益显著，有足够的财力和能力进行优质内容原创。二是优化流程，将每日的“采前会”转变为全媒体策划会，以重大选题为重点，做到新闻内容一次采集、多种生成、多元传播，以产品形态上的融合生产实现传播效应最大化；启用了约 4700 平方米的融媒体中心，打破了媒体间壁垒，实现物理空间的融合生产。《南方日报》与南方新闻网、“南方+”客户端进一步深度融合，加快“主力军挺进主阵地”的步伐。

随着内容生产的一体化，媒体融合进程不断深化，一体化效能进一步放大，更多新价值不断被挖掘，舆论引导力更强了。借助内容一体化生产，报网端的议程设置力、舆论引导力显著增强，主题宣传更加出新出彩，热点引导更加及时有效，观点引领更加扎实有力，报网端功能也更优了。《南方日报》巩固了传统优势，成功实现能量放大和思想延伸。南方新闻网承载了集团的优质内容，步入快速发展的轨道，推出广东“数字政府”集约化平台、粤港澳大湾区信息资讯中心、智慧党建南方云等新产品新平台新应用，培育新能力、提供新服务、增创新价值，为宣传广东、服务广东经济社会发展、助力政府治理体系和治理能力现代化做出了积极贡献。“南方+”客户端迅速崛起，全面增强《南方日报》服务大局、服务基层的能力，快速海量传播功能，成为各级党委、政府推动工作、传递信心的得力抓手。在“南方+”客户端上，新闻直播成为人人可看、随时可看、参与性强的便捷工具。“南方号”的深度运营，成为广东规模最大、覆盖最广的政务新媒体聚合平台。多元服务功能的加入，成为广东人“足不出户”的掌中宝，其生产效能也变得更好了。由于“南方+”更具移动互联网传播特质的产品呈爆发式增长，让采编人员主动生产爆款的能力越来越强，催化出一批优质的融媒体栏目。“南方+”还推出同时具备个性化智能化推荐以及主流媒体价值权重的“南方算法”，持续发力优质内容生产，用户需求得到满足，服务功能得到拓展，互动传播得到了强化。

第二，技术一体化支撑。新媒体平台的打造需要实施内容、技术双驱动战略，尤其是技术短板的补齐至关重要。虽然区域新媒体平台难以构建起互联网巨头一样的技术平台和技术队伍，但也需要打造自身的技术队伍和做强自有技术平台。近年来，南方报业传媒集团对信息技术高度重视，积极创新体制机制，加大资金资源投入，做强自有技术平台，全面提高技术人才比重，培育工程师文化，走出了一条自主可控的技术驱动发展之路，赋能传播力提升。

一是整合媒体技术资源、优势技术研发团队，打破物理空间的隔阂，打通了“报网端”技术系统，实现内容融合生产。以业务为核心纽带，促进技术团队之间的集合、产品技术团队与内容采编团队之间的集合、技术系统和技术资源之间的集合。“报网端”的内容都在同一个技术平台上生产，实现用户联通、流程畅通、数据流通，技术支撑集约有效。

二是重点建设转型主平台“南方+”客户端。针对新媒体原创稿件内容不足的痛点，建设了“南方号”、南方拍客、“记者帮”等内容开放生产平台。针对新媒体产品功能和内容形态单一的痛点，建设多媒体智能服务平台，搭建了“南方+”移动直播平台、“南方+”短视频生态，推出智能语音播报听新闻等功能。针对内容传播速度、广度、深度、精准度不够的痛点，建设了内容有效传播智能服务平台，推出了基于南方党媒算法的智能推荐，多渠道、高到达的精准推送平台，第三方媒体内容自动分发平台。针对内容交互应用和用户服务不足的痛点，建设了活动运营服务平台，支撑众多大型活动顺利开展。针对区域和行业市场拓展需求痛点，建设了“南方+”合作共建频道平台，着重从提升内容生产效能、提高内容分发效率及精细化运营赋能三个方面提供技术一体化支撑。

目前，在“南方+”客户端事业部130多名专职员工中，负责技术和产品研发的占55人，而技术投入和技术人员薪酬占到“南方+”总成本的50%。经过不断优化技术性能、架构、兼容性等，“南方+”客户端获工信部高品质App认证，安装包大小、访问速度等各项重要指标均处于国内党媒App领先水平。技术不再仅是内容背后的配角，而是真真切切走到了新闻生产前线，从支持内容产品制作走向内容产品创意，成为媒体融合转型发展的发动机和加速器，为传播插上了翅膀。

第三，经营一体化统筹。区域新媒体平台由于难以建立起通畅的社会化融资渠道，资金紧张尤其是运营资金紧张，有些客户端缺乏运营资金而沦落为“准僵尸”，因此，如何进行有效运营来探索自我造血机制就至关重要。“南方+”不同于绝大多数区域新媒体平台的地方主要在于其与《南方日报》经营一体化统筹发展，有效地解决了上述难题。

“南方+”客户端上线后，《南方日报》提出“此长彼长、此优彼优”及“转型不转移”的一体化经营思路，由《南方日报》经营团队全面对接“南方+”客户端，承担《南方日报》广告经营工作的同时，全权代理

“南方+”客户端广告经营，成为移动端的“自营团队”，实现“你就是我，我就是你”的融合目标。通过报端融合形成统一标准的全媒体矩阵产品，对外提供统一标准的全媒体信息服务和增值服务。牢固树立互联网思维，以用户为中心，不断拓展和开发用户，提供个性化、精准化匹配和运营服务。以线上全媒体、线下多场景的全面融合为依托，提供融合经营全链条集成式服务。一体化经营充分释放了党报经营团队的活力，提高了党报抗风险能力，厚植了党报经营的业绩。近年来，虽然国内报刊广告经营持续下探，但《南方日报》全媒体主要经营指标却连年看涨，报纸广告保持高位运行，新媒体营收快速增长，“报网端”经营总收入突破10亿元大关。

3. 以移动化、平台化、可视化、智慧化为抓手

在大数据、人工智能等新技术的驱动下，移动化已经成为标配但已无红利，可视化、智慧化、平台化成为新趋势且尚有不小的红利。南方报业深刻洞察上述趋势，把移动化、平台化、可视化、智慧化作为推动传统党报集团深度融合发展的具体抓手。一是推进移动化，坚持“移动优先”，开展了一系列全面而深刻的流程再造，推动采编力量向移动端转移，着力提升内容品质，奋力抢占舆论制高点。二是推进平台化，以打造“南方+”客户端为切入点，强化内容的专业生产、聚合生产、开放生产，加强与读者和用户之间的互动和连接，打造适应新型主流媒体建设要求的党端、我端、大端、强端。三是推进可视化，充分整合利用内外技术力量和资源，创新提升融媒体产品生产能力和手段，以供给侧结构性改革不断满足用户的多元化产品需求，推出了一批又一批具有现象级传播效果的融媒体产品。四是推进智慧化，主要是智能化、智库化。一方面依托大数据技术强化内容分发精准传播，在内容的生产和传播过程中加大技术赋能、创意赋能；另一方面突出“新闻+服务”，打造传媒智库矩阵，强化决策参考作用，生产了一系列对象化、定制化智库产品，提升党报围绕中心、服务大局的新能力。

（三）《南方都市报》“数据智库”转型的内容与阶段

《南方都市报》基于大数据和人工智能的数据智库转型是系统化的、迭代创新的，包括定位、组织架构、数据驱动、内部机制、全媒体人才队

伍建设等内容，以及根据外部环境变化而分阶段地迭代。

1. 战略定位不断迭代

科学明确的定位不仅能够为媒体转型提供未来方向，更能够转变媒体的观念和凝聚媒体全体员工的信心。媒体的战略定位既要符合未来发展趋势，即需要“站在未来看现在”，又需要从自身的实际出发，以求“知行合一”。

在报业处于黄金发展期且互联网尚未对报业产生革命影响的 2000 年，《南方都市报》提出了“办中国最好的报纸”的定位，该定位符合报业繁荣时期的市场环境。

到了 2012 年，我国传统报业市场遭受互联网的严重冲击，出现断崖式下滑，都市报亟须根据自身实际情况积极向互联网转型。《南方都市报》在经历积极探索之后，在总结转型经验的基础上，于 2018 年首次提出“打造中国最具影响力的智库型媒体”。该定位一方面明确了其根本属性——媒体，这也是《南方都市报》的安身立命之本；另一方面顺应了国家治理体系和治理能力现代化的需求打造数据智库。

2. 管理架构持续完善

新媒体相对于传统媒体更讲究民主，让处在一线的员工更多地参与决策，这也要求媒体不断地根据战略需要来调整管理架构。《南方都市报》的管理架构经历了多轮调整。

第一，“三驾马车”的管理架构更为均衡。传统媒体长期以来存在严重的“重采编轻经营无管理无技术”的问题，《南方都市报》为了解决该难题，在管理架构上创造性地设置了“三驾马车”，即最高权力机构为社务管理委员会，其下面分设编辑委员会、经营委员会和行政委员会三个专业委员会。“三驾马车”的管理架构更符合报业尤其是都市报市场化发展的需求，资源、能力和人才在采编、经营和管理三方面业务的分配更为均衡。《南方都市报》在传统报业时代的狂飙猛进与“三驾马车”的架构密不可分。

第二，从“三驾马车”到“四轮驱动”。随着传媒业的快速发展以及媒体采编、经营、管理各环节的进一步细化，尤其是互联网媒体等新兴业务进入高速增长期，对于传媒业发展趋势以及现有业务的优化都需要专业的机构进行科学的研判、分析并提出相应的对策，《南方都市报》为了更好地抓住新机遇和有效应对出现的新挑战，对组织架构进行了微调，变之前的“三驾马车”为“四轮驱动”，2010年把南都传播研究院从行政系统独立出来，成为社务管理委员会下设的专门机构。

第三，从“四轮驱动”进化到“五轮驱动”。在互联网成为新的社会操作系统和底层架构的人工智能时代下，媒体亟须通过深度融合来重建用户连接，进而打造现代传播能力和重构商业模式与盈利模式，而高度重视技术尤其是大数据和人工智能技术的“互联网+跨界”思路就是必由之路。为了顺应互联网成为主导的新趋势和其他新变化，《南方都市报》实行党委领导下的总编辑、总经理负责制，2020年，再次推动组织架构调整升级，南都党委会下设“五驾马车”，分别是编辑委员会、技术委员会、南都大数据研究院、运营委员会、行政委员会，其中，新设技术委员会，下辖产品技术中心，力争实现技术驱动。可以看出，《南方都市报》一方面高度重视技术，设置了单独的技术委员会；另一方面充分认识到大数据和人工智能等新技术的巨大潜力，创办了南都大数据研究院。

3. 以数据驱动转型

《南方都市报》很早就认识到大数据的潜力和重要性，早在2014年就组建数据工作室，2016年发起成立“南都指数联盟”，2018年在总结之前经验的基础上成立南都大数据研究院，以数据为抓手向数据型媒体智库转型，并以“数据南都，连接一切”的理念来统一思想和认识。南都大数据研究院“以数据驱动”的重大改革，核心是“以用户为中心，以产品为导向，重塑传统采编，强化整体运营”。

第一，确立了明确的功能职责和构建了相对完善的组织架构。一是南都大数据研究院确立了三大块功能：生产基础产品，包括新闻数据库和行业数据两个领域；提供公共支撑，包括技术支持、数据分析、传播等；统筹数据产品，对报社的数据项目，进行发掘、培育、遴选、布局，对有潜力的进行孵化推广。二是组织结构相对完善。2018年，南都大数据研究院借鉴互联网公司的经验，并根据自身实际，设立了产品部、技术部、民调中心、商业数据部、数据项目运营部等部门，为了更好地实现新闻内容生产和智库课题生产互为促进和协调互补的机制，南都大数据研究院通过课题中心和新闻采编部门深度融合。

第二，设计了大量的、丰富的课题。南都大数据研究院把自身置于国家经济社会的整体发展大局和国家数字化转型的宏大进程，以及国家治理体系和治理能力现代化的历史进程中，并设计了大量的课题进行研究，分布在新经济新业态领域、城市治理领域、区域经济领域、新生活领域和鉴定评测领域。2018 年就有 50 多个课题项目同步推进，发布了近百个数据榜单和研究报告，形成了智库产品生产的治理驱动、数据驱动、评价驱动、行业驱动、新闻驱动、调研驱动、合作驱动、技术驱动、产业驱动九种模式。《南方都市报》通过不断摸索数据生产，初步形成了数据报道、榜单评价、民意调查、咨询研究、鉴定测试、评估认证、数据库及轻应用八大系列近百项产品。

第三，大力培养复合型人才队伍。媒体融合转型和数据智库建设需要一定数量的既懂技术又懂业务的复合型人才，而长期以来传统媒体培养了大量的采编人员，但是懂大数据和互联网的复合型人才却极为匮乏。南都大数据研究院对人才重要性有高度认识，一方面通过课题组培养锻炼了一批专业带头人，一批深耕专业领域、经验丰富的记者编辑成为课题牵头人，逐渐从原来的记者变成行业的专家；另一方面引进高质量的技术人才，充分发挥技术团队对研究院核心能力建设的重要推动作用，进而促进内容生产。

第四，以技术为引领的数据库建设扎实推进。南都大数据研究院组建技术团队覆盖数据采集、清洗、特征抽取、建模分析和数据可视化产品整合流程。技术团队完成了部分基础设施建设，包括建立用户数据库、内容标签智库图谱、微信用户关系数据库、独角兽企业声誉数据库、微博内容数据库、南都优选数据库等，为很多课题开发、活动组织提供了支撑；搭建完成稿件库、图片库、视频库，并整合传播效果数据，接入记者编辑考核系统，作为考核参考。2018 年，南都大数据研究院累计采集数据量达到 10 亿规模，并搭建起新经济企业声誉数据库、微博内容数据库、南都优选数据库等 10 多个数据库。2020 年，《南方都市报》又稳步推进八大重点技术项目，分别是“安全+云服务”基础服务，“数据中台”能力超市，“内容智创平台、数据服务平台、机器写作平台”三个平台服务，“N

视频 App、南都新闻 App、奥一网”三个产品服务。其中数据中台是《南方都市报》数字优先战略的基础设施，并围绕《南方都市报》内容生产和大数据核心业务，逐步打通与集团中央数据库链接，最终将全面融入南方智媒云；智创平台是媒体融合下内容生产、资源共享的技术支撑和管理平台，将实现多种产品（网站、App 等）、多屏幕（PC、智能手机）、多媒体（图文、音视频、H5、互动游戏）管理。

第五，南都大数据研究院社会效益和经济效益俱佳。在社会效益方面，一是发布了一批在业内颇具影响力的研究报告，主要有数字政府建设、营商环境深调研、广州城市治理榜、个人隐私保护、新经济企业声誉榜、网络黑灰产治理研究报告、南都鉴定评测榜单、中国孵化器 50 强榜单等；二是数据生产实践改变了《南方都市报》的内容生产方式和商业运营模式，拥有了榜单、评价产品、智库产品、数据产品，《南方都市报》探索出一条从数据新闻到数据产品和数据产业的转型道路。在经济效益方面，南都大数据研究院开局顺利，成立的当年，即 2018 年就为《南方都市报》创造约 1.1 亿元营收。

4. 采编生产流程优化和再造

长期以来，传统媒体的“中央厨房”和“融媒体中心”建设一直效果不佳，根本原因在于采编流程没有按照互联网技术的规律进行彻底重构和优化，导致相关技术平台流于形式，发挥不了实质性作用。《南方都市报》在深刻总结自身经验和教训的基础上，彻底优化和重构采编流程。

一是 2017 年成立南都采编指挥中心。该中心是《南方都市报》网端内容生产的调度中心和传播枢纽，该报所有采编部门、采编业务在此平台上进行，大大提升了采编效率。二是 2019 年继续推进流程优化。重新优化采访中心；重新整合编辑中心，打通白班和夜班，融合网端和报端，不再有报纸编辑、融媒体编辑之分；新设技术与创意中心；新设 App 事业部、短视频事业部，两部门从原来单一的内容生产角色，转变为内容+技术+美学+运营的全新部门。三是 2020 年进一步优化编辑委员会，下辖六大中心：融媒体中心、采访中心、北京新闻中心、深圳新闻中心、珠三角新闻中心、编务中心。四是协调好数据生产和新闻生产的关系。《南方都市报》“以新闻生产为基础向数据生产转型，以数据产品反哺传统新闻内容生产，新闻生产与数据生产互为支撑、相辅相成”。五是推进记者职能结构性改革。《南方都市报》对记者团队重新梳理，一部分人员侧重于公共新闻，致力于大众传播；一部分人员编入不同课题组，致力于行业研究，实现精准影响，并按新的标准进行考核。六是建立生产全链条负责制。除个别版面外，各采访部门不仅负责移动端的内容生产编发，同时要承担对应的报纸版面编发。七是推行栏目（公众号、版面）主编制。《南方都市报》App 上的每个公众号和报纸上的相应版面，都实行主编制，对栏目（公众号、版面）负直接管理运维责任。主编由中层或骨干采编担任，对其实行 KPI 考核。八是推动内容多元化，控制压缩传统的文字稿件，通过 KPI 设计，加大对图片、视频、音频、H5、条漫、智库报告等内容形态的推荐力度；产品开发社群化，产品导入社群运营概念，对用户进行全生命周期、全价值链条、全渠道的社会互动的管理；内容分发场景化，通过用户数据库的建立、社群化运营，以及对外资源的嫁接，如智能音箱、物联网等，建立内容分发的场景化机制；技术研发主导化，通过相应机制保障，让技术研发团队在内容生产方面发挥更加全面的主导作用。九是通过布局短视频等向互联网尤其是移动端主阵地转移。《南方都市报》成立短视频工作室，全力加大短视频生产，既是其转变话语方式的重要途径，又是培养全媒体人才队伍和吸引用户的关键方式。2020 年，《南方都市报》出台《关于推进全员视频化的考核激励方案》，启动全员视频化转型。

5. 切实推进内部机制改革

媒体融合转型需要进行系统的、彻底的内部机制改革，以更好地适应市场和用户需求，《南方都市报》从岗位设置、绩效考核、制度建设、选人用人等方面进行系统化的改革。

一是构建全新的专业技术岗位层级体系。《南方都市报》参照互联网公司的成熟做法，把岗位从之前的记者编辑单一岗位设置转变为采编、研究、产品、研发、设计 5 个序列，每个序列设置 7 个能力层级（P1～P7），纳入该体系的人员实行协议年薪制，绩效指标一人一策，实现可上可下的流动机制。二是加强和优化绩效考核和管理。在出台《关于进一步优化南方都市报编委委员绩效考核的管理办法（试行）》《关于优化南方都市报内容生产部门中层管理人员绩效考核的管理办法（试行）》《关于进一步加强采编员工绩效考核的管理办法（试行）》的基础上，重新制定相关人员的月度考核指标，并实施末位淘汰。三是加强经营人员薪酬考核。一方面，出台了新的《南都总经理办公会奖励基金管理办法》，以季度考核为周期，对优秀业绩、开拓进取、创新项目进行评优奖励；另一方面，建立起与市场相适应的经营系统非业务序列职业发展通道，将《南方都市报》经营部门创意策划类、技术研发类岗位纳入南都报专业技术能力层级体系。四是加强选人用人管理。一方面，大幅度引进复合型的优秀人才，主要集中在其紧缺的研究、新媒体、短视频、策划、运营等岗位；另一方面，逐步优化运营人员结构，开展了运营管培生项目，吸纳了一批懂新媒体和创意策划的年轻市场营销人员。

6. 培养全媒体人才队伍

《南方都市报》培养了大量的优秀传统媒体人才，但是相比于互联网转型的需求，却存在着技术人才、互联网媒体人才、复合型人才不足的短板，这就要求《南方都市报》大力培养全媒体人才队伍。《南方都市报》采取各种措施提升全媒体人才密度，花大力气促进全媒体人才队伍的构建。一是采取更具有激励效应的基础年薪制。在向互联网转型过程中，适合传统媒体的计件制薪酬制度已经发挥不了基本的激励效应，《南方都市报》探索建立起适应多元业务和更有激励效应的基础年薪制。2020 年覆盖到深圳、珠三角等区域板块，实现了采编全员年薪制。二是对人才队伍采取更互联网化的考核方式。传统媒体陷入困境的根源是用户连接失效，《南方都市报》为了重建用户连接，采取“用户+流量”的考核方式，对于能够提升用户体验带来新用户的行为，都计入员工的评价绩效。三是高度重视人才培训。《南方都市报》为了提升员工的整体素质和能力，一方面构建了系统的培训体系，包括导向把关、音视频、数据智库、创意传播、技术赋能、用户运营六大系列；另一方面采取“请进来”“走出去”相结合的培训方式，既把外部同质化产品公司的一线实战负责人或专家“请进来”分享产品建设模型，实操流程等，又选派数据、新媒体方向的管理者、项目负责人“走出去”前往外部相应媒体、企业考察学习。四是采取“线上”“线下”相结合的培训形式。仅 2020 年就组织培训 30 场，共计2600多人次参训。

7. 进一步明确了数据智库转型的方向

《南方都市报》通过不断探索，新闻产品与智库产品相辅相成，良性互动。媒体智库建设立足于媒体的核心能力和核心资源开展智慧服务，通过深耕“智库资源”，搭建特色化智库型综合服务平台，通过推出个性化、对象化、定制化的内容产品，提供高品质、专业化、特色型的智慧服务。目前，《南方都市报》进一步夯实了智媒转型路径，构建起“优质原创+创意传播+智媒服务”三大核心能力，形成了“原创报道、新媒体、视频影像、智库数据、视觉设计、线下活动、技术服务”七大核心产品。

（四）江阴融媒体中心的“三智化”探索

江阴融媒体中心在做好当地新闻宣传和传播工作的基础上，在当地党委和政府的大力支持下整合了当地的传媒资源和大数据资源，并通过“智慧媒体、智慧政务、智慧城市运营”的“三智化”升级路径来实现传播能力的最佳化和资源商业价值变现的最大化，其基础是全媒体人才队伍的构建与体制机制的改革。

1. 体制机制改革提供了良好的制度保障

体制机制决定活力，活力决定效益，效益决定发展。体制机制改革在一定程度上决定着融媒体中心的可持续发展，江阴融媒体中心在建设和发展过程中积极推进体制机制改革，搭建了更为市场化、更为科学的体制机制。

第一，江阴市委、市政府高度重视。江阴成立由市委书记、市长任组长的县级融媒体中心建设工作领导小组，强力推动融媒体中心建设工作。在学习领会中央精神、省市要求的基础上，出台《江阴市融媒体中心（传媒集团）组建工作实施意见》，把深度融合理念贯穿中心建设全过程、各环节。江阴市委、市政府的高度重视，为江阴融媒体中心争取资源、政策等支持和整合资源提供了坚实基础。

第二，成立直接对接市场的传媒集团。江阴市委、市政府在明确江阴融媒体中心为市委直属全额拨款事业单位的同时，又把江阴传媒集团定为一级国资公司，中心（集团）实行一套班子两块牌子、事业单位企业化管理。传媒集团作为市场主体，使得江阴融媒体中心能够更方便地对接市场，也使市场化运营决策更为科学和便捷。

第三，以全媒思维推进全域变革。江阴融媒体中心大刀阔斧进行组织变革与重构，通过技术叠加、流程重塑、渠道再造，形成“1+4+3”的框架。其中，“1”是党委会、董事会，为江阴融媒体中心（集团）决策领导层；“4”是四个委员会，即编辑委员会、经营委员会、运营管理委员会、技术委员会；“3”是新闻生产、产业经营、人力资源管理三大改革，创造性构架起江阴融媒体中心（集团）“四梁八柱”。

2. 整合当地的传媒业市场并获得了其他资源

由于县级媒体市场规模本身不大，只有整合了当地传媒市场和资源之后才有较高的议价权，也才能真正体现当地党委和政府对县级融媒体中心的重视。

江阴融媒体中心基本上垄断了当地的传媒业市场和资源。

第一，江阴融媒体中心（传媒集团）整合了江阴日报社、江阴广播电视集团及其下属企事业单位。目前，江阴融媒体中心（集团）拥有《江阴日报》、江阴人民广播电台、江阴电视台、江阴网、最江阴 App，以及“最江阴”“江阴发布”等 12 个微信公众号，形成了报、台、网、微、端、屏“六位一体”的现代传播体系。

第二，给予大数据等其他资源。一是江阴市委、市政府给予江阴传媒集团全市大数据独家商业开发权。由江阴传媒集团联合 7 家国有企事业单位投资 1 亿元，成立江阴市大数据股份公司，由江阴传媒集团控股，该公司通过对全市大数据的集成共享、开发应用，打造具有江阴特色的大数据管理和服务平台。二是江阴市委、市政府给予江阴传媒集团全市户外广告独家经营权以及财政资金等相关支持。三是江阴市委、市政府把无锡市安协安全培训中心江阴分中心划归江阴传媒集团，并将原利港中学的办公楼、实验楼和报告厅土地和房屋资产无偿划拨给传媒集团（土地面积约 8.5 亩，房屋建筑面积约 5750 平方米）。江阴传媒集团独家出资 200 万元成立应急培训公司，未来将引进中海油等央企国企增资扩股，充分利用江阴位于长江沿岸石化产业集聚的地理优势，建设立足长三角、辐射全中国的应急培训基地，并将参与危化品检测检验等项目经营。2021 年全年培训总人数约 2 万人次，收入约 500 万元。

3. 发力智媒体，做好新闻宣传与舆论引导

对于任何媒体来说，媒体属性是其安身立命之所在，唯有引导好群众和服务好群众才能获取资源助力转型发展。江阴融媒体中心组建后以智媒体为目标，致力于现代传播能力建设，充分利用先进技术，优化和再造内容生产流程，引导群众和服务群众的能力大幅度提升。

第一，优化和再造内容生产流程，形成融合传播新格局。2020 年初，江阴融媒体中心投入 3000 多万元打造的“中央厨房”全媒体生产指挥平台正式投入运行，可实现一次采集、多种生成、多元发布、全媒传播。以“中央厨房”为新闻资讯集散枢纽，推动主力军全面挺进主战场，实现报、台、网、微、端、屏 24 小时梯度推送、全面覆盖。再造后的内容生产流程分为四个层级，第一层级：所有新闻事件在“最江阴”App 首发，率先抢占信息第一落点；第二层级：12 个微信公众号矩阵发声，同向发力、同频共振；第三层级：电视、广播在固定时间段给观众带去鲜活、全面的资讯报道；第四层级：报纸进行深度报道，第二天准时送到读者手中，实现 24 小时梯度推送、全面覆盖。例如，江阴融媒体中心关于江阴第 52 家上市公司优彩资源上市的一组报道：2020 年 9 月 25 日 9：25，“优彩资源”在深交所上市。9：44 最江阴 App 首发短消息，1 小时内“最江阴”“江阴发布”微信公号相继推出头条报道，同时 4G 回传的视频素材被剪辑成短视频在“江阴时刻”视频号播发，18：30 电视台“江阴新闻”、FM90.7“江广新闻”推出详细报道，9 月 26 日出版的《江阴日报》则在头版推出集合式报道（消息+深度报道+评论员文章）。可以看出，在新的内容生产流程下，所有新闻事件在移动端平台首发，率先抢占信息第一落点；新媒体传统媒体无缝“嫁接”，推出“可扫码的报纸、看得见的广播、能交流的电视”，通过内容生产流程再造，重新构建与受众的连接，让受众参与生产和传播的全过程，建立群众离不开的渠道。云读纸、云直播成为常态，短视频量化生产，形成统一行动、个性表达、各展所长、优势互补的舆论引导传播格局。

第二，江阴融媒体中心已经形成了相对完善的媒体矩阵。截至 2019 年，《江阴日报》日发行量达 5 万份，江阴电视台在全国县级市率先实现全高清一体化制播，江阴电台 FM90.7 市场份额达到 50%。最江阴 App 下

载量超 90 万，高峰期日活跃度 15 万人次，“最江阴”微信公众号粉丝超 66 万，稳居全国县级媒体微信号百强榜第一，“江阴发布”微信公众号粉丝超 41 万，领跑全国县市政务公号榜，“最江阴”抖音号粉丝数超 360 万，累计点赞数 2.3 亿。以“江阴时刻”为龙头的视频号矩阵平均阅读量达 7 万。近几年，90%以上的江阴人通过江阴市融媒体中心各平台获取本地资讯。

第三，建立统一考核评估体系（覆盖多屏、多特征多维度衡量、全过程评估的评价流程），全方位、精准反映全媒体生产状况，为内容生产、绩效考核提供科学依据。

4. 大力拓展智慧政务业务

智慧政务是媒体业务的自然延伸，也是互联网环境下媒体做好舆论引导和服务群众的必然选择。江阴融媒体中心以融合转型的拳头产品——最江阴 App 为主体，积极向智慧政务业务拓展。目前，最江阴 App 已囊括 63 个部门单位、2000 多项政务服务和便民服务，共接入数据信息总量超过 13 亿条，实现了全市基础信息数据的互联互通。围绕吃穿住行、24 小时响应，让市民群众足不出户“一端解决民生百事”。截至 2020 年，最江阴 App 下载量超 100 万，累计服务用户 1700 万人次，功能模块访问总量超 3500 万。最江阴 App 先后承接“江阴市保障性口罩购买发放”“3000 万电子消费券全民送”等各类政府民生工程；此外，“新生登记缴费”“新生儿出生一件事”“清明预约祭扫”“预约挂号”等市民刚性需求，为最江阴 App 在线化、在地化服务提供源源不断的空间。

最江阴 App 在短期内爆发式增长的原因在于，依托全国“集成改革第一县”的先发优势，创新“前端集成、后端不变、配套到位”的融合方式，打破部门壁垒，把全市原有平台功能、数据信息等资源统一并入最江阴 App。

5. 积极探索智慧城市运营和数字经济转型

县级融媒体中心除了打造强大的现代传播能力之外，还要重构商业模式与盈利模式，而智慧城市运营则是重构商业模式与盈利模式的核心途径。

第一，江阴融媒体中心积极参与江阴智慧城市建设与运营，着力推动县域治理现代化。一是参与智慧城市项目建设、运营、维护和投资管理等，构建“1+1+N”的江阴“城市大脑”，即1个数据资产中心、1个智能化城市大脑中枢平台和N个公共服务应用，打造智慧医院、智慧交通、智慧社区等应用场景，为数智政府建设赋能。二是对全市户外广告资源统一开发建设，搭建“覆盖全城、直达终端”5G智慧屏，力争到2025年左右实现“一屏智享生活、一号走遍江阴、一统数据运营、一键可知全局”。

第二，江阴融媒体控股的江阴市大数据股份有限公司将积极助力数字经济发展。通过对全市大数据的高效采集、有效整合、深化应用，打造具有江阴特色的大数据管理和服务平台，促进江阴市数字经济发展。具体如下：一是将做好全市信息化项目“集约统建”；二是参与全市大数据基础设施建设，培育大数据产业链，打造大数据产业园，创新产业联盟、引导基金、科创平台，加强相关企业和人才的引育；三是通过城市数据资源赋能企业数字化转型，研究企业级数据资源的应用场景；四是探索公司的资本化运行，推动数据从“资源”向“资产”转变，助力江阴数字经济产业发展。

6. 通过市场化方式实现产业资源商业价值最大化

媒体在获得产业资源后，关键是要通过市场化方式实现资源的商业价值最大化，再用变现后的收入反哺媒体采编业务，进而形成良性循环。

江阴融媒体中心积极顺应媒体格局变化，确立“行业细分、垂直到底”的经营思路，坚持事业支持产业、产业反哺事业，通过各种市场化手段和方式实现资源的价值变现，全力推进媒体产业转型升级。目前，江阴融媒体中心在影视制作、演艺活动、文创会展、教育培训、应急培训、户外广告、电商产业等方面都形成媒体产业链。一是首次承接展馆项目“江阴城市记忆馆”，这是江阴科技感、互动性最强的公益展馆；二是打造总面积1万多平方米传媒教育培训大楼，使其成为一张闪亮的名片。

7. 全媒体人才队伍是基础

精干高效的全媒体人才队伍是县级融媒体中心运行好的基础，无论是地处经济发展地区、一般地区还是欠发达地区的县级融媒体中心都需要构建起相对优质的全媒体队伍。

江阴融媒体中心加强新闻队伍能力提升、基因转换，初步构建起了一支能打硬仗的全媒体人才队伍。一方面，吸引全国各地优秀媒体专业人才，盘活资源、改善结构，促进媒体队伍持续发展和人才梯队建设；另一方面，大力引进大数据管理、运营等方面的国内外精英人才和团队，营造“如智者般思考、如农夫般细作、如战士般勇敢”的文化氛围，全力以赴增强融媒体中心综合竞争力。尤其是构建起了以能力和业绩为导向的战略人力资源管理新体系，实施打破身份、全员重组，统一建立激励先进、鼓励创新的考核导向，实行以岗定薪、岗变薪变、动态管理的分配机制，目前，“80后”“90后”主力军地位凸显，高学历、高职称、高素质人才的生力军作用突出。

建立选人、用人、育人常态化工作机制，通过劳模工作室、融媒青年说、KOL大赛等形式，有效带动和引领了一批新人在专特领域内快速成长。成功培养了专业“飞手”团队、轻量直播团队、视频创意团队、MCN机构运营团队；拿出最大诚意和最好的平台吸引海内外高层次人才，以特设岗位特殊津贴形式，引进首席技术官、首席构架师、首席风控官等精英团队，不断提升人才密度。截至2020年，江阴融媒体中心（集团）拥有干部员工535人，男女比例为1.5∶1，大专及以上学历占比89.3%；硕士14人，博士1人；采编人员226人，占比42.2%。尤其可喜的是，在2020年春季招聘时，中心（集团）18个岗位吸引5000多人报名，大多数来自“双一流”高校以及国外知名大学，硕士及以上学历人员达到16%。

三、思考和总结

党的二十大报告强调，要以中国式现代化全面推进中华民族伟大复兴。媒体融合也要在推进中国式现代化的过程中实现更好发展。媒体融合提出十年来，不同媒体根据各自的实力和特点开展了大量实践和探索，取得一定进展，分别实现了小融合、中融合、大融合：有些通过成立融媒体中心或技术部门实现了新媒体的部门融合；有些打通基层的技术平台，把用户资源、数据资源、内容资源等融合到一起，实现了集团的整体性融合；还有些将自身融入经济社会发展的大局和政府治理体系和治理能力现代化的进程当中，依靠自身优势实现更快更好发展。

传统媒体要推动媒体融合离不开科学的顶层设计、务实的创新探索和成功的新闻实践。第一，要有互联网思维。就是以用户为中心、以体验为核心。第二，要提升服务能力。没有传播和服务，舆论引导就是一句空话。媒体融合就是要通过打造区域性或行业性的综合服务自主可控平台，提升现代传播能力和服务能力。第三，要突出用好媒体资源优势。用制度性优势去获取稀缺资源，把社会思想文化公共资源、社会治理大数据等转化为巩固壮大主流思想舆论的综合优势。第四，再造商业模式和运营模式。重构商业模式和盈利模式，实现社会效益和经济效益的双提高。第五，要建好机制用好人才。要建立起更为市场化的内部体制机制，包括管理体制、薪酬制度等，对于关键岗位、特殊技能人才，要在规定范围内用好政策，培养全媒体人才队伍，建立一支干事创业的人才队伍。

实践篇

中央媒体融合发展的共识、差异和发展

李黎丹*

我国的媒体融合是在党中央的有力指导下展开推进的。在媒体融合的进程中，媒体所承载的功能越来越丰富，伴随网络向社会肌体的延伸，媒体也在进行着系统性重构，与社会各层面发生新的连接。媒体自身经由内部融合走向开放，以更开放的姿态进入社会的大融合大循环。从中央媒体到县级媒体，从主流媒体到商业平台，全媒体传播体系建设全面展开，不同层级的媒体依托各自的优势和功能走出各具特色的发展之路，并在发展中突破“单打独斗”，彼此之间不断融合。以《人民日报》、新华社、中央广播电视总台为代表的中央媒体既是媒体融合的“排头兵”，也在融合进程中发挥着“基础平台”的托举作用，在发展过程中既有共性又有个性，呈现出中国媒体融合独有的特点。

一、中央媒体融合发展的共性

近年来，政治、经济、技术等条件影响着社会结构、组织的生产和运作，重塑着社会主体之间的社会关系和行动逻辑。媒体融合的演进，从新闻的生产发布流程与内部的体制机制变革开始，走向了更为开放的体系，媒体与媒体之间、媒体与社会各行业都在走向更为广阔的融合发展。这就需要媒体围绕社会媒体化、媒体社会化和智能化的需求打破既有边界，顺应社会和技术发展的大逻辑做出相应改变。

---

* 李黎丹，廊坊师范学院传媒学院教授，前人民网研究院研究员。

（一）智能化发展提升“四力”

媒体融合是国家战略，政治优势是主流媒体最为核心的优势，中国媒体融合的推进牢牢地建基于此。忠实履行党的新闻舆论工作职责使命，凝聚起全国各族人民的向心力，是主流媒体的首要使命、共同使命。在新时代新征程里，准确传递中央声音、积极回应民众关切，仍然是主流媒体不可替代的权威性和公信力的源泉。在融合发展中，主流媒体以核心优势带动发展格局，融合实践清晰地显现出以政治优势为出发点的发展主线。

政治资源以及多年服务党委政府、服务群众累积起来的公信力是主流媒体的重要资源。“内容为王，服务为魂”，均离不开媒体的核心优势和主要资源。新技术、新应用的加持，使得主流媒体的声音传播得更广泛、更持续、更深远。以中央电视台（以下简称“央视”）的《小央视频》为例，这是央视在资讯领域的原创短视频品牌，也是央视在各大平台上主推的账号，日均发稿量在50条左右，依托央视网巨大的素材库，运用AI智能手段对重大事件和关系国计民生的新闻内容进行标签化处理，多角度、多形态为年轻用户提供贴近性的资讯，“有趣、有料、有态度”的短视频报道吸引了众多年轻用户，在各互联网平台传播量惊人，仅抖音短视频平台一家，获赞量就高达2.8亿。疫情期间，主流媒体的用户量有着显著增长，很多用户留言称“我们就信任党媒”。党报抖音号粉丝量的显著增长也证明了这一点：截至2020年8月15日，党报抖音号平均粉丝量为98.4万，比2019年增长将近4倍。《人民日报》抖音号粉丝量最多，达到了1.06亿，《光明日报》《经济日报》《解放军报》《中国日报》《中国青年报》开通的抖音号粉丝量均超过千万①。疫情期间，主流媒体发挥了“定海神针”的作用，以对党和人民的责任心、敬畏心，以几十年的沉淀和专业性，信息发布扎实可靠，体现出主流媒体的权威性和公信力，给人民群众带来了真实可信的安全感。

技术的发展，特别是智能化技术的应用，对中央媒体内容产能、质量、覆盖率的提升都起到了关键性的作用。通过设定内容的搜集范围，新

---

① 2020（第五届）全国党媒网站高峰论坛［N/OL］. 人民网，［2020-12-24］. https://live01.people.com.cn/zhibo/Myapp/Html/Member/html/202012/100737_549_5fd6bd083ea0c_quan.html.

闻机构可以通过人工智能技术自动获取新闻的线索和素材，并对新闻事实进行自动核查，人工智能技术赋予了编辑部“千里眼”“顺风耳”“火眼金睛”的功能。新华社的“媒体大脑”就嵌入了新闻发现工具，通过对全球数据的实时监测追踪，能够在第一时间发现网络舆情热点，分析出事件的传播路径，帮助新闻生产者迅速了解整个事件的来龙去脉，同时利用多种渠道对事件进行验证，判断消息的真伪，并用排重等方式排除其中的无效内容，凝练新闻价值，扩大了报道的范围，提升了时效性。在人工智能的助力下，媒体记者和编辑发现新闻线索的效率由过去以天为单位，提升到以小时、分钟甚至秒为单位。随着人工智能技术的发展，媒体的生产流程甚至组织架构都可能随之发生调整和改变。在这种情况下，媒体对新闻线索做出反应的速度必须越来越迅捷，快速组织协调好报道力量，使用多种报道手段为用户呈现全媒体内容，从而在与同行的竞争中获得先机。2018 年全国“两会”期间，新华社“媒体大脑”首次显示了“令人惊艳”的信息处理速率，对 5 亿个网页内容进行梳理，生成“两会”舆情热词，并自动配以图表、完成配音，生产并发布《2018 两会 MGC 舆情热点》，引发广泛关注。

报道形式和传播手段的创新，为主流媒体打造高品质内容、扩大传播覆盖面提供了助力。2020 年，受疫情影响，“两会”期间各地全国人大代表无法像以往那样在北京齐聚，媒体记者也不能都到会场采访报道，在这样的情况下，借助 5G 网络传输与人工智能技术，众多媒体“各显神通”，不但圆满完成了会议的各项报道任务，还探索出了前所未有的新型报道形态——“云对话”“云跑会”“云采访”，VR 直播等新技术带来的报道新形式、新样态精彩纷呈。人民网“人民视频”与快手合作，与代表在直播间探讨民生问题，取得了良好的效果。人民日报智慧媒体研究院推出 5G+AI 报道模式，记者佩戴的 5G+AR 眼镜与后方的智能数据处理平台连通，可以实时了解新闻人物的详尽资料，并可用手势或语音快速方便地完成拍照、直播、录播等各项采访任务。新华社在武汉、广州、昆明三地的演播室通过 5G 技术将影像实时传输回北京，并使用全息技术使身在北京的记者与三个演播室的人大代表实现“面对面”交流、“握手”互动，“5G 全息异地同屏系列访谈”以技术突破空间的限制，将不同地域的记者和人大代表置于同一虚拟空间，使采访不但“有料”而且“有趣”。佩戴AR眼镜的央视记者则通过5G网络开展“交互式直播”，用户可以用弹幕或者评论的方式把自己的“愿望清单”发送给记者，然后借助记者的AR眼镜以第一视角的“沉浸式”体验实现自己的愿望，与自己心仪的人与事“亲密接触”。AI、5G等新技术带给媒体的创意、创新，拉近了新闻与用户的距离，为吸引用户、留住用户提供了更多可能性。

在内容分发方面，技术使内容与用户的匹配、跨平台联动成为现实。智能“算法”会根据文章标题、关键词、内容特征、转发评论、发布者关注度等信息，给文章打上多个标签，使之分别归纳到特定的领域，推送给对某一特定领域感兴趣的用户。在算法方面，《人民日报》的“党媒算法”独树一帜。《人民日报》在人民号的算法推荐中加入主流媒体价值权重的“党媒算法”，力图构建起兼具主流价值与创新活力的内容生态，体现了权威媒体的责任担当和旗舰作用。媒体的不同平台之间的联动、不同层级媒体间的跨媒体联动显著提升了媒体的生产、发布能力。2019年的“两会”，中央媒体与地方媒体的联合报道是“两会”报道的一大亮点，各省级广播电视台以云平台为依托，调动省、市、县三级融媒体中心资源，通过“人民视频”和“央视新闻+”等平台进行矩阵传播，融合聚力、资源共享，以全媒体联动直播的方式全方位、多角度、立体化报道“两会”，以媒体融合新成果为“两会”谱写新篇章。

从生产到发布、从内容到形式的全面创新，使主流媒体的传播力、影响力显著提升。从2020（第五届）全国党媒网站高峰论坛发布的全国党报融合传播指数报告来看，2020年1月1日至8月15日，全国377家党报发行量均值比2019年增长了2%。《人民日报》抖音号播放量超过681亿次；《光明日报》抖音号、《中国日报》抖音号总播放量均超过百亿次；38个抖音号播放量超过10亿次①。疫情期间，央视新闻调动全媒体矩阵平台共同发力，“战疫情”“共同战疫”等特别节目，在央视新闻客户端、央视频App以及微博、今日头条、快手、抖音、B站、百家号、腾讯、优

① 2020（第五届）全国党媒网站高峰论坛［N/OL］. 人民网，［2020-12-24］. https://live01.people.com.cn/zhibo/Myapp/Html/Member/html/202012/100737_549_5fd6bd083ea0c_quan.html.

酷等平台联动播放。截至2020年11月4日，微博话题“#共同战疫#”总阅读量达到114.1亿，讨论量达628.5万。这显示出主流媒体在重大事件、重要时期的权威性和公信力，其传播力、影响力在关键时刻更为凸显。

（二）平台化发展共建体系

在自身内容产能升级的同时，中央媒体更是在四级传播体系的构建中发挥着中流砥柱的作用，以技术优势为各级主流媒体提供支持和助力。从技术特征看，能够实现连接用户、服务用户的互联网运营平台，需要较高的技术能力和较完整的技术体系作为支撑，这些资源在多数县域还不具备。目前媒体融合实践中的比较可行的解决方案是，在中央主要媒体机构和具备条件的省级主流媒体集团建立技术和运营平台，向县级融媒体中心输出资源，使县级融媒体中心成为区域性新型媒体平台的运营端口。

《人民日报》、新华社和中央广播电视总台这三家中央媒体一直在创新实践中处于领跑地位，在与区域性媒体的合作上都迈出了实质性的步伐：《人民日报》与百度携手，利用AI大脑开放平台建成了人工智能媒体实验室，与多家地方报业集团开展战略合作，整合内容、平台、技术优势，推动智慧党建、智慧社区、智慧服务建设，全国党媒平台为合作伙伴提供了H5制作工具、VR/AR、无人机、人工智能等全方位技术支撑，并且具备快速同步升级能力，大幅降低了采用新技术的门槛，让新技术“零基础”的媒体也能在内容生产和传播中拥有“十八般武艺”。新华社MAGIC智能生产平台上已经有上百家传统媒体机构进行短视频的生产分发，MAGIC上的25款媒体机器人帮助各家媒体累计处理媒资超过1000万条，生产短视频30余万条，大幅度提高了采集和处理新闻资源的效率和产量。平台的大数据分析能够为媒体提供精准的用户画像，匹配标签化处理的新闻信息，全面提高了服务用户的能力和传播效果①。中央广播电视总台实行“5G+4K/8K+AI”发展战略，投入使用“人工智能编辑部”，央视网成立的智慧媒体学院依托“人工智能编辑部”资源，为地方媒体提供智能媒体技术服务支持和人才培训。

---

① 北京市新闻工作者协会，梅宁华，支庭荣．媒体融合蓝皮书：中国媒体融合发展报告（2020）［M］．北京：社会科学文献出版社，2020：17.

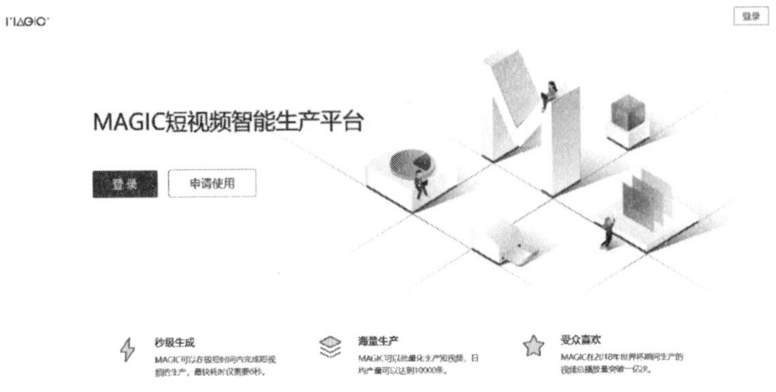

新华社“媒体大脑·MAGIC 短视频智能生产平台”界面

资料来源：MAGIC 短视频智能生产平台，https：//magic. shuwen. com/。

《人民日报》、新华社和中央广播电视总台通过搭建平台，邀请县级媒体入驻矩阵号、使用云平台、打造“全国县级融媒体智慧平台”等路径，实现与部分县级媒体的点对点联动。在“新华社订阅号”的账号矩阵中，账号数量最多的是“县闻荟萃”类别，在发布量排行榜前 100 名中占比最高（24%）的也是这个专设类别。“县闻荟萃”栏目与“现场云”平台共同为地县级媒体铺设了与中央的连接通路。对地县级媒体的关照和重点展播，既是新华社作为新时代“网上通讯社”触角发达的体现，也是新华社助推全国各级媒体进行融合发展的行动表现。与此同时，中央媒体与省级媒体的联动也在加强：一方面，中央媒体加强与省级媒体在内容资源方面的共享，及技术共融，如《湖南日报》《四川日报》等多家省级媒体集团的平台实现了“上下纵横”互通，向上即与《人民日报》、新华社、中央广播电视总台互通，实现内容共享，并在重要节点、重要策划报道中协同报道，提振宣传效果；另一方面，中央媒体也在推动地方站的建设，如中央广播电视总台计划在全国各省（自治区、直辖市）均设立地方总站以加强融合联动，上下联通、有机共融的传播体系正在成型中。

（三）大融合化发展连接社会

2019 年 10 月 31 日，党的十九届四中全会审议通过的《中共中央关于坚持和完善中国特色社会主义制度、推进国家治理体系和治理能力现代化若干重大问题的决定》，指出要构建新时代社会治理新格局。在这个新格局中，特别提出“构建网上网下一体、内宣外宣联动的主流舆论格局，建立以内容建设为根本、先进技术为支撑、创新管理为保障的全媒体传播体系”。在技术的推动下，媒体融合与社会治理的高度一体化发展成为可能。从实践来看，社会治理需要形成与之相匹配的信息传播能力、社会动员能力等，离不开媒体作用的发挥；而在社会治理的现代化进程中，媒体更多地参与和发挥治理效能，不但有助于社会治理的理念与方法创新，也能够推动媒体自身重要性和影响力的提升。主流媒体作为党的喉舌，一直积极发挥着社会沟通、民情疏导、社会监督等作用。随着网络技术，特别是移动互联技术的发展与成熟，主流媒体的功能和职责更为丰富，成为上通下达、民众参政议政、参与社会治理的重要渠道和平台，中央媒体在其中的作用尤为显著。中央媒体积极打造“政务媒体云平台”，与政务新媒体协同配合，及时回应公众的关切，提升了权威性和公信力，推动政府网上政务服务能力显著增强。例如，在国家“十四五”规划的编制工作中，通过《人民日报》、新华社、中央广播电视总台所属官网、新闻客户端以及“学习强国”平台开设“十四五”规划建言专栏，听取全社会意见建议，累计收到网民建言超过101.8万条①。调动了广大网民参与社会治理的积极性。

媒体融合的发展不仅构建着上下贯通的四级全媒体传播体系，也在横向打通着行业、产业的边界，连接起社会生活和社会资源的不同方面、不同层面。

媒体本身兼具意识形态和经济利益双重属性，随着媒体融合的深度发展，媒体的产业边界不断扩大，各级各类媒体除了做好内容生产端的供给，还在政务服务、经营模式、创收模式等方面进行拓宽，与更多的产业、行业相互交融，共赢共生，从内部融合走向外部融合，从媒体与互联网的融合走向媒体与其他产业之间的融合，呈现出媒介业态的多样化发展趋势。

产业边界模糊、广泛融合带来了两个不同方向的发展趋势：一种是垂直化深耕，商业模式从规模经济转向范围经济发展，深耕垂直能够更精细

---

① 习近平对“十四五”规划编制工作网上意见征求活动作出重要指示强调更好发挥互联网在倾听人民呼声汇聚人民智慧方面的作用［N］．人民日报，2020-09-26.

化地满足用户的个性化需求。《人民日报》、新华社和中央广播电视总台等中央媒体已先后携手快手等平台开展多场扶贫助农的公益直播带货活动。主流媒体的品牌效应、快手的平台特质、网红主播的专业能力，以及明星的助力，方方面面的因素推动公益直播带货达成了可观的交易数据，这是媒体“国家队”与商业平台的又一次融媒尝试，是中央媒体改革实践的推进和延续，也是媒体融合理念的深化与创新。直播带货正在发展为一个越来越成熟的新业态，不仅有相对完善的体系和产业链，还进一步向智能电商的方向发展。直播电商也可以称为内容电商，需要依靠优质的内容来吸引用户，转化流量价值。直播电商是媒体+商务的试金石，媒体不仅可以依靠多年内容生产的优势在内容电商领域做得更加专业、更加精良，而且还可以让媒体人进入商务领域锤炼，更加适应新业态的服务和经营。除继续发挥优势生产优质内容外，媒体还可以提供诸如主播培训等相关的内容服务，目前央视等媒体对此都有涉猎。

广泛融合的另一种趋势是社会成为大产业链，而不同企业、公司成为大产业链中的一个环节。数字技术及其平台的发展，直接导致不同行业产品的功能相互渗透，不同组织、不同企业、不同行业在相互融合的过程中共同形成开放的生态系统，其中的主体构成协同利益体，在关注自身发展的同时，也需要关注其他主体和系统整体的协同发展，这样才能够实现生态系统中各组织、物种、种群、群落的快速成长。例如，人民网审时度势，着力打造内容风控业务，向其他内容生产者或运营者提供内容审核风控服务，不但为多家国内外著名软硬件厂商严把审核关、降低风险，也为自身带来了可观的收益，占据了新业态的前沿地位。人民网党委书记、董事长、总裁叶蓁蓁认为，泛媒体化时代，内容生产的社会化大分工将带来新的机遇，内容风控是政策密集、技术密集业务，人民网基于自身的人力资源、经验积累等优势，再辅以技术平台的支撑，有望引领这个新兴产业的发展。不是所有媒体都适合打造生态级的平台，在大产业链、大生态系统中切入合适的环节，找准自己的位置，也是具有长远意义和创新价值的发展思路。

（四）触点重构化发展连接用户

在政治、经济、技术等条件的推动下，社会呈现出“扁平化”特征，在不同层面之间建立起广泛的“连接”，不同的个体、群体、组织、机构成为传播的节点，成为各种传播行为的主体，从而为关系“赋权”，媒体之间、媒体与其他主体之间、媒体与用户之间的触点全面重构，呈现出与传统媒体时代迥异的特征和图景。

连接、互动是社会动力的主要来源之一，每个个体的自我认同都是在不断的社会互动中形成的。在网络中，处于不同地域、不同时空的人们因相同或类似的兴趣、情感、价值观等因素聚集，形成一个个独特的网络社群，其成员在互动中发展出较强的自我认同和群体归属感，并在群体内外形成了一定的传播壁垒，媒体想要进行有效的传播和引导，就需要把情境也视为信息系统中的重要组成部分，把如何使用户能够接触到自己生产发布的信息作为关键因素考虑，并以“人格化”、有温度的存在与用户形成良好的互动关系。主流媒体在融合发展中也在有意识地建构社群、联系社群，为用户搭建兴趣连接、情感连接的平台。东京奥运会期间，央视频在运动这一爱好者甚众的兴趣领域，除了通过多元渠道提供赛事直播、短视频、慢直播、VR360 度全景直播等奥运专栏外，还提供了多种互动方式，如用户可以根据自己的观看习惯与个人喜好，定制“专属节目单”和观赛日程。央视频的“央友圈”还上线了“中国队加油专区”，以供网友共同观看赛事、交流评论，而《乐享夺金时刻》H5 互动和《会员请回答》等产品，以多种社交玩法释放用户情绪，增强用户黏性和好感度。

“新闻+政务服务商务”的运营模式实际上就是一种关系的转换，通过提供党和政府、群众多种对话、沟通的渠道和满足多方需求的平台，建立起媒体与不同社会主体的良好关系。对于党和政府来说，百姓问政、参政、议政、咨询、办事等需求都可以在媒体平台实现；对于人民群众而言，涉及自身生活方方面面的服务都可以在平台上获取，这样的平台才能连通起内容、服务和市场，“融集成资源、响应需求和创造价值于一体”①，实现社会效益和经济效益的双丰收。中央媒体是做好网上新闻宣传和舆论引导的主力军，同时又通过互联网连接社会和用户，长期积累形成的品牌价值和传播价值相结合，为形成具有高可信度的服务价值奠定了基

① 谭天．基于关系视角的媒介平台［J］．国际新闻界，2011（9）：83-88.

础。以人民网《领导留言板》为例，仅在2020年前10个月，《领导留言板》收到各级领导干部答复网民留言的数量达到49万。留言板架起了党和群众的连心桥，开启了社情民意的直通车，彰显着作为察民情、解民忧的治理抓手的效能。为助力战“疫”期间的生产生活，人民网和教育部联合组织了疫情防控思政大课，邀请专家教授在线“云”开讲；在“人民好医生”客户端开设公益援助信息平台；在“人民智云”客户端提供大学生就业服务平台等，都很好地发挥了服务群众的作用，既进行了正能量的内容传播，又搭建起切实服务人民群众的平台，取得了良好的社会效益。

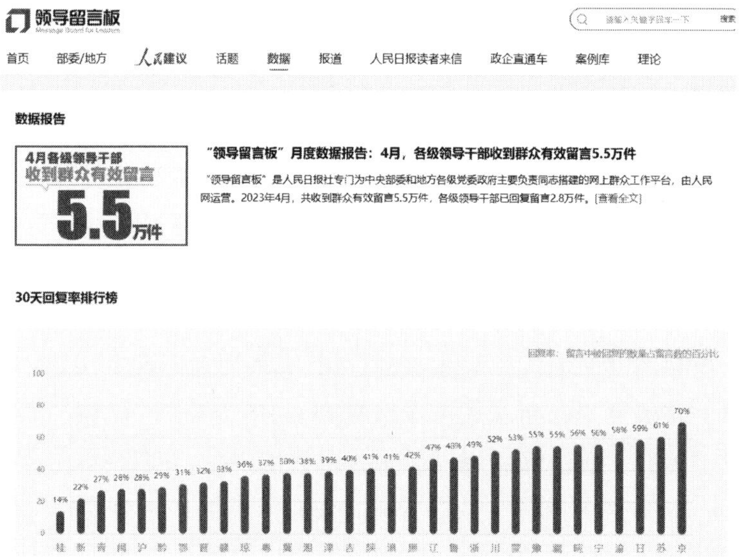

人民网《领导留言板》数据报告

资料来源：人民网，http：//leaders. people. com. cn/GB/178291/409148/412371/index. html。

各类新技术新应用空前拓展了人们的认知边界，也赋权给用户使其成为内容的生产者、加工者和传播者。推进媒体深度融合必然要“走好全媒体时代群众路线”，这是把党的优良传统和新技术时代的规律相结合的前进方向，以开放的平台吸引广大用户参与信息的生产传播，生产群众喜爱的内容，建构群众离不开的渠道。全媒体时代的“开门办报”不仅是联系群众的重要桥梁，更是构建全媒体传播体系这一需要国家、媒体、互联网平台、公民共同参与和相互配合的系统性工作的关键一环。目前，大部分主流媒体客户端都开通了可供用户上传内容的渠道，如新华社“全民拍”、人民视频“投稿”等；《人民日报》一直在推进“平台+内容生产者”模式，“人民号”吸引了超过5000家主流媒体、党政机关、优质自媒体入驻。特别值得关注的是，盛大庆典的直播在2019年首度“赋权”用户“介入”其中。2019年国庆节，央视新闻与快手合作推出国庆阅兵大直播，其间采用了多链路直播间技术，为用户提供了7路信号，将选择权交还给用户，让用户自主选择观看的角度和景别，“导播”一场自己专属的庆典直播。此次“国庆阅兵”直播累计观看人次突破10亿，可谓是一次具有开创性的媒体传播形态的创新尝试。在用户量庞大的社交平台拓展阵地也是与用户建立关系的重要途径，这为主流媒体带来了数量可观的“粉丝”群。主流声音因此得以更广、更快地传播。建立关系，激活个体节点，不仅使信息、宣传、服务等有效地触达用户、影响用户，还能使更多的创意、更多的资源汇聚到互联网上，发动人民群众共建共享全媒体平台。

二、中央媒体融合发展的差异性

在中共中央办公厅、国务院办公厅印发的《关于加快推进媒体深度融合发展的意见》的指导下，主流媒体深度融合的探索实践不断推进，互联网生态也随之焕新。在打造广泛连接、跨界整合的全媒体传播体系的融合发展过程中，中央媒体因各自的特色与优势不同，在共性中也呈现出独特的差异性。

（一）央视：情感连接“粉丝”社群

2020年上半年，“谢谢你为湖北拼单”的公益直播带货在各大平台兴起，朱广权与李佳琦的“小朱配琦”组合多次冲上热搜，引发舆论高度关注。在接下来的国际劳动节，央视四位年轻主持人康辉、撒贝宁、朱广权、尼格买提组成的“央视Boys”在“为美好生活拼了”直播带货现场，仅3个小时就在各平台积累了2400万观看人次，带货额高达5.286亿元。这些备受关注的现象反映出央视独特资源在视频时代的突出优势。在推进媒体融合的过程中，央视利用丰富的视频资源和专业的视频制作经验，在短视频平台持续发力，粉丝量、点赞量在媒体中都位列榜首。央视先后上线了央视频、央视新闻、央视影音等应用，并在央视频创建了垂类视频频道，与传统的广播电视频道同步运营，在内容上实现了“一体策划、一体生产”的深度融合。多年以来形成的品牌效应和主持人的明星光环，为央视在社交媒体时代链接“粉丝”群体，扩大用户触达率提供了有效路径。

互联网使人类社会的连接达到空前的广度和深度，诸多原本孤立的、隐藏的社会主体，许多不为人知的生活方式以及生活场景被“虹吸”到社会表层，具备了表达、通联的可能性，因为兴趣、情感、价值观等因素相互发现、聚集，形成一个个独特的网络社群，可以说连接在一定程度上是社群的连接。央视的记者、主持人依托受众群体庞大的传统媒体，建立起较高的知名度，新媒体平台为其提供了个性化展示的渠道和平台，能够将受众转化为带有个体互动情感连接的粉丝群体，形成个人的 IP 品牌，与媒体品牌相互影响、相互助力，增强用户黏性和忠诚度。如中央广播电视总台记者王冰冰的“出圈”，她在各个平台都有自己的粉丝群体，无论是新闻采访，还是主持节目，都会因为“粉丝效应”吸引大批用户观看内容，甚至还曾因上线观看人数激增而导致网络一度崩溃。央视名主播、名记者会聚起“粉丝”群体，助力了主流内容的“出圈”，推动了央视融合传播力的提升。

借由“粉丝”群体的连接，央视与用户的距离在拉近。同时，央视也在进行更多吸引年轻受众的尝试，对节目语态和形式风格不断探索创新。如融媒体产品《主播说联播》，一改传统端庄严肃的新闻播报风格，以更年轻化、口语化的表达解读新闻时事和社会热点，受到广大网友特别是青年网友的喜爱。“联播+”“大国外交最前线”等《新闻联播》的延伸产品，也都取得了不俗的传播效果，使《新闻联播》的品牌影响力得到了进一步提升。这样一种兼顾传统渠道与新媒体渠道，利用多种平台渠道共同打造一个媒体品牌的内容生产方式，取得了“1+1>2”的传播效果。在抖音、快手两大短视频平台，央视新闻账号的“粉丝”量已经突破了 1 亿，百万级以上的视频账号达到 50 多个，并凭借自身强大的视频资源优势和主持人的影响力，不断推出交互式话题活动，吸引年轻受众关注，在互动中增强用户黏性，发挥主流价值引领作用。

（二）《人民日报》：打造主流价值生态

《人民日报》作为媒体融合发展的排头兵，从“中央厨房”到媒体平台，《人民日报》致力于打造体现主流价值的内容生态。媒体融合推进以来，不断有新的平台崛起，技术迭代和产品创新在重构着传播竞争的新格局。平台化、生态化发展也是主流媒体探索的方向，虽然在体量与功能等方面与商业平台还有不小的差距，但在做平台与做生态上，主流媒体效果初显。《人民日报》上线“人民号”，吸引数千家主流媒体、党政机关、优质自媒体入驻，提升内容生产的“价值标准”，并在多个互联网平台上线“党媒推荐”频道，力图在众声喧哗的网络空间使主流价值观的传播更具影响力。

近年来，技术的发展在重塑传播格局的同时，也带来不少负面溢出效应，其深层存在的价值观偏差会对社会产生深远影响。媒体融合的主要目标之一就是“巩固壮大主流思想舆论的综合优势”，随着改革开放的不断深入和推进，我国的政治、经济、社会、文化等方面都出现了深刻的调整和变革，建设具有强大凝聚力和引领力的社会主义意识形态是时代的需要，主流媒体理应在内容生产上求真、求实、创新、贴近，凝聚和壮大主流声音，生产和传播具有深度思想和辨识力的观点信息。同时，以开放的心态吸引广大网民参与到内容生产传播之中，汇聚人民群众的智慧和力量提高内容生产的多元性、趣味性、创新性，使主流媒体的内容生产在广度与深度、专业性与多样性上都具有竞争优势，正能量和大流量兼备，占领信息高地，成为人民群众乐于接收、乐于传播、乐于分享的信息源。

人工智能、算法等技术手段不仅大大提升了生产和分化效率，使内容的呈现方式更丰富多彩，也拓展了与用户互动的空间。习近平总书记强调，“要用主流价值导向驾驭‘算法’，全面提高舆论引导能力”。《人民日报》比较早地研究开发“党媒算法”，不是被动地迎合用户的需求，而是在增强内容供给的精准性、契合度中“春风化雨”地影响和引导用户，加强对用户的价值引领，潜移默化提升用户的思想意识水平和向心力。依托新媒体中心成立的人民日报智慧媒体研究院，紧盯技术前沿，加紧推进人工智能技术实践应用，加快推进主流算法重点项目建设，并合作成立了主流算法项目公司，加快推进主流算法2.0研发。依托人民网成立的传播内容认知国家重点实验室，围绕人工智能算法、算力、算据三大要素，聚焦传播领域的主流价值观精准传播等方面开展研究，以期有成效地不断扩大主流价值影响力版图。

（三）新华社：高端智能引领前沿

2017年12月26日，新华社向全球发布了中国第一个媒体人工智能平台——“媒体大脑”1.0（mp.shuwen.com），引起国内外广泛关注。此后，依托“媒体大脑”，新华社在策、采、编、审、发等环节全方位地提升新闻生产和传播效率，引领媒体业务进行智能化升级。2018年，“媒体大脑”2.0——MAGIC智能生产平台投入使用，其命名源于“MGC”（机器生产内容）和“AI”（人工智能）的组合，表明其核心是利用云计算、物联网、大数据、人工智能等多项技术来赋能新闻生产。2018年全国“两会”期间，“媒体大脑”首次显示了“令人惊艳”的信息处理速率。MAGIC不仅是新华社的智能生产平台，还是智能生产开放平台，将资源和能力开放给入驻的机构。MAGIC帮助入驻平台的各家媒体大幅度提高了采集和处理新闻资源的效率和产量，全面提高了服务用户的能力和传播效果①。

智能化编辑部是新华社媒体业务转型的主要试点，在采编生产环节，智能化编辑部以“媒体大脑”为核心，采集存储不同源头的媒体数据进行结构化处理，构建出新闻事件关键信息的关系图谱，强化数据整合能力。在智能分发环节，“媒体大脑”依靠大数据平台构建媒体用户、终端用户画像体系，将“一次采集、N次加工、多元发布”的新闻信息产品分送至新华社的各个平台端口，力图贴近用户需求提供多样化产品。在风控审核环节，“媒体大脑”仍发挥着重要作用，为内容的安全和质量保驾护航。“媒体大脑”建有权威数据库，利用算法对敏感人物和标识、黄暴恐怖等违法违规内容进行甄别，同时利用敏感词过滤、智能校验等技术辅助人工进行审核，大大提升了内容审核效率，保障了信息传播的安全。“媒体大脑”还基于区块链技术搭建了第一个被互联网法院认可的版权区块链，有

① 北京市新闻工作者协会，梅宁华，支庭荣．媒体融合蓝皮书：中国媒体融合发展报告（2020）［M］．北京：社会科学文献出版社，2020：17.

效保障了版权的清晰和版权所有者的利益。

除向全球发布中国第一个媒体人工智能平台“媒体大脑”外，新华社还在2018年联合搜狗公司发布全球首位AI合成主播，2020年“两会”前夕全球首位人工智能驱动的3D版AI合成主播“新小微”正式亮相，2021年第十三届全国人大四次会议上，新华社又与搜狗公司联合推出升级版AI合成主播“雅妮”，在沉浸式场景中与全国人大代表实时互动，并同步连线北京。AI技术的迭代升级推动了人工智能技术在新闻领域的开拓性应用，在呈现方式上的创新突破为广大网友带来全新的新闻资讯体验，也为新闻生产的“未来场景”提供了更多的想象空间。在媒体融合的进程中，技术一直都发挥着举足轻重的作用，是媒体融合发展的主要逻辑之一。新华社将最先进的新一代信息技术加速应用到媒体实践中去，推动了媒体融合向纵深的创新发展。

三、中央媒体融合发展存在的问题与突破建议

习近平总书记指出：“媒体融合发展是一篇大文章。”2020年《关于加快推进媒体融合发展的指导意见》的发布使媒体融合的目标和任务进一步清晰化，媒体融合已从基于政策进行的被动整合，到互联网上半场的行业融合，再到如今依托5G和AI技术的智能媒体新生态建设，中央媒体从内容到平台，从机制到模式加速推进，各具特色的融合之路日益清晰。在取得显著成效的同时，中央媒体的融合发展也暴露了比较突出的问题。

（一）沉淀用户、连接用户的能力有待加强

相对而言，主流媒体在技术平台的搭建上具有比较强的主动性，可以通过不同方式筹措达成，但使平台具有较强的用户黏性，使用户能够不断沉淀、积累下来，则是更为复杂和关键的问题。为达成媒体融合的高远目标，新型主流媒体必须有可控自适的平台，通过这个平台汇聚内容、汇聚用户，实现用户信息需求的规范化与规律化，掌握用户多样化、个性化的内容需求，掌握各种类型用户的特征，有的放矢地做好内容提供和各项服务。这既是媒体做好舆论引导工作的需要，也是媒体更好地为用户提供内容服务、信息服务、商务服务等一系列服务的基础。对于媒体来说，留

存、积淀用户的数据越全面、越完整，描绘出的用户画像才能更准确、更立体，真正实现信息和服务匹配用户的独特需求，从而高效地维系老用户、吸引新用户，进行触达引导、商业运营等多重价值的转化。

目前中央媒体在融合发展中普遍面临的问题是有爆款、有流量，但缺少用户沉淀和数据，这是媒体深度融合发展需要突破的瓶颈。目前中央媒体在利用先进技术创新内容生产传播上做出了诸多探索，新形式、新语态、新的视听体验层出不穷，但由于高流量更多是在商业平台获得的公域流量，用户是暂时被内容吸引的“一过性”流量，黏性和转化率有限；并且在商业平台上，媒体与用户是基于内容的“相遇之交”，可以使彼此更深入连接的数据、渠道控制在商业平台手中，除可以用点击量、阅读量等作为比较清楚的衡量传播力的指标外，引导力、影响力、公信力的衡量都还缺乏成规模的用户数据予以标示，漂移的、零散的用户群体很难对之进行精准有效的宣传和引导。

对于主流媒体来说，在属于自己的平台上如何更新内容生产和提供服务的方式，把用户尽可能地吸引和组织进来形成社群，是需要下大功夫去考虑和实施的，这也关系到未来社会治理的成效。形成社群、连接社群，实现社群和社群之间的整合、互动、沟通和认同，对于推动共识的形成，加深社会的协同共进具有直接的推动作用。

（二）多样化垂直场景的发现有待加强

媒体融合的深度发展，一直伴随着新技术新应用的迭代升级，使媒体不再只是作用于人的精神领域，而是与社会有更加紧密多元的联系，对社会生活参与的广度和深度都在拓展。网络环境和生活空间正不断融合，定义着全新的场景，也创造着新的需求、新的应用。媒体融合从内容、技术的“一体两翼”发展到技术创新赋能“新闻+政务服务商务”模式，也是顺应发展的大趋势，使媒体向个体、向社会丰富情境的不断渗透和连通。

媒体和用户在技术上实现了随时随地的伴生，但能否触达用户并与之形成稳固的关系，则离不开“场景”的深入。场景是移动互联网的核心要素，主流媒体要能够深度挖掘不同时间、空间以及特定环境氛围中用户的需求，才能快速推送与用户需求相适配的个性化内容和服务。在不同场景中，即便是同一用户，其痛点和痒点都具有差异性。不仅是产品本身，产品所处的场景以及场景带给用户的体验都成为产品成败的重要标准。发现、创造新的场景、新的需求成为创新产品和服务的关键要素。

移动互联时代的场景给社会带来很大的变化，站在媒体的角度考虑，场景将变成一种新的资源，洞察新的场景意味着建立新的连接。利用好现有的场景、发现或创造新的场景为媒体发展提供了新视角、新思路，对场景时代所带来的新变革的探索成为新时代的新课题。在大数据的支持下，目前计算机系统正在以前所未有的广度和深度认知用户的行为，未来通过可穿戴设备可以收集到用户更为精确、更为多维的个人数据，将使更加丰富立体的场景呈现出来，媒体机构就此进行精准的洞察和分析，有可能另辟蹊径发展出与用户新的连接，既满足需求又创造需求，利用数据、借力互联、发力智能，构建基于垂直化、场景化和智能化的全媒体产品与服务体系。此外，智能手机、智能穿戴、智能汽车、智能家居等智能设备快速推陈出新，越来越多地形成新的应用场景，大大提升了用户生产生活的便利程度，扩展了用户获取信息服务的渠道。中央媒体如果能抓住和占领这些用户具身性的智能设备，就间接抓住了不同场景下的用户。中央媒体所搭建的平台，目前覆盖的场景还比较有限，只有切中各类用户群体的阶段性痛点、痒点，才能够使自主可控平台建设成为人民群众离不开的渠道平台。

（三）全媒体体制机制的建设有待加强

随着传播技术的不断更新迭代，媒体融合也越来越走向一种“生态系统”融合，向内向外都在突破边界相互交融、协同进化，这同时也意味着媒体融合的发展，对内对外都存在着需要突破的张力。

从对内融合来说，协同进化需要顺畅的体制机制作为保障，从而能够合理配置资源、充分调动所有力量投入系统的活力运行。目前媒体内部打通了“策采编评发”流程，但媒体融合的发展还需要更多新的体制机制的建立，将非新闻类产品与服务的流程打通，将上游与下游、网上与网下、内容与运营融合。在实际融合过程中，由于面临人员身份、部门利益不同等问题，整合的难度很大，难以形成以用户为驱动，以政务、商务等各类服务为面向的人财物资源配置体系，进而导致生产力量不足，流程不畅，从而影响融媒体内容生产力和服务力的提升。从向外融合来说，要构建起彰显平台型媒体特点的新机制，在资源整合、社会动员、应急管理上发挥更大作用，充分放大全程媒体的新功能。融合发展对于媒体而言是一场革命性的“转基因工程”，体制机制亟待进一步打破与重组。

对于媒体融合发展来说，人才是不可或缺的支撑因素，特别是技术创新、数据分析、产品运营、资本运作等方面亟须的人才，需要从外部引进、吸收。吸引人才首要的，也是最基本的元素就是薪酬，具有个人成长和上升的空间也非常重要，这两方面缺一不可。在这方面媒体可以借鉴引用更加灵活的市场化机制，创造条件吸引媒体融合发展需要的短缺人才、高精尖人才，还可以考虑采用资本运作形式，收购有潜力的小型创新技术团队。此外，建立专项人才基金也是可以考虑的方式。对于集团现有员工，也应该通过各种措施释放其活力和生产力，真正打破体制界限，促进同岗同酬，激发人员积极性，为融合发展释放更多空间与活力。

参考文献

［1］北京市新闻工作者协会，梅宁华，支庭荣．媒体融合蓝皮书：中国媒体融合发展报告（2020）［M］．北京：社会科学文献出版社，2020.

［2］人民日报社．融合体系：中国媒体融合发展年度报告（2018—2019）［M］．北京：人民日报出版社，2020.

［3］雪莉·贝尔吉．媒介与冲击：大众媒介概论（第四版）［M］．赵敬松译．大连：东北财经大学出版社，2000.

［4］唐绪军，黄楚新，吴信国．新媒体蓝皮书：中国新媒体发展报告（No. 11. 2020）［M］．北京：社会科学文献出版社，2020.

［5］强月新，陈星．线性思维、互联网思维与生态思维：新时期我国媒体发展思维的嬗变路径［J］．新闻大学，2019（2）：1-11+117.

［6］厉无畏，王慧敏．产业发展的趋势研判与理性思考［J］．中国工业经济，2002（4）：5-11.

［7］谭天．基于关系视角的媒介平台［J］．国际新闻界，2011（9）：83-88.

［8］孔和平．共建新平台　抢占主阵地［J］．新闻战线，2019（3）：13-14.

［9］陈功．保罗·莱文森的人性化趋势媒介进化理论［J］．湖南科技大学学报（社会科学版），2016，19（1）：178-184.

［10］彭兰．场景：移动时代媒体的新要素［J］．新闻记者，2015（3）：20-27.

［11］胡泳，宋宇齐．社群经济与粉丝经济［J］．中国图书评论，2015（11）：13-17.

［12］杨振武．把握好政治家办报的时代要求——深入学习贯彻习近平同志在党的新闻舆论工作座谈会上的重要讲话精神［N］．人民日报，2016-03-21.

［13］习近平对“十四五”规划编制工作网上意见征求活动作出重要指示　强调更好发挥互联网在倾听人民呼声汇聚人民智慧方面的作用［N］．人民日报，2020-09-26.

［14］中共中央关于坚持和完善中国特色社会主义制度推进国家治理体系和治理能力现代化若干重大问题的决定［N］．人民日报，2019-11-06.

［15］习近平在党的新闻舆论工作座谈会上强调　坚持正确方向创新方法手段提高新闻舆论传播力引导力［N］．人民日报，2016-02-20.

省级媒体融合的发展与优化路径

张化冰　汤志成*

2014年8月18日，中央全面深化改革领导小组第四次会议审议通过了《关于推动传统媒体和新兴媒体融合发展的指导意见》（以下简称2014年《指导意见》），这标志着媒体融合正式上升为国家战略，2014年也被称为“媒体融合元年”。彼时，新兴媒体不断崛起，传统媒体遭受了巨大冲击，业态变化使媒体转型成为必然。2014年《指导意见》提出要打造新型主流媒体，政策驱动促使传统媒体向新媒体转型。但由于缺乏转型经验、盲目跟风、急于求成等原因，绝大多数媒体出现了“合而未融”的问题。

经过6年推进，中央级媒体融合与县级融媒体中心建设均取得阶段性成果，省级媒体也从终端融合、渠道融合逐步进入业态与商业模式融合的新阶段。2020年6月30日，中央全面深化改革委员会第十四次会议审议通过了《关于加快推进媒体深度融合发展的指导意见》，这意味着我国媒体融合向纵深发展。

2014~2022年，我国省级媒体融合取得了一定的成绩，但也面临诸多问题。这几年里，省级全媒体矩阵初具规模，各省份省级媒体云平台建设基本完成，实现了省级媒体与地市级、县级媒体的资源共享与技术互通，为省级媒体做大做强提供了更多可能性。但由于不同省份经济社会发展水平不一，各省份在人才、技术、资金等方面的实力不同，使得各省份之间的媒体融合差距较大。

---

* 张化冰，中国社会科学院新闻与传播研究所副研究员；汤志成，中国社会科学院大学新闻传播学院硕士研究生。

重视和加强宣传思想工作是党的一大优良传统、一大突出优势[①]。党的十八大以来，以习近平同志为核心的党中央把宣传思想工作摆在全局工作的重要位置。习近平强调，宣传思想工作要把握大势，做到因势而谋、应势而动、顺势而为。媒体融合作为习近平总书记站在国家政治安全、文化安全和意识形态安全的高度进行谋划部署的顶层战略[②]，是推进国家治理体系和治理能力现代化的重要组成部分，“做好党的新闻舆论工作，事关旗帜和道路”[③]。媒体融合上升为国家战略，各省份相继出台融合政策后，不断在人才、资金、技术等方面发力，加快推进省级媒体融合发展，不断提升各省级媒体的传播力、引导力、影响力和公信力，不断优化省级媒体融合系统性工程。

一、省级媒体融合的发展现状

（一）全面融合，各具特色

1. 体制机制：刀刃向内，打破惯性

媒体融合是一项连续性、系统性工程，有着自身发展的政策背景和发展逻辑。其中，构建统筹协调、系统合理、运行得当的机制体系是重要方向[④]。在省级媒体融合过程中，体制机制创新最主要的表现是对媒体内部组织架构进行调整甚至重塑，这需要打破传统惯性，也需要破除简单的“传统媒体+新媒体”的组织设置。

当前，各省份都建成了以“N微N端”为标配，以“新闻+政务服务商务”的省级云媒体建设为基础，以新闻采写编发全流程再造为主线的全媒体矩阵，基本实现了媒体融合中的“合”。然而，在传统主流媒体转型过程中，旧有体制机制还无法满足新传播环境与传媒业态的需求。

在省级媒体融合体制机制创新层面，北京市一直走在前列。从2014

① 王晓晖．守正创新做好新时代新征程宣传思想工作［N］．学习时报，2022-04-08（1）．

② 任仲文．媒体融合发展：学习读本［M］．北京：人民日报出版社，2019：69.

③ 习近平总书记主持召开党的新闻舆论工作座谈会并发表重要讲话［N/OL］．央视网，［2016-02-19］．http：//news. cntv. cn/special/xwylgz/index. shtml.

④ 黄楚新，许可．论媒体深度融合的机制创新路径［J］．山西师大学报（社会科学版），2021，48（5）：70-75+112.

年开始，北京市的媒体单位依托北京市委一系列政策措施，加强顶层设计，实施“关、停、并、转”与“精、联、创、合”并举的策略，整合优质资源，满足媒体融合需求。例如，北京日报报业集团制定了集团层面的改革方案，近年来相继停办《京郊日报》，改革《北京晨报》，合并《北京日报》与《北京晚报》体育部，由“长安街知事”微信公众号接收《京华时报》微信公众号等。再如，在北京市的整体部署下，《新京报》与《北京晨报》、千龙网整合资源，实现优势互补。时任新京报社社长、千龙网改革工作领导小组组长宋甘澍指出，这次媒体融合，在体制机制层面实现了全员转岗分流，千龙网的改革更是以“断臂”求生存[①]。在具体改革方案中，涉及员工切身利益的补偿金测算、岗位竞聘失利的选择等问题均被写到推进媒体融合的议事日程中。改革后，部门设置业务小组，取消大中心制，实现扁平化管理；缩减千龙网内容生产部门，与《新京报》采编团队协同运行，节省了人力成本，提高了采编效率与资源利用率。

地处东部沿海地区的浙江，经济发达，媒体市场化程度原本就高，融合基础相对优厚。业界将 2014 年称为“媒体融合元年”，实际上对于浙江省级媒体而言却早已开始，近年来的成绩也说明浙江省级媒体融合走在了全国省级媒体融合发展的前列，浙江广播电视集团（以下简称浙江广电集团）、浙江日报报业集团（以下简称浙报集团）等省级媒体做好顶层设计，制定符合浙江媒体融合特色的战略规划与机制体系。浙江广电集团早在 2015 年就制定了集团层面的《新媒体融合发展实施方案》，提出“一云、两网、三集群、四平台、五化”的总体思路；浙报集团则在不断推进“核心圈、紧密圈、协同圈”的“三圈环流”的整体架构[②]。

融合不是目的，而是手段，是传统媒体基于现实媒体生态的一场自我革命[③]。无论是北京还是浙江，它们在省级媒体融合进程中始终重视顶层

① 新京报传媒研究．在“破”与“立”中重新擦亮千龙网招牌丨新京报、千龙网融合改革工作侧记［EB/OL］．［2019-08-01］．https：//baijiahao. baidu. com/s? id = 1640649517642750458&wfr = spider&for = pc.

② 北京市新闻工作者协会，梅宁华，支庭荣．媒体融合蓝皮书：中国媒体融合发展报告（2016）［M］．北京：社会科学文献出版社，2017：188-189.

③ 王川．移动优先策略下媒体融合高质量发展路径：以浙江广电集团融媒体新闻中心的实践为例［J］．青年记者，2020（30）：76-77.

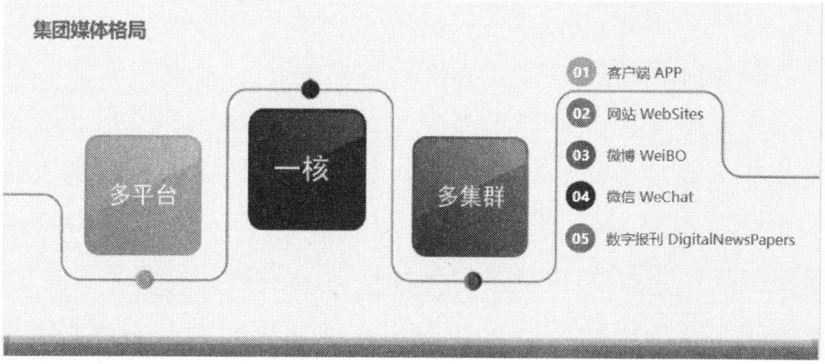

浙报集团媒体格局

资料来源：浙江日报报业集团官网，http：//www.8531.cn/。

设计，重视省级融媒体建设过程中体制机制的创新。因为省级媒体融合是一个漫长的过程，这个过程需要科学的顶层设计与体制机制来适应不断变化的传播环境。然而，对于任何一家省级媒体而言，打破旧有运转机制与组织架构是需要“刀刃向内”的勇气的，是要求媒体走出旧有“舒适圈”的，这是政策导向的结果，也是市场倒逼与媒体适应环境变化的结果。只有敢于迈出这关键一步，才能更好激发市场活力，才能为媒体寻求更长足的发展空间。北京与浙江的省级媒体融合经验也在启示我们，体制机制创新，关键在于削减无效和低效产能，让架构更精简、目标更明确、管理更科学。

2. 技术基石：外部引进与自主研发结合，从“门外汉”转向“行内人”

印刷技术催生报业，电信技术催生广播与电视业，互联网技术催生新媒体，面对方兴未艾的媒体融合大潮，我们不难看出，历史上几乎所有媒体形式的演进过程都是新技术推动的。从技术层面看，媒体融合包括网络融合、设备融合与应用融合①。

《关于加快推进媒体深度融合发展的意见》指出：“要以先进技术引领驱动融合发展，用好5G、大数据、云计算、物联网、区块链、人工智能等信息技术革命成果，加强新技术在新闻传播领域的前瞻性研究和应用，推动关键核心技术自主创新。”以上海东方传媒集团（简称SMG）和上海报业集团为代表的上海主流媒体在推进媒体融合纵深发展过程中，以新技

---

① 韦路．媒体深度融合的方向和路径［J］．视听界，2021（6）：5-9.

术为引擎，以数字化变革为主线，形成了具有行业示范意义的媒体产业新格局。在上海主流媒体深入推进媒体融合进程中，一方面通过引进外部技术资源，为主流媒体赋能，如上海报业集团与今日头条合作打造的“PAI视频”已经成为全球资讯一体化平台。另一方面，媒体自身加大技术研发与应用，开发自主研发的技术产品，有效规避了外源性技术的不稳定风险，这更加契合《关于加快推进媒体深度融合发展的意见》中“加强新技术在新闻传播领域的前瞻性研究和应用，推动关键核心技术的自主创新”的要求。如上海东方传媒集团持续深耕“SMG智造”，基于内容打造“BesTV+流媒体平台”；以AI技术为支撑，通过自主研发的“云媒资”系统实现对广播节目内容自动标签化、标题化①。

浙江广电集团新媒体主平台新蓝网同样用技术助力媒体深度融合。新蓝网在浙江省委网信办支持下，推出了体现价值取向的“主流媒体算法”②。新蓝网引入“温暖度”指标，通过人机协同提供党媒正向内容推荐；升级人工智能能力，实现党媒内容的自动聚类与精准推送，有效规避了推荐宽泛或推荐量不足的问题；在隐私保护与数据安全方面，新蓝网运用人脸识别等自主研发技术，提取人脸特征进行算法加密存储，AI+大数据助力主流价值观融入“党媒算法”。

当前，5G、大数据、云计算、物联网、区块链、人工智能等信息技术为省级媒体赋能，提供了打造新支撑、新动能、新场景的可能性，提供了实现技术与内容深度耦合捆绑的可能性，提供了实现主流媒体与信息技术双向赋能的可能性，提供了实现优质内容生产、用户流量突破的可能性。以互联网新一代信息技术为核心的省级融媒体平台，将聚合新闻、政务、服务、商务等多重功能，在技术加持下，媒体将兼备社会效益与经济效益。同时，我们仍需要警惕陷入技术窠臼，陷入技术与内容“两张皮”的处境。对于技术动力不足的省份来说，我们一方面要内部发力与外部借力相结合，另一方面要避免技术浅层化应用的问题。

---

① 北京市新闻工作者协会，梅宁华，支庭荣．媒体融合蓝皮书：中国媒体融合发展报告（2021）［M］．北京：社会科学文献出版社·皮书出版分社，2022：186.

② 中国传媒大学新媒体研究院，新浪AI媒体研究院．中国智能媒体发展报告（2021-2022）［R］．北京：中国传媒大学，2022.

3. 人才队伍：人才培养与人才引进结合，兼顾“引进来”与“留得住”

习近平总书记在党的新闻舆论工作座谈会上强调：“要加快培养造就一支政治坚定、业务精湛、作风优良、党和人民放心的新闻舆论工作队伍。”“要提高业务能力，勤学习、多锻炼，努力成为全媒型、专家型人才。”得人者兴，当下，媒体竞争的关键与优势核心都是人才，推进人才队伍融通、培养优秀的新闻工作者队伍是习近平总书记高度重视的问题。

省级媒体融合意味着省级传统媒体需要转型，伴随的是构成省级传统媒体生产价值链不同环节中的媒体人的转型。人才转型，一方面需要解决人才从哪里来的问题，另一方面需要解决怎么留住人才的问题。对于省级媒体的人才从哪里来的问题，很多省份都采用了人才培养与人才引进相结合的方式解决，即既可以通过内部选拔的方式找到合适的人才，也可以通过外部招聘的方式选拔合适的人才。

对于内部选拔方式，我们必须意识到，虽然传统媒体在人才结构上同融媒体中心建设所需要的人才结构还存在一定差距，但不可否认的是传统媒体内部依旧存在不少人才，他们熟悉媒体环境与生产流程，对媒体有着较高的认可度与忠诚度，对他们进行内部选拔与培养能够节省省级媒体融合过程中的人力资源成本，实现人才资源的有效配置。

省级媒体内部人才转型面临的问题是不容忽视的。一方面是这些人才的媒体融合素养问题，这要求省级媒体融合过程中建立人才培养机制，破除人才内部的流通障碍，为重要岗位培养全媒型、专家型人才；另一方面需要创新人才激励机制，以更符合新媒体传播规律的人才考核制度来激发人才主动转型，调动人才的积极性。浙报集团在转型过程中，全媒体各部门全面推行年薪制与P序列岗位管理相结合的人才激励管理办法，积极探索接轨互联网企业的管理模式。浙报集团面对集团内部企事业编制与同工不同酬的问题，设定合理的、可量化的工作目标，形成岗位层级能升能降、薪资能高能低、人员能进能出的人才动态流动机制。

在推进省级媒体融合过程中，人才来了以后如何留住，是更深层次的问题。这不仅需要合适的人才晋升与激励机制，还需要省级媒体为人才创造发展空间。对于媒体融合进程中的全媒型、专家型人才来说，未来是否有广阔的发展机会是他们关注的焦点。我国西部地区、东北地区的不少省级媒体坦言，随着政策扶持力度的逐渐加大，不少人愿意来到这些经济欠发达地区从事媒体工作，但经过一段时间的尝试后，人才出走成为一个现实问题。为解决人才出走、人才流失的问题，浙报集团组建传媒梦工厂，在省级媒体内部仿照主流互联网企业的孵化模式，推出相应的人才创新孵化计划，由集团为其提供扶持资金。

同样位于东部地区的广东省，一方面，依靠媒体自建技术团队，让核心技术掌握在媒体自己手中，牢牢掌握宣传阵地的话语权；另一方面，商业互联网公司也积极响应号召，利用互联网的人才优势反哺传统媒体融合创新。例如，腾讯视频设立的“腾融”项目就是一个以新媒体平台优势所构建的融媒体项目，计划在两年内给予广东省主流媒体人才培养领域的支持，加速推进广东省主流传统媒体中期转型至具有全新媒体属性的建设。再如，2020 年，腾讯视频与广东广电融媒体触电新闻共建宣发平台，在人才培养层面，腾讯视频发挥平台优势联手广电机构，将正能量主持人孵化为平台网络红人，促进正能量精神领袖发展①。这种互联网公司的人才反哺模式为广东省级媒体融合发展提供了新的视角，为主流媒体转型注入了新鲜血液。

4. 经营管理：多元经营，资本引领

2020 年 9 月，中共中央办公厅、国务院办公厅印发《关于加快推进媒体深度融合发展的意见》，明确指出要发挥市场机制作用，增强主流媒体的市场竞争意识和能力，探索建立“新闻+政务服务商务”的运营模式，创新媒体投融资政策，增强自我造血机能。在政策指引下，“新闻+政务服务商务”正在成为主流媒体推进媒体深度融合的主要运营模式，也成为媒体融合经营模式创新的重要遵循。

在省级媒体融合进程中，媒体经营管理呈现出多元经营、资本引领的特点。多元经营，即省级媒体通过植入市场基因激发媒体创新活力，强调社会效益与经济效益的有机统一。在广东，南方报业集团进行智库化转型，为政府、企事业单位、互联网公司提供智库服务。在浙江，浙江广播电视集团依托“中国蓝云”技术资源提供技术应用与安全服务，依托“蓝

① 北京市新闻工作者协会，梅宁华，支庭荣．媒体融合蓝皮书：中国媒体融合发展报告（2021）［M］．北京：社会科学文献出版社，2022：318.

媒号”为省、市、县三级媒体深度融合提供云平台接入服务，依托新蓝网通过“+旅游”“+服务”“+农业”“+文化”等方式提供短视频业务服务，依托布噜文化和黄金眼两家MCN机构为平台提供内容，依靠“版权+短视频+电商+广告”模式实现变现。在湖南，湖南广电集团与政府合作，打造直播电商产业园和马栏山文创园，集品牌建设、物流管理、孵化培训等业务于一体，重塑传媒产业链与生态圈。习近平在考察马栏山视频文创园时指出：“文化产业快速发展，从业人员也在不断增长，这既是一个迅速发展的产业，也是一个巨大的人才蓄水池，必须格外重视。”① 在安徽，安徽广播电视台利用渠道资源，与字节跳动等互联网公司合作布局MCN网红经济产业，与中国电信等单位合作发展超高清视频产业②。在上海，上海东方传媒集团依靠自主研发的Xnews云平台为第三方提供采集、生产、传播的云生产技术支持，依靠大数据建立起的内容版权库为第三方提供版权服务。

资本引领，即省级媒体融合进程中，以上市公司为龙头，借力资本市场引领主流媒体实现新媒体突围与融合发展，同时助力经营管理模式的变革与创新。在省级媒体依靠资本带动经营管理的实践中，浙江报业集团的创新转型具有示范意义。浙江日报报业集团于2011年成功上市，实现了从“事业单位企业化管理”的运作模式向“全国第一家媒体经营性资产整体上市的报业集团”的转变，正式开启了跨界并购、聚合用户、数据产业布局的“传媒+资本”融合模式③。上海报业集团同样依托上市公司的资本力量布局媒体产业，通过开放式资源配置策略，构建起2B和2C双渠道格局，释放新闻、财经、体育、影视等优质内容以及广告、购物、娱乐等增值服务的商业价值。这些案例都充分说明，以“传媒控制资本，资本壮大传媒”为发展策略，能够帮助省级媒体更好地接轨资本市场，从而用资本的力量来反哺主流媒体，为主流媒体转型升级提供资金支持以及由此带

① 与总书记面对面丨不负嘱托，把马栏山建得更好更优、更强更大［EB/OL］.［2020-09-25］. http://www.nrta.gov.cn/art/2020/9/25/art_3731_53098.html.

② 李亚萍．安徽全媒体传播体系构建的实践与探索［J］．滁州学院学报，2022，24（1）：52-57+67.

③ 北京市新闻工作者协会，梅宁华，支庭荣．中国媒体融合发展报告（2020）［M］．北京：社会科学文献出版社，2021：190.

来的技术、资源、人才等全方位要素的支持。

近年来，国家有意培育现代文化市场，鼓励有实力的文化企业跨地区、跨行业、跨所有制兼并重组。这便从战略层面为省级媒体融合提供了经营管理的新思路，一方面要善于挖掘媒体自身优势，主动盘活内部资源；另一方面要积极对接社会资源，加快经营业务改制，在资本市场以控股、参股等商业手段拓展媒体的多元经营模式。无论是多元经营还是资本引领，其核心都是基于资源禀赋，深度搭建与延展媒体融合全产业链条，从而实现省级媒体在经营管理上的迭代转型。这种迭代，不仅停留在媒体融合“1+1=2”的加法层面，而且为省级媒体融合带来了“乘法”甚至是“平方”的倍增效果。

5. 内容生产：聚焦内容质量，重视 IP 开发

推动媒体融合向纵深发展，建立以内容建设为根本的全媒体传播体系，是党中央交给主流媒体的重要任务。作为省级主流媒体，只有在坚持移动优先战略的前提下，充分发挥好专业内容生产优势，才能从根本上帮助主流媒体提高传播力、引导力、影响力和公信力。

当前，新技术手段、新传播方式、新传播平台快速迭代，正在冲击着主流媒体的内容生产。省级媒体在加快推进媒体融合向纵深发展过程中，在内容生产层面，依靠旧有惯性思维生产内容已经不符合当下的传播规律，只有将内容生产重心聚焦在质量层面，才能在与新媒体的竞争中突出重围。在云南，云南广播电视台同国家应急广播省级播发平台、云南省交通运输网络信息发布平台合作，打造独家、专业的“交通+应急”融媒体传播产品，产品荣获全国广播频率融媒体成长性指数“省级电台广播频率TOP10”称号①。

在内容生产领域，伴随着新理念与新技术的影响，省级媒体融合必须对内容生产进行创新，打造具有本省特色的 IP，提升省级主流媒体的影响力与引导力。在湖南，湖南广电集团结合芒果小镇、村长乐园、麦咭乐园等成熟芒果系列知名 IP，研发林埭镇自有 IP，打造林埭文旅品牌。湖南广电集团以自己的 IP 内容与品牌资源为省级媒体传播赋能，既通过流量导

① 施彦涵．用专业内容生产推动省级交通广播融合发展：云南广播电视台交通频率的媒体融合探索［J］．新媒体研究，2021，7（5）：81-83.

入至芒果粉丝经济池实现用户流转、获得经营收入，又通过整合营销与项目嫁接带动了湖南省其他领域产业的发展。在上海，上海报业集团则将自有新闻品牌转化为新闻 IP，直接提升媒体“四力”，其旗下媒体融合表现最突出的澎湃新闻成为优质互联网新闻 IP①，它的融合平台实现了媒体的平台化。

在各省级主流媒体推进媒体融合的进程中，在技术的加持下，内容生产效率普遍得到提升；在渠道的助力下，内容传播范围也普遍得到了扩大。但在给省级媒体内容做“加法”的同时，还需要做“减法”，要主动摒弃传统“说教式”内容生产方式，摒弃陈旧的内容分发与传播方式；在给省级媒体内容做“增量”的同时，还需要妥善处理好“存量”，充分利用传统主流媒体在内容上的优势，将已有的内容资源充分盘活，切实增强省级媒体内容共享与转化能力。

6. 社会治理：省内融合一体化，省际合作跨域化

随着媒体融合纵深发展进程加快，新型主流媒体扮演着协调社会运转的黏合剂、疏导社会矛盾的安全阀、引导主流舆论的举旗手等角色，在国家治理中发挥了举足轻重的作用②。在省级媒体融合进程中，除去完善体制机制、构建全媒体传播格局、加大自主技术研发等努力外，还要尽最大可能发挥省级主流媒体在推进国家治理体系和治理能力现代化中的作用。

在县级融媒体中心建设过程中，县级媒体成为国家治理的“最后一公里”。对于省级媒体来说，平台、资源、技术、人才等方面的优势要明显强于县级媒体，因此省级媒体理应在国家治理体系中扮演着更为重要的角色。截至 2019 年 12 月，我国 31 个省份（不含香港、澳门、台湾）均开通了政务新媒体，31 个省份“媒体云”建设初具规模，“新闻+政务”成为现实。在江苏，全部省级媒体都依靠全媒体融合平台建立了常态工作与突发应对结合的工作机制，建立了舆论引导与社会服务相结合的工作机制，先后推出“口罩”“来澄通”“健康江苏”等系统，在全国率先破题

① 喻国明．互联网是一种“高维”媒介：兼论“平台型媒体”是未来媒介发展的主流模式［J］．新闻与写作，2015（2）：41-44.

② 黄楚新，刘美忆．我国新型主流媒体与国家治理体系和治理能力现代化［J］．中国出版，2020（15）：10-15.

社会治理融合模式，赋能社会服务。在天津，海河传媒中心推出“津心办”移动终端，实现天津市政府服务与老百姓民生需求的有效对接。在湖北，依托“一云、一网、一客户端”阵地搭建政务服务功能的媒体入口，既为民众提供了便捷获取政务信息的渠道，也为党政机关提供了全媒体端口新媒体产品矩阵，实现了社会治理的“一键部署”功能。在陕西，陕西广电融媒体集团依托省级融媒体指挥中心的统一规划，实现“一盘棋、一朵云、一张网”，将全省政务信息、民生服务、新闻资讯从省到县一步贯穿，打通了自上而下、自下而上的信息通道。

除去各省内部统一布局与资源整合服务社会治理外，不少省份还实现了社会治理的跨域化。其中，最典型的是北京、天津与河北“跨省通办”的实践，三省（市）联合推出“京津冀一网通办”服务专区，这正是依靠省级媒体的力量实现省际间打破空间区隔融合发展的生动例证。

“京津冀一网通办”服务专区

资料来源：北京市政务服务网（网页截图），http：//banshi. beijing. gov. cn/subject/jjj/。

国家治理体系和治理能力现代化是一个动态发展的过程，省级媒体融合在这个过程中打破媒介形态间的壁垒，突破地理意义上的空间区隔，既提高了新闻传播的速度与效率，也提高了社会治理的速度与效率。

（二）发展不一，差距明显

近年来，媒体融合在省级、地市级、县级层面不断深入推进，但区域间的差异越发凸显。东部地区的媒体融合进程明显快于其他地区，东部与中部地区的媒体融合效果也明显好于西部地区与东北地区。

1. 东部地区：主动应变，全面突破

东部地区是我国经济社会最发达的区域，发展韧性强、活力足，它在区位、经济、文化等层面都更具优势。

东部地区省份在推进媒体融合进程中，首先，具有深厚的媒体基础，传媒实力雄厚，在传统媒体转型过程中，尤其在资源整合层面，这些省级媒体更具可塑性。其次，东部地区的省级媒体高度重视顶层设计与制度安排，在思维与观念上对传统媒体进行调整与重塑，北京、江苏、浙江、广东等省份在国家每次出台有关媒体融合的相关政策后，从省（市）委到省（市）广播电视局，从全省（市）规划到集团内部都会主动制定各自的融合方案与制度。再次，东部地区拥有强大的经济实力与科技实力，为省级媒体融合提供了资金与技术支持，如浙江依托阿里巴巴集团、广东依托华为公司、北京依托今日头条等互联网公司打造新型主流媒体产品，实现跨界合作。最后，东部地区人才基础厚实，经济社会发展水平较高，能吸引人才、留住人才，在推进省级媒体融合进程中实现业界与学界的协同推进。

当然，东部地区在推进省级媒体融合进程中也存在一些问题。例如，对农村受众、高龄与低龄人群的关注不够，优质内容侵权现象时有发生；媒体总平台与子媒体之间的关系不够紧密，出现了各自为阵的现象，不利于发挥省级媒体的统一调度作用；出现了“新媒体平台单打独斗，传统媒体平台少有协同”的局面，媒体内部资源未能高效配置；媒体融合的现状与经济社会发展水平、发展地位未能完全匹配。

2. 中部地区：稳中有进，稳中向好

近年来，中部地区经济社会发展稳中有进，“十三五”期间中部地区经济增速为四大板块之首。扎实的改革成绩与高质量发展成果为省级媒体融合提供了强大的支撑，推动中部地区各省级媒体朝着更加深入的方向发展。

湖南省级媒体融合亮点突出，搭建了湖南日报社、红网新媒体集团两大省级媒体云，为全省各层级媒体融合与建设带来了活力。湖南广电集团以芒果 TV 为代表的芒果超媒更是通过“引进来”和“走出去”两种方式实现了跨界融合，马栏山视频文创产业园也实现了各要素在地域空间上的融合发酵，取得了短时间的超速发展。除此之外，湖北长江广电传媒集团、长江日报报业集团、河南广电集团等省级融媒体都取得了不错的成绩。

但不可否认的是，亮点突出的湖南省级媒体在中部地区依旧是“一枝独秀”般的存在，中部地区其他省级媒体的影响力仅局限在省内，传播力、引导力、影响力和公信力还有较大提升空间。

3. 西部地区：规划明确，动力不足

随着我国西部大开发战略的持续推进，我国西部地区经济社会发展水平朝着更好的方向发展。但西部地区与东部地区、中部地区在经济、社会、文化等领域上的差距依旧明显。这些都体现在西部地区省级媒体融合的具体进程中。

西部地区各省级媒体在国家政策与媒体融合战略的指引下，都有着较为明确的融合规划，全媒体传播矩阵已经建成，全媒体传播格局基本确立。在不断推进的过程中，涌现出了四川日报报业集团、成都传媒集团等优势省级媒体，这些媒体实现了非表面的叠加，完成了内在的融合。

值得注意的是，西部地区省级媒体对自身的定位较为明晰，能在探索中找到适合自己的发展之路。例如，四川省级媒体立足地方推出的“四川观察”新媒体产品已经成功出圈，依靠市场运作的封面新闻实现了传媒跨界的实践。再如，云南省融媒体在建设过程中，通过分析自身在人才方面的弱势，定期组织省级媒体从业者外出学习，邀请湖南、北京、浙江等地区的行业专家、学界学者为其制定《云南省融媒体传播力评价体系》，客观评价云南省融媒体综合传播效力与建设成效。同时，云南省基于自身在生态文明建设方面的优势，打造“镜头里的故事”“七彩云南”“多样星球”等特色媒体产品，生动展现了云岭大地的绝美风貌，生动体现了云南生态系统的多样性，用生态文明优势带动省级媒体影响力的提升，更通过国际海外媒体传播了中国云南的生态文明建设成就。

西部地区在经济社会发展水平上的差距让各省份在推进媒体融合进程中的动力不足。具体表现为，管理体制固化，部分省级媒体停留在业务层面的交流合作，缺乏深度有效的有机融合；长期规划未能同经济社会发展水平相匹配，具体实施办法在一定程度上缺乏可操作性；技术人才、经营人才、创意人才严重缺失，人才储备与人才转化能力较弱；盈利模式与运营模式单一，省级媒体发展主要依靠财政专项资金支持，内部造血能力严重不足；自建平台较少，已经完成自建的平台其影响力有限，“借船出海”的平台缺乏自主可控力，核心技术受制于人等。

4. 东北地区：初具规模，合而未融

东北地区包括吉林、辽宁与黑龙江三个省份，是我国对东北亚地区开放的主要国际传播窗口。东北地区背靠华北地区，拥有京津等国内大都市的地缘优势①，东北地区省级媒体融合的持续推进也成为推动东北地区全面振兴的题中应有之义。

东北地区省级媒体聚焦当地实际，在全媒体建设上已经初具规模。在吉林，省级媒体将融合发展重心放在打造地域特色的信息产品上，将自身定位为“吉林人的朋友圈”；在辽宁，省级媒体积极推动绩效改革，制定选拔出领军人才、骨干人才、优秀后备人才三个层次人才梯队的方案；在黑龙江，积极推进省级媒体全流程再造。

然而，由于东北地区传统媒体传播能力有限，加上当地经济社会发展水平亟待提高，使东北地区省级媒体融合出现了“合而未融”的局面。在观念上，部分媒体固守传统惯性，将省级媒体融合简单理解为“传统媒体+新媒体”“1+1=2”的模式，这甚至让“1+1”的效果“<2”；在内容上，部分媒体缺乏优质内容生产能力，缺乏具有代表性与影响力的媒体作品；在经营上，部分媒体没有清晰的商业模式，缺乏营收支撑。纵观东北地区媒体融合，极具成功的案例难觅，融合现状亟待扭转。

二、省级媒体融合的发展困境

（一）观念缺失，融合过程有形无神

我国31个省份（不含香港、澳门、台湾）都在持续推进省级媒体融合，但部分省份在融合过程中，在观念上存在缺憾。观念层面的缺憾最终导致融合思维扭曲，让省级媒体融合仅停留在形式层面，无法实现“1+

---

① 曹月娟，黄楚新，沙子瑞，等．东北三省地市级党报融合发展现状、问题及对策［J］．新闻论坛，2021，35（6）：30-34.

1>2”的融合效果。例如，部分省级媒体固守传统观念，唯“编制论”，让体制机制创新严重受限，全流程再造无从入手。再如，一些省级媒体在融合进程中，缺乏市场思维，不敢走向市场，对新媒体传播规律把握不足，在媒体融合以后复归“编制”“铁饭碗”的心态。

（二）要素缺失，持续融合动力不足

不少省份在推进省级媒体融合进程中，由于资金、人才、技术或其他因素的缺失，导致全面融合无法深入推进，使融合过程缺少该有的动力。例如，一些省级媒体在融合过程中，由于薪酬待遇等原因难以找到专业技术人才，同时还出现了旧有人才流失的情况，使省级媒体融合在人才队伍建设方面面临双重夹击。再如，某地媒体融合过程中由于缺乏核心技术，加上现有数字技术的研发与应用不足，导致其缺乏核心品牌，省级媒体的带动与聚合效应不足。以上案例表明，缺乏融合进程中所需的要素，只会让媒体融合捉襟见肘。

（三）合作缺失，单打独斗成绩有限

在推进省级媒体融合纵深发展过程中，依靠某家媒体自己的力量难以形成规模，尤其对于中西部地区、东北地区的省级媒体来说，资金、技术、人才缺口很大，在整合内部资源、盘活存量的同时，积极对接外省资源是有效缓解困境的途径。倘若继续画地为牢，那么省级媒体融合的进程只会越走越艰难、越走越窄。

（四）国际版图缺失，融合效果有待提升

2021 年，习近平总书记在主持中共中央政治局第三十次集体学习时强调，要加强和改进国际传播工作，展示真实立体全面的中国。当前，我国正下大气力加强国际传播能力建设，但推进省级媒体融合的进程与国际传播能力建设的关联尚且不够紧密。国际传播能力建设的目的在于讲好中国故事，传播好中国声音，为我国改革发展稳定营造有利外部舆论环境，加快推进媒体深度融合的意义同样涵盖了国际传播能力建设的目的。在省级媒体中，云南省不仅兼顾省内媒体融合，还将媒体融合向外延伸拓展，向省外、国外讲述云南生物多样性的特色。但大部分媒体暂时没有意识到要将省级媒体融合与国际传播能力建设相结合，一定程度上还在固守自己的“一亩三分地”。

各省级媒体在推进媒体深度融合进程中要有全球视野，积极将本地域资源面向全球进行传播，将各省级媒体打造成国际传播的新窗口，为国际传播能力建设注入强劲动能，实现内外联动。

三、省级媒体融合的优化路径

（一）宏观层面：政策扶持，齐头并进

媒体融合作为国家战略正引领中央、省级、地市级、县级媒体转型升级，但面临区域差距越发突出的问题，还应该从宏观层面予以政策扶持。

政策扶持包括两个方面：一是不仅应给省级媒体全面的媒体融合政策，还应给予省级媒体必要的“非媒体政策”，如有关部门在水、电、气等民生工程上要支持各级主流媒体开发民生服务，各级党委政府要支持主流媒体开发政务服务，真正实现“新闻+政务服务商务”的模式，提高主流媒体在市场上的竞争力，提高人民群众对主流媒体的关注度与依赖程度。二是不仅要给各省份同样的媒体融合政策，还应给予欠发达地区、媒体融合进程缓慢省份必要的媒体融合倾斜性政策，如针对西部地区、东北地区给予必要的区别于东部与中部地区的政策倾斜；针对边疆民族地区，通过新闻院校定向招生、定向培养等方式缓解人才紧缺问题。通过政策撬动各方资源，让东部、中部、西部、东北地区齐头并进，让同一地区不同省份齐头并进。

（二）中观层面：区域协同，资源互通

省级媒体融合进程中的资源互通一方面是内部发力，整合存量资源；另一方面是向外部借力，争取省外资源。例如，地处西部地区的云南省在人才要素缺失的情况下，主动同其他省份合作，主动向国家有关部门、高校院所寻求帮助；京津冀省级媒体一体化建设的成功更是说明了在深入推进省级媒体融合进程中合作的重要性。因此，对于省级媒体融合来说，既要全省融合一体化，也要协同合作跨域化。

（三）微观层面：破除束缚，主动作为

当下，有极少数地区省级媒体对媒体融合发展的重要性、必要性和紧迫性认识得不够充分，在推动媒体融合发展方面动作不大、力度不够，甚

至慢作为、不作为。例如，部分省级媒体中仍然存在党报、电视台、新媒体分开单干的状态，或者仅停留在“合而未融”的层面。再如，部分省级媒体管理层安于现状，缺乏进取心，对媒体融合发展的经营模式不了解，加上资金、人才、技术要素的缺失，主观上不愿意、不敢大胆推进媒体融合，对上级要求被动应付。

推进省级媒体深度融合的关键在省级媒体自身，只有省级媒体从观念到行动上都主动作为，才能真正推进这项系统性工程。国家有关单位可以针对省级媒体融合过程中的被动作为、敷衍塞责等现象制定相关惩处措施，监督省级媒体融合进程，严厉打击“嘴上融合、行为凑合”的“惰性”融合现象。各省级媒体积极推进、主动作为，在推进过程中，遇到问题要正视问题并想办法解决，可以依靠自身力量、整合现有资源，也可以向外部借力，寻求跨域合作。

当今世界正经历百年未有之大变局，全球舆论环境错综复杂，对我国主流意识形态构成严峻挑战；我国媒介环境、传播手段、信息技术发生着深刻变化，主流媒体面临诸多挑战。在“十四五”开局之年和“两个一百年”奋斗目标交汇时刻，媒体融合实践经过数年推进已经渐行渐深渐宽阔。这是一场由互联网、通信和人工智能技术的持续进步催生出来的传播生态变化，以及由此而引发的媒体全领域全行业的主动应变和改革创新①。

媒体融合始终是个过程，不是未来的终结。省级媒体融合作为重要一环，已掀起了由表及里、由内而外的变革。随着“推进媒体深度融合，做强新型主流媒体”被纳入《中华人民共和国国民经济和社会发展第十四个五年规划和二〇三五年远景目标纲要》，省级媒体更是获得了持续发展的、更为有利的发展机遇，这也意味着省级媒体融合必须继续适应市场变化，积极跃迁。只有这样，才能真正实现党中央对省级媒体的殷切期望，才能切实提高自身的传播力、引导力、影响力和公信力，才能真正在推进国家治理体系和治理能力现代化进程中发挥重要作用。

---

① 北京市新闻工作者协会，梅宁华，支庭荣．媒体融合蓝皮书：中国媒体融合发展报告（2021）［M］．北京：社会科学文献出版社，2022：2.

我国地市级融媒体建设比较与发展路径

王凤翔*

面临百年未有之大变局，融媒体在进一步发展升级与转型拓展。为尽快建成一批具有强大影响力和竞争力的新型主流媒体，《中共中央关于制定国民经济和社会发展第十四个五年规划和二〇三五年远景目标的建议》提出，“推进媒体深度融合，实施全媒体传播工程，做强新型主流媒体”；《关于加快推进媒体深度融合发展的意见》强调，全媒体传播体系建设，必须“不断完善中央级媒体、省级媒体、市级媒体和县级融媒体中心四级融合发展布局”。积极打造新型主流与国际一流的党媒融媒体平台，有效增强对海内外新闻信息的传播力、引领力、影响力和公信力，是我国新型党媒平台创新与新媒体变革的历史使命①。对此，宜与全国“一盘棋”，与中央、省级与县级融媒体一样，构建地市级“新型党媒”及其平台的重塑战略，推动我国地市级融媒体新发展格局。

一、我国地市级融媒体发展建设与比较

我国东、中、西部地区地市级融媒体发展不均衡、不充分，有整体性环境与政策性等方面的因素。一方面，受制于经营发展与疫情影响，自2015年起，地市级主流媒体经过2013年、2014年的收入高峰后，在

---

* 王凤翔，中国社会科学院新闻与传播研究所研究员。

① 王凤翔．新型党媒平台的实践理性、场域挑战与破维重塑［J］．新闻战线，2021（2）：57-60.

2017~2019 年虽略有回升，但媒体总体收入大多呈现下降的发展趋势。2020~2021 年地市级电视媒体、纸质媒体的经营下降大势依然存在，融媒体建设及其转型存在严重的经营困境与发展挑战。另一方面，地市级融媒体建设处于发展“夹心层”。相较于中央、省级与县级融媒体的优势，面对平台媒体与自媒体的攻城略地，全国地市级融媒体处在相对起步与发展之中。东、中、西部地区经济发展水平有较大差距，沿海经济发达地区地级市融媒体先行先试，其转型发展相对比较快；中部地区发展水平不一，西部发展相对落后。

（一）东部发达地区地市级融媒体赋能智能城市，深化多元化经营、市场化拓展，推动主流媒体平台的发展与转型

东部发达地区地市级主流媒体及其融媒体建设的市场化程度、多元化经营与资本化运营超过了中西部地区。东部发达地区地市级媒体既依托智能城市与媒体融合发展契机，又大力发展其他产业，比较明显地朝着集团化方向经营发展，其市场影响力、传播力比较好。比较典型的有苏州、青岛、宁波、温州等地级市的融媒体发展，以及舜网传媒、甬派传媒、温都猫等地市级融媒体的成功上市，足以成为全国地级市融媒体建设示范的榜样。

苏州广播电视总台（以下简称“苏州广电”）走的是“媒+产+融”三者相结合的道路。一方面，以“广电+科技”模式赋能智慧城市建设。以构建智慧型全媒体生态体系为融合目标，既从城市生活服务总入口苏周到 App、县（区）级融媒体中心、智社区平台切入，又投入 1.6 亿元自主研发支撑全媒体新闻平台的“SBS 媒体云”系统，积极探索“新闻+政务服务商务”融合路径。苏州广电旗下看苏州 App 下载量超 300 万，无线苏州 App 下载量 370 万，名城苏州微信公号粉丝数超 130 万，苏州广播电视总台新媒体总用户超 4600 万，有效将社会思想文化、公共资源、数据资源等转化为壮大主流思想舆论、民生服务、社会治理的综合优势①。另一方面，以“广电+文化”模式增强媒体造血和经营能力。除媒体经营外，苏州广电的产业发展主要依托商业地产和物业（分为三个板块：广电大楼出租及酒店经营、影视城的经营与古城区演艺中心的经营），同时打通金

① 沈玲．打造智慧型全媒体生态体系赋能智慧城市建设：苏州广播电视总台“广电+科技+文化”模式探讨［J］．中国记者，2021（1）：89-93.

融、资本市场。截至2019年，拥有64张全国通用实物银行牌照，开设苏州汽车租赁公司、苏州金融租赁公司（占股8%~9%）。设立名城信息港公司，打造“无线苏州App”、经营80个微信公众号。

《青岛日报》除在智慧城市上有所作为外，还执行“平台性党报”发展战略，把青报网以及“两微一端”等建成一体化平台，全力打造有特色的全媒体矩阵。2015年9月，青岛报业传媒集团旗下掌控传媒自主研发的全媒体一体化采编平台“媒立方”，暨《青岛日报》“中央小厨房”1.0策采编发系统试运行，标志该报社集团融媒传播体系建设正式拉开帷幕。2016年初，青岛报业传媒集团确定以“三小厨房”为抓手，全面推进融媒传播体系建设，一是推进《青岛日报》“一报一网三端多平台”传播矩阵建设，深化《青岛日报》报网融合；二是完善掌控传媒“掌上青岛”移动直播平台建设，利用VR、无人机等最新媒体传播手段丰富传播形式、完善技术配置，深化《青岛晚报》报网融合；三是推动《青岛早报》与青岛新闻网融合发展，从新闻策划、队伍建设、栏目合作三方面探索融合途径，借助各端优势，共同打造“民生在线”、青岛微政务——“青小岛”等新媒体品牌，增强传播力与影响力。其中，手机客户端青岛观、移动端观海影响较大。观海客户端是一个资源集约整合、平台培育、人才培育、业态培育的新型移动传播平台，形成开放型全媒体传播新生态，打造面向物联网时代的“智慧媒体”，全面呈现集“智库、智能、智慧、智链、智趣”于一体的“五智新媒体系”，形成全智传播生态①。

（二）中西部地区地市级融媒体发展转型财政拨款难以维持发展，各类营销活动的融媒体方式成为其重要创收手段，存在为生存而生存的发展窘境

中西部地区地级市主流媒体对融媒体建设有成果，以湖南省衡阳日报社、衡阳电视台、青海省《海东时报》等融媒体建设为例，可以窥知，基于生存发展，新闻采编与经营混合发展是客观存在的普遍现象，中西部地区地市级融媒体建设充满艰巨性与长期性。

一是财政差额拨款，市场化程度不高。尽管正在通过财政支持实现转

---

① 陆波．做强内容做细策划做精渠道：以青岛日报的实践为例［J］．新闻战线，2020（17）：78-79.

型发展，但面对网络视频化、社交化等发展趋势，资金缺口还比较大。中国社会科学院新闻与传播研究所课题组2019年调研数据显示，衡阳市电视台2014~2018年共获财政补助收入8319.2万元，开支共计43473.5万元，其中设备更新改造、维修维护、媒体发展及活动费用、节目购置等经费开支5439.3万元，财政补助经费缺口为35154.3万元，年均缺口7030.9万元。

二是融媒体建设有所作为，成果初显，仍在探索过程之中。衡阳日报社整合旗下《衡阳日报》、《衡阳晚报》、衡阳全搜索网、掌上衡阳等媒介资源和人才资源，建立了内容、技术、终端、人才共享融通的全新采编发布平台和机制，探索出“架构一体化、内容差异化、渠道立体化”的媒体融合路径①。衡阳电视台将电视作为“可分众化的媒体”，正在实现融媒体建设观念转变与实践转型②。

三是把营销活动当作加强融媒体建设的试验场。衡阳电视台等媒体以办会办展③不断提升融媒体建设及其专业水平，承办或协办房交会、车展、家居建材展、婚博会、地方名特产品节等商业活动与社会活动服务成为媒体收入的重要来源。中国社会科学院新闻与传播研究所课题组2019年调研数据显示，衡阳电视台2018年举办各类活动159场，其中政治性和公益性活动47场。以三大媒体的活动营销收入和占比为例，活动总额从2014年的243万元增加到2018年的813.9万元，活动收入平均占比从2014年的8.2%增加到2018年的28.6%。其中，新闻综合频道活动营销收入发展很快，2018年超过频道收入比重的一半。

四是西部欠发达地区地级市融媒体建设转型比较缓慢。有些西部媒体是全额拨款单位，报刊发行主要是政策性规定。在融媒体建设方面，在人才、资金与技术等方面处于发展劣势。尽管强调融媒体建设，并有一定作为，但在实践操作方面基本上还是按照传统媒体经营思路发展。更重要的是，基本上是靠着财政拨款维持生存发展。中国社会科学院新闻与传播研究所课题组2019年调研数据显示，《海东时报》2014~2018年财政拨款

① 王靖.1+1=全新的1：衡阳日报媒体融合路径初探［J］.中国报业，2018（21）：60-61.

②③ 凌星，唐黎明，欧鹏.以衡阳市广播电视台为例分析新时代下传统电视媒体与新媒体的融合路径［J］.广播电视信息，2020（2）：50-52.

收入为6352.34万元，报纸征订量总计2737.01万份；报刊发行收入为588.9万元，占总收入的9.27%，而印刷费支出1819.13万元，占总收入的28.64%。2018年全年报纸征订数579.96万份，印刷支出445.71万元，占总收入的31.4%。

（三）地市级主流媒体及其融媒体转型建设遭遇广告经营发展瓶颈，多元化市场区域独特性形成的“长尾效应”有利于推动地市级融媒体经营转型发展

东部发达地区地市级主流媒体及其融媒体的广告市场经营规模基本达亿元级，中部地区大多为千万元级，西部地区大多为百万元级，广告经营形成梯级发展态势。这也是地市级融媒体的一种地域性发展方向。

自2015年以来，所有地市级广电、报纸广告经营收入均有所下降。主要原因是广告市场增长几乎是互联网广告，媒体属性不再是广告投放的决定性因素，以用户为导向的精准效果广告成为广告业发展主流，电视台广告经营出现“断崖式”下降，至今没有止住下跌趋势。2019年中国社会科学院新闻与传播研究所对7家地市级主流媒体2014~2018年广告经营状况的调研结果，就是一个典型的反映（见表1）。

表1　7家地市级主流媒体2014~2018年广告经营状况　单位：万元

年份	2014	2015	2016	2017	2018
苏州电视台	75601.00	63935.00	51591.00	45164.00	38182.00
无锡电视台	60794.80	47270.30	41429.60	34509.50	30376.60
《青岛日报》	19704.00	14002.00	13006.00	13705.00	14173.00
《衡阳日报》	4218.00	3174.00	2340.00	2693.00	2711.00
衡阳电视台	5258.30	4668.30	4071.50	3564.30	2885.30
海东电视台	—	66.28	67.00	84.99	49.00
《海东时报》	88.53	118.39	115.68	124.08	155.34

资料来源：2019年中国社会科学院新闻与传播研究所课题组成果。

在多元化经营中，网络广告经营获得新发展，也是在探索中的发展成果。2015年以来，《青岛日报》《济南日报》广告经营经过三年低迷后于

2018 年停止下滑，《衡阳日报》经过两年低迷后在 2017 年开始扭亏为盈。其主要原因是国家补贴与发行收入增多，以及地市级多元化市场中区域独特性形成的“长尾效应”。《青岛日报》网络广告虽然增幅不大，但在传统广告下滑不止的情况下，在 2018 年突破 7000 万元，达 7332 万元。《济南日报》2017 年网络广告收入突破 1000 万元，达 1340 万元，2018 年突破 2000 万元，达 2370 万元。2016~2018 年《衡阳日报》网络广告收入分别为 30 万元、170 万元、318 万元（见表 2）。

表 2　2014~2018 年《青岛日报》《济南日报》《衡阳日报》网络广告收入概况

单位：万元

年份	2014		2015		2016		2017		2018	
媒体广告经营额	广告总额	网络广告	广告总额	网络广告	广告总额	网络广告	广告总额	网络广告	广告总额	网络广告
《青岛日报》	19704	6179	14002	5899	13006	6788	13705	6116	14173	7332
《济南日报》	24200	640	18220	630	17120	790	16580	1340	19080	2370
《衡阳日报》	4218	—	3174	—	2340	30	2693	170	2711	318

资料来源：2019 年中国社会科学院新闻与传播研究所课题组成果。

（四）相对于互联网经营态势，地市级融媒体经营思维相对落后，无法突破体制机制阈限

现在大多数地市级媒体还是用传统的办报、办台、办网思维经营全媒体，能够勉强实现媒体相加却难以相融；新闻客户端粉丝日活量低，盈利模式日益模糊，只能体制性输血。坦率地说，“中央厨房”前景光明，对融媒体建设具有指导性、探索性与前沿性，但是硬件投入巨大，普适性较差，代际置换性差，在体制机制流程没有理顺、无法实现市场盈利的前提下，难免沦为“面子”工程，无法有效实现以技术为主体的流程再造和生态重构，不宜全面性、系统性地作为未来地市级融媒体建设的复制样板，宜寻求更好的且具有普适性的新模式与新业态。思路决定出路，没有互联网思维、产业精神与平台使用意识，是地市级融媒体建设严重存在的思维导向问题。

事业化管理、企业化经营之间存在一定冲突。既是意识形态阵地，又是严肃主流媒体，应该具有强大公信力与传播力，却在新闻报道中受制于事业化管理而落后于平台媒体与自媒体，从而失去主导舆论场的话语权与经营优势。一些客户端没有带来收益，反而成为地市级媒体的经营累赘；纸质媒体没有市场空间，也没有市场退出机制；技术条件下的人才资源结构性缺失和关键性人才缺位，也无法通过体制机制优势引进。

在今日头条以算法横行天下之时、BAT 翻天覆地之际，地市级主流媒体仍在媒体融合话语体系中彷徨与摸索，找不到自己未来的业务定位和发展方向。在移动互联网时代，以网络信息技术为核心的内容生产线已经成为信息传播主流，新闻信息分发与精准的个性化服务成为发展趋势，而地市级主流媒体没有及时实现数字化转型经营，以致没有形成真正有竞争力、服务与吸引用户的核心技术产品。

二、问题与挑战

地市级融媒体经营发展存在的问题挑战，既有内部因素又有外部因素。其中，主要原因是在移动互联网崛起之际没有因时而动、顺势而起，被互联网巨头占有市场与用户形成“马太效应”，同时大多地市级融媒体还在原有体制机制下按照传统媒体与传统互联网模式经营，发行收入、广告经营、内容建设与产业发展由此遭遇严重挑战。

习近平指出：“抓住了创新，就抓住了牵动经济社会发展全局的‘牛鼻子’。”① 创新也是牵住地市级融媒体全局发展的“牛鼻子”，地市级新型主流媒体建设好融媒体要加强“破圈”。“破圈”既有政策形成的基础性扶持、内容建设为王的发展路线，又能践行“内循环”与内外循环互动发展的“出圈”“融圈”模式，构建正向、积极、健康的造血功能与传播生态，有效科学地形成用户的生活方式与交往方式、媒体的生存方式与发展方式、主管部门的思维方式与工作方式②。

① 习近平．深入理解新发展理念［J］．求是，2019（6）：5-10.

② 王凤翔．新型主流媒体“破圈”的战略视野、发展挑战与创新路径［J］．新闻战线，2021（14）：57-59.

（一）头部自媒体、平台媒体崛起为移动互联网时代的新型主流媒体，地市级融媒体有沦为互联网巨头或独角兽企业平台“小报小刊小台”的可能性

2012 年移动互联网发力，互联网平台以大数据、信息技术与算法为支点，通过资本市场强力支持，不断发展更新网络传播新业态新手段。

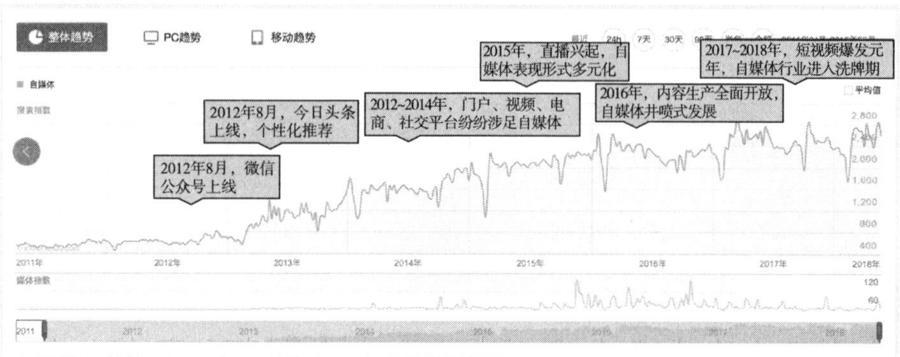

媒体发展指数

资料来源：百度指数。

一是移动自媒体因势崛起，刷新与改变行业发展生态。头部自媒体有数百家，每家拥有数亿量级粉丝，其影响力远远超过传统媒体。因其精准化、个性化推送，反映多元社会价值观，为“网生代”所认可追求，并成为其海量信息的生产者传播者，其影响力和渗透力远超包括地市级在内的专业媒体。二是微博、微信、抖音、快手、今日头条、喜玛拉雅等平台媒体影响力巨大。平台媒体以用户为核心，以社会化内容生产为主，每天生产海量信息，有摆脱专业媒体生产而形成自我特色的发展趋势。三是利用现有网络巨头平台是基于阵地意识不是基于市场经营发展。地市级融媒体利用“两微一端”形成的所谓传播“矩阵”，事实上“矩”而不“阵”，大多数沦为互联网巨头或独角兽企业的“小报小刊小台”，沦为其千千万万的内容免费提供商之一，很难很少成为其内容生产、网络广告与版权利

益的共享者[①]。

（二）地市级主流媒体大多沿用传统媒体经营思维，缺乏融媒体新发展格局，没有网络广告系统的使用意识与建设理念

网络广告是未来地市级主流媒体未来发展的动力源，是地市级融媒体实现网络流量变现的主要手段。网络平台通过信息技术支撑的网络广告系统形成强大的市场竞争力，如今互联网市场从流量的扩张已经转入争夺存量的竞争。没有网络广告与网络广告系统的流量变现、持续输血，未来地市级媒体的发展是难以持久的。

一是专业媒体无法与互联网平台进行广告竞争。互联网平台有自己全球化、专业化的关键词广告系统、上下文链接广告系统、移动广告系统等网络广告系统，有流量、有用户、有服务、有交易，推动实现网络广告实时竞价交易、精准营销与效果转化。然而，大多数地市级专业媒体还是传统广告交易形式，没有专业化网络广告系统，这是其在移动互联网时代无法与互联网平台在广告市场展开有效竞争的根本原因。二是互联网平台在内部端口有效打通海量广告数据、用户数据等，占据数据生态链顶端，由此形成了与包括地市级媒体在内的专业媒体部门的巨大数字发展鸿沟。三是地市级专业媒体网络广告用户意识有待加强。精准营销与效果广告结合是互联网广告的特色和优势。网络广告不再像传统媒体品牌广告那样针对所有人，而是针对特定人群，甚至可以做到每个人看到的广告都是不一样的。互联网广告不仅是广告，也是一种针对特定用户的资讯和服务。没有真正理解与把握互联网广告经营的特征是地市级主流媒体发展的明显瓶颈，主要痛点是：好内容带不来流量增长与广告变现，有用户但没有算法精准投放，有客户但没有数据监测统计服务，有投放但没有效果评测。四是没有跟上信息创造价值的发展步伐。移动互联网时代，信息作为现代社会生产力要素的作用进一步凸显。新闻与广告是网上营销、公关的一部分，信息流广告成为主流广告。

（三）地市级媒体经营发展空间在竞争中遭到严重挤压

一是遭到网络新媒体平台的严重挤压与版权侵犯。不少商业平台为了

---

① 王凤翔．新型党媒平台的实践理性、场域挑战与破维重塑［J］．新闻战线，2021（2）：57-60.

迅速扩充内容，设立各类地方频道，允许自媒体抢注地市级媒体账号，盗用节目视频、图文稿件，常有未授权转载传统媒体原创内容的行为。大量自媒体、商业媒体号通过“洗稿”等形式，篡改传统媒体稿件和内容。这些情形严重侵犯了地市级专业媒体的版权利益、市场空间与传播话语权。

二是受到中央、省级与县级媒体的市场挤压。地市级政府因地方政绩需要等因素，在省级媒体进行地方形象宣传，能够获取上级部门与全省受众的关注，比在地市级媒体宣传形成的效益好，但这种做法客观上减少了地市级媒体能获取当地党政支持与当地形象传播的营销收入。

三是版权纠纷已成为影响地市级媒体经营乃至公信力不可忽视的问题。其中，地市级融媒体图片侵权诉讼已成为主要类型。地市级媒体的新媒体内容需要转发中央权威媒体内容，极易造成无法预判的图片侵权纠纷，也遇到过一些民营公司通过逼请下架 App 等方式，强行索要侵权费的情况。更有甚者，一些公司以商业营利为目的，依托专业机构进行维权，并成为要挟中西部地市级媒体版权共享与权益索取的专业寄生公司。

四是地级市媒体难以形成信息与传播优势。类似“小作坊”的机构媒体建设发展，没有统筹安排，存在突击完成、后续建设不够的现象，传播范围与功能有限。与专业媒体争夺新闻资源，又面临主流机构媒体发展不充分、部门机构媒体发展不平衡的情形，难以形成信息与传播优势。

（四）经营管理体制上存在的挑战

一是“战场”与市场两者属性之间存在发展瓶颈。如果纯粹追求公益性，这将对产业整体发展产生影响。作为意识形态阵地的“战场”建立在市场基础之上，没有持久广告支撑与产业支持的意识形态阵地建设是难以长期坚守的。诸多地市级主流媒体尤其是中西部地市级媒体，忽视市场属性，“望天吃饭”的财政包干思想比较严重，通过市场发展自己壮大自己的动力不大、活力不足、意识不够。

二是原有体制优势、机制优势不复存在，现有体制机制留不住人才、撑不起事业。以待遇留住人才是互联网行业经营的通用规则，互联网巨头以待遇优势吸引各类专业人才流向其平台与媒体，形成行业优势发展强势。目前，人力资源结构和新型区域性主流媒体格局不匹配，地市级媒体用人多轨制已经不合时宜，员工“逆淘汰”异常突出，现有体制机制难以招到与留住技术型、营销型、专业型、复合型各类人才。这是地市级媒体建设发展中存在的大问题，也是调研中不断反映、呼吁解决的老问题。

三、对策与思考

提升我国地市级融媒体能力，建设好地市级新型主流媒体，实现全国媒体一体化发展，构建全媒体传播体系，是新时代新媒体建设的重大历史任务与传播使命。因此，地市级融媒体宜作为市委书记与市长的“一号工程”，以更大的政治勇气、更宽的视野、更大的力度，谋划构建可持续发展的运营管理机制，推动地市级主流媒体的经营突破。要立足5G时代，强化互联网思维、产业精神与政策破维，实施地市级“新型党媒”及其平台的重塑战略，从而推动我国融媒体建设形成发展新格局①。

（一）以独立、重组、合并、联盟、股份制组建地域性数字媒体集团，探索经营突破的新路径

按照地区差异化原则、现代企业制度与独角兽发展方向，对地市级主流媒体进行独立、重组、合并、联盟与股份制的改造，合并重组为内容、技术、市场三位一体的互联网信息传播公司或数字媒体集团。该类公司是独立核算、自负盈亏、自我约束、自我发展的现代企业，按国企性质实施市场化运作、产业化发展。该类媒体集团是大数据时代大数据应用与管理科学相结合的新型信息传播公司，是主流的新型互联网传媒集团、媒体融合发展阵地与智能城市创新平台。

根据市场机制与发展意愿，东部发达地级市、二线省会城市与副省级城市的报社、电视、广播、网站、客户端等媒体资源，可以整合成“一城一媒”或“一城两媒”的发展格局。既是对接与统合县市级融媒体平台，又是衔接省级的融媒体指挥调度空间和“中央厨房”工作空间，也是以技术产品为核心的网络平台。

在中西部地区、东部欠发达地区的地州市，原则上只组建一家新媒体集团。把地州市所属的电视、报纸、杂志、网站与政府发布等地市级党政

① 王凤翔．新型党媒平台的实践理性、场域挑战与破维重塑［J］．新闻战线，2021（2）：57-60.

主流媒体合并重组为新媒体集团（包括地州市下属党政部门的“三微一端”），使其成为喉舌阵地、新兴媒体与互联网企业。该类新媒体集团部门制度建设要有侧重点，主要设立重点新闻部、技术部、新媒体部、新媒体广告部等重点部门及其总监制。可以借鉴互联网公司进行机构架设，如腾讯的网络媒体事业群、企业发展事业群服务媒体、企业与广告的经营架构，实现对用户生活服务的精细化、市场化、移动化。

根据市场发展、用户数量与政治需要，把同一地域几个地市级的主流媒体进行重组，合并为1~3家新媒体公司，打造地域性或区域性的新媒体集团，形成地域媒体信息资源聚合传播的新平台。打造边疆地区地州市的地域性互联网新闻传播集团，加强对相关毗邻国家与地区的传媒覆盖、信息影响与产业辐射，形成地域性传播效应。实施民族地区地级市主流媒体新集团相关优惠政策，对于各省份少数民族地州市、各自治区的非少数民族地级市要根据实际情况打造新型传媒集团。对以旅游为主的地级市，要在资金与技术的扶持上强化对各类游客尤其是海外游客的精准传播。

（二）立足5G时代，以巨大政治决心与改革创新破除政策瓶颈，构建经营突破的新思维

要立足5G时代，允许具有技术基础与市场能力的新媒体集团，坚持移动优先、视频为主、深度融合与破维发展，在5G通信、智能城市、硬件制造、产业联盟、战略合作、跨界经营、融资上市方面，可以先行先试、优先发展，形成成功经验、总结失败教训，然后定向推广、有效发展。

以活跃生产力要素巩固传播阵地。加强和具有影响互联网发展方向的硬件设备商、互联网服务提供商（ISP）与互联网平台等的技术建设、产业联盟与战略合作。支持东部发达地区地市级媒体进一步走市场化道路，推动出台适应网信特点、地域优势与现代企业的人事制度、薪酬制度、评价制度、激励制度和上市制度，在户口住房、股权、税收等方面制定专门优惠政策。

推进地市级新媒体集团资本市场改革。基于资本、数据与技术，从顶层设计上积极探索5G时代新的交易所与新的交易模式建设，扶持建设地市级媒体传播的主流性与资本市场的主导性，实现地市级媒体在资本市场的重大超越。通过金融扶持政策，改革完善资本市场上风险可控可除、利不可共可大的传统经营发展模式。既要规范民营资本和个人在新闻网站不可持股的国家相关规定，又要建立完善相关法律法规。参照甬派传媒、舜网传媒、温都猫等“新三板”上市公司，加强地市级新媒体集团的股份制改革与融资规范建设，实现人才入股、技术入股等政策的突破，为地市级上市科创板、“新三板”等股市板块与海外股市创造条件，为媒体发展提供持续市场竞争力。

支持地市级新媒体集团拓展全产业链的媒体经营方式。改变传统单一经营，服务本地产业，辐射网络用户，拓宽产业链业务链，打造多元化产业版图，构建良性循环的商业模式，形成开放持久的产业体系。通过顶层设计，加强与BAT（百度、阿里巴巴、腾讯）、电商巨头的联系沟通，为中西部地区地市级媒体的产业发展与电商产品输出开设专属的绿色电商通道、广告发布通道与网红传播通道，并形成特殊性的制度安排。探索实行内容付费业务、内容安全审核服务与具有自主知识产权的IP经营，实施各类媒体的市场退出机制。支持东部欠发达地区、中西部地区地市级新媒体集团所获的市场化收益按国家政策自行支配，推动这些区域媒体的发展壮大，为巩固传媒阵地、形成传播支点提供持续动力。

（三）善于使用、有效完善与积极建设网络广告系统，实现经营突破的新路径

立足网络广告市场，认真学习与全面总结网络广告系统的建设与经验，推动地市级新媒体集团网络广告系统的使用、建设与发展，实现经营突破的新路径。通过网络广告专业人士加强对地市级新媒体的培训与扶持服务，推动专业主流媒体网络广告的发展繁荣。完善优化舜网传媒、甬派传媒、温都猫等现有地市级专业媒体App的网络广告系统。

地市级媒体要深化BAT新型广告交易、广告技术与精准传播理念的基本认知与市场认可，既要通过现有主要网络广告系统与第三方网络广告联盟，又要重视使用与科学开发自己的数字广告系统。加强利用信息流广告、展示广告、效果广告、数据服务、移动应用商店搜索排名优化（App Store Optimization，ASO）营销、社会化营销、内容植入营销、通过互联网向用户提供各种应用服务（Over The Top，OTT）营销、云服务，通过移动广告平台、需求方平台、流量供应平台、数据管理平台与媒体私有平台等，优化广告传播效果监测，获取最优广告收益①。

网络广告系统建设要有重点、路线图与时间表。支持华为公司等优质技术公司创建具有自主知识产权、全球市场地位与中国影响力的网络广告系统，为传统主流媒体转型打造新型的“输血”平台。北京、浙江、广东、江苏、上海五省（市）各自扶持几家主流媒体网站或互联网企业建设网络广告系统，形成独角兽企业，按照统筹发展、先行先试、借鉴平台、相互支持、有效推广的原则进行。

（四）加强中西部省地县“珍珠链”融媒体同盟建设，推进东部与中西部地市级媒体“帮扶”发展战略，形成经营突破的新机制

充分联合与利用互联网服务提供商（ISP），以5G战略与地市级“珍珠链”融媒体同盟建设，推动融媒体经营建设迈上发展新台阶。

融媒体硬件设备及其维护成本巨大，为实现资源效益最大化，中西部地区宜以省级媒体为核心，带动该省地州市及其未拥有融媒体中心的县市，共建共享统一协调的融媒体中心，形成融媒体“珍珠链”传播发展范式。没有传统媒体的县市区整合到地市级媒体融合系统，不再建设该类县区级融媒体中心。已经拥有县级融媒体中心而没有地市级融媒体的中西部地区地州市，要充分利用互联网及其技术，以现有技术水平与传播能力最为突出的县级融媒体为中心，加强同省级媒体的全面合作，促进“珍珠链”的媒体融合与同盟协作，使该县级融媒体成为地市级融媒体传播的地域性支点与地市级融媒体中心。这样有利于解决县级、地市级媒体与省级媒体竞争问题，可以缓解地方财政压力，推动地域型新媒体集团的形成与发展。

建立东部沿海发达地区的县级、地市级媒体集团“帮扶”东部欠发达地级市、中西部地级市媒体的战略机制。在资本、技术与人员及制度、理念与培训上，在5~8年内促进中西部地区从业人员能力的普遍提高，促进中西部媒体产品链在海内外的链接流通，实现共同发展的愿景。

（五）归口版权统一管理，建立“网格状”地市级版权联动机制，构建经营突破的新视野

以地级市融媒体版权为基点，通过以点带面、全面统筹、信息共享，

---

① 王凤翔．新型党媒平台的实践理性、场域挑战与破维重塑［J］．新闻战线，2021（2）：57-60.

完善全国性“网格状”地市级版权联动机制，建设“全国一盘棋一张网”的版权工作体系。各省份地级市形成新媒体版权维护联盟，促进版权资源共享优化与信息流通。发挥各级版权行业协会与网络社会组织的积极作用，构建网络版权保护共识机制，完善全国性的地市级版权联动机制，形成版权流通与行业保护的良性循环。

健全内部机制，加强版权保护意识。成立自己的版权维护中心，统一管理，统一购买版权、分发使用，增强版权交易过程的法治化、灵活性和谈判力度。及时公布“白名单”和“黑名单”，告知外部信息安全使用范围和风险范围，防止出现侵权行为，预防各类版权法律风险，有效提高员工版权侵权防范意识。通过加强版权作品登记，明确职务作品的版权归属，建立版权分享机制、激励机制，结合全媒体考核，对产生版权收益的各媒体及版权作者给予适当的奖励，鼓励原创版权，提高媒体部门和个人维权的积极性。

加强技术开发，及时追踪版权。优质、原创作品是版权收入的生力军。利用区块链等新型技术手段做好符合互联网特点的网络知识产权保护。在自有版权追踪技术尚不成熟时，可考虑购买联网版权监测数据第三方服务或与第三方开展合作的方式，及时发现版权被侵权线索，配合运用法律手段进行追索赔偿，以促成版权合作为终极目的。

（六）加快选人用人机制改革，建立健全培训管理制度，形成经营突破的新人才观

鉴于互联网行业对网信技术人才、网络广告人才的需要，应进一步以待遇、事业与感情因素吸收优秀人才加入地市级媒体。应制定特殊人才制度，不拘一格用人才，不唯学历、专业、编制、所处行业因素选拔技术人才。从国家层面建立东部地区媒体与西部地区媒体之间人才交流机制，构建省级、地市级与县级融媒体平台对技术资源与专业人才的共享制度。对优秀新闻人才与关键性岗位急需人才，要有和市场与地域相匹配的薪酬分配制度。优化全媒体绩效考核管理制度，创新专业职称与岗位层级的晋升机制。加大培训投入，提升培训的针对性和有效性。针对强化地市级融媒创新融合要求，对相关岗位人才及时提供专项新技能培训、职业资格认证培训与职称晋升培训。

我国东部地区融媒体中心建设模式调查

张　萌*

2021 年 7~9 月，笔者随课题组通过线上和线下相结合的方式，调研了位于中西部地区的 16 家融媒体中心（实地走访 7 家）。2023 年 3 月，笔者再次实地走访了位于浙江省的 3 家地市级融媒体中心。通过对中西部地区和东部地区的走访，不仅看到了中西部地区与东部地区县级融媒体中心发展的差距，也发现了不同地区融媒体中心面临的共性问题。

目前，我国各级融媒体中心建设普遍存在的主要问题是：平台开发一定程度地脱离基层实际需求，原本可直接沟通解决的问题“被迫程式化”；内容生产缺乏有广泛社会影响力的内容；排名考核过于单一，缺乏底层认知的维度；后台资源整合不充分，前台使用权限受限。在对这些问题进行梳理的基础上，我们总结了东部地区三家融媒体中心可借鉴的做法与模式，它们分别是杭州市余杭区融媒体中心、杭州市西湖区融媒体中心、义乌市融媒体中心。这三家融媒体中心基于各自的资源与实际，探索了上下融合的治理道路，为我国其他地区的融媒体中心建设提供了可借鉴的范本。

一、我国融媒体建设中的普遍困境

（一）平台开发存在重复建设的问题

平台过度开发导致多级云平台覆盖同一区域，在重复建设的同时也一

* 张萌，中国社会科学院新闻与传播研究所助理研究员，传媒发展研究中心副主任。

定程度上脱离了地方工作需求。在内蒙古自治区，为融媒体中心提供平台技术支持的，除了新华云计算平台（由新华网股份有限公司开发）、“人民云”（由北京人民在线网络有限公司开发）外，还有由内蒙古日报社牵头建设的“草原云”。建设这些平台的目的是实现优质资源的强强融合，而在现实使用中，“信号不稳定”“技术不成熟”“速度慢”成为不少融媒体中心遇到的问题，但碍于行政考核压力，各融媒体中心不得不继续使用该平台。以内蒙古某区级融媒体中心为例，该中心不仅要向“新华云”上传作品，也要将同样的内容上传至“草原云”。由于各级平台整合不到位，地方融媒体中心不得不重复上传、重复建设，加大了工作量却没有实质性的工作产出。此外，以集约化生产分发为特点取得显著成效的“中央厨房”模式，并不适用小体量的地方融媒体中心。内蒙古某区融媒体主任表示：“原本可以通过微信群几句话就可以解决的问题，非要上平台管理系统走一遍流程。”同样的情况在山西省也普遍存在。山西省Q县位于长治市西北部，总面积约2500平方千米，人口规模约15万。Q县融媒体主任表示：“我们县是很小的地方，从城南走到城北只要10分钟，城南发生的事，骑自行车几分钟就到，可以立马开展工作，而现在需要先在平台操作一番，不仅延误了采访，还得单独雇一个人维护平台。”

（二）内容生产仍需贴近用户

如何平衡党务、政务等硬新闻与社会民生等软新闻成为融媒体中心遇到的一大瓶颈。有的中心过分强调官方宣传员的角色，使平台内容过于生硬而陷入低阅读量的困境，成为自媒体时代的“注意力洼地”，或是成为领导活动的宣传渠道，而非贴近社情民意的聚合平台。融媒体中心工作人员的日常内容制作主要分为两部分，一是本地党委政府重大活动的报道，二是社会新闻的自采。硬新闻严肃庄重的报道方式与新媒体时代的受众产生了隔阂，面临着可读性差、关注度不高等问题，不利于公共认知的形成。

（三）排名考核指标单一

自上而下的考核标准缺乏对底层态度认知的考量，使不少融媒体中心为了获得上级认可，将主要精力投入外宣工作中，忽略了其在参与本地社会治理中应发挥的作用。一方面，客户端下载量成为考核融媒体中心全省排名的主要指标，不少融媒体中心为争取领先的成绩，举办了一系列推广宣传活动，虽然此举迅速扩大了融媒体中心的品牌知名度，然而下载量高达数十万，平台活跃度却极低。粉丝被自媒体平台分流严重，黏性差，公共影响力未能持续发酵、升级。另一方面，关于内容质量考核，产品被新华社、人民日报、学习强国等平台转载、引用、推送是地方融媒体中心引以为傲的事情。虽然这种自上而下的推优机制起到了精品筛选的作用，但是不少融媒体中心以获得上级嘉奖和认可为目标，将主要精力投入外宣领域，内宣任务没有得到足够的重视，使融媒体中心与当地民众的链接关系被疏离。

（四）后台资源整合与前台使用权限受限

后台资源整合与前台使用权限受限，制约着融媒体中心的深度发展。后台方面，多部门平台各自为营缺乏统一管理，有的部门甚至为将用户截留在自有平台而拒绝资源共享；前台方面，微信公众号修改、审核权限受限，为基层融媒体中心内容管理带来不便。从后台管理来看，如不少部门纷纷开设各自的微信公众号，或借助美篇客户端来进行宣传，不仅不利于内容的统一审核管理，还造成了宣传战线的分散与疏离。此外，地方平台建设过程中出现了部门之间为了将用户留在各自平台而筑起信息“隔离墙”。从前台管理来看，各个融媒体中心除了客户端外，都有各自的官方微信公众号，微信公众号限制较多，为中心内容管理带来诸多不便。一般来说，微信订阅号一天只可以推送 1 次，总篇数不超过 8 篇，发布后标题不可以修改，正文只能修改一次，且只可以修改 20 个字，图文推送后需审核，时长为 2 分钟到 30 分钟不等，视频审核时间则更长，约为 40 分钟。山西某县融媒体中心主任说：“有时候内容错了，不能及时修改。审核时间长也耽误了新闻发布的及时性。”

二、三家融媒体建设的典型案例

（一）杭州市余杭区融媒体中心建设模式：“建设+运营”并举

杭州市余杭区融媒体中心，从地理、经济、文化、社会等地域优势中，寻求切口与抓手，形成了“数据打通—资源联动—多场景开发—建设+运营双线并举—打造社区生态”的建设链路，为其他地区融媒体建设提供了可借鉴的发展模式。

1. 杭州市余杭区融媒体中心发展背景

（1）历史沿革与机构设置。

杭州市余杭区融媒体中心（杭州市余杭区广播电视台）前身为余杭广电传媒集团和余杭新闻传媒中心。2019 年 12 月，两家单位整合成立原余杭区融媒体中心，挂杭州市余杭区广播电视台牌子，为余杭区委直属的正处级公益二类事业单位，归口余杭区委宣传部，由余杭区委宣传部“管人、管事、管资产、管导向”。2021 年 5 月，因杭州市行政区划调整，余杭区融媒体中心一分为二，迁址新余杭区办公，原余杭系的报台网微端等播出平台整体划转。2021 年 8 月，新的余杭区融媒体中心正式挂牌运行。2022 年 6 月，余杭区融媒体中心下属的杭州余杭传媒集团有限公司完成人财物划分，实现独立运行。目前，杭州余杭传媒集团下属 4 家全资子公司，2 家参股公司。余杭区融媒体中心实行事业单位企业化运行。中心班子职数设 2 正 3 副，下设 4 个行政管理部门和 11 个专业部门，干部员工 230 人，其中，事业核编 70 人，实际在岗 63 人，国企尚未定编，实际在岗 167 人。余杭区融媒体中心下属播出平台包括余杭发布、余杭时报、看余杭客户端、FM102.1 余杭人民广播电台（余杭之声）、余杭电视台 4 个频道，以及余杭新闻网（www.eyh.com）、天天看余杭、余杭时报双微及抖音、视频号等 15 个发布平台。目前新媒体总用户数约 250 万。

（2）地域特色与发展基础。

浙江省余杭区属于杭州市辖区，是中国经济发达的长三角地区的重要组成部分。余杭区在地理位置、经济发展、高新技术产业、人文历史底蕴、教育资源方面具有鲜明特色。①地理位置优越。地处长江三角洲经济圈的中心地带，与杭州市区仅相隔数十公里，交通便利，成为年轻人聚集的繁华区域。②经济发展水平领先。2021 年余杭区的 GDP 总量为 9259.9 亿元人民币，居杭州市之首，名义增长速度为 5.96%，比全市增速平均高了 2.41 个百分点。其产业结构不断优化，高新技术产业增加值占比为 43.7%，现代服务业增加值占比为 51.2%。③高新技术产业集聚。余杭区是浙江省高新技术产业集聚区之一，拥有众多知名企业和研发机构，如阿里巴巴、华为等，是中国互联网产业的核心地带。④人文历史底蕴深厚。余杭区有着悠久的历史文化底蕴，是南宋时期的一座古镇，拥有众多历史文化遗迹和景点，如良渚文化、灵隐寺、西湖龙井村等。⑤教育资源丰富。余杭区拥有一流的教育资源，有浙江大学、中国计量大学、杭州电子科技大学等多所高校，以及众多优秀的中小学教育资源。

2. 杭州市余杭区融媒体中心建设的具体举措

（1）数据打通，为“大服务”的理念贯彻提供保障。

融媒体中心整合传统媒体和新兴媒体的资源和技术，为政务宣传、社会公共服务、舆论引导提供全方位、高效率的传播服务平台，但目前大部分地区的融媒体中心面临着数据不通而导致服务无法落地的问题。例如，“浙里办”是浙江省政府为方便居民和企业办理政务服务而建立的一站式在线服务平台，全省已有 29 个城市频道上线，汇聚各县（市、区）政务服务共 1632 项。但这一综合的大型服务平台只对 16 家融媒体中心有限开放数据，大部分融媒体中心无法作为端口接入。余杭区融媒体中心在“一把手”的推动下，与浙江省数据管理部门建立了合作关系，接入了大量有效数据，不仅使其能对余杭区社会、经济、政治情况进行分析和预测，还将不同格式和来源的数据进行整合，保障了其为政府和公众提供一站式数据服务。例如，2022 年疫情期间，余杭区融媒体中心与余杭区卫生健康局、数据资源管理局进行了数据打通，比支付宝早 16 天推出了电子核酸检测有效期提醒服务，分别于核酸检测到期 6 小时前、2 小时前提醒用户，大大提升了余杭区融媒体中心客户端的下载量和日活用户。

（2）资源联动，推动融媒产品的多场景开发。

余杭区有丰富的教育资源、高新创业公司，余杭区融媒体中心充分联动域内资源，接入了各种应用 28 个，结合融媒体中心的实际情况与用户需求开展了多种场景的便民活动。多场景开发不仅方便了市民生活，而且以大服务的理念增加了用户对平台的使用率和黏性，为信息传播与舆论引导提供了保障。

1）地铁优惠券的发放。余杭区融媒体中心通过与余杭区数据资源管理局联动，利用余杭区数据资源管理局推出的数字化服务“一码通”与地铁集团展开合作，市民可以在早晚高峰到来之前，在看余杭 App 抢地铁优惠券。余杭区某工作人员 F 说："年轻人上下班前来我们客户端抢券，我们的点击量有了很大突破，他们会顺便再看看 App 里其他的新闻，这样我们能够产生更大的影响力。"

"余杭一码通"领码人数破百万

资料来源：搜狐号："本地吃喝玩乐报"，https：//www. sohu. com/a/576295946_121117478。

2）体育设施的预约及到校提醒服务。余杭区有不少高校和中小学，为了利用这些资源，余杭区融媒体中心与学校合作，打通学校、学生资源，通过市民卡实现数据全贯通，市民可以在客户端进行校园健身场馆的预约。此外，学生上学进入校园刷市民卡后，客户端的家长用户会收到相应入园的提醒，方便了家长的远程监管。

3）消费券的发放。余杭区融媒体中心与支付宝合作，向用户发放一些商户的消费券，包括咖啡馆、民宿、商超等。这些消费券主要来自商户的投入，原本属于融媒体中心的广告费用，余杭区融媒体中心将其作为补贴福利转发给了市民，对于商户来说多了一个免费的宣传渠道，对于融媒体中心来说增加了用户的黏性。与支付宝联动，借用其成熟的支付系统，又免去了融媒体中心消费券核销的压力。

（3）"建设+运营"双线并举，打造社区生态圈。

余杭区融媒体中心每年投入 500 万元的建设经费，一方面加大民生应用方面的推广力度，使客户端下载量快速突破28万；另一方面重视街镇服务，积极打造村社信息枢纽，基本实现了镇街微融媒体中心的全覆盖，将信息交流平台向村社、企业延伸。余杭区融媒体中心主张“建设+运营”双线并举，设立专门的运营团队，并且与社会专业的运营团队合作，“两条腿走路”，运营工作开展的思路在于从“宠粉”“养粉”到舆论引导。所谓的“宠粉”体现在为用户，尤其是余杭区庞大的年轻人群体提供日常福利，包括上述提到的消费券、地铁优惠券的发放，还包括用户在客户端信息浏览、转发、评论后会获得相应的积分，然后在客户端的“市民商城”可以进行礼品的兑换与消费。余杭区融媒体中心的“宠粉”思维，一方面增加了用户的忠诚度、活跃度、平台口碑度，更愿意在融媒体中心的客户端进行参与互动和内容分享；另一方面也构建了良性的社区生态圈，使得社交圈、信息圈、消费圈以融媒体中心为落点而得以相互赋能与增值。

3. 余杭区融媒体中心建设的问题与对策

余杭区融媒体中心自身发展优势鲜明，但与其他融媒体中心一样，面临着一些共性问题，最为突出的是融媒体中心建设的落地政策不够具体而加大了地方的建设成本。关于如何进行体制机制改革、如何推动媒体深度融合，余杭区某工作人员B说，“全靠融媒体中心自己摸着石头过河”。对于很多融媒体中心来说，由于没有直接可借鉴的模式或者直接可操作的具体政策，而使不少融媒体中心对政策在落实的过程中到底如何走向与实操，需要投入大量的精力进行协调与决策，无形中加大了地方沟通、建设的成本。

因此，在融媒体中心建设过程中应加大对融媒体中心建设典型案例、典型做法的宣传示范力度。遴选优秀的，不同地域、不同发展背景的融媒体中心，对其改革措施、建设思路进行全国推介，为其他处于探索困境的融媒体中心提供参考与借鉴，为建强用好融媒体中心提供切实可行的路径选择。此外，进一步细化、明确融媒体建设的落地政策。虽然不同地区的融媒体中心有着差异化的需求与现实问题，呼吁更为灵活的、地方化的政策指导，但首先应为地方的探索实践提供更为具体的上层政策支持，包括造血、人才招聘、体制机制改革等方面，使得地方能够在“有据可循”的基础上“放开手脚”。

（二）杭州市西湖区融媒体中心建设模式：“内容+服务+微融媒”

1. 杭州市西湖区融媒体中心基本情况

西湖区传媒中心①于2017年4月成立，将原先两个正科级事业单位——西湖区新闻报道中心和西湖区广电中心合并，并升格为正处级事业单位，下设新闻采编部、视频制作部2个科室，核定事业编制人员12名，编外专业技术人员24名。2018年，融媒体一体化建设起步，实现了机构人员和机制体制的融合；2019年，融媒体一体化平台上线，实现了“流程再造、平台拓展、职能整合、集成指挥”四大功能；2020年，开发建设集新闻宣传、新时代文明实践中心工作展示、政务服务等功能于一体的美丽西湖App；2021年，全面对接全区数字化改革，西湖码、一键养老等应用场景进驻美丽西湖App；2022年，围绕融媒体3.0版建设要求，打造美丽西湖App和美丽西湖积分商城，为客户端提供一站式运营服务。目前，中心自有宣传平台7个，分别为：西湖报、西湖网（西湖视频）、美丽西湖微信、西湖发布微博、美丽西湖App、美丽西湖抖音号、美丽西湖视频号；中心入驻各级主流媒体宣传平台6个（设西湖区专题页卡），分别为：人民日报“全国党媒信息公共平台”App、人民日报App（人民号）、潮新闻App、中国蓝新闻App、杭加新闻App、杭州之家App。

2. 杭州市西湖区融媒体中心建设的具体举措

（1）注重“内容专题化”与“服务精细化”。

1）强调专题化管理，实现有序化生产。起步阶段，西湖区融媒体中心的内容生产比较散落，缺乏统一的主题，于是中心在内容环节加入了“专题化”管理的思维，将内容的生产、策划、回顾等统筹于不同的专题中，避免了之前散乱无序的内容供给。西湖区融媒体中心策划了“纪念改革开放40周年”“新中国成立70周年”“建党100周年党史学习教育”“喜迎二十大共富西湖行”“西湖助企纾困”等主题报道，并且设置了诸多贴合社会民生的主题活动，如多彩年夜饭、龙井开茶节等。

2）点面结合主线突出，强化舆论引导功能。在强调价值观引领的同时，注重发挥典型案例的感染力，西湖区融媒体中心推出了一系列有温度

---

① 西湖区传媒中心与西湖区融媒体中心为同一机构的不同称谓，前者成立时间较早，后随着融媒体中心全国范围的建设，两个名称同时使用。

的故事，如《女子被压车底，一群“蓝精灵”冲出，11 秒抬车救人》《只收 2 块钱！杭州 81 岁奶奶理发 30 年不涨价！》《好样的！95 后老师捐献造血干细胞，为小女孩带去生的希望！》。这些小人物的报道蕴含着极大的感染力，能够引起用户的情感共鸣和认知共鸣，因此在短视频平台上获得了较高的点击量。例如，《生活不易！多点理解与包容，困难总有一天会过去》这则短视频，阅读量 247.1 万、点赞 11.2 万，由美丽西湖供稿至美丽浙江抖音号，观看量超过 900 万，点赞量 43.9 万。

3）盘活周边资源，实现服务的精细化供给。为了提高用户的平台黏性，西湖区融媒体中心的客户端美丽西湖 App 提供了众多精品服务模块，包括体育健身、志愿服务、教育服务、文化服务、科技科普、医疗服务等。这些服务功能的实现一部分是融媒体中心自建，依托自身团队和力量来搭建，更大一部分则是依托于周边资源的联动。以“西湖码”板块为例，市民通过“我要报”“我要帮”的入口可以提供新闻线索，或上报诉求，这些来自普通民众提供的信息会被集中反馈到所对应的镇街，并由相关部门回应解决。镇街的支持使得融媒体平台成为一个有效的、综合性服务平台，资源的共享与整合，不仅优化了用户体验，而且也提高了平台信息的传播效率。此外，西湖区融媒体中心与镇街、市民联动，策划了系列活动，如“晒晒我的幸福账单”“提交年度答点亮西湖生活”“初心·寻找大镇小街的红色足迹”打卡活动。这些活动不仅宣传了融媒体中心的产品和服务，更吸引了市民的参与，提高了融媒体中心的品牌影响力。

（2）创建微融媒，将触角向社区延伸。

2020 年 7 月，西湖区融媒体中心探索成立全省第一家镇街级微融媒——灵隐街道微融媒体中心，在全省以及全国范围起到了一定示范作用。微融媒建设模式的成型产生于一种极具张力的语境中：基层具有丰富的、生动的、接地气的素材与内容，但融媒体中心的工作团队只有有限的人手。西湖区融媒体中心某工作人员表示：“现在平台需要大量的视频，但视频团队我们只有 5~6 人，有那么多料我们也处理不过来，而且现在视频拍摄、剪辑的门槛也低，所以我们就向下延伸。”这里的向下延伸是指镇街、社区的工作人员纷纷组建了自己的微融媒团队，进行内容的策划、拍摄设备的筹备、场景的搭建，对基层队伍的利用不仅减轻了融媒体中心自身运作的负担，而且使平台汲取了丰富的基层信息。微融媒的具体建设路径包括：

1）资源整合，全面布点。2021 年 6 月，西湖区融媒体中心在全区 11 个镇街实现微融媒体中心全覆盖。各镇街微融媒体中心以“身边人，身边事”为立足点，将宣传阵地延伸至小区楼栋、商圈楼宇、田间地头，报道视角对准基层工作者、企业员工、辖区群众等，生产了一批具有地域特色和民间视角的社区新闻。在组织机构搭建方面，以灵隐街道为例，设“一站、八点、两中心”，“一站”即一个中心工作站（设在街道文明实践所），“八点”即八个文明志愿服务点（设在黄龙商圈站点和七个社区文化家园），“两中心”即两个新闻发布中心（设在党群服务中心和企业服务中心），整合辖区社工、宣传干事、文化志愿者等人员 80 余人，形成团队，并设综合组、新闻组、视频组、舆情组、主播组五个组，主要负责街镇形象展示、新闻发布、舆情处置、内容融合、队伍管理数据可视化、功能一体化。

2）建立完善标准、培训、考核、合作机制。一是建立标准机制。西湖区委宣传部制定《西湖区镇街微融媒体中心建设实施意见》，明确了组织架构、目标定位、场地要求、设备设施、人员配置、工作流程等。二是建立培训机制。西湖区融媒体中心与各镇街微融媒体中心强化联动，开展常态化、多元化的业务培训，加快提升镇街微融媒体中心自主运行能力，并派出专人开展业务指导，同时建立挂职锻炼制度，接收镇街微融媒体中心人员到区传媒中心挂职学习。三是建立合作机制。一方面，西湖区融媒体中心与各镇街微融媒体中心以同步选题、同程采写、同网发布的形式，构建一体化融媒体传播矩阵；另一方面，发挥自身桥梁纽带作用，邀请市级以上新闻媒体下沉基层，在品牌打造和内容生产等多个领域与镇街微融媒体中心开展合作。四是建立考核机制。西湖区委宣传部制定《西湖区镇街微融媒体中心考核办法》，从录用数量、传播效果、选题策划、媒体合作等方面进行赋分考核，并纳入年度意识形态考核和文化考核。

3. 杭州市西湖区融媒体中心发展的困境与路径

为完成考核而投入大量时间精力，但对实质性工作却无明显改善，这是不少融媒体中心面临的问题，西湖区融媒体中心也不例外。对各级融媒体中心工作考核能够起到一定的督促作用，但是当考核流于形式或设计不够合理时，反而会对考核对象形成无形的压力。在西湖区融媒体中心，完成上级的一些考核指标，意味着要投入大量的精力向考核平台“灌稿”，投入大量人力来维护这些平台，加大了团队的运转压力，而无暇将智力资源投入到创造性的活动中。

针对这一问题，相关部门应进一步优化考核指标，发挥考核条目的激励、鞭策作用，而非由于脱离基层融媒体中心的实际需求与发展目标，加大地方的实践成本。融媒体中心的考核指标应该根据融媒体中心的业务目标来确定有效的绩效指标，包括文章、视频、音频等内容的质量、原创性、及时性、社交媒体曝光等方面，以便评估用户满意度、忠诚度、留存度等。建立一个完整的绩效管理体系，包括建立目标、指标和绩效评估流程，定期评估和调整考核指标，这样可以及时发现问题并做出相应的调整，以确保融媒体中心始终保持高水平的绩效。

（三）义乌市融媒体中心建设模式：“双向融合+自我整合”

1. 义乌市融媒体中心基本情况

义乌市融媒体中心挂牌成立于2019年4月30日，由义乌市委报道组、义乌商报报业集团、义乌广播电视传媒集团等组建而成，为义乌市委、市政府直属的事业单位，实行企业化管理，现有员工552人，其中在编201人，合同制351人。义乌市融媒体中心下设行政管理委员会、编辑委员会、经营管理委员会三大运行管理系统。行政管理委员会下设办公室、纪检室、党建办、人力资源部、计划财务部、后勤保障部。编辑委员会负责新闻宣传、节目等，下设总编室、电视中心（含政经部、社文部、节目部）、报刊中心（下设记者部、要闻部、专刊部）、新媒体中心、广播部、技术部。经营管理委员会负责有线电视网络建设与运维、广告、文创产业发展等，下设经管办、网络公司（含7个中心站、7个广电站）、广告部、新媒体产业部、传媒文化公司、印务公司。目前，义乌市融媒体中心拥有新闻综合频道、商贸频道、公共文艺频道、图文频道4个电视频道，新闻广播、交通广播2个广播频率和《义乌商报》1份报纸。拥有义乌发布、爱义乌、义乌商报3个官方微信公众号，1个爱义乌客户端、“义乌TV”“爱义乌”2个微信视频号，1个抖音号及多个栏目公众号，订阅用户近 390 万。

2. 义乌市融媒体中心建设举措

（1）下沉结网：政务新媒体理顺镇街宣传与信息流。

义乌市一共 14 个镇街，全部注册义乌号，入驻爱义务客户端。在入驻之前，基层政务新媒体呈现一盘散沙的局面：第一，各镇街各自为营，开设自己的微信公众号。对于信息到底有没有影响力和覆盖面，在没有入驻义乌号以前，镇街并不关注，只要信息发出就算完成任务，并没有起到舆论引导的作用。第二，对于融媒体中心来说，失去了基层信息源。义乌市融媒体中心某负责人说：“一些镇街自己在公众号发出来以后，在一些群里转发一下也就完成任务了，不再像过去一样叫报纸、电视台过去报道一下。没有信息源，原来传统的阵地就守不住了，更不要说新媒体阵地了。”在这样的背景下，义乌市融媒体中心在平台开设义乌号，乡镇街道、机关单位和企事业单位都可以免费进入并上传内容，之前存在的问题得到了解决。义乌市融媒体中心对镇街宣传工作负责人进行培训，提升信息产品的质量，建立了良好的互动合作关系。此外，镇街和基层事业单位借助爱义乌平台使得基层声音获得了更多外宣的机会，在省级、中央平台都得到了曝光，影响范围扩大。

“爱义乌 App”中的镇街绑定功能

资料来源：义乌市人民政府官网，http：//www. yw. gov. cn/art/2022/11/22/art_ 1229130041_59403068. html。

（2）向上破圈："借船出海"扩大平台影响力。

义乌市融媒体中心在外宣方面尝试通过"借船出海"的方式，实现向上融合。通过宣传渠道的拓宽，选准突破口与舆论切口，集中力量出精品、攻重大、优细节，提高外宣工作质量和水平，在国家、省、市级媒体平台发稿实现突破，不仅使义乌市融媒体中心的自身影响力得到提升，并且使地域新闻获得更广范围的了解，为本地带来更多发展机遇。义乌市融媒体中心 2022 年三大国家级日报用稿 34 篇；央视用稿 150 余篇，其中央视《新闻联播》用稿 19 篇；《浙江日报》用稿 161 篇，浙江卫视用稿 500 余篇，其中《浙江新闻联播》用稿 190 余篇，《浙江日报》和浙江卫视用稿数量均创历史新高；学习强国用稿 545 篇，位列金华市各县市（区）第一；美丽浙江用稿 200 余篇，用稿数排名全省县市第一。

（3）激活自我：利用已有资源创造再生价值。

义乌市融媒体中心拥有下属文化公司，孵化了系列项目将融媒体中心自身的资源加以利用，包括灯光设备、音响、演播厅等，这些设备以及相应的技术人员除了负责的日常工作外，在衍生项目中得到了再次利用。例如，小主持人培训项目，使义乌市融媒体中心的技术人员、设备场所、主持人等都有机会投入一些社会事务中，提升了员工的绩效与待遇，使得人才流失问题得到了解决。义乌市融媒体中心某负责人说："以前大家也只是值班，在那里坐坐，看看指标，挣不了多少钱，不少人就走了。在这个政策以后，有些被挖走的人员也选择回来了。"

3. 未来发展

对于义乌市融媒体中心来说，由于其市场化发展环境以及自主造血机制的完善，发展相对领先，但依然希望能够在未来发展中上级政府加大支持力度。近些年，报纸、广播、电视创收在义乌市下滑趋势明显，过去广播、电视创收可以分别达到 6000 万元，到现在加起来不到 5000 万元，于是需要去拓展一些新的业务，如依托有线电视安装智慧城市设备。如果能够加大政府自上而下的支持与资源倾斜，就能够为融媒体中心的发展提供更多元的机会与市场机会，如在安吉按照政策要求需要特定场所安装广电的有线电视极大地稳固了融媒体中心的业务发展。

三、总结与思考

本部分主要梳理了东部地区三家融媒体中心的实践模式，相比中西部区域，东部地区的融媒体中心整体拥有较好的发展基础，不少城市经济发展水平领先，为融媒体中心的发展提供了难得的发展优势。从本部分中的三家融媒体中心的发展路径来看，余杭区、西湖区、义乌市融媒体中心都注重“向上融合与向下融合”并举，注重“建设与运营”并举，充分利用当地资源（包括社区、企业、高校等）拓展融媒体业务，搭建积分商城，创设社区微融媒，构建大服务、大新闻的实践路径，激发自身发展潜力。三家融媒体中心的发展也面临着各自的一些困境与问题，包括落地政策不够具体，本地政府支持力度不够，上级考核流于形式而加大地方建设成本等。

对于大多数融媒体中心来说，建设没有统一模板，只能是自己摸着石头过河。但媒体治理的成功不能只依靠地方自主，兼顾顶层集体监管与底层自主监管的协同监管才是有效的媒体治理。集体监管强调整体布局与资源整合，在确定媒体治理宏观方向的同时对地方分布式治理中出现共性问题给予自上而下的政策支持与协助解决，实现数字时代治理的再中心化。地方自主监管意味着媒体治理过程中，专业领域的组织和人员通过自我动员、自我组织、自我调整、自我激励的方式来管理地方事务。合理的集体监管，不是自上而下的收敛，而是自上而下的多样化，是一个通过顶层规范性实践赋予地方自主实践合法性的过程。合理的自主监管，能够弥补顶层监管的脱节、僵化与落地政策的不具象等问题，通过基层的洞察力和自主创新实现媒体治理。当我们再次回到各级融媒体中心的建设，不难发现未来工作的落脚点在于如何从集体监管层面推进地方自主造血功能、自主人才引进、自主内容创新，实现媒体治理的协同监管，切实解决目前融媒体中心在发展中遇到的问题，实现融媒体中心的差异发展和自我赋能。

广播电视短视频新闻发展现状与路径研究

韩瑞娜　路佳煜　梁静涵*

传统广电媒体在进行媒体融合转型的过程中，需要对传统的新闻生产和传播形式进行创新。在当前媒体环境下，短视频成为一种广受欢迎的信息传播形式。传统广电媒体紧跟这一趋势，纷纷入驻短视频平台，采取短视频新闻这一新型新闻形式，为传统广电媒体的融合转型注入新的活力。

2014 年 8 月，中央全面深化改革领导小组第四次会议审议通过《关于推动传统媒体和新兴媒体融合发展的指导意见》。该指导意见基于媒介融合的大势所趋，指出当下亟须打造一批手段先进、形态多样、具有竞争力的新型主流媒体。2020 年 9 月，中共中央办公厅、国务院办公厅印发《关于加快推进媒体深度融合发展的意见》，提出要以先进技术引领驱动融合发展。推进媒体融合向纵深发展是全媒体时代的紧迫任务，在初具规模的媒体融合现状下，进一步提高主流媒体的竞争力和影响力，构建更加多元、完善的传播体系是当下媒体融合进一步发展的趋势。

自从 2014 年我国在国家战略层面首次提出媒体融合的顶层设计以来，广电媒体融合由初步探索向纵深发展，在中央、省级、地市级以及县级等各个层面，从管理体制、生产机制、内容形式、技术创新等各个领域，都开展了媒体融合的探索。在内容生产领域，全国广电媒体积极布局直播、短视频、MCN，进军移动传播主战场。其中，作为媒体融合的重要表现形态，短视频新闻自 2014 年以来发展迅速：央视新闻在 2014 年“两会”时与秒拍 App 合作，最早采取短视频新闻对“两会”进行全面实时播报；同

* 韩瑞娜，河南工业大学新闻与传播学院讲师，硕士生导师；路佳煜，河南工业大学新闻与传播学院硕士研究生；梁静涵，河南工业大学新闻与传播学院学生。

时，《人民日报》、中国新闻网等传统媒体也加入短视频新闻大军。尽管我国短视频新闻相对于国外来说起步较晚，但在国家不断出台新政策的支持下发展迅速，成为各大传统媒体积极探索媒体融合的重要方向。事实上，自主流媒体纷纷入局短视频新闻以来，深刻改变了新闻报道的生产模式和传播方式，目前短视频新闻行业已初具规模。

短视频新闻是传统广电媒体开展媒体融合实践的重要内容，短视频新闻与传统新闻形式相比显现出“短平快”等特点，在舆论引导、社会情绪疏导、用户需求满足等媒体功能发挥方面展现出一定的优越性。然而，随着短视频新闻发展到一定阶段，其也暴露出信息内容浅显、同质化严重、发展后继乏力等问题，这些问题制约了短视频新闻的进一步发展，并最终影响到传统广电媒体融合的转型过程。本部分以传统广电媒体的短视频新闻生产和传播作为研究对象，梳理广电媒体短视频新闻生产和传播的现状和原因，分析其传播价值和发展瓶颈，在此基础上给出传统广电媒体布局短视频新闻的对策建议，以期能够管中窥豹，探析传统广电媒体融合的发展情况，从而对传统广电媒体融合的纵深发展提供借鉴。

一、短视频新闻发展现状

（一）短视频新闻的内涵与特征

短视频新闻是传统主流媒体进入媒体融合转型阶段后进行的新闻报道方式的创新尝试。短视频新闻，顾名思义就是通过短视频的形式来进行新闻报道的新闻产品，是融媒体时代下继文字新闻、图片新闻、音频新闻、视频新闻之后产生的一种新型新闻产品。目前学界和业界对于短视频新闻的定义尚未形成统一说法，常江和徐帅认为短视频新闻是指“长度以秒计算，总时长一般不超过5分钟，利用智能终端进行美化、编辑，并可在多种社交平台上实时分享的一种新型视频新闻产品”①。由此可见，短视频新闻是媒介融合过程中的产物，短视频新闻的出现是传统主流媒体在媒体融合转型过程中的一次创新尝试。

---

① 常江，徐帅．短视频新闻：从事实导向到体验导向［J］．青年记者，2017（21）：20-22.

短视频新闻的特征可以概括为形式上的“短平快”、报道方式上的去故事化以及生产模式上的 PUGC 形式。

1. “短”：短小精悍

短视频新闻的长度多以“秒”来计算，体量小、时长短是短视频新闻的最显著特点①，这与传统电视新闻区别鲜明。短视频新闻之所以“短”，有以下两方面的原因：

第一，受众信息消费的习惯发生变化。移动互联网时代，信息呈指数级爆炸增长，人们在同样的时间内需要接收比以往更多的信息，这意味着人们的注意力在同一条信息上停留的时间更短，从而导致了注意力资源稀缺②。同时，生产生活节奏加快，人们投入在学习和工作上的时间和精力越来越多，因此人们更倾向于利用碎片化的闲暇时间浏览新闻资讯，而不是观看长篇大论的新闻报道或是电视新闻，碎片化的阅读习惯成为大众生活的常态。短视频新闻这种时长较短的形式能够在适应受众阅读节奏的同时满足受众获取新闻信息的需求。

第二，短视频平台存在一定的发布规则。以抖音短视频为例，平台早期规定普通用户发布的视频时长必须控制在 15 秒以内，传统广电媒体入驻短视频平台后也需要遵循平台规则，制作符合平台调性的新闻作品，将新闻内容精简、时长缩短。精简后短视频新闻打破了传统电视新闻起、承、转、合的叙事结构和编辑思路，高度提炼与新闻主题相关的信息，只保留事件的核心部分，将最能展示新闻事实的画面直接呈现给观众，往往可以让受众在短短几秒内甚至看到视频封面时就已经了解了新闻内容。短视频新闻因而具有短小精悍的特点。

2. “平”：扁平化传播，贴近受众

在融媒体时代，媒体与受众不再是单向的传播关系，受众在传播链条中的地位也越发显著。短视频新闻多采用竖屏叙事，在增加新闻“现场感”的同时强调新闻受众作为信息接收者的重要地位。传统的广电新闻在电视屏幕上以横屏形式出现，广电媒体是新闻信息的发布者，观众只能在

---

① 宫慧娟．论新媒体时代新闻类短视频传播：以抖音传播为例［J］．中国报业，2022（10）：30-31.

② 李杏．主流媒体短视频新闻发展策略研究［D］．湖南大学硕士学位论文，2018.

固定的时间和地点被动接收，而短视频新闻的竖屏叙事打破了传统广电媒体的时空限制，受众通过铺满整个手机屏幕的新闻画面与媒体建立起更加密切的联系。

短视频新闻在呈现上综合使用了字幕、同期声和流行音乐等元素。字幕通常在短视频新闻画面中占据较大的空间，偏大的字号和鲜艳的字体颜色在视觉上更为直接和醒目，能够帮助用户快速了解新闻事件的全貌，掌握当事人说话的重点信息。同期声和背景音乐的交替使用，一方面可以持续吸引用户的注意力，渲染新闻事件的情绪氛围；另一方面可以有选择性地将一些流行音乐作为新闻事件的背景音乐，利用人们对“网络热梗”的关注度，增加用户对新闻内容的理解，更加贴近用户的日常生活，让新闻内容更加“接地气”。

短视频新闻在传播语态上更加亲民，不再是传统新闻那种板起面孔说教的高高在上的姿态，而是采取了更为柔和的方式来为受众讲述新闻。在新闻报道中，媒体有时也会引入一些口语化的表达方式或是风趣幽默的网络热词等，如《主播说联播》中康辉的“令人喷饭”，海霞用河南话喊话“老乡”等都会让受众产生亲切感，这种扁平化的话语姿态拉近了媒体与受众的距离，也将受众放在了平等的地位上。

3. “快”：生产效率高，传播速度快

依托于高度发展的媒介技术，短视频新闻从生产到传播的各个环节的效率都得到了明显提升。

在新闻采集阶段，一方面，新闻选题的来源更加广泛，除了新闻记者对新闻现场的记录和对新闻当事人的采访，一些省级和地市级的广电媒体也会对网络平台上用户生产的内容进行再次挖掘，如在视频中加入采访事件主人公的音频等，二次编辑后在官方账号上进行分发，扩大新闻事件的传播范围和讨论热度。另一方面，对新闻采集设备的限制减少，智能手机的升级迭代和4G、5G技术的加持让手机可以随时随地记录新闻现场的情况①，拍摄出清晰的新闻画面，节省了专业新闻设备搬运、调试的时间。

在新闻编辑阶段，视频剪辑软件功能越发完善，操作灵活便捷，新闻

① 夏莹．短视频大能量：论短视频新闻的创新发展［J］．新闻文化建设，2022（6）：75-77.

编辑有了更加高效的工具，编辑流程化繁为简，增强了新闻的时效性。

在新闻播出阶段，短视频新闻分发的渠道更多，各大中央媒体、省级媒体纷纷在以抖音、快手为首的各大短视频平台搭建自己的媒体账号矩阵，经过统一的采集制作后多渠道同时分发，相同的时间内使得新闻事件得到更多曝光，扩大了传播范围。

4. 去故事化的报道方式颠覆传统新闻

从报道方式来看，短视频新闻也有着与传统新闻截然不同的特征。上文提到，传统电视新闻讲究起承转合，大多采用较长的篇幅来讲述一个故事化的新闻。短视频新闻则大不相同，短视频新闻放弃了铺陈过渡，往往采取的是直击现场的形式，在新闻的开头就将事件的矛盾高潮和新闻的核心部分呈现给受众，展现出极强的直观性。例如，央视新闻 2022 年 7 月 8 日发布的日本前首相安倍晋三遇袭事件报道，视频直击安倍晋三遇袭现场，近距离呈现了安倍晋三遭到枪击的实况。这样的短视频新闻画面冲击性较强，叙述简洁明了，直截了当地让观众感受到现场情况，开篇即高潮的叙事模式让受众情绪极大地被调动，没有长篇大论的故事叙述反而产生了更加震撼人心的效果。短视频新闻去故事化的报道方式是对传统新闻生产的一大颠覆。

5. 传者受众共同参与新闻内容生产的 PUGC 模式

目前是一个“人人都有麦克风”的时代，每个人都可以成为信息的发布者，受众不再是单纯的受众，也可以成为传播者，传播者与受众之间的角色界限被打破。当前的短视频新闻生产，许多都采用了“PGC+UGC”（专业生产内容+用户原创内容）的生产模式（也被称为 PUGC），即用户提供新闻视频素材，媒体接收到用户原创的素材后对其进行专业化的加工处理和审核把关，快速生产出符合受众阅读习惯和平台特点的短视频新闻作品。在短视频新闻的生产中，生产权力下放，受众参与新闻生产，丰富了新闻素材的来源，也使新闻内容得到了充实。专业的媒体机构承担把关人的角色，对用户发布的信息素材进行高水准处理和专业化的把关，实现了 PGC 和 UGC 的完美融合，开启了全员媒体的时代。

（二）短视频新闻生产的发展

短视频新闻的发展经历了萌芽期、快速发展期、高潮期和成熟期四个阶段。本部分从历史发展的纵向视角，梳理短视频新闻发展各个阶段的情况。其中，既包括传统广电短视频新闻生产的情况，也包括非广电主流媒体短视频新闻生产的情况。

1. 萌芽期（2014~2015年）

短视频新闻最早起源于美国，早在2008年，致力于对热点新闻进行二次加工的短视频新闻网站Newsy就已成立。随后，一些国际知名的传统媒体纷纷进军短视频新闻领域，掀起了短视频新闻的热潮。相较于国外，中国的短视频新闻发展起步较晚一些。2013年，秒拍App上线，用户可以上传10秒内的视频到平台上，受到了广泛的欢迎。2014年全国“两会”期间，秒拍App成为央视新闻新媒体报道独家合作伙伴，央视媒体记者借助秒拍App对“两会”进行全面实时播报。同一时间，人民网、《人民日报》等也加入秒拍平台对“两会”进行播报。2014年，新华社推出了新华15秒App，这是新华社新华网络电视推出的首款超短新闻视频客户端，也是国内首款短视频新闻客户端。新华15秒App的出现，成为了我国主流媒体新闻报道向短视频新闻转型的标志。此外，大象融媒、封面传媒等由传统广电为顺应互联网趋势打造的新媒体品牌也在这一时期成立，并尝试打造短视频新闻产品，为日后短视频新闻的发展奠定了基础。

2. 快速发展期（2016~2017年）

2016年短视频行业进入快速发展期，头条系火山小视频、西瓜视频、抖音平台相继上线，BAT纷纷入局短视频领域，短视频内容获得极大丰富，其中包括快速发展的短视频新闻。多家传统媒体集中转型短视频新闻传播，成立自己的短视频平台：2016年5月，四川日报报业集团与阿里巴巴集团联合投资的封面传媒核心产品封面新闻客户端和封面新闻网正式上线；9月，《新京报》与腾讯视频联手成立短视频新闻项目“我们视频”，该项目致力于“做中国最好的短视频新闻生产者”；12月，深圳报业集团打造的国内首个定位于科技财经的平台级主流新闻客户端——读创App正式上线，力图“用新媒体向世界讲述深圳故事”。此外，在2016年成立的还有《南方周末》的“南瓜视业”、浙江日报报业集团的“浙视频”、《楚天都市报》的“楚天视频”等。

2016年7月，国家新闻出版广电总局发布《关于进一步加快广播电视媒体与新兴媒体融合发展的意见》。该意见指出，要树立深度融合发展理念，推动频率频道与广播电视媒体网站、移动客户端等新兴媒介资源有机整合；加快融合型节目体系建设，构建面向多渠道、多终端传播的节目资源体系，强化“新闻立台”，改进新闻采编，进一步提高新闻发布及时性和节目内容权威性，把握舆论引导主动权。积极进入短视频新闻领域，是传统广电媒体进一步加快融合转型的有益探索，如2016年央视网的“首页首屏首条”工程、湖北广播电视台的“长江云平台”、上海广播电视台的“看看新闻Knews”等，从中央到省级广电媒体都在短视频领域进行积极尝试和谋划布局，为接下来短视频新闻发展的高潮期提供了有利的发展条件。

3. 高潮期（2018~2020年）

2018年是短视频新闻发展中极其重要的一年。抖音、快手、秒拍、西瓜视频等多个短视频平台迅速走红，积累了大量用户，进入成熟稳定阶段，与之相对应的是，短视频内容继井喷式爆发后，开始了内容生产的垂直细分化。作为短视频内容中的重要细分类型，短视频新闻迎来了有利的发展机遇。

2019年以来，全国广电媒体进一步积极实践“移动优先”策略，或专注内容，或打造优质短视频的聚合平台，全面布局“直播+短视频”领域。据统计，截至2019年底，中央、省级和地市级广播电视机构在抖音开设账号1114个，西瓜视频开设账号1082个，快手开设账号241个。中央广播电视总台的新媒体平台“央视频”、山东广播电视台的“闪电新闻”、浙江广电集团的“蓝媒视频”等，作为传统广电主打短视频的客户端平台，均有优异表现。截至2020年，中央、省级广电媒体在短视频领域的初步布局基本完成。

4. 成熟期（2020年至今）

2020年初，一场突如其来的新冠肺炎疫情暴发，恐慌、焦虑、担忧等情绪在社会中迅速蔓延。对此，从中央到地方的各级广电媒体积极承担起社会责任，围绕抗击疫情主题生产出大量优质的短视频新闻，在稳定民心、安抚社会情绪，做党和政府的喉舌方面起到了中流砥柱的作用。据统计，2020年1~2月，央视新闻在快手短视频平台的账号共发布了200余条与国内外新冠疫情密切相关的短视频新闻[①]。抖音、快手、B 站等视频媒体平台为疫情相关内容划分了专门的区域，其中内容的发布者不乏传统广电媒体的身影。传统广电媒体在疫情期间生产制作的短视频新闻表现出极强的社会责任感，为抗击疫情做出了巨大贡献，更加凸显了短视频新闻在社会传播中的重要地位。

如今，短视频新闻与大众生活的联系仍然在不断加强。在 2021 年 12 月新华智云媒体大脑、新华网客户端和新华网大数据中心首次联合发布的全国县级融媒体中心短视频传播力榜单中，点赞量最高的一条短视频新闻是由甘肃庆城的融媒体账号“爱庆城”发布的，在发布当天便获得了 142.1 万点赞[②]。不少短视频新闻的发布能够在短时间内引发受众的高度讨论，并形成新的社会热点，成为互联网世界里不可缺少的一部分。

（三）传统广电媒体开展短视频新闻生产的原因

纵观短视频新闻发展历程，不难发现，信息传播环境的变化、短视频平台的发展、国家舆论宣传的迫切需求等都是短视频新闻快速发展的重要原因。

1. 信息传播环境的变化

随着中国移动互联网络环境的不断优化，移动智能终端得到发展和普及，根据研究机构 Trendforce 发布的报告，2022 年中国智能手机出货量预测为 2.83 亿部。智能手机已经成为人们沟通交流和日常娱乐的重要工具，为人们获取新闻信息提供了更加多样化的渠道，丰富了信息的种类，从而推动了受众新闻消费模式的转变。而短视频新闻“短平快”的传播特征适应了当下受众碎片化、可视化和娱乐化的消费心理。从纸媒到广电媒体再到当下的网络与新媒体，新闻信息的形式也经历了从图文、声音到视频的演进过程。相比之下，视频融合了文字、画面、声音等元素，带来的视觉冲击增加了新闻的现场感，传达出的内容更为丰富，提升了用户阅读新闻的效率和体验感。任何一家媒体的发展都离不开受众的选择，传统广电媒

---

① 董卫民．短视频新闻演进中的传播创新及突破路径［J］．电视研究，2021（4）：79-82.

② 首发全国县级融媒体短视频传播力榜单！新华智云．新华网客户端联合发布［N/OL］．新华网，［2021-12-29］．http：//www.xinhuanet.com/tech/20211229/76dc9ecec34b40ff9902bc243c252f09/c.html.

体向短视频方向发力，不断生产贴合用户需求的优质短视频新闻，是适应新的传播环境的必然选择。

2. 短视频平台的快速发展

受新媒体发展的冲击，传统广电媒体受众群体急剧缩小，经济收入上也受到了不小的冲击——以往广电媒体的重要收入来源之一的广告收入下降，资本大量流入短视频领域，原先占主导地位的主流媒体风光不再，一度陷入经营困境，这就迫使传统媒体不得不采取转型的措施以谋求未来的持续发展。同时，迅速崛起的抖音、快手、秒拍等短视频平台，在短时间内积累了庞大的短视频用户群体，坐拥了巨大的粉丝红利，作为信息传播的新渠道带来了新的流量风口，也给传统广电媒体带来了新的发展机遇。例如，中央广播电视总台、各大省级卫视、地级电视台等纷纷入驻短视频平台或打造自己的短视频平台，并成为短视频平台上的重要内容模块之一。短视频平台的发展在倒逼传统广电媒体转型的同时也为其提供了发展的土壤。

3. 国家舆论宣传的迫切需求

2014 年 8 月 18 日，中央全面深化改革领导小组第四次会议审议通过了《关于推动传统媒体和新兴媒体融合发展的指导意见》，明确指出要着力打造一批手段先进、具有竞争力、形态多样的符合时代发展的新型主流媒体，建成几家拥有强大实力和传播力、影响力的新型媒体集团，形成融合发展、立体多样的现代传播体系。国家在鼓励建立新型主流媒体建设上有了明确指示，传统广电在国家陆续出台的方针政策和指导意见的带领下，逐步有序地在短视频领域建立了自己的发展阵地。

同时，网信办在加强新闻信息管控方面也完善了相关政策，在 2017 年发布了《互联网新闻信息服务管理规定》，对网络信息有了更为严格的明文约束。该规定禁止未经许可或超越许可范围开展互联网新闻信息服务活动，如通过博客、微博、网络直播网站、应用程序、论坛、聊天软件等形式向社会公众提供互联网新闻信息服务。从文件中不难看出，网信办对发布新闻信息的主体进行了更加严格的管控，客观上增强了包括传统广电媒体在内的主流媒体在互联网领域的舆论引导力，为传统广电媒体向短视频新闻转型发力提供了有利的外部环境。

在国家广播电视总局的直接指导和引领推动下，全国广播电视和网络视听行业不断聚焦主题主线，以短视频新闻为表现形式，彰显责任与担当，坚持用主旋律和正能量唱响短视频舆论场。除了国内的舆论宣传和引导，短视频在国际舆论场上的重要性也同样不可忽视。2020 年 8 月，中国国际电视台（CGTN）在海内外平台上发布了一则名为《美国的民主与虚伪》的短视频，该短视频揭露了美国政府歪曲抹黑中国防疫政策的事实，指出正是由于美国的无视疫情危害，疯狂甩锅的行为导致疫情蔓延升级的事实。该则短视频发布后，立即获得了全球网友的点赞。中美在抗击疫情中的作用对比鲜明，巩固了中国作为大国勇于担当的国际形象，提升了中国的国际影响力。由此可见，主流媒体入局短视频新闻同样也是响应国家发展网络舆论场，赢得国际舆论斗争的迫切需求。

《美国的民主与虚伪》视频画面

资料来源：央视新闻，https：//baijiahao. baidu. com/s？ id = 1674517871157967795&wfr = spider&for = pc。

二、传统广电短视频新闻的价值和发展瓶颈

（一）传统广电短视频新闻的价值

1. 打造全媒体矩阵，提高用户渗透度

自传统广电媒体纷纷入局短视频新闻以来，其分发渠道也有了巨大的变化。与过去单一的分发渠道不同，打造全媒体矩阵、实现全平台分发成

为主流媒体短视频新闻的传播方式。传播渠道的拓展和全媒体矩阵的形成有利于助力主流媒体破除媒介壁垒，提高用户的渗透度①。在打造全媒体矩阵的同时，媒体也会选取头部社会化媒体作为主阵地，如央视的《主播说联播》的传播主阵地是抖音、快手等短视频平台。这些短视频平台用户基数大，用户活跃度高，可以为传统媒体提供流量支持，而传统广电媒体同时也可以为短视频平台提供优质的内容输出。在抖音平台上，《主播说联播》栏目是发布在新闻联播官方抖音账号上的，该账号于 2019 年 8 月 24 日开通，一经开通在短短 7 天时间内就成为 8 月抖音涨粉名次的第一名，截至 2022 年 12 月，该账号已拥有粉丝 3598.6 万，总获赞 3.4 亿，其影响力和受欢迎程度远远超过传统媒体时期。可见，传统广电媒体与短视频平台的结合实现了双向赋能，大大提高了用户渗透度，拓展了传播的广度。

2. 碎片化叙事，满足用户需求

随着信息技术的飞速发展，与传统媒体时期相比，受众获取信息的渠道更加便捷，可获取的信息量也更加丰富。身处互联网中的受众每天都面临着如潮水般的信息，信息过载给受众带来了一定程度的信息焦虑。除此之外，现代社会生活节奏的加快也让受众阅读长篇文字或观看长视频的耐心锐减，因此，受众逐渐呈现出碎片化的阅读习惯，即偏爱浏览那些时长较短、篇幅较小的信息，而短视频碎片化的信息输出很好地满足了受众的阅读习惯和阅读需求。传统广电媒体抓住这一现状，用短视频新闻的形式来进行新闻的生产与传播，迎合了受众的阅读习惯和阅读心理。中央广播电视总台的央视新闻、新闻联播官方抖音号，河南广播电视台大象新闻的官方抖音号等都是传统广电媒体改变长篇幅的电视新闻报道形式，转型为短视频新闻的有益探索。这些抖音号所发布的信息，一个新闻视频的时长大约为 1 分钟，多是截取新闻事件中的重点信息进行呈现，用户利用碎片时间即可完成新闻的阅览，满足自身获取信息的需要。这与传统媒体动辄 30 分钟、1 小时的电视新闻相比有很大不同，由于带给用户更多的便利性和灵活支配的时间，无疑是更符合当下用户的阅读习惯、更受欢迎的新闻

① 张宁．央视《主播说联播》短视频新闻研究［D］．广东技术师范大学硕士学位论文，2020.

传播模式。

除了满足用户的阅读习惯和阅读心理之外，多种媒体元素的融合也给受众提供了更好的阅读体验。如前文所说，短视频新闻所营造出的现场感为用户提供了沉浸式的体验感。短视频新闻采取视听结合的叙事形式带给了用户视觉、听觉等多方面的体验。视听结合的手法能带给用户更直观的视觉和听觉冲击，这是纯文字所替代不了的效果，因此也更容易感染受众，能够更加充分地调动用户的情感，引起用户共鸣等，达到情感动员的效果。

3. 助力舆论引导，塑造清朗舆论环境

首先，短视频新闻生产发布机制灵活，不受固定的栏目时间限制，可以在任何时间及时针对时时变动着的舆情事件进行内容发布和信息编辑。在舆论引导中，及时性是至关重要的，一旦错过了引导舆论的最佳时间就会丧失话语主导权。短视频新闻这种灵活的生产发布机制为媒体及时掌握舆论动向、引导舆论走向提供了可能。因此，短视频新闻是主流媒体增强舆论引导的有力工具。

其次，从传播语态上来说，目前的主流媒体短视频新闻多采取一种扁平化的、亲民化的方式。相对于传统媒体的正襟危坐的高姿态传播语境，这样的扁平化传播更容易被受众所接受，而被接受则是做好舆论引导工作的前提。尤其是当下社交媒体的用户大多为青年群体，对于以往主流媒体板起面孔说教的话语体系，他们会本能地产生抗拒心理。短视频新闻在一定程度上摒弃了传统媒体这种严肃刻板的宏大叙事，采取了一种受众更容易接受的方式。在新闻联播官方抖音号的《主播说联播》栏目中，就呈现出了强烈的人格化叙事特征，使新闻的报道和信息的传播变得可亲可感。视频中的主播穿着打扮与在《新闻联播》中的形象别无二致，但表达方式却与《新闻联播》十分不同。如在其中一期视频中，海霞和同样来自河南的主持人郭嘉宁在讲解现代化麦收现状时，使用了河南方言，还有“油麦”这样的网络词语，两人的讲解也像朋友聊天一样亲切自然，在一种轻松的氛围中向用户科普有关麦种和麦收的知识，其选取的议题也与民众的日常生活息息相关。这种亲切自然的叙事方式拉近了媒体与用户的距离，使用户更容易接受，为达到“润物细无声”的舆论引导效果做出了铺垫。

最后，在交互性上，短视频新闻也具有比传统媒体更便利灵活的交互机制。艾媒咨询发布的《2019 年中国移动社交行业专题报告》显示，视频社交方式成为继文字、图片之后，网民最偏好的社交方式[①]。用户可以在短视频新闻下面留言，表达自己的观点和感受。媒体也可以根据用户的评论，了解大致的舆论走向，对于一些需要回应的留言及时做出回应，这对于把握和引导舆论至关重要。交互性的增加也有利于增强用户黏性，为进一步的舆论引导打下基础。

4. 扩大情感传播因素，实现社会情绪纾解

媒体在传播信息的同时也承担着情绪的功能。在新冠疫情报道中，媒体所承担的情绪纾解任务尤为重要。在新冠疫情这样的突发公共安全事件中，单纯的文字描述很难充分展现当前的紧急态势，此时短视频新闻就展现出了巨大的优越性。在有关新冠疫情的报道中，我们可以看到许多强情感性的报道。例如，央视新闻的官方抖音号中，多采取平民视角讲述新冠疫情中的感人故事：坚守一线的医护工作者在母亲去世时向家的方向哭泣并深深鞠躬；连续工作数小时的女护士取下口罩后布满红痕的脸；社区工作者挨家挨户发放口罩并进行排查工作；幼童与在一线工作不能回家过年的妈妈视频时泣不成声；93 岁湖北老兵慷慨解囊为疫情捐款……这些视频富有强烈的情感因素。受众沉浸在这种浓厚的情感氛围之中，很容易形成共情和移情效应[②]。评论区中充斥着“武汉加油！中国加油！”“没有什么打得倒英雄的中国人民”等语句，人们由最初的感动和对抗疫工作者的崇敬与赞美聚集在一起，而后演变成了对抗疫必胜信心的坚定和对国家浓厚的热爱与依恋之情。央视新闻以这种强情感性的信息传播作为突破口，传达出积极向上的乐观情绪，巩固了民众战胜疫情的信心和决心，让社会情绪正向发展，由此反过来作用于疫情报道更好的展开以及疫情防控工作更有力的推进。

除了疫情外，其余的突发事件报道也是如此。在 2021 年“720 郑州特

---

① 艾媒大文娱产业研究中心 . 2019 年中国移动社交行业专题报告［EB/OL］.［2019-10-10］. https：//www. iimedia. cn/c400/66297. html.

② 刘媛媛 . 新冠疫情下主流媒体短视频报道研究：以央视新闻抖音号报道为个案［J］. 中国广播电视学刊，2021（1）：94-96.

大暴雨”事件中，当地的官方抖音号大象新闻在暴雨事件的报道中也运用了强情感性的报道：因暴雨被困地库 4 天的男子 8 次想放弃最终为了妻子坚持到获救，妻子在采访时一句“他怕他走了，我也活不了”让无数人泪目，评论区中“这就是爱情最美的样子”“说得对，生活是美好的”，表现了人们在天灾面前的坚毅勇敢，以及战胜一切苦难的信心和美好祝愿；暴雨中艰难求生的老牛没有被主人放弃，主人环抱住牛头的那一刻让人感到了对生命的爱护与敬畏，灾难中每一个生命都得到了重视的情景感人至深；军民鱼水情也是大象新闻在此次暴雨事件报道中的一大主题，解放军为救被困民众几天几夜没合眼，民众为表感恩自发做饭、赠送物资给解放军们。这类视频都让人心头涌上一阵暖意，也更加坚定了战胜天灾人祸的信心和决心。

可见，短视频新闻能够带给受众更大的冲击力和感染力，通过观看短视频新闻，受众可以直观地感受到事件态势的紧张性和严重性，也能从蕴含强烈情感的视频中产生强烈的共鸣，从而消解由突发事件产生的负面情绪，激发起正向的情感态度，达到勠力同心的效果。

5. 着眼公共服务，回应社会关切

主流媒体自身具有权威性，受众对主流媒体普遍怀有信任感，对于一些公众关心的问题，受众需要获得主流媒体发布的权威信息，及时掌握社会动向和政策变化等。诚然，这一功能在传统媒体时期也有所发挥，但时效性与短视频新闻比起来是远远不足的，且短视频新闻的呈现更为直观易懂。很多主流媒体会及时跟进公共事件的相关报道，来回应民众的关切。同时，用户也会在视频评论区中留言提出更多的诉求，媒体也会根据这些诉求决定下一次发布的内容，这也就是所谓的新闻“生产反馈”向“生产前馈”的转变。媒体本身就有提供公共服务的职能，短视频新闻这种模式将新闻这一职能扩大化，大大提升了其时效性，同时由于短视频新闻所蕴含视听要素较多，其在直观性上也拥有更好的效果。

（二）传统广电短视频新闻的发展瓶颈

1. 过分追求时效性，消解了新闻的丰富性和深度

在传统媒体时期，新闻的发布需要经过长时间的采写编辑，以及比较严格的审核流程，最终呈现出的新闻是经过多次打磨和审核的新闻作品。

短视频新闻时代则不同，媒体对时效性的追求导致新闻发布流程简化，这就导致了最终呈现出来的新闻在深度性上与传统媒体时期有很大差距。同时，由于短视频新闻体量较小，其所涵盖的信息量相对来说也较少，对新闻的丰富性也是一种消解。更需要注意的是，短视频新闻存在着对流量的争夺，因此在进行短视频新闻的生产制作时，新闻生产者会刻意选取新闻中比较吸引人眼球部分来进行报道，使新闻传递出的信息和用户接收到的信息都是不完整的、碎片化的，这种快餐式的新闻在消解新闻深度的同时，也会使用户逐渐降低了思考能力。

法国哲学家柏格森认为，时间的本质通过“绵延”来刻画[①]，思考是直觉体验时间的绵延，受众在阅览新闻时，应当留有一定的时间思考新闻的价值指涉和意义指向。然而，在当前的短视频新闻潮下，受众逐渐形成了一种“走马观花”式的阅读模式，留给受众绵延思考的时间几乎不存在了，受众对于新闻也多是做出诸如转发、点赞等机械性的回应，而不再进行深度的思考。日本学者林雄二郎对在印刷媒介和电视媒介两个不同的媒介背景中成长起来的两代人进行比较后提出了“电视人”的概念。他指出，由于长期处于电视声画的感官刺激之中，“电视人”更重视感觉，与印刷媒介时代成长起来的他们的父辈注重理性思考、逻辑思维的特性形成鲜明的对比。该理论阐明了媒介形态对现代人社会化过程的巨大影响。在当前环境下，该理论对于长期浸淫在短视频新闻和社交媒体的现代人来说也是如此。习惯了碎片化、浅显化信息摄取的受众，开始抗拒深度的思考和出于个人理性的判断，对于信息只是浅尝辄止的浏览和随波逐流的回应。新闻媒体成为了浮于表面的信息输出机构，受众也成为了拒绝理性和深度思考的“群氓”，这对于新闻本身的意义也造成了一定程度上的解构。

2. 内容同质化严重，解构媒体特色和新闻价值

在传统媒体时期，各级媒体都在一定程度上形成了自己的特色和定位，在进行新闻报道时也会有所偏重，然而在短视频新闻中却不是这样。观察主流媒体（包括传统广电媒体）运营的短视频新闻账号，会发现其在内容发布上呈现了一种同质化倾向，经常会出现同样的视频内容多个媒体

---

① 柏格森．时间与自由意志［M］．吴士栋译．北京：商务印书馆，1989.

竞相发布的情况。例如，《大河报》在纸媒时期侧重于本地的要闻要事、民生新闻等，地方特色较为鲜明。然而，其抖音账号“豫视频”却不同，它所报道的新闻内容是来自各地的，很多内容在其他的媒体账号中也有发布。目前的情况是，点进任意一个地方媒体的短视频新闻账号，看到的新闻内容都是来自各地的，甚至某一地方媒体抖音账号发布的比较“出圈”、热度较高的内容，很多并不来自媒体所属地域，而是其他地方的新闻报道。如果不是媒体账号的名称和简介，用户很难凭借其所发布的内容判断出它是哪个地方的媒体。

这种现象源于对流量的一味追求：当一个热点事件在网络上爆发后，媒体账号为了迅速在流量战争中分得一杯羹，纷纷对该事件进行报道，但大多内容只是对事件进行简单的梳理，截取事件中最重要的部分进行呈现，因此就出现了媒体之间报道题材和报道内容趋同的倾向。短视频新闻呈现的这种同质化甚至是为了“蹭热度”而进行新闻报道的现象，实际上并不能为公众提供多少有价值的新闻信息。受众接收到的信息都是趋同的、单方面的、碎片化的，而很难看到全面的、多视角的新闻报道，这对于新闻价值来说也是一种消解。

3. 互动性有待提高，用户黏性较低

融媒时代，新闻报道不再是媒体传播的终点，而是用户和媒体产生联系的起点①。短视频新闻在社交媒体这样一个平台中投放，用户可以对视频进行点赞、转发、评论等互动操作，其互动性相较于传统媒体具有巨大的优越性。然而，纵观目前主流媒体的短视频账号，却常常出现这样一种现象，即点赞量非常可观，评论数却寥寥无几。例如，在央视新闻的抖音号发布的一条“惊险！高速上面包车爆胎失控自燃，武警展开‘教科书式’救援。为他们点赞”的视频中，点赞量高达130.9万，数倍于1.9万的评论数，且在评论区中也未见央视新闻对用户的评论进行点赞、回复等。不只是这一条视频，其他的视频中也是如此，视频的点赞数与评论数常常相差甚远，且用户的评论也很少得到媒体的回应。长此以往，用户一直处于单向反馈的状态，很容易降低用户黏性。对于一些需要媒体回应的

① 邱奕菲．短视频新闻的发展困境与突围路径［J］．记者观察，2022（5）：106-108.

互动行为，用户也等不到盼望的回应，对于用户的互动积极性是一个不小的打击，久而久之也会损害用户对媒体的信任度，进而影响媒体的传播力。

媒体这种互动性的缺位，体现的是社交思维的匮乏。社交思维包括用户思维和互动思维。用户思维就是从用户的角度和感受出发，满足用户需求；互动思维就是与用户进行良性互动，增加用户黏性。目前的短视频新闻依托先进的媒介技术，为用户提供多感官、沉浸式的观看体验，同时也实现了根据用户的兴趣偏好推荐个性化的内容，在满足用户体验上比传统媒体有了很大程度的提升。然而，其在互动思维上所呈现出来的效果却不尽如人意。社交媒体平台赋予了媒体与用户之间双向联系的可能性，但如今，媒体虽然借助社交媒体进行新闻发布，却忽视了与用户之间的互动，导致用户单方面反馈、点赞量与评论数相差甚远的情况。尽管主流媒体想要采取更为亲民的话语姿态来拉近与用户之间的距离，但当用户的反馈长期得不到回应，用户的互动积极性会越来越低，对于主流媒体转型短视频新闻所产生的亲切感也会渐渐消失殆尽，最终导致媒体与用户的联系割裂，媒体的传播力也会大大削弱，不利于主流媒体融合转型的长足发展。

4. 表现形式单一，制作方式缺乏创新

主流媒体的短视频新闻，大多仍然采取传统的“画面+字幕”的剪辑方式，整体上来看形式较为单一。以新闻联播抖音账号上的《主播说联播》栏目为例，尽管其在话语姿态、叙事方式等方面有所创新，也在努力迎合受众的阅读习惯和喜好，然而究其根本还是传统媒体的表现形式，有些视频会简单地配上音乐，有些视频甚至连配乐也无。除了《主播说联播》这一栏目，新闻联播的抖音账号还会发布其他的视频内容，但这些视频基本上是截取当日《新闻联播》的片段进行投放，剪辑方式和呈现形式均没有进行二次加工或润色。

这样单一的呈现方式，实际上与短视频平台中盛行的“15 秒法则”相违背。在生活节奏日益加快、短视频越发盛行的当下，决定能否吸引受众眼球的往往是视频中前几秒的内容，因此，视频前几秒的内容至关重要。河南广播电视台民生频道小莉帮忙抖音号常常会采取这种形式，即将新闻中最有感染力或最能够引起受众兴趣的部分放在视频的开头，以此来引起受众的观看兴趣。然而，当下的主流媒体在进行短视频新闻转型时，大多忽视了这一点，从而很难实现真正的转型，获得长久的发展。

三、传统广电布局短视频新闻的对策

（一）内容创作：主流价值观和网络化表达的完美结合

1. 坚守新闻本位，严格把关短视频新闻生产

在传统媒体时期，广播电视对于其所输出内容质量的把控有着一套十分严格的生产、发布和审核流程，所以呈现出的新闻产品往往是精品的、高质量的。主流媒体一直以来都是权威、客观的象征，当传统广电将阵地转向短视频新闻时，尽管面对时效性的竞争和流量的争夺，但仍然不可丢失对于新闻本位的坚守。短视频新闻也应做到“麻雀虽小，五脏俱全”，坚持“内容为王”的生产理念，体量再小的短视频新闻也不能省去精心的生产过程和严格的把关过程，切不可一味追求时效性和流量而忽视对新闻深度和质量的坚守。传统广电媒体的短视频新闻生产应延续传统媒体时期一贯的严谨、严格、制作精良，要确保持续向用户输送优质的新闻产品，坚持有价值、有意义的新闻传播工作。在短视频新闻的生产中，也要设立完善的把关机制，对于内容不达标的产品予以退回，确保新闻产品的高质量输出。

2. 小切口、大主题，把握平民语态和主流价值输出

媒体在进行短视频创作时，应该尽可能从小切口、小视角入手。例如，2018 年由津云新媒体重磅推出的短视频《臊子书记》获得了第二十九届中国新闻奖短视频新闻一等奖。该短视频新闻作品讲述了天津大学的青年教师宋鹏作为扶贫干部来到甘肃省陇南市宕昌县沙湾镇大寨村，发现大寨村村民人人都会制作的臊子十分美味，也具有浓厚的当地特色，于是以臊子为突破口，通过直播带货等方式，积极探索电商扶贫链条，成功将“沙湾臊子”打造成地方特色品牌，带领大寨村走向脱贫致富之路。

该作品以扶贫这一宏大主题为依托，将视角放在宋鹏这名普通的青年教师身上，来展现大时代背景下，平凡的个人如何通过积极探索、努力奋斗，走出一条“幸福路”，实现个人价值与社会价值的统一。《沙湾臊子》

这一短视频新闻作品就是采用小切口、大主题这样的方式，视频剪辑手法欢快，内容轻松幽默，整个视频充满趣味性，也不乏温情动人的情节起伏，在亲切自然的叙事中完成了对主流价值观的输出，既不会由于太过严肃刻板而呈现出说教意味而被受众抗拒排斥，又不会由于内容过于浅显而导致泛娱乐化倾向。

这为当下传统广电的短视频新闻创作提供了一种良好的思路：以小切口、小人物、小故事为视角，来阐述大时代、大背景、大主题，同时还要保证制作的高水准，既兼顾了新闻的深度和新闻价值，又由于亲切自然的风格而为受众所喜闻乐见。因此，短视频新闻想要取得长足的发展，还需要在选题和制作上下足功夫，在适应社交媒体话语体系和坚守媒体新闻本位道德基础上进行创新表达，探索出更适应当下的生产方式和表达方式，彻底实现媒体融合转型。

3. 打造媒体特色，丰富内容输出

广播电视在传统媒体时期有着不同于其他媒体的鲜明特色，这种媒体自身的鲜明特色在转型做短视频新闻后也不应该被丢弃，在打造自己的短视频新闻账号时，应该找准自己的定位，具有鲜明特色，这样才能避免内容同质化现象。例如，吉林省四平市公安局官方政务抖音号四平警事的视频内容多采用小故事的方式讲述最新出台的法律或政策。视频中的主人公操着一口流利的东北话，叙事方式也非常幽默有趣，且主人公也有很强烈的人格化特征。该账号与其他单纯宣传政策、普及法律的短视频截然不同，具有鲜明特色。

鲜明的媒体特色会加深用户对媒体的记忆，有利于满足不同层次用户的个性化需求。如果人云亦云，媒体则很难区分自身功能，对于用户来说只是无效的同质化信息输出，久而久之，用户对于媒体转型短视频新闻的新鲜感也会消失殆尽。因此在传统广电媒体转型融合的过程中，打造鲜明的媒体特色是其立于不败之地的关键举措。

（二）生产机制：积极打造传统广电的 MCN

1. 创新合作模式，打造全媒体内容创作高地

媒体的融合转型之路事实上是打通全媒体传播链条的道路。传统广电媒体将阵地转向短视频新闻，但却不能仅将眼界局限于短视频新闻。要将

短视频新闻作为打入社交媒体市场、开启媒体融合转型的突破口，进一步探索更多合作模式，打造以传统广电为核心的 MCN，真正实现全媒体、宽领域、多形式的媒体融合转型。

MCN 是英文“Multi-Channel Network”的缩写，意即为多频道网络。MCN 事实上是一种来源于国外的网红经济运作模式，指的是在资本的推动下，通过 PGC（专业内容生产）模式进行内容生产，通过资本运作与资源投入保证稳定的内容产出并最终实现商业变现。目前，打造广电 MCN 已经成为媒体融合转型的重要方向。芒果 MCN 是湖南广播电视台娱乐频道打造的电视媒体转型短视频 MCN 机构。芒果 MCN 账号体系涵盖传统明星艺人、电视节目主持人和网络红人等，截至 2022 年，芒果 MCN 机构账号数量超 1496 个，覆盖粉丝 4.5 亿，视频累计播放量达到 1734 亿①。芒果 MCN 经过探索实践，已将大小屏和新旧媒体完全打通，内容涵盖方方面面。芒果 MCN 成为全国首家广电媒体转型短视频 MCN 机构的成功案例，在激烈的新媒体市场竞争中站稳了脚跟。

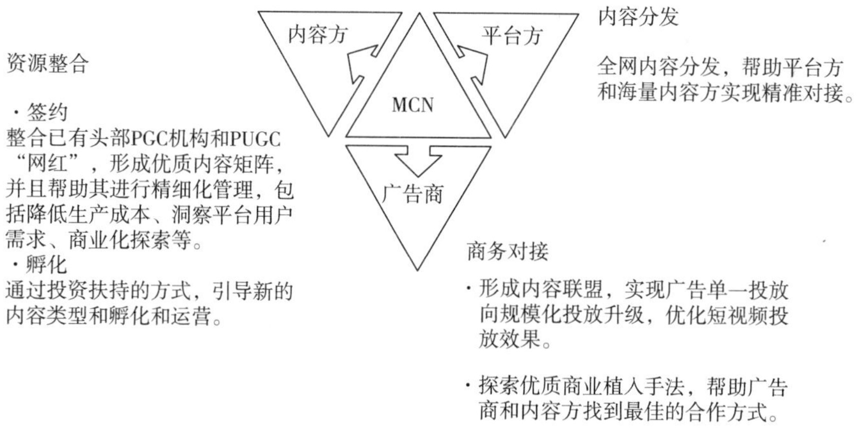

MCN 的作用机制

资料来源：艾瑞咨询 2017 年中国短视频行业研究报告。

① 抢占微短剧赛道，芒果 MCN 探索媒体 MCN 新模式［EB/OL］.［2022-11-17］. http://baijiahao.baidu.com/s? id=1749707116502867970&wfr=spider&for=pc.

芒果 MCN 的成功启发我们，在进行媒体融合转型时，传统广电媒体无法再单纯延续过去的思路和发展逻辑，应该积极打造全媒体矩阵，实现优质内容资源的聚集整合，构建完善的内容生态体系，为用户呈现出丰富多样的融媒体新闻产品，真正实现全媒体的融合发展。

2. 重视用户体验，将用户反馈纳入内容生产环节

习近平总书记曾多次强调，“人在哪儿，宣传思想工作的重点就在哪儿”。这实际上就强调了用户的重要性。进入互联网战场的传统广电媒体，更应该将用户放在首位，以用户为中心。

前面说到，社交思维包括用户思维和互动思维，事实上都强调“以用户为中心”的思维模式。媒体在进行短视频新闻生产时，要从用户体验的角度出发，采用用户喜闻乐见的话语方式，依靠技术手段为用户提供更加丰富的、沉浸式的阅读体验等。要时刻谨记媒体是为用户服务的，而不是将自己摆在高高在上的位置，板起面孔对用户进行说教。更加重要的是，要加强互动性，设置更多的互动机制，对于用户的留言反馈给予积极的回应，将用户反馈纳入内容生产环节，不但打造良好的媒体与用户间的双向关系，打造灵活完整便捷的互动体系，实现和用户的平等交流，而且应积极发挥用户的聪明才智，将用户内容生产和专业内容生产完美结合，实现传播效果的最大化。

（三）技术创新：助力媒体融合转型

1. 优化算法推荐机制，实现精准用户画像

算法推荐机制为媒体实现个性化推送提供了可能性，然而，从目前的短视频平台的算法推荐机制来看，存在着诸如同质化信息频繁推送的问题，这样的重复新闻推荐产生了严重的“信息茧房”效应，固化了用户的认知。因此，短视频新闻的发展也需要有更加良好的算法推荐机制来支撑。

平台应以大数据技术为依托，不断优化算法推荐机制，在为用户定制精准的、个性化的内容的同时，也要对同质化的信息进行过滤，优化信息资源整合，保证优质信息的持续输出。在迎合用户喜好、满足用户需求的同时也要重视信息的价值性，为用户输出更多有价值的优质信息。这是一个平台与媒体双向成就的过程，平台提供更有力的技术支撑，媒体保持优质内容的持续输出，共同助力媒体融合的长足发展。

2. 新技术助力新闻生产，拓展呈现形式

根据《中国视听新媒体发展报告（2021）》，2020 年 5G 网络已经覆盖了全国地级市以上的城市。随着 5G 网络基础设施的加快建设，AI、大数据、云计算、区块链等新兴技术也在不断兴起并被广泛应用，这些新兴技术与网络视听新媒体的发展紧密结合。可以想见，5G 所催生的新业态正在为视听新媒体的发展赋能。因此，在媒体融合转型中，媒体应该充分利用新兴技术，提高新闻产品生产效率。创新更多新媒体视听产品的呈现形式，为用户输出新奇的、沉浸式的视听作品。

2019 年，《中国青年报》进行“沉浸式体验新闻”的融合创新实验，推出了《红军桥日记》《贫困村来了 95 后村医》《86.6%受访者直言电商领域存在塑料袋浪费》等沉浸式体验的新闻产品。其中，《红军桥日记》以第一人称视角讲述了记者三次探访红军桥的经历，在阅读该新闻作品时，用户可以与作品进行交互体验，仿佛置身于红军桥的探索之路中，获得身临其境的奇妙体验。除此之外，新闻写作机器人，如新华网的“快笔小新”、今日头条的“Xiaomingbot”，AI 智能主播如微软小冰等也在新兴技术的支持下不断创新新闻生产方式，为新闻作品的呈现形式提供更多新的可能性。

微软小冰担任世界人工智能大会开幕式主持人

资料来源：微软小冰官网，http：//www. xiaoice. com/article？ articleid = waic。

总之，媒体要以新兴技术为依托，努力进行新闻产品的形式创新，打通全媒体传播矩阵，助力融合媒体纵深发展。

结　语

自从2014年媒体融合上升到国家战略层面以来，中国媒体行业已经走过了从传统媒体和新兴媒体融合发展到媒体深度融合，以及县级融媒体中心建设等一系列发展历程。对于传统广电媒体来说，这是一个媒体发展环境深刻变化的时代，也是一个充满机遇和挑战的时代。国家政策的支持、经济的快速发展、5G技术的进步、视觉文化的繁荣、网络社会的崛起等，外在发展环境为传统广电媒体的创新转型提供了深厚土壤，媒体融合作为媒体改革的顶层设计战略，赋予了传统广电媒体更多的任务和期望。

目前，广电媒体融合由初步探索向纵深发展，在中央、省级、地市级以及县级等各个层面，从管理体制、生产机制、内容创新、技术发展等各个领域，都开展了媒体融合的探索。短视频新闻是传统广电媒体在内容生产方面开展媒体融合实践的重要领域，除此之外，在内容生产领域，未来也会有更多新的问题等待着我们去开展研究，这是一项有趣、有用且充满挑战的工作，我们将再接再厉、继续探索，以期对广播电视的媒体融合实践给予启发和帮助。

参考文献

［1］陈虹，杨启飞．平衡与连接：构建新型主流媒体的内在逻辑与行动框架［J］．现代传播（中国传媒大学学报），2021，43（10）：1-5.

［2］常江，徐帅．短视频新闻：从事实导向到体验导向［J］．青年记者，2017（21）：20-22.

［3］宫慧娟．论新媒体时代新闻类短视频传播：以抖音传播为例［J］．中国报业，2022（10）：30-31.

［4］李杏．主流媒体短视频新闻发展策略研究［D］．湖南大学硕士学位论文，2018.

［5］夏莹．短视频大能量：论短视频新闻的创新发展［J］．新闻文化建设，2022（6）：75-77.

［6］董卫民．短视频新闻演进中的传播创新及突破路径［J］．电视研究，2021（4）：79-82.

［7］全国县级融媒体中心短视频传播力榜单！新华智云、新华客户端联合发布［N/OL］．新华网，［2021-12-29］．http：//www. xinhuanet. com/tech/20211229/76dc9ecec34b40ff9902bc243c252f09/c. html.

［8］张宁．央视《主播说联播》短视频新闻研究［D］．广东技术师范大学硕士学位论文，2020.

［9］艾媒大文娱产业研究中心．2019 年中国移动社交行业专题报告［EB/OL］．［2019-10-10］．https：//www. iimedia. cn/c400/66297. html.

［10］刘媛媛．新冠疫情下主流媒体短视频报道研究：以央视新闻抖音号报道为个案［J］．中国广播电视学刊，2021（1）：94-96.

［11］郭小平，贾瑞欣．短视频新闻的创新法则、发展困境与提升路径［J］．中国编辑，2022（3）：86-90.

［12］邱奕菲．短视频新闻的发展困境与突围路径［J］．记者观察，2022（5）：106-108.

［13］抢占微短剧赛道，芒果 MCN 探索媒体 MCN 新模式［EB/OL］．［2022-11-17］．http：//baijiahao. baidu. com/s？ id=17490711650286797 0&wfr=spider & for=pc.

［14］李学孟，胡明月．移动短视频新闻的情感转向：以抖音号“央视新闻”为例［J］．中国广播电视学刊，2022（6）：121-124.

［15］阴艳，韩月怡．短视频新闻的特点、问题及提升策略［J］．传媒，2022（8）：50-52.

［16］韩立新，蒋钰皓．我国短视频新闻的发展特征与发展困境［J］．传媒，2022（2）：55-57.

［17］刘嘉，周晴．数字时代短视频新闻的革新与重塑［J］．青年记者，2022（2）：94-95.

［18］姜圣瑜．短视频新闻叙事逻辑探究［J］．传媒，2021（23）：57-59.

［19］丁骋，张威．移动短视频新闻的内在矛盾与解决路径探究［J］．当代电视，2021（12）：33-37.

［20］高琰鑫．新闻短视频的严肃性瓦解及应对［J］．青年记者，2021（22）：71-72.

［21］李晓宇，张巨才．短视频新闻：融媒时代电视新闻的创新转向［J］．青年记者，2021（20）：75-76.

［22］路小静，姚永春．“把关人”理论视角下的融媒体传播问题及对策：以抖音新闻类短视频为例［J］．出版广角，2021（19）：74-77.

［23］黄娟娟．数据新闻短视频：对外讲好中国故事的新路径：以“中国为什么能”系列数据新闻短视频为例［J］．传媒，2021（18）：66-67+69.

［24］张舒涵，孔朝蓬，孔婧媛．新媒体时代短视频信息传播影响力研究［J］．情报科学，2021，39（9）：59-66.

［25］赵然．融合新闻视角下的短视频互动：模式、问题与路径［J］．传媒，2021（13）：53-55.

［26］冯韶丹．短视频时代新闻深度的再思考：评《深度报道：理论、实践与案例》［J］．新闻爱好者，2021（6）：111-112.

［27］金梦玉，丁韬文．“短视频+新闻评论”的创作路径、发展瓶颈与未来探索［J］．中国编辑，2021（6）：64-69.

［28］韩姝，阳艳娥．政务新闻的短视频化特性与发展：以央视新闻中心官方微博“央视新闻”为例［J］．传媒，2021（10）：60-62.

［29］强月新，梁湘毅．短视频新闻评论话语方式的四种转向：以央视《主播说联播》为个案分析［J］．现代传播（中国传媒大学学报），2021，43（4）：61-67.

［30］游祯武．主流媒体移动短视频新闻传播策略研究：以“央视新闻”抖音号为例［J］．传媒，2021（2）：49-51.

［31］左文娟．媒体新闻短视频的融合困境与突破［J］．青年记者，2020（35）：25-26.

［32］李青青，水学智．短视频新闻生产转型：动因、问题与路径［J］．现代传播（中国传媒大学学报），2020，42（11）：154-157.

技术篇

技术赋能媒体融合的发展进路

沈　浩　袁　璐*

随着计算机和互联网的快速发展，深度学习算法被广泛应用，自然语言处理、计算机视觉、语音识别、图像识别技术不断突破，人工智能快速发展。在这样的大背景下，人工智能技术和已有产品出现在内容的创作和内容的呈现中，媒体融合的走向更成为媒体行业需要关注的问题，“AI+媒体”的道路值得所有媒体从业者去寻找、去探索。

当前，人工智能研究发展迅速。2016年，谷歌旗下DeepMind公司开发的人工智能程序AlphaGo以4：1战胜了世界围棋冠军、职业九段选手李世石，引发了人们对人工智能的讨论。经过海量计算训练过程，自我优化得到结果的算法技术，第一次以围棋比赛胜利的形式呈现在大众面前，这就是深度学习技术——这一算法技术极大地推动了人工智能的发展。2022年11月，人工智能公司OpenAI推出了一款名为ChatGPT的聊天机器人。它能够通过学习和理解人类语言来进行对话，还能与聊天对象进行有逻辑的互动。除了聊天，ChatGPT还能够根据聊天对象提出的要求，进行文字翻译、文案撰写、代码撰写等工作。回顾人工智能的快速发展，人工智能已从一个抽象的科学概念，渗透到我们生活的方方面面。

2018年3月，全国“两会”政府工作报告要求，“加强新一代人工智能研发应用，在医疗、养老、教育、文化、体育等多领域推进‘互联网+’”。党的二十大报告提出，推动战略性新兴产业融合集群发展，构建新一代信息技术、人工智能、生物技术、新能源、新材料、高端装备、

---

* 沈浩，中国传媒大学新闻学院教授、博士生导师；袁璐，中国传媒大学互联网信息研究院博士研究生。

绿色环保等一批新的增长引擎。人工智能已经成为国家战略的基础设施。媒体融合发展，传播科技力量，如何用实践去探索去寻找一条更适合中国媒体发展的“人工智能+”的媒体融合之路，成为当前需要我们深思的问题。本部分分析总结了媒体融合和人工智能的发展现状，并通过媒体融合智能化的案例对“媒体融合+人工智能”的发展之路做出一些思考。

一、媒体融合的智能化发展趋向

2017 年 1 月，《京华时报》和《东方早报》宣布停刊，人员分流，内容平移，整体转型新媒体业务，这意味着媒体融合进程正在进入“移动优先”的新时代。媒体升级转型、整合现有资源，从原有的传统媒体到现在的新型媒体，从物理变化的简单叠加到融合变化的深度改革，媒体融合进程稳步推进。媒体融合发展正在使媒体发展环境发生着突破性进展，更推动着整个社会的舆论生态环境向更好、更优的方向发展①。

党的十九大提出，推动互联网、大数据、人工智能和实体经济深度融合，建设数字中国、智慧社会。大数据和人工智能驱动了媒体与互联网、移动互联网、物联网的全面结合。基于计算机芯片的发展，基础层算法技术的不断更新，人工智能各类关键技术的准确率和工作效率得到快速发展。过去 5 年有关大数据的研究，已经产生了重大突破，并在部分领域取得良好应用。在媒体行业的应用中，文本、图像、语音、视频等信息的融合发展，使跨媒体交互、智能搜索和个性化推荐变成新型媒体形态。机器模拟人类听觉、视觉感知信息，从设计、创作等方面不断实现智能化，推动媒体融合不断深入。随着计算机视觉、自然语言处理、知识图谱和智能推荐的技术革新，使媒体融合向着更智能、更便携、更个性化的方向发展，不断地重塑媒体格局。

根据《媒体融合蓝皮书：中国媒体融合发展报告（2017～2018年）》，在全球范围内，人工智能正在盛行。国内外媒体的实践中，智能技术分布于媒体节目制作中的线索发现、信息采集、内容的生产和分发、

① 胡正荣．智能化：未来媒体的发展方向［J］．现代传播（中国传媒大学学报），2017（6）：1-4.

效果反馈等各个环节。人工智能借助技术手段，通过传感器技术极大地提高了新闻信息采集和新闻编辑等环节的工作效率，通过智能推荐算法也更好地实现了个性化分发[①]。目前国内《人民日报》“中央厨房”的“小融”、新华社的“小新”等智能机器人已广泛参与到新闻报道的各个环节。此外，将算法技术应用于推荐系统，使媒体与用户的交互更加精准，从而打造出“媒体+技术”的新形态。国内媒体联合互联网公司打造智能新闻产品，把人工智能带入媒体生产环节，成为媒体融合发展的典型。人工智能的发展使得媒体行业更加平台化、智能化，在整个内容生产过程中更需要媒体从业者进行质量的把关和监控，这也是未来媒体人的竞争力所在。

二、人工智能的技术革新

人工智能的概念最早于20世纪50年代提出，但是受限于当时的计算水平，发展受到很大的阻碍。21世纪初，随着硬件芯片的发展，计算机的计算能力得到高速提升，数据得到积累，算法理论不断革新，人工智能进入全面爆发的新周期。2013年被称为“大数据元年”，人类正式进入大数据时代，伴随着互联网的快速发展，数据的数量以量级的速度增加，以深度学习算法基础为代表的人工智能在很多领域得到了突破性的进展。2016年开始，全球各大互联网公司都开始在“智能化”的道路中寻求变革。谷歌战略重心由“移动为先”（Mobile First）转为“AI为先”（AI First）；随后包括脸书、亚马逊、微软都开始在AI方面投入大量的人力和资金。国内百度喊出“All in AI”的口号；腾讯则提出“AI in All”的AI战略并建立了自己的AI实验室；阿里巴巴成立全球研究院“达摩院”，在AI领域蓄势待发；2018年初，滴滴出行继建立滴滴研究院和滴滴美国研究院之后宣布成立了AI Labs（人工智能实验室），重点在人工智能前沿技术领域发力。

截至目前，人工智能的发展可以分为三个层次：基础层、感知层和认

---

① 北京市新闻工作者协会，梅宁华，支庭荣．媒体融合蓝皮书：中国媒体融合发展报告（2017~2018）［M］．北京：社会科学文献出版社，2018：80.

知层。基础层的人工智能是我们熟悉的深度学习、大数据算法。感知层更偏向于模拟人类感知觉的技术，包括图像识别、语音识别、音视频识别以及体感技术手段，包括 AR、VR 技术。认知层则上升到人类大脑的思考以及人类的学习能力，因此有了现在的语义理解、知识图谱等。

2018 年 1 月，中国电子技术标准化研究院发布《人工智能标准化白皮书（2018 版）》，白皮书提出适用于通用人工智能领域需求的参考框架：基于“角色—活动—功能”的层级分类体系。参照参考框架，具体涉及的人工智能技术包括机器学习、自然语言处理、计算机视觉、人机交互、生物特征识别、虚拟现实（VR）/增强现实（AR）语音识别、知识图谱等关键技术①。无论是计算机视觉、语音识别还是自然语言处理，从监督式学习演化为半监督式、无监督式学习，算法模型的重要性都日益凸显。随着算法的不断改进，人工神经网络逐渐成为人工智能中很重要的一种基础算法。深度学习的概念最早由加拿大多伦多大学教授 Hinton 于 2006 年提出，这一算法极大地发展了机器学习的学习能力。目前，深度学习算法的应用已经非常广泛。与媒体文字行业最相关的人工智能——自然语言处理技术，文本处理应用包括对话系统、自动摘要、机器翻译等；文本生成应用包括新闻写作、自动写诗、报告生成等。

基于深度学习算法，语言识别技术得到迅速发展，在复杂环境下的语音交互体验不断增强，更加个性化、智能化、人性化。2017 年，全球各大公司发布自己的智能音箱设备，包括苹果公司的 HomePod、亚马逊的 Echo、谷歌的 Google Home、阿里巴巴的天猫精灵（TmallGerie）、小米的 AI 音箱等。智能音箱的发布使得媒体形态更加多样化，诸多媒体公司与技术公司合作推出音频设备植入节目，用户只需要对相关的智能设备喊出口令即可听到相关节目。2018 年世界移动通信大会（MWC）上，三星、LG 厂商的最新旗舰机亮相，华为推出首款 3GPP 标准的 5G 商用终端，AI 技术、5G 等功能越来越多地运用到手机中。除此之外，小米公司宣布与微软公司达成战略合作，合作主要围绕人工智能技术的研发和应用，内容涉及计算机视觉、语音、自然语言处理、文本输入、对话式人工智能、知识

① 中国电子技术标准化研究院．人工智能标准化白皮书（2018 版）［R］．北京：2018 年人工智能标准化论坛，2018.

库、搜索等微软人工智能技术。人工智能技术的革新，使“人工智能+”的时代逐步来临。

三、人工智能赋能媒体融合实践发展

媒体融合发展的过程中伴随着四大主流技术的蓬勃发展，分别是大数据分析、人工智能、虚拟现实（VR）/增强现实（AR）与云计算。大数据分析主要应用于用户行为分析与舆情监测，包括对应的兴趣点检索、智能推送算法等。人工智能一般采取“人工智能+”的方式，针对移动端求快、求全、求深的特点，或者针对播报的新闻类型实现智能新闻写作，对应于媒体融合“一次采集、多层编辑”环节，如里约奥运会便成为媒体机器人的主战场。虚拟现实（VR）/增强现实（AR）应用于新闻报道能够使用户获得更加真实的体验，如在灾难、救援、自然景观的报道中与无人机拍摄相结合。在云计算技术平台之下，所有东西连接起来，融入计算、网络、存储、数据库、安全、域名服务、移动与通信、监控与管理、视频点播与直播、大数据与AI等全面的技术能力，为融媒体发展创新提供了无限的想象空间。

下文将以传统媒体人机协作的智能化发展、人工智能时代下的2018年春晚盛宴以及全国“两会”报道智能媒体上岗为例，具体分析媒体融合中的内容创作、内容呈现，以及日渐智能化的媒体报道形态。

（一）人工智能时代的春晚盛宴

2018年，中央电视台网络春晚以“网筑强国梦　智汇新时代”为主题，融合温情科技与时代潮流，为观众呈现一场互联网新时代的视听盛宴。在整个社会弘扬社会主义核心价值观、传递正能量的前提下，将高科技应用于媒体呈现，并通过多维度、全方位的全媒体进行全面传播，正是当下媒体融合更加科技化、智能化的最好展现。随着我国人工智能领域科技的重大突破，AI不再仅是一个科学概念，而是走进人们生活中的“智能日常”。2018年中央电视台网络春晚相较于往年，更加引人注目的是时代发展下科技的突破。此次晚会中，前沿的人工智能技术和产品纷纷亮相：萌娃小山竹、智能机器人钢琴家“特奥”和人形智能机器人阿尔法，带来了一场集舞蹈、拳击、太极等丰富内容为一体的混搭表演；百度机器人“小度”除了给现场观众送春联外，更是参演原创歌舞《网事2017》。

2017年7月，百度AI开发者大会在北京召开，李彦宏在前往会场的时候，直播了自己乘坐基于Apollo技术的百度无人车抵达会场的过程，自此，无人车正式走进人们的视野。2017年11月，科技部公布首批国家新一代人工智能开放创新平台名单，将依托百度建设自动驾驶新一代人工智能开放创新平台，Apollo被钦点为自动驾驶“国家队”。2018年央视春晚珠海分会场，由百度Apollo无人车领衔的车队驾驶在港珠澳大桥上，在整个表演中出色地完成了两条车道的“8”字交叉跑动作[①]。由优必选科技特别定制的24只机器狗“Jimu汪汪”以舞蹈表演的形式在春晚亮相，并与舞台演员进行互动。除了娱乐表演，人工智能也不断渗入到中国传统习俗。2018年，腾讯新闻、腾讯AI Lab、百度和央视网推出“智能春联H5”，给出2~4个汉字之后，系统将根据给出的字“写”出一副藏头春联。将人工智能写作应用于媒体传播，并赋予其美好的祝福含义，随着科技的革新，AI正在以全新的面貌出现在人们的生活中。

（二）人工智能与传统媒体的人机协作

近几年，传统媒体在技术方面投入了大量的精力，人工智能技术的革新也促进了媒体融合中人机协作的深度和广度。从新闻线索的搜索、获取，新闻资料的分析整理，到最后新闻内容的创作，媒体内容全流程全方位覆盖。

传统媒体的新闻生产流程一般由编前讨论会、记者采访收集、全人工编写、人工选择分发，一直到最后部门进行资料的梳理总结组成。随着人工智能技术的发展，语义分析引擎、新闻采集、新闻分析、新闻内容管理等软件相继出现，从而构建了良好的人机协作流程（见图1）。

（1）语义分析引擎：根据中文文本进行分析，标注文本特征，分析语义，进而进行新闻线索的挖掘、知识体系梳理和舆情预测。

（2）新闻采集：利用网络爬虫技术自动抓取用户关注的新闻，进行内

① 刘世东．港媒：春晚无人驾驶秀展现中国引领人工智能雄心［EB/OL］．［2018-02-23］．http：//mil. news. sina. com. cn/2018-02-23/doc-ifyrvnsw7549155. shtml.

容清洗，提供内容的全平台呈现。

（3）新闻分析：通过数据挖掘算法、语义分析算法、文本提取分析算法，快速梳理新闻分类、提取新闻要素，统计报道情况。使新闻工作者能够快速掌握新闻事件全貌，了解时下热点，进而对新闻事件进行深度挖掘、深度报道。

（4）新闻内容管理：利用内容特征提取、图像识别以及知识图谱等人工智能技术搭建新闻内容生产发布平台，为媒体提供全平台的新闻发布，多屏编排、发布以及运营管理，全面支持“两微一端”的需求。深度学习算法出现之后，相关智能推荐得到了快速发展。

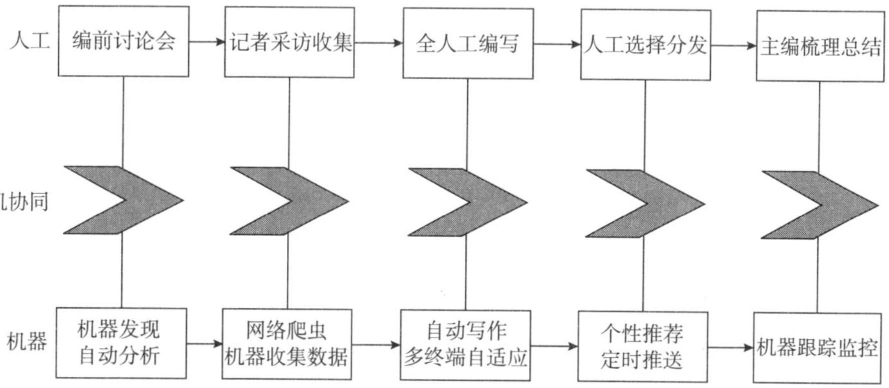

图 1　人机协同内容生产

（三）“两会”报道智能媒体上岗新体验

2018 年 3 月，人民网联合人民日报全国党媒信息公共平台，启动“两会”视频报道栏目《两会进行时》，引进 VR、AR、AI 等多种新技术，旨在将栏目品牌化，并立足融媒体发展理念，多维度地呈现新闻报道。依托于人工智能技术，封面新闻 App 推出共计七大新媒体产品，以全面多角度的融媒体形态呈现“两会”。长城新媒体推出访谈直播节目，节目中利用移动互联、VR 虚拟现实等技术，与网友实时互动，让广大网友能够近距离接触代表委员并感知“两会”。

在 2018 年全国“两会”报道中，备受瞩目的新华社“媒体大脑”通过文本分析、综合计算分析舆情等人工智能技术，在5亿网页中梳理“两会”材料，用时仅15秒生产发布了史上首条关于“两会”内容的机器生产内容（MGC）视频新闻——《2018两会MGC舆情热点》[①]，视频内容包括舆情分析、可视化图表，配音配图、视频剪辑均由“媒体大脑”自动完成。

新华社发布的“媒体大脑”智能系统，旨在通过大数据和人工智能技术赋能媒体，促进媒体的深度融合、跨界融合[②]。整个智能系统基于云计算、物联网、大数据和人工智能等技术，覆盖挖掘新闻线索，新闻策划、新闻采访，内容的生产、发布，以及内容的传播反馈总结等全方位的新闻制作传播流程。“媒体大脑”系统生成MGC新闻，即机器生产新闻，整个生产过程是：抓取数据、分析数据、内容生产、内容编辑。

（1）抓取数据：通过摄像头、无人机、传感器收集视频图像数据。

（2）分析数据：通过图像识别、视频识别技术，进行图像、视频的数据分析，获取有价值的数据内容。

（3）内容生产：通过语义分析与已有数据进行对比关联，从而获得新的“内容”，进行机器人新闻写作，生成新闻稿件。

（4）内容编辑：文字和多媒体素材编辑，对视频、语音、数据内容进行多媒体内容编辑，整个过程涉及视频剪辑、语音合成、数据可视化等。

“媒体大脑”和MGC新闻，可以更快、更准地捕捉新闻线索，并且进行智能化编辑，减少了新闻记者烦琐的日常工作，使得更多的媒体工作者可以投入深度报道中，有效地提升了行业的生产力。在2018年全国“两会”报道中，“媒体大脑”利用人工智能系统，对已有的文字、图片、视频进行数据分析、计算，综合舆情分析，发现“宪法”“习近平”“新时代”“机构改革”“反腐”等词在“两会”舆情中名列前茅。与“宪法”搭配的热词包括“中国共产党”“习近平新时代中国特色社会主义思想”“依法治国”等。

人工智能的技术革新使得技术手段已经深刻影响到了新闻生产的各个

---

① 高洁，潘林青．新华社“媒体大脑”两会上岗15秒生产首条两会视频新闻［N/OL］．新华网，［2018-03-02］．http：//www. xinhuanet. com/politics/2018lh/2018-03/02/c_1122480318. htm.

② 新华社发布国内首条MGC视频新闻，媒体大脑来了！［N/OL］．新华网，［2017-12-26］．http：//www. xinhuanet. com/newmedia/2017-12/26/c_1122170364. htm.

环节，媒体融合的速度也在不断加快，媒体融合的深度也随之加强，并且向着更加智能化的方向发展。人工智能技术的落地，使得媒体行业在内容创作、内容呈现等各个方面都发生了巨大的变革。媒体从业者和管理者只有意识到这一点，利用技术手段，切实做好自身业务管理，才能适应新时代的发展，成为新一代的“媒体人”。

四、后疫情时代：5G 技术赋能广电媒体创新发展

随着时代的发展，信息技术逐渐成为发展的主流，数字化、智能化推动我国经济快速发展。在后疫情时代，中国的社会和经济发生了很大的改变，线上教育、直播带货等新方式、新形态，越来越被人们接受。新冠疫情暴发后，人工智能、5G 通信技术在“媒体战疫”时期的应用实践让人们意识到，智能技术面临着巨大的机遇和挑战。后疫情时代，5G 技术赋能广电媒体创新发展，也催生了广电行业的新内容、新形态、新趋势。

2020 年 3 月 4 日，中共中央政治局常务委员会召开会议强调，要加快 5G 网络、数据中心等新型基础设施建设进度。由此，“新基建”在中国各行业的发展提上日程。在对抗新冠疫情的过程中，5G、人工智能、大数据等新技术显示出巨大的发展潜力和社会价值。在 5G 技术、大数据、人工智能等新技术的加持下，广电行业加速创新发展。后疫情时代，在“新基建”的创新生态下，广电行业不断促进智慧城市建设，推进社会城市治理体系和治理能力的现代化。

5G 技术加速行业的数字化进程，基于 5G、AI 和大数据的技术开发平台，广电行业不断深入“数字化战疫”进程：在线教育、娱乐、办公，维持市民正常工作和生活；网络“慢直播”，全程追踪方舱医院建设进程；媒体直播带货，助力解决疫情期间农产品销路难等问题。随着疫情逐渐得到控制，为应对后疫情时代下的社会和经济问题，5G 通信、数据中心、云计算和人工智能的建设和发展成为行业发展未来布局的重点。明确发展数字经济是当前的最佳路径，把握 5G 技术赋能，抓住广电行业创新趋势，重构媒体行业新生态，直面并解决技术赋能广电媒体在新场景下产生的新问题。5G 就是第五代移动通信技术，具有超高速率、超低时延、超高密

度等特征，端对端的网络转型，接入层的网络变化以及虚拟化和新架构，使得5G推动了新服务的产生。对于广电行业媒体内容服务，最为直观的是，视频、音频相较于文字成为5G时代下媒体内容最好的表现形式。

（一）“超高清”：5G技术赋能广电的新产业

随着5G技术的日趋成熟，摄像机将全面无线化，避免了有线/微波的活动范围限制。同时，5G避免了多节点、多盒子，完成了去集成的过程，有更轻便的4K采集场景，从而省去了租用微波车和聘请微波技术员的成本，使得采播环节更高效、成本更低。在编播环节，由于高效制作且节省了导播车、卫星车及链路费用，运营商可利用边缘计算创建云化导播平台①。5G用于高端媒体分发的新专用网络，可以使运营商为媒体公司提供专用的媒体分发网络，这将使运营商更容易保障提供给媒体公司网络的性能水平，从而解决了媒体高清直播的痛点。5G网络赋能广电媒体转型，4K视频直播技术越来越成熟，8K技术更将不断覆盖传统采、编、播各个环节。8K超高清视频相较于4K视频有着更高还原度的场景实现，可以达到更好的用户体验。

2020年5月，中国广电集团联合北京歌华、浙江华数传媒、东方明珠等基于广电5G+8K技术实现三地联动直播，成为首例应用5G中低频段8K超高清直播②。中国广电迈向超高清视频产业，标志着未来中国广电的创新应用、新型商业模式的不断演进。

（二）“短视频、直播”：后疫情时代广电媒体5G应用的新探索

为应对社会和经济问题，以5G、人工智能技术为核心的技术推动广电媒体展开新探索。2020年3月18日，国家广电总局印发《关于开展智慧广电专项扶贫行动的通知》③，助力行业扶贫，广电各部门以“直播带货”的5G创新应用模式来切实做好脱贫攻坚工作：构建全平台联动、全媒体覆盖、专题化聚合、立体化呈现、多样化输出的宣传模式；以广电5G和

① 中国电信集团公司政企客户事业部．中国电信5G行业场景案例集（第一辑）［R］．2019.

② 广电5G+8K超高清直播落地应用［EB/OL］．［2020-05-20］．http：//www.nrta.gov.cn/art/2020/5/20/art_114_51310.html.

③ 国家广电总局部署开展智慧广电专项扶贫行动［EB/OL］．［2020-03-20］．http：//www.nrta.gov.cn/art/2020/3/20/art_114_50426.html.

有线网络为助力，打造“短视频、直播+消费扶贫”的新模式，实现智慧广电建设内容传播与贫困地区经济发展有机融合；同步推动智慧广电教育扶贫、健康扶贫和人才扶贫。智慧广电扶贫行动为我国打赢脱贫攻坚战做出了突出贡献。

随着5G、4K、AR/VR技术的探索发展，直播不断探索新场景、呈现新内容，在提升新闻报道时效性的同时，更能满足受众对新闻信息的需求。以“慢直播”为例，这种没有旁白和情节设定的节目形态，以“实景直播”“无人值守”“用户带入”“互动传播”的场景特色，用记录的方式向公众呈现更真实的新闻内容。

（三）“播客”：媒体版权内容的新前景

受益于人工智能技术下智能音箱的开发，随着5G应用的不断深入，广电媒体版权内容在音频和语音领域迎来新的机遇。更快的速度、更大的受众群体以及更快捷的访问方式助推了新闻播客的经济性，同时也鼓励更多投资来创建更高质量的新闻内容和平台，进而形成5G时代播客发展的良性循环。2020年，谷歌持续投资音频新闻内容，播客也正在成为一种可持续创收的新闻产品。2020年8月，快手内测全新播客产品“皮艇”，旨在打造一个全新的播客平台。根据牛津大学和路透社联合发布的《2020年新闻、媒体和技术趋势与预测报告》，美国播客的收入预计将以每年30%的速度增长，到2021年将超过10亿美元①。艾瑞公司发布的《2020年中国网络音频行业研究报告》显示，2019年中国网络音频行业市场规模为175.8亿元，同比增长55.1%。

播客的另一种形态，即文字转语音的音频文章也成为新闻内容传播的新前景。以语音识别和语音合成为代表的语音技术可以将文本输出快速还原为音频，为内容创作者提供了新的机会。在丹麦，“慢新闻”网站Zetland为所有内容提供了音频选项。在中国，知乎、微信读书等互联网平台，文字转语音服务已经被广泛使用。后疫情时代，随着“新基建”建设的深入，技术的创新和更新升级，都将为音频播客提供良好的媒介环境，媒体版权内容因此将有更好的前景。

---

① Nic Newman. Journalism, Media, and Technology Trends and Predictions 2020 [R]. Oxford: University of Oxford, 2020.

五、技术赋能媒体融合的新期待

2018年1月，牛津大学路透研究院发布年度数字媒体报告《2018年新闻、媒介与技术发展趋势和前瞻》。报告指出，整个技术的提升和发展，使得媒体行业也发生了巨大变革。利用新算法，推荐系统可以更好地为从业者提供个性化的内容。从网站的推荐系统开始，新闻媒体工作者不断发现新闻线索，这成为计算机驱动新闻发展的一个重要因素。此外，新闻记者助理的诞生，半自动化新闻管理的出现，大量减少了新闻记者日常烦琐的工作，很大程度上增加了记者向深度思考的方向发展。人工智能技术的推广和相关产品技术的落地，使得媒体行业正在积极拥抱技术①。

2017年“双11”期间，AI设计师“鲁班”参与制作了4亿张促销海报；2018年新华社“媒体大脑”发布MGC新闻，参与“两会”报道引起全球关注；同年南方财经联手科大讯飞，通过语音合成技术模仿真实主持人的声音，推出人工智能虚拟主持人，并将其应用于财经新闻播报。在技术的革新下，机器生成创作内容取得突破性进展。在媒体行业，包括文本、音频、图像、音频和交互等各个方面，“AI+”的模式也正在全面扩展。根据亿欧智库《2017人工智能+内容生产研究报告》的统计结果，AI机器人新闻写作正在各个媒体得到广泛的应用，涉及的题材分布于科技、娱乐、民生等领域（见表1）。在辅助写作方面，人工智能也不断地投入使用，通过收集素材和纠错的功能，来辅助从业者进行文章写作②。例如，Give Me Sport用机器人进行信息收集；谷歌研发为报道自动匹配图表、图片或视频的工具；News Cart公司用AI追踪有价值的新闻信息，群发给团队成员。

---

① Nic Newman. Journalism, Media, and Technology Trends and Predictions 2018 [R]. Oxford: University of Oxford, 2018.

② Carlson M. The Robotic Reporter: Automated Journalism and the Redefinition of Labor, Compositional Forms, and Journalistic Authority [J]. Digital Journalism, 2015, 3 (3): 416-431.

表 1　部分媒体写稿机器人应用情况统计

应用年份	媒体及其写稿机器人	研发方式	应用领域
国内			
2015	腾讯新闻：Dreamwriter	自研	财经
2015	新华社：快笔小新	不详	财经、体育
2016	第一财经：DT 稿王	与阿里巴巴合作	财经
2016	今日头条：Xiaomingbot	与北大合作	体育
2016	中国地震台网	自研	地震
2017	南方都市报：小南	与北大合作	民生、时政
2017	财新网：财小智	自研	财经
2017	浙江 24 小时：小冰	与微软合作	娱乐八卦
国外			
2014	洛杉矶时报：Quakebot	自研	地震
2014	美联社	与 Automated Insights 合作	财经
2015	世界报	与 Syllabs 合作	体育
2016	华盛顿邮报：Heliograf	自研	体育
2017	PA 通讯社：雷达	与 Urbs Media 合作	财经

资料来源：亿欧智库：《2017 人工智能+内容生产研究报告》。

2018 年政府工作报告再次提及人工智能，提告中提出：“发展壮大新动能。做大做强新兴产业集群，实施大数据发展行动，加强新一代人工智能研发应用，在医疗、养老、教育、文化、体育等多领域推进‘互联网+’。发展智能产业，拓展智能生活。运用新技术、新业态、新模式，大力改造提升传统产业。”作为国家战略基础设施的人工智能，正在与各个行业、各个产业进行融合，对人们的生活产生影响。而中国对于人工智能的投资和发展，也势必对世界产生深远影响。在媒体行业，多款机器人新闻写作系统、新闻直播 App、无人机报道、语音合成虚拟主持人等产品的出现，人工智能技术应用于整个媒体行业业务层面，优化各个生产环节，不仅提高了从业者的效率，提升了媒体融合的效果，更能使新闻报道的方式丰富多样化。

随着 5G 技术的不断发展，高清视频的传输和可穿戴设备的普及，构建出了“AI+5G”的万物智联的智慧生态，诸多的应用程序和商业模式将被解锁，以此成为广电行业发展的新动力。创新和变化带来新发展，同时新场景带来新问题①，这些都是我们在智能技术时代下面临的全新的挑战。

（一）传感器：推动广电行业发展的新动力

5G的技术发展推动了传感器技术的行业应用，未来的“传媒”生态不再是独立的业态，也将随着传感技术的发展发生变化。传感器新闻所依赖的传感技术，带来具有颠覆性的技术，成为新的入口，与各个行业相连接，构建万物智联的生活方式和新的行业生态系统。在物联网时代，传感技术实现了专业性数据与社会性数据的非线性连接，构建出一个离散化的世界，使我们对于新的组织形态、写作方式有了新的理解②。在未来广电传媒的新生态下，从事相关产业的团队和组织机构，全面涵盖硬件和软件，集业务模式开发与内容运营为一体。

（二）“5G+区块链”：解锁广电行业潜能的新发展

区块链是智能时代下的理论创新，在内容原创保护方面发挥着关键作用。利用区块链技术可以对内容版权进行跟踪，保护原创作品版权。2019年，腾讯联合中国电子科技网络信息安全有限公司、北明软件有限公司共同推出司法区块链应用生态服务平台，为版权保护等场景带来新的突破。随着技术的融合发展，5G时代下，5G通信技术可以增加计算算力，为区块链的部署使用提供大量实时数据，从而提升整个运算的可靠性。未来，“5G+区块链”将驱动广电行业产生新的应用场景和商业模式，从而改变内容产品的盈利模式。

（三）人才培养：5G新基建人才培养是关键

如今，新基建建设与发展的节奏将逐步加快，并成为促进国家经济升级、科学技术进步、战略新兴产业发展的重要路径。作为新传播技术的人工智能、大数据和5G通信正在逐渐渗入整个广电行业，这些技术创新了传统的新闻报道方式，也改变了广电行业的内容生产模式和商业模式。智联招聘发布的《2020年基于新基建产业人才发展报告》指出，新基建产业核心人才2020年底缺口将达417万。随着人工智能技术、大数据、5G

① 参见国务院印发的《新一代人工智能发展规划》。

② Van Dalen A. The Algorithms Behind the Headlines: How Machine-Written News Redefines the Core Skills of Human Journalists [J]. Journalism Practice, 2012, 6 (5-6): 648-658.

的交叉融合，智能时代的技术应用更需要相应的人才保障，需要高水平、交叉型、跨学科的复合型人才。

（四）制度规范：行业健康发展的安全保障

在万物皆媒的时代，无论是传感器的体感设备，还是人工智能技术下的智能应用，人们的信息无时无刻不在被收集、分析，于是，隐私、数据安全、潜在风险等问题成为当下亟待解决的难题。2020 年，中国人大网公布了《中华人民共和国数据安全法（草案）》并征求意见。针对已施行的《网络安全法》，该草案对部分概念做出区分和补充，同时是对用户保护范围的扩展。智能时代下新制度的规范和健全，符合数字化时代下的信息安全要求，更是行业健康发展的安全保障。

结　语

在数字化媒体高速发展的大背景下，媒体行业已然迎来了“AI+媒体”的媒体融合时代。技术产生革命性变革，以大数据挖掘、人工智能为代表的新技术，正在不断融入到媒体中，机器人新闻写作、无人机报道和 VR/AR 报道的出现，正是媒体融合智能化的呈现。面对新技术、新平台，媒体行业要全力拥抱新技术，更要坚信技术服务于媒体，内容依然是媒体行业的基础支撑。只有坚持为用户提供有价值的新闻，坚守行业职责，才能更好地实现媒体的深度融合。

参考文献

［1］沈浩，袁璐．智能媒体：智能技术助力媒体融合纵深发展［J］．人工智能，2020（2）：5-12.

［2］弗格斯·皮特．传感器与新闻［M］．章于炎等编译．北京：北京大学出版社，2017.

5G应用创新引领驱动媒体深度融合发展

卢 迪 米文霞*

当前，媒体融合已迈入深度融合阶段，5G作为媒体融合先进技术中的重要基础，关系着媒体融合实现的深度与广度。通过5G网络切片技术、5G终端设备以及5G消息业务的发展，5G技术能力与应用创新将朝“超、多、新”三个方向演进，并融入全媒体传播的各个环节，呈现出媒体深度融合“四级化”特征。在5G应用创新技术的渗透和驱动下，媒体融合不仅能够实现在内容形态、传播模式、终端载体等层面的升级，还能够支撑包括传媒机构、传播流程、用户体验、应用场景在内的全媒体传播生态的构建。

一、5G“新基建”与媒体融合的顶层逻辑

（一）5G“新基建”也是媒体融合的重要技术基础

2020年3月4日，中共中央政治局常务委员会召开会议，强调要加快5G网络、数据中心等新型基础设施建设进度。2020年全国“两会”期间，“加强新一代信息基础设施建设”被列入政府工作报告，中央明确提出“加强新型基础设施建设，发展新一代信息网络，拓展5G应用”。当前，5G已成为国家面向2035年远景目标发展的重要信息基底，5G更是数字社会、数字治理、数字经济的信息化“地基”。

5G与媒体融合发展密切关联，是推动媒体融合深度发展的核心技术。

* 卢迪，中国传媒大学媒体融合与传播国家重点实验室副研究员、新媒体研究院硕士生导师；米文霞，中国传媒大学新媒体研究院硕士研究生。

媒体融合是一次以技术创新为引领的媒体变革①，其根源在于“技术变革所引发的社会信息传播机制之范式转变”②。作为一种产业生态，其实现的技术基础在于 5G、人工智能、工业互联网、物联网等先进技术的协同发展与综合应用。5G 技术本身就是先进的高效率信息网络，具有与之前任何一个通信代际都不同的创新特质，具备技术融合性、应用灵活性与行业化、场景化等鲜明特征③。因此，5G 与生俱来的独有优势，决定了其在媒体融合体系中的重要地位和强大影响力。

当前媒体融合已迈进深度融合阶段。2020 年 9 月，中共中央办公厅、国务院办公厅印发《关于加快推进媒体深度融合发展的意见》，提出“要以先进技术引领驱动融合发展，用好 5G、大数据、云计算、物联网、区块链、人工智能等信息技术革命成果，加强新技术在新闻传播领域的前瞻性研究和应用，推动关键核心技术自主创新”。5G 的发展与应用，关系着媒体融合实现的深度与广度。2021 年 7 月 13 日，工业和信息化部、中央网信办、国家发展和改革委等 10 个部门印发《5G 应用“扬帆”行动计划（2021—2023 年）》，提出了 15 个 5G 应用重点领域，其中“5G+融合媒体”位列第一。该行动计划明确指出，在“5G+融合媒体”应用领域要“开展 5G 背包、超高清摄像机、5G 转播车等设备的使用推广，利用 5G 技术加快传统媒体制作、采访、编辑、播报等各环节智能化升级”；“着力打造一批‘5G+’新型消费的新业务、新模式、新业态，开展 5G 融合应用创新”。媒体融合已经成为国家战略，而 5G 则是媒体融合先进技术中的重要基础。

技术标准的成熟度和应用场景的契合度决定了传媒和传播是 5G 最先带动的垂直领域④。当前，5G 技术在媒体和传播领域展现出其所蕴含的巨

---

① 徐麟 . 加快推进媒体深度融合，需要牢牢把握这 6 个方面［N/OL］. 国际金融报，［2020-11-19］. http：//www. thepaper. cn/newsDetail_ forward_ 10067130.

② 方兴东，钟祥铭 . 中国媒体融合的本质、使命与道路选择：从数字传播理论看中国媒体融合的新思维［J］. 现代出版，2020（4）：55-61.

③ 新华社新媒体中心，中国传媒大学新媒体研究院 . 中国新兴媒体融合发展报告（2019—2020）［R］. 厦门：第八届中国新兴媒体产业融合发展大会，2020.

④ 卢迪，邱子欣 . 5G 时代全球传播新生态：万物皆媒，人机共生［M］// 高伟，姜飞 . 全球传播生态发展报告（2020）. 北京：社会科学文献出版社，2021：121-139.

大变革势能，5G已经融入全媒体传播各个节点，深刻影响着媒体融合发展。5G网络是实现万物互联互通的关键基础设施，能够为大数据、云计算、工业互联网等数字平台建设提供强大网络通道支撑。5G网络高速率、低时延、广连接的特征会给信息传播提供优质的网络支持，同时其泛在网和移动性强的特性会进一步解放信息传播的场景限制，实现真正意义上的"万物皆媒体，一切皆平台"。5G商用以来，我国5G网络和用户规模领跑全球。工业和信息化部数据显示，我国已经建成了全球最大规模的5G网络，截至2021年8月底，我国累计建成5G基站103.7万个，占全球70%以上，已覆盖全国所有地市级城市，95%以上的县城城区和35%的乡镇镇区[①]。强有力的5G基础设施建设，为媒体融合发展保驾护航。

5G融媒体传播与社会各领域的发展息息相关，与各行各业的升级转型紧密相连[②]。5G是媒体融合先进技术的重中之重，有了5G的支持，人工智能、工业互联网、数据中心才能发挥最大作用。在5G网络承载赋能下，这些技术协同发展，共同推动媒体深度融合与升级。

（二）5G技术推动融媒体传播全方位拓展与全面升级

5G改变了传媒的内涵和边界，打破信息传播原有的信息流动规律，建立新的联系，创建新的规则。随着5G技术的诞生、发展和应用，传媒行业受到较为深刻的影响。对于媒体发展而言，5G网络布局能加速智慧媒体建设，更好地赋予媒体全方位智能化升级。一方面，5G"全程媒体、全息媒体、全员媒体、全效媒体"的传播现象大量涌现；另一方面，5G"无处不在、无所不及、无人不用"的传播特征也越发凸显[③]。在这种影响下，5G融媒体信息传播的内容形态、传播形式和终端形态等都将发生变革。

5G在多个方面影响着媒体融合的广度和深度。在内容形态方面，视频成为内容传播的主要形态。在5G的影响下，移动互联网所有业务都将朝着"视频流"发展演变，视频成为新的信息组织形式。5G技术极大适

---

① 齐旭．深度广度双突破，5G应用扬帆远航：写在2021年中国国际信息通信展召开之际［N/OL］．电子信息产业网，［2021-09-24］．http：//www.cena.com.cn/industrynews/20210924/113281.html.

②③ 新华社新媒体中心，中国传媒大学新媒体研究院．中国新兴媒体融合发展报告（2019—2020）［R］．厦门：第八届中国新兴媒体产业融合发展大会，2020.

用于 2K/4K/8K 超高清、AR/VR 等格式视频的传输应用，让超高清视频的实时传输和虚拟现实视频的沉浸感完美呈现，AR/VR、全息投影与 4K/8K 超高清等共同构成下一代“大视频”产业①。2021 年发布的《5G 应用“扬帆”行动计划（2021—2023 年）》中就强调，要开发适配 5G 网络的 AR/VR 沉浸式内容、4K/8K 视频等应用；打造 AR/VR 业务支撑平台和云化内容聚合分发平台，推动与 5G 结合的社交、演播观影、电子竞技、数字艺术等互动内容产业发展。在信息传播形式方面，直播成为主流信息形式。视频直播的形式越来越多地被应用于媒体宣传、新闻报道和内容传播，永远在线、各种视角的视频直播将成为媒体传播常态，“5G+直播”将成为未来信息传播的大平台和新生态。2021 年，“5G+直播”更是成为各类行业主要传播方式。2021 年各大主流卫视春晚纷纷利用 5G 进行直播，其中河南卫视利用 5G+AI 完美呈现《唐宫晚宴》引发如潮好评。2021 年全国“两会”期间，新华社、中央广播电视总台、人民网等主流媒体综合利用“5G+”多位技术，实现“两会”新闻报道全场景立体化直播。在终端形态方面，5G 让任何一个具有联网能力的智能终端设备都成为信息传播链条的重要一环，智能终端种类的丰富和能力提升也将会赋能媒体信息生产的各个环节②。从 5G+4K/8K+AR 超高清直播，到 5G+AI 智能编辑平台、5G+异地全息影像、5G+卫星多地协同直播等各种不同智能终端间的协同工作，媒体平台多元联动，新闻报道的形式大幅创新。5G 推动媒体融合在内容形态、传播形态、终端设备等方面全方位升级，进而孵化出具有全行业、社会化特征的大传播格局和媒体新生态。

二、5G 技术能力与应用创新的三个方向——“超、多、新”

（一）超链接——5G 网络切片实现场景个性化需求

5G 最强大的能力创新是其全新的网络结构、毫秒级的端到端时延以

---

① 卢迪，米文霞，孙明慧．从 4G 短视频到 5G“大视频”［J］．视听界，2020（3）：43-49.

② 卢迪，邱子欣．5G 时代全球传播新生态：万物皆媒，人机共生［M］// 高伟，姜飞．全球传播生态发展报告（2020）．北京：社会科学文献出版社，2021：121-139.

及大流量密度能力，最直观的体验是其迅捷的传输效率和大密度的连接能力。相比4G，5G网络的频谱效率提升5～15倍，能效和成本效率提升百倍以上，5G可以支持0.1～1Gbps的用户体验速率、每平方千米100万的连接数密度、毫秒级的端到端时延①。5G独立组网则是5G网络最突出的功能。独立组网是完全独立建设的5G网络，能构建企业专属的广域局域网，充分发挥5G技术优势。2020年3月24日，工信部发布《关于推动5G加快发展的通知》，要求加快5G网络建设部署，支持基础电信企业以5G独立组网（SA）为目标，丰富5G技术应用场景，持续加大5G技术研发力度，着力构建5G安全保障体系。截至2021年8月底，我国已经建成全球规模最大的5G独立组网商用网络，累计建设5G基站达103.7万个，覆盖全国所有地级以上城市②。目前中国电信、中国移动、中国联通三大运营商均已实现5G独立组网（SA）规模部署。从2021年5月17日起，新进网5G终端默认开启5G独立组网功能③，推进5G独立组网规模化应用，这标志着5G进入一个新的发展阶段。

网络切片是"构成一个端到端的逻辑网络，按切片需求方的需求灵活地提供一种或多种网络服务"④的技术。因此网络切片技术能够基于相同的基础设施结合不同场景的具体业务需求提供独立的专有网络。当5G与云计算、物联网等技术不断深入融合之后，信息通信的场景将实现前所未有的大规模发展，物与物之间的信息传播将指数级迅猛增长。切片可以充分发挥云网融合优势，基于网络切片，可以提供安全隔离、多样化、差异化和定制化网络服务⑤。

三大运营商从2018年开始布局网络切片，2019年起围绕不同领域的5GSA切片网络展开测试。2020年成为5G网络切片商用元年，2021年5G网络切片开启快速落地应用。2021年2月24日，中国电信在2021年世界移动通信大会上发布全球首个基于5G端对端网络切片在车路协同领域的

---

①④ 单彤．白皮书丨中国5G推进组发布《5G网络技术架构》白皮书（附完整版PDF）［N/OL］．通信产业网，［2016-06-01］．https：//www.sohu.com/a/79214695_354878.

②③ 工信部：加快推进5G独立组网规模化应用［N/OL］．新华网，［2021-05-18］．https：//baijiahao.baidu.com/s?id=1700058559573365442&wfr=spider&for=pc.

⑤ 朱文凤．中国电信王庆扬：切片是实现5G定制网的基础［N/OL］．通信世界网，［2021-03-03］．http：//www.cww.net.cn/article?from=timeline&id=483503&isappinstalled=0.

典型应用，实现了 5G 定制网业务和公网业务的隔离，赋能智慧交通。2021 年 2 月 26 日，在第五届 5G 切片产业峰会上，华为、中国联通、中国移动、中国电信等 5G 切片产业联盟成员单位宣布成立 5G 切片产业联盟轩辕实验室，这是产业界首个 5G 切片开放创新实验室，旨在聚合切片产业力量，打通切片产业的技术断点①。2021 年 5 月 24 日，华为联合中国移动广东分公司完成 5G 公网切片首次商用验证。验证表明，基于切片技术低时延、高可靠的业务差异化性能可以很好地做到公网 ToB 和 ToC 业务之间的隔离和差异化保障②，从而拉开了 5G 切片在公网网络的规模商用序幕。2021 年 9 月，中国移动 5G 终端先行者产业联盟在全球范围内率先完成了基于“5G 终端切片中间件”的 5G 终端动态多切片技术验证。该方案提供了终端多切片能力的通用解决方案，打通了 5G 网络切片商用的关键环节③，标志着 5G 网络切片技术已全面具备商用能力。

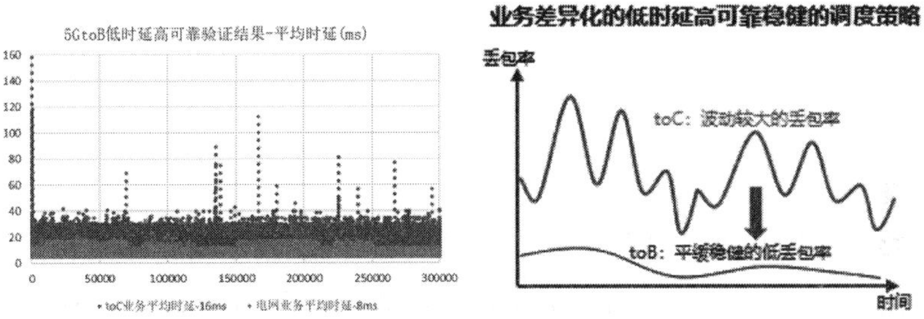

基于 RAN 切片技术的低时延高可靠特性

资料来源：华为，https：//www.huawei.com/cn/news/2021/5/5g-slicing-guangdong-chinamobile-commercial-public-network。

5G 社会生态下，网络切片定制化成为网络设计常态。从 4G 到 5G，不仅是通信代际的升级，凭借 5G 独立组网的独有优势，通信运营商可以

① 华为与移动、联通、电信等联合成立首个 5G 切片开放创新实验室［N/OL］．界面新闻，［2021-02-26］．https：//baijiahao.baidu.com/s?id=1692733865095593972&wfr=spider&for=pc.

② 广东移动联合华为完成公网切片首次商用验证［N/OL］．人民邮电报，［2021-06-01］．http：//www.cnii.com.cn/rmydb/202106/t20210601_282552.html.

③ 中国移动全球率先完成 5G 终端动态多切片技术端到端功能验证［N/OL］．前沿科技论坛，［2021-09-27］．https：//www.163.com/dy/article/GKT7I7NF0531FZAY.html.

向不同商业市场的客户提供网络切片服务。毫无疑问，网络切片将为5G网络的应用与发展带来更大的可行性和技术保障。目前三大运营商均推出面向专网的定制化切片服务。中国移动为客户提供按需定制优享、专享、尊享三类组网模式，满足客户各类切片需求。未来还将不断推动5GSA网络切片、上行增强等技术成熟，为行业客户打造覆盖广、性能优、成本低、运维强和能力全的5G行业专网服务①。中国电信根据典型应用场景将5G专网划分为致远、比邻、如翼三类服务模式。致远模式以广域接入、云网一体为亮点，比邻模式则侧重本地处理、云边协同，如翼模式则致力于打造区域专属安全可信的定制网络，针对不同场景应用模式，提供给用户多样化、差异化和定制化的网络服务。中国联通则将5G专网分为虚拟专网、混合专网、独立专网三种部署方式，构建集约化、智能化的切片平台，提供以5G为核心技术的综合型专网，融合切片、MEC等技术，为行业用户提供具有定制化资源和服务质量保障、业务隔离的精品安全网络②。在三大运营商面向行业的ToB服务方面，定制化5G切片服务成为三大运营商为各类行业伙伴提供专网服务的重要基础技术。

（二）多终端——5G终端种类与形态多元化发展

5G商用以来，终端设备领域的发展依然引领5G应用的创新方向。5G将继续推动移动终端向泛在化、多样化、智能化的方向发展，改变当下视频与用户的连接方式。类型多样、形态丰富、应用场景多元是5G时代终端设备的重要特征。由于与物联网的融合以及5G本身广阔的应用场景，终端设备的种类和范围远远超越4G时代，打破4G时代手机终端“一枝独秀”的局面。

根据不同用户市场，5G终端呈现不同应用形态。中国移动提出5G时代客户服务的市场将由单纯ToC（移动市场）向“CHBN”四个市场转变，其中H代表家庭市场、B代表政企市场、N代表新兴市场。ToC的终端将主要为数据类终端，ToB的终端则集中在车联网、电力、工业互联网及直

---

① 5G切片推出面向专网的定制化切片服务［N/OL］．通信世界，［2021-03-18］．http：//bc. tech-ex. com/qukuailian/2021/0318/100017212. html.

② 5G切片是运营商开拓to B市场的“神兵利器”［N/OL］．通信世界，［2021-03-16］．https：//xw. qq. com/amphtml/20210316A0AJUB00.

播四大行业①。以应用场景划分，5G 终端的形态根据应用场景的差异将呈现多样化特征：增强移动宽带（eMBB）场景下的 5G 终端类型包括 CPE、手机、笔记本电脑、平板、无人机等；高可靠低时延（uRLLC）场景下包括车载终端、机器人、医疗设备、工业制造及检测设备等；大规模机器通信（mMTC）场景下则包括水电气表终端、物流跟踪器、家居智能电器、智能可穿戴设备等。

5G 手机是终端厂商布局的重点，5G 终端体系目前已经形成了以手机为主的多品类、多形式、多品牌特征与生产能力。根据中国信通院发布的《2021 年 7 月国内手机市场运行分析报告》，2021 年 7 月 5G 手机出货量 2867.6 万部，占同期手机出货量的 79.6%。2021 年 1～7 月，国内市场 5G 手机出货量累计 3.27 亿部②。5G 手机已成为新机型市场的标配，依旧占据 5G 终端半壁江山。2021 年 8 月 31 日，在 2021 世界 5G 大会上，工业和信息化部部长肖亚庆表示我国 5G 终端用户突破 4 亿户，国内 5G 终端连接数达到了 3.65 亿户，是全球最大的用户群体③。除了智能手机，5G 终端还包括室内外 CPE、5G 模块、5G 热点、5G 物联网路由器、5G 适配器、5G 机器人、5G 电视机、5G 笔记本、5GUSB 终端等各种终端形态，5G 终端生态百花齐放格局进一步加强。

当前，三大通信运营商依旧把终端设备作为 5G 商用的重点工作与重要方向。根据三大运营商公布的 2021 年 8 月运营数据，我国 5G 套餐用户总数达到了 57982.6 万户，中国移动 5G 套餐用户数为 30414.5 万户，渗透率达 31.98%；中国电信 5G 套餐用户数为 14662 万户，渗透率达 39.97%；中国联通的 5G 套餐用户数为 12906.1 万户，渗透率达 41.21%④。个人 5G 用户整体占比约为 1/3，在终端方面，5G 商用的空间

---

① 中国移动 5G 终端策略于 2019 年上海全球终端峰会发布［N/OL］. 通信世界网，［2019-06-27］. http：//www. cww. net. cn/article? id=454296.

② 中国信通院：7 月 5G 手机出货量 2283.4 万部，占比近八成创新高［N/OL］. 中新经纬，［2021-08-12］. http：//www. qq. com/rain/a/20210812A03XY800.

③ 工信部：5G 终端用户突破 4 亿，为全球最大用户群体［N/OL］. 人民资讯，［2021-09-13］. https：//baijiahao. baidu. com/s? id=1710758902369177519&wfr=spider&for=pc.

④ 运营商 8 月运营数据：5G 套餐用户接近 6 亿户中国移动占据半壁江山［N/OL］. C114 通信网，［2021-09-26］. https：//baijiahao. baidu. com/s? id=1711929296346957343&wfr=spider&for=pc.

依旧很大。中国移动认为国内5G终端产业发展呈现出了三个“升级”特征：一是智能升级，从云端智能向云边端智能演进；二是产品升级，从消费互联网走向产业互联网；三是产业升级，数智化带动了终端产业链全面升级，产业价值进一步扩大①。在未来5G终端发展方向上，中国移动将在网络基础建设、业务拉动、投资赋能、产业推进四方面发力。中国联通则以技术牵引应用为本，通过规划、生产、研发、商用这“四个面向”全面来构建终端生态。中国电信继2020年在天翼智能生态博览会上发布首款5G云手机后，再次推出新一代5G全网通云手机——“天翼1号2021”，从而推进云网端协同，构建云终端生态。

（三）新业务——5G消息是原生创新的强传播属性业务

在推动5G融媒体发展中，5G消息是一个重要支点，是5G时代新基建的一个重要应用场景，也是驱动媒体融合深度发展的关键应用。当前，面向C端的新型信息消费与面向B端的行业信息服务，共同构成了5G的业务与服务体系。2020年4月8日，中国移动、中国电信、中国联通携手11家合作伙伴共同发布《5G消息白皮书》，三大运营商计划在2020年内推出5G消息。2021年5G消息全面走向商用，中国移动、中国联通、中国电信三大运营商相继展现5G消息生态级宏大战略，合力打造标准、开放、共赢的5G消息生态系统，5G消息业务及其整个产业链进入蓬勃发展阶段。中国移动在扩大终端规模、丰富业务能力和完善通信体验三个方面着力推进5G消息建设发展，并推出相关5G消息技术标准，逐步完善5G消息产品的功能。中国联通在丰富5G消息体验服务，以C端赋能B端的业务特色上重点发力。目前中国联通已基本完成全国商用规划两大区的建设，涉及面覆盖全国。中国电信5G消息业务平台建设基本完成，并推进多款终端5G消息业务功能测试。

根据《5G消息白皮书》的定义，5G消息是基于GSMARCSUP标准构建，实现消息的多媒体化、轻量化，通过引入MaaP技术实现行业消息的交互化。相比传统短信业务服务，5G消息提供全新的人机交互模式——用户无需下载各种类型的App，在终端原生的消息窗口内就能完成服务搜

---

① 中国移动终端公司副总汪恒江：5G消息等创新业务已接近普及爆发临界点［N/OL］．新5G消息，［2021-09-22］．https：//www.163.com/dy/article/GKCDINRF0531M8UK.html.

索、发现、交互、支付等一站式的业务体验。因此，5G 消息业务是传统短信业务的革命性升级。在 5G 网络支持下，原生终端的消息业务将构建全新的信息渠道入口，利用其优越的渠道优势，5G 消息将成为 5G 时代最富代表性的媒体型新业务。作为深度融合阶段发展创新的有力抓手，5G 消息带来的基础消息技术与业务的跃变能带动媒体融合层次质的飞跃。

中国移动、中国联通、中国电信三大运营商作为 5G 消息领域的行业引领者，已在多行业多场景进行 5G 消息的相关合作和应用试水。2021 年 8 月 5 日，三大运营商与中兴通讯、华为等在 5G 消息工作组联合下，成立 5G 消息联合实验室，为 5G 消息产品进一步划定行业标准。2021 年全国“两会”期间，北京移动联手新华网开发了“新华网‘两会’5G 消息模拟体验”产品，这是 5G 消息首次应用于全国“两会”媒体报道。2021 年欧洲杯期间，中国移动手机报围绕赛事热点，相继推出 5G 融媒手机报《新闻早晚报-5G 欧洲杯》特刊、《5G 消息欧洲杯》特刊，结合视频、音频、图文资讯，以视频彩信和 5G 消息形态面向用户传播欧洲杯精彩赛事内容，使各类型、各终端的用户都能够接收看到最全面的资讯内容①。2021 年东京奥运会期间，四川日报全媒体联合四川移动、咪咕数媒推出新一代手机报产品“华西手机报 5G 消息版”，为用户奉上“睛彩奥运”的视觉盛宴②。此外，三大运营商也举行 5G 消息大赛，联动社会各界，激发全国行业 5G 消息创新活力。2021 年 3 月，中国联通、中国电信联合举办 Chatbot 创新开发大赛，探求 5G 消息重点应用领域中的新需求、新形态、新模式。2021 年 7 月，中国移动启动“2021 中国移动创客马拉松大赛 5G 消息专题赛”，聚焦 5G+AICDE 新技术、新产品、新模式，开展“人工智能、互联网”等 12 项专题赛道活动，为创客们提供学习交流空间和能力开放共享合作平台③。

---

① 5G 赋能欧洲杯赛事消息传播新范式咪咕助力融媒体发展［N/OL］. 光明网，［2021-07-14］. https：//m. gmw. cn/baijia/2021-07/14/34993752. html.

② 邓聪 . 5G 消息强势来袭开辟 5G 时代运营商“新出口”［N/OL］. 人民邮电报，［2021-08-19］. http：//www. cnii. com. cn/gxxww/rmydb/202108/t20210819_302531. html.

③ 5G 消息盛事来袭！2021 中国移动创客马拉松大赛 5G 消息专题赛即将启动！［N/OL］. 5G 消息，［2021-07-14］. https：//xie. infoq. cn/article/ff7a9e229bd37d9771b608734.

三、5G在媒体深度融合中的“四级化”特征与主要应用模式

（一）中央媒体综合运用5G+多种先进技术，实现立体化传播

媒体融合的“先进技术”并不是特指一种新技术，而是指5G、物联网、大数据、人工智能等共同协作、相互作用的新一代信息技术群。2020年9月26日，中共中央办公厅、国务院办公厅印发《关于加快推进媒体深度融合发展的意见》，指出要以先进技术引领驱动融合发展，用好5G、大数据、云计算、物联网、区块链、人工智能等信息技术革命成果，加强新技术在新闻传播领域的前瞻性研究和应用，推动关键核心技术自主创新。对于媒体融合而言，“先进技术”成为其深度发展的底层技术基础和动力来源，引领驱动媒体融合发展。其中，5G作为“先进技术”里的“核心输出”，为数据传输提供强有力网络通道，解除人工智能、物联网、云计算网络限制，极大释放信息渠道潜能。因此，在传播领域，“5G+先进技术”的综合应用成为媒体传播信息的主要方式，中央和地区主流媒体相继实行各类应用模式。

中央广播电视总台大力实施5G+4K/8K+AI超高清战略。2021年2月1日，中央广播电视总台8K超高清电视频道试验开播，标志着全球首次实现8K超高清电视直播和5G网络下的8K电视播出。同时，启动现场播放了我国首部全流程8K纪录片《美丽中国说》，该片在8K技术应用上取得的跨越性突破，奠定了中央广播电视总台超高清视频制作的引领地位①。2021年3月26日，中央广播电视总台启动国家重点研发计划重点专项《基于广播网与5G移动网融合的超高清全媒体内容协同分发关键技术研究》，探索利用5G技术创新全媒体传播模式，为中央广播电视总台从传统

① 全球首次实现8K电视直播和5G传输播出中央广播电视总台8K超高清频道试验开播［N/OL］. 中国日报网，［2021-02-01］. https：//baijiahao. baidu. com/s? id=1690483220575038629&wfr=spider&for=pc.

技术布局向“5G+4K/8K+AI”战略格局转变提供强大科技支撑力量①。2021 年 7 月 1 日，在庆祝中国共产党成立 100 周年大会的现场直播中，中央广播电视总台首次使用 5G 网络代替传统微波技术进行移动 4K 高清视频直播，为屏幕前的观众带来了极具沉浸式和临场感的视觉体验②。2021 年 7~9 月东京奥运会期间，中央广播电视总台利用 5G+4K/8K+AI 技术助力奥运转播报道，场外观众不仅可以在电视屏幕上享受到细致超清的画质体验，甚至还可以通过 AR 和 VR 任意切换视角③。此外，在 2022 年北京冬奥会期间，中央广播电视总台将“5G+4K/8K+AI”等先进科技成果转化到冬奥音视频内容生产过程中。新华社在 5G+全息跨屏访谈上重点发力。2021 年全国“两会”前夕，新华社推出全球首个 5G 沉浸式多地跨屏访谈。通过 5G、CAVE（基于投影的虚拟现实）技术、MR（混合现实）技术、LED 屏幕多角度三维缝合技术等，将现场场景在演播室做等比例还原，实现了两个真实空间的虚拟交错④。此外，新华社还和中国移动北京公司（北京移动）联手，凭借“5G+8K+新立方演播室”技术推出“沉浸式”“两会”听会报道，让部分受邀观众“身临其境”参与全国“两会”。《人民日报》强力发展 5G+AI 智能采编发新媒体产品。2021 年“两会”前夕，人民日报社技术部和阿里云、中国移动共同发布人民日报社 AI 智能编辑部 2.0，AI 通过对新闻素材加强语义理解和归纳总结，为使用人员提供智能文本搜索、图片搜索、视频搜索、多语言搜索、语义搜索等业务场景，快速提升编辑记者新闻生产效率⑤。2021 年全国“两会”期间人民日报社还推出集 5G 智能采访+AI 辅助创作+新闻追踪多重本领于一身的

---

① 国家重点研发计划助力总台构建“5G+4K/8K+AI”战略格局［N/OL］. 央视新闻客户端，［2021-03-26］. http：//m. news. cctv. com/2021/03/26/ARTIvdnmnEgyKbL1Hdz4NJM1210326. shtml.

② 表现优异！5G 切片技术首次应用于国家重大政治活动媒体直播［EB/OL］. ［2021-07-02］. http：//5g. idcquan. com/5Gzixun/187596. shtml.

③ 中央广播电视总台：5G+4K/8K+AI 助力奥运转播报道［EB/OL］. ［2021-07-18］. http：//www. cm3721. com/toutiao/20739. html.

④ 全球首个 5G 沉浸式多地跨屏访谈实现“空间穿越”［N/OL］. 中国新闻网，［2021-03-06］. https：//www. chinanews. com/gn/2021/03-06/9425759. shtml.

⑤ 人民日报社 AI 智能编辑部 2.0 上线，智能和悟性升级［EB/OL］. ［2021-03-04］. https：//www. sohu. com/a/453983183_120091539.

“智能创作机器人”。该机器人没有实体形象，却能为新闻的策采编发提供全程智能支持。此外，全新一代 MR 眼镜 Rokid Vision2 也作为该“智能创作机器人”的一部分在“两会”期间推出，为现场信息的策采编发全程提供智能支持。该 MR 眼镜在带领用户第一视角近距离看“两会”的同时，还解放了采访者的双手①。5G+AI 的共同加持，让前方记者成为单枪匹马却“多栖作战”的全能型媒体人，第一现场的新闻报道实现全流程升级②。

中央媒体对于 5G 网络的应用，充分体现出 5G 技术对媒体信息采编播全流程的优化，以及 5G 技术对各行业、各领域的赋能。中央媒体在 5G 应用方面的实践，是推动智能视听领域与全程媒体、全员媒体、全息媒体、全效媒体发展的全新探索。5G 与人工智能等技术的结合，大幅度提升了新闻生产、分发效率；重构协同化、一体化、集约化的生产流程，实现了由“平面媒体”到“立体媒体”“沉浸式媒体”的升级。

（二）省级媒体搭建 5G 技术平台，积极探索多场景应用

2021 年，省级主流媒体积极促进和发展 5G 等先进技术在文娱领域中的引领、驱动作用。湖南卫视 2020~2021 跨年演唱会晚会通过 5G 互动直播间、5G 云包厢、5G 云观众、多屏同看、多路视角、专宠机位等技术应用，给观众带来了更具观赏性、沉浸式的全场景互动体验。2021 年重庆春晚首次采用 5G“环绕+”自由视角，舞台现场部署了 120 度扇区、54 台高清摄像机，采用 3D 环绕特效的拍摄手法，全方位无死角定格晚会的精彩瞬间，为广大观众带来身临其境般的观感体验。河南卫视坚持“文化立台”方向，聚焦用 5G 技术拓展传统文化展现形态，古今结合，让优秀文化焕发新活力。2021 年河南卫视春晚中的舞蹈《唐宫夜宴》运用了 5G+AI 技术，让虚拟场景和现实舞台结合，将歌舞放进了博物馆场景，制造出博物馆奇妙夜的感觉，让观众更加真实地感受到大唐盛世的繁华，在社会各界和广大网民中引起了积极、强烈的反响。

---

① AR+5G！人民日报“智能采访”助手 Rokid Vision 2 亮相两会 [EB/OL]. [2021-03-07]. https://baijiahao.baidu.com/s?id=1693567963309245992&wfr=spider&for=pc.

② AI+5G！人民日报“智能创作机器人”亮相两会 [N/OL]. 人民日报社，[2021-03-06]. https://baijiahao.baidu.com/s?id=1693491196599043273&wfr=spider&for=pc.

省级媒体也积极拓展 5G 在其他领域的应用。2021 年 1 月江苏省“两会”期间，新华报业联合江苏移动推出“5G 消息两会通”，通过一条短信，用户即可查看“两会”资讯。同年 8 月，新华报业传媒集团和江苏移动还联合打造了“5G 消息抗疫通”，收录江苏省疫情防控的相关政策，滚动更新每日疫情情况最新数据，汇集呈现抗疫一线的点滴动向①，带给用户全新的 5G 新闻应用场景体验。除了江苏以外，山东、四川、重庆、江西等多省都开拓了 5G 消息业务，探索 5G 技术应用新场景。其中江西省属重点媒体、手机版党报——江西手机报于 2021 年 7 月推出“5G 江西手机报”，以党建和党史学习教育为侧重点，开设了“学党史”“看江西”“新视界”等专题页面，通过 5G 消息技术为用户提供随时随地即可开始的个性化党史学习平台②。2021 年 3 月，湖南广播电视台使用 5G 智慧电台、智能音箱新技术，传播“两会”报道内容。同月，甘肃日报上线运营媒体融合的创新成果“新甘肃 5G 智慧电台”。该智慧电台利用 AI 智能技术，通过智能抓取、智能编排、智能播报、云端分发，实现全天候新闻、资讯、天气、路况等内容播报③，从而用领先的互联网技术为传统广播助力赋能，以“技术+系统+内容”的模式，突破了传统广播节目编排、主播播报的固有形式。2021 年全国“两会”期间，广东台通过 5G、AI、云服务等技术应用，在北京、广州两地实现了前方拍摄+后方收录+编辑制作的同步进行、全面贯通，打破了空间限制，做到北京和本台两个团队隔空指令、同步落实的高效协同。2021 年 4 月，为庆祝建党 100 周年，福建 IPTV 分平台打造福建 IPTV“智慧党建”云平台——《堡垒先锋》。该平台将党建资源与 5G 双千兆、VR 技术以及“互联网+”技术相结合，实现基层党建工作线上、线下融合，通过创新组织工作手段，整合信息化资源，打造集党建宣传、党员教育、党务管理等于一体的综合服务平台④。

---

① 订阅 5G 消息 get 抗疫知识“5G 消息抗疫通”上线啦！［N/OL］. 交汇点客户端，［2021-08-05］. https：//baijiahao. baidu. com/s? id=1707216251064297591&wfr=spider&for=pc.

② “5G 江西手机报”正式上线助力“党建+党史学习教育”［N/OL］. 江西手机报，［2021-07-01］. https：//sjb. jxnews. com. cn/system/2021/07/01/019325094. shtml.

③ 李满福. 听！新甘肃传出好声音　首家省级主流媒体智慧电台上线试运行［N/OL］. 澎湃新闻客户端，［2021-03-19］. http：//m. thepaper. cn/baijihao_11781851.

④ 福建 IPTV 打造“智慧党建”云平台《堡垒先锋》［N/OL］. 福建省广播电视局，［2021-04-20］. http：//gdj. fujian. gov. cn/xw/sjgz/202104/t20210420_5578779. htm.

2021年5月，四川党建期刊集团看四川杂志社打造高质量5G+8K“云采茶”活动，通过四川电信5G+8K超高清直播，带领广大网友走进川茶主产区，对雅安名山茶叶的采摘、炒制等工艺进行直播展示，多角度地解读雅安茶业发展和演进历程，实现了超高清视频传播模式下，数字文创与消费场景的深度融合，促进“文化IP+应用场景+消费体验”一体化发展①。2021年6月初，川网传媒联合四川移动推出了5G手机报——《5G彩屏》。基于融合通信技术的5G消息，《5G彩屏》可实现文字、图片、音频、视频、位置等信息的有效融合②，全面有效拓展手机报业务。在直播购物方面，浙江广电集团旗下好易购电视购物频道借助5G网络开展了4K、VR高新视频在内外场以及高速运动等节目场景下的5G商用直播探索，技术成果已用于浙江省5G+行动发布会、浙江卫视跨年晚会、乌镇互联网大会广电融媒直播等5G+4K直播以及好易购九阳中秋购物节5G+VR+4K直播等重要5G直播任务，其中好易购九阳中秋购物节5G+4K+VR购物直播销售额超500万元③。

省级媒体在5G融媒体应用方面应积极推进5G技术落地、促进5G等先进技术的融合应用，拓展5G技术条件下媒体融合发展新领域。一方面，充分发挥5G在广播电视节目中的技术优势，赋能文娱产业，利用5G技术为多元化的内容生产提供支持，使内容制作智能化，创新文娱内容表现形态。另一方面，积极搭建各类5G技术平台，为5G应用提供高效率、高质量的平台支撑，盘活各类应用场景，让5G应用融入各行各业，赋能地区经济发展。

（三）地市级媒体整合多方资源，推动5G融媒体传播服务社会

地市级媒体重点打造5G多平台生态圈，联动各级机构和企业，让5G融媒体融入社会生活，造福广大市民。2021年5月20日，长春广播电视台与中国移动通信集团吉林有限公司长春分公司签约“5G+智慧广电战略

---

① 四川电信联合看四川杂志社打造高质量5G+8K内容——“云采茶”［EB/OL］.［2021-05-13］. https：//www. tvoao. com/a/207140. aspx.

② 5G彩屏：四川彩屏5G消息升级版［EB/OL］.［2021-07-08］. http：//www. 163. com/dy/avticle/GEDKFSOR0531M8UK. html.

③ 郑磊 . 5G+4K+VR高新视频生产的技术实现［J］. 广播与电视技术，2021，48（5）：47-50.

合作”框架协议。未来双方将在“5G+智慧广电”框架下深度合作，打造 AR 虚拟直播间、AI 大数据应用、5G 高速网络传输等应用，构建长春广电传媒的“生态优势圈”①。2021 年济南市“两会”期间，济南日报报业集团联动中央媒体、省际联播平台、区县融媒，首次引入“5G+MGC+大直播+四级融媒”大型全媒体进行“两会”报道②。通过 5G+4K 高清直播、MGC 全景式短视频、VR 全景视角 5G+4K、MGC 让受众如临其境，创新市级“两会”报道形式。同时，2021 年 4 月，济南日报报业集团还上线了平台型新媒体——新黄河客户端，打造“新闻+政务服务商务”的智慧媒体平台，为用户提供各类信息服务。推出四个月，新黄河客户端累计下载量 1673 万，全媒体矩阵粉丝数 3200 万，总发稿量 722020 条，总点击量 10.7 亿，全国影响力初步显现③。在和中国传媒大学新媒体研究院、中国联通等多方联合研发努力下，济南日报报业集团舜网于 2021 年 9 月还发出了济南市第一条 5G 消息，引领媒体融合创新的 5G 新风潮。在全国省会城市媒体行业中最早推出 5G 消息的是《长沙晚报》，2021 年 1 月 16 日，《长沙晚报》联合长沙移动推出 5G 消息新应用，用户在微信上操作的大部分功能都可以在 5G 消息中实现，既能像短信一样点开浏览新闻，还可以在消息窗口实现搜索、交互、分享和支付等一站式业务体验。5G 消息业务逐渐深入地市级融媒体应用场景，获得了进一步发展。2021 年 2 月，温州市“两会”期间，温州广电传媒集团“移动 5G 融媒体+应用实验室”推出 5G 全景记者、5G 全景述政、5G 全景直播等新应用，在快点温州新闻客户端、温州移动微信公众号等平台开展 720 度全景沉浸式报道，利用“5G+XR”技术解读政府“账本”④，切实为用户提供有效服务。

---

① 20 日长春广播电视台与中国移动通信集团吉林有限公司长春分公司将签署“5G+智慧广电战略合作”框架协议［EB/OL］.［2021-05-19］. https://new.qq.com/rain/a/20210519A0CNH700.

② 5G+4K+MGC+大直播+四级融媒！济南报业创新市两会报道模式［N/OL］. 爱济南客户端，［2021-01-10］. https://baijiahao.baidu.com/s? id=1688483481047888255&wfr=spider&for=pc.

③ 大数据绘出新黄河百日照：全网 10.7 亿点击量，多报道获全国影响力［N/OL］. 新黄河客户端，［2021-08-08］. https://baijiahao.baidu.com/s? id=1707489496346725602&wfr=spider&for=pc.

④ “移动 5G 融媒体+应用实验室”助力“两会”新闻宣传融合创新［EB/OL］.［2021-02-08］. http://www.wzxc.gov.cn/system/2021/02/09/013983445.shtml.

在2021年洛阳市“两会”期间，洛阳日报报业集团与中国移动洛阳分公司深度合作，首次运用5G技术，充分发挥全媒体传播优势①。2021年5月8日，安徽省安庆市新闻传媒中心、南翔集团、中国移动安庆分公司共同打造的“遇见美好安庆·城市线上客厅”全省首个5G户外直播间落地开播，通过网络直播、视频直播、互动展示等形式，为上线平台提供超级体验空间，打造“安庆城市商业IP”②。2021年8月31日，江苏省常州日报社与中国移动江苏公司常州分公司共创共建的常州市首个“移动5G融媒体+应用实验室”正式亮相。常州日报社作为地市级主流媒体，与中国移动江苏公司常州分公司携手进行5G技术在平台融通、采编融合、技能融化等媒体应用上的研究，制定了包括5G书香党建、5G消息、5GVR高新视频、5G即时传播系统四个场景应用和一个5G融媒体新平台支撑的设计蓝图，搭建融媒体试验场景③。

地市级媒体上承省级媒体下继县级媒体，担负着平台枢纽的信息汇聚和分发任务，因此在5G发展方面地市级媒体应充分整合地方资源，联动省级媒体和县级媒体，形成全媒体生态圈，把5G技术“联通万物”“上启下沉”的作用属性更好地落实到社会基层。

（四）县级媒体因地制宜，发展5G特色应用模式

县级媒体应因地制宜，根据自身情况发展5G应用特色模式。2021年，甘肃省秦安县、河北省饶阳县、江西省玉山县等陆续开播“5G智慧电台”，新上线的5G智慧电台为县级广大听众带来全新体验，助力主流媒体打通信息服务的“最后一公里”。其中甘肃省秦安综合广播FM96.5的“新甘肃”5G智慧电台在2021年3月上线试运行，突破了传统广播的节目编排、主播播报形式。5G智慧电台利用AI智能技术，通过智能抓取、智能编排、智能播报、云端分发，实现了新闻、资讯、天气、路况等内容

① 李冰，孙自豪.5G赋能，洛报集团开启“两会”融媒报道新模式［N］.洛阳日报，2021-02-06（2）.

② 陈庆鹏.安徽首个5G户外直播间在安庆开播［N/OL］.中安在线，［2021-05-08］.http：//ah.anhuinews.com/aq/news/shh/202105/t20210508_5265983.html.

③ 常州市首个“移动5G融媒体+应用实验室”正式亮相［N/OL］.中国江苏网，［2021-09-01］.https：//www.163.com/dy/article/GIQ6RILB0514TTJH.html.

的全天候播报①。2021年3月，河北省饶阳县融媒体中心也开播“5G智慧电台”，由人工智能技术与“中央厨房”两大板块组成，采取“人工智能+内容+系统”的运营模式，解决了县级融媒广播类节目中设备更新缓慢、节目内容匮乏、人才短缺等问题，以人工智能替代多人重复劳动，实现了“一个人管理一个电台”②。不同于以上县级媒体致力于5G智慧电台的搭建，云南省鹤庆县新华银器小镇则联合中国电信大理分公司落成直播融媒体传播营销基地，通过采用5G、云计算、大数据、物联网、AI智能等新技术，建设了大数据中心、慢直播、5G+Wi-Fi等智慧化系统平台，实现小镇数据分析和数据可视化，打造成为“智慧小镇”③。浙江省永嘉县则在2021年永嘉县“两会”期间首次启动了5G+4K全媒体直播模式。除5G+4K技术直播外，还通过“中央厨房”实现了“两会”现场实况和相关资讯的一次采集、全方位呈现、多平台传播。2021年5月11日，河南省焦作市温县融媒体中心举行5G+4K直播车交接仪式。该县融媒体中心推动县级融媒向“新闻事业+融媒产业”主流党媒转变。5G+4K直播车能更好地承担新闻直播、综艺晚会、专题访谈、行车广播等活动的现场录制和直播任务，为传播内容的生产发布提供更高效、便捷、丰富的支持④，标志着县级融媒在高清节目制作和媒体深度融合道路上进入崭新的发展阶段。

构建符合当地特色的5G新闻采编流程和内容生产体系是县级融媒体的未来发力点。当前，“县级融媒体+5G”已呈现出了因地制宜、多元发展的融合发展新态势。县级媒体应充分利用5G技术激发当地媒体宣传新方式、新活力，促进5G技术落地，利用5G融合4K/8K、AI、VR/AR等先进技术，拓展县级媒体融合特色发展新领域。

---

① 李满福．听！新甘肃传出好声音　首家省级主流媒体智慧电台上线试运行［N/OL］．澎湃新闻客户端，［2021-03-19］．http：//m. thepaper. cn/baijiahao_ 11781851.

② 河北省首个“5G智慧电台”正式开播［EB/OL］．［2021-03-05］．http：//www. ttacc. net/a/news/2021/0305/65936. html.

③ 中国电信5G助力银器直播销售［N/OL］．云南网，［2021-12-01］．https：//www. 163. com/dy/article/GQ4MKAOK0514R9NO. html.

④ 温县融媒体中心迎来首辆“5G+4K”直播车［N/OL］．人民资讯，［2021-05-13］．https：//baijiahao. baidu. com/s？ id=1699589240811808459&wfr=spider&for=pc.

四、 5G 时代全媒体传播的特征体现与创新趋势

（一）媒体机构层面：传媒全行业内业务跨界服务融合

5G 作为网络基础设施带给传媒行业最大的改变是产生新的生态入口。当内容生产脱离传统限制，大量多样态的内容面向海量终端分发，媒介渠道的价值与重要性大幅度上升。在这种传媒生态下，5G 技术支撑的物体都具有了媒体属性，人和物都成为互联网中的单个节点，将构成全新的媒介关系。传媒机构必须跟进改革，建设发展全媒体化，才能实现长足发展。因此，传媒机构主体也成为社会大传播格局下的“命运共同体”，在各自发展的同时，整体呈现大融合、全媒体化趋势。

5G 全媒体时代对于传媒机构最显著的特征是传媒机构业务服务的融媒体化。各大主流媒体在媒体融合时代潮流驱动下，相继进行融媒体平台业务的研发应用，并成立各级融媒体机构，建立与通信运营商和其他行业伙伴的合作。在 5G 融媒体背景下，万物互联互通，媒体机构之间的界限也开始变得模糊，纸媒、音频、视频、在线服务等传统泾渭分明的主营业务都会融合在一起，产生新的全媒体业务和全媒体平台。主流媒体也相应紧跟时代，利用新技术、新应用创新媒体传播方式，改革业务服务模式，加快全媒体融合发展步伐。

早在 2019 年，中央广播电视总台就基于“5G+4K/8K+AI”等新技术推出综合性视听新媒体旗舰平台央视频 App，这也是中国首个国家级 5G 新媒体平台，从技术架构、形态和内容三方面升级主流媒体视频社交，推动融媒体平台发展应用。“泛文体、泛资讯、泛知识”的三大内容品类，短视频、长剧集、直播、电视、4K、VR 等多样的内容形态，为用户带来全新视听体验。2021 年 9 月 26 日，中央广播电视总台联合 26 家企业共同发起我国首个以媒体融合为主题的国家级产业投资基金——央视融媒体产业投资基金，主要投向 5G、超高清、人工智能、云计算、区块链等前沿技术应用，扶持新媒体、新业态，全方位推进媒体融合发展①。在 2021 年

---

① 首个！央视融媒体产业投资基金在上海成立［N/OL］. 央广网，［2021-09-27］. http：//www. cnr. cn/fj/ztgz/20210927/t20210927_525616693. shtml.

9 月 27 日世界互联网大会乌镇峰会期间，光明网与安恒信息揭牌“智慧融媒网络安全实验室”，携手探索媒体融合建设中网络安全可借鉴、可推广方案，以推动媒体深度融合发展，服务构建全媒体传播格局①。

（二）传播流程层面：传播全链条整体重塑效率提升

5G 改变了传播链条的每一个环节，信息的内容形态、传播形式、核心资源以及终端载体，甚至用户群体等都将越来越多地发生颠覆性变革②。全媒体传播就是 5G 等先进技术渗透传播全流程各环节的结果。在先进技术的渗透、驱动下，信息的生产方式、传播形式、内容形态以及终端展现等都将发生颠覆性变化。

信息生产方面，“5G+云计算+AI”赋能新型内容创作，智能手表、头戴显示器、耳戴式设备等可穿戴设备以及移动终端带动用户即拍即享，推动 UGC（用户生产内容）内容生产模式升级。在 5G 创造的“万物互联”社会环境下，人工智能强力发展，MGC（机器生产内容）模式将成为信息内容生产的重要方式。2021 年央视春晚舞台设置了一道巨幅环形新媒体背景墙，154 块超高清屏幕分布在观众席后区上方，通过现场 154 块屏幕展现的内容，“云观众”参与春晚内容生成。2021 年 5 月 14 日，湖南广播电视台庆祝中国共产党成立 100 周年作品《理想照耀中国》MV 利用“5G+云制作”，用最先进的 AI 修复影像技术带领观众感受峥嵘岁月。

传播形式层面，5G 让直播实现随时随地、各行各业都直播，直播形式逐渐主流化、常态化。在信息传播领域，5G 新闻直播逐渐成为一种全民化、社会化、行业化的网络传播信息服务。2021 年 9 月 25 日，中央广播电视总台直播孟晚舟回国的报道中，仅央视频、央视新闻客户端、央视网等新媒体平台上，点赞总人次就达 4 亿③，在场化、强参与的特征让直播成为信息传播主流形式。此外，5G 实现人人皆可直播，让信息链条上的接受者成为参与者。截至 2021 年 6 月，我国网络直播用户规模达 6.38

① 李政葳．光明网与安恒信息共建“智慧融媒网络安全实验室”［N/OL］．光明网，［2021-09-27］．https：//politics. gmw. cn/2021-09/27/content_35196062. htm.

② 赵子忠．5G 对传播的影响［J］．新闻论坛，2018（4）：5.

③ 点赞超 4 亿！比美加总人口多！总台直播孟晚舟归国全球关注！［N/OL］．环球网，［2021-09-27］．https：//baijiahao. baidu. com/s? id=1712015315162802726&wfr=spider&for=pc.

亿，占网民整体的63.1%①。直播作为当下用户表达和内容消费形式，依旧是5G时代主要社交形式之一。

内容形态方面，5G网络特性让视频突破带宽和网速限制，社会媒介使用将进一步从文字、图片向大容量的短视频、流媒体、直播等媒介过渡，视频成为社会主流的信息传播媒介，深入更多垂直行业。一方面，超高清视频逐渐升级用户内容消费体验，高清的电视、电影、直播成为视频基础要求；另一方面，用户和视频内容的关系也被改变，从单一接收视频内容到与内容产生互动，互动视频将成为新热点。在5G技术环境下，用户对交互式内容的兴趣越来越强，并催生出互动影视、互动综艺、互动短视频等互动内容形态，视频娱乐从单一的“看”走向多维度的“玩”②。早在2020年8月，国家广电总局科技司就发布了《5G高新视频—互动视频技术白皮书（2020）》，展望了互动视频发展前景。2021年3月18日，慈文传媒与咪咕文化公司签订了《战略合作协议》，双方将创造更多5G及沉浸式产品的体验，打通互动剧与游戏、视频、动漫、体育、直播等内容渠道，助推互动剧的网络发行及运营。未来，互动视频将成为视频内容主要消费热点。

在终端层面，一方面，终端多元化，5G终端设备形成以手机为主，各种家用电器、超高清摄像头、智能网联无人机、AR眼镜、VR头显、MR设备以及全息投影等为辅的多样终端形态。另一方面，终端“屏显化”，多元的终端形态使内容与终端进一步脱离，内容的呈现与终端形态不再具有强依附关系，屏幕和显示器将无处不在。实现“人屏互动”将成为LED透明屏行业智能化发展的主攻方向，用户对于“一屏多用”“多屏互动”的需求体验越来越强。比如2021年5月19日华为推出的华为智慧屏SE系列，支持高清视频通话和畅连手机、平板、儿童手表等多设备功能。在5G技术的推动下，媒介终端和媒体内容进一步相脱离的特征越发明显。

---

① CNNIC：2021年第48次中国互联网络发展状况统计报告［EB/OL］．［2021-08-27］．http：//www.199it.com/archives/1302411.html.

② 陈孟．5G背景下视频行业的发展趋势研究［EB/OL］．［2021-09-24］．https：//www.huxiu.com/article/458989.html.

（三）用户体验层面：感知全维度呈现升级突破

在5G技术条件下，“媒体”的定义广泛延伸，由传统的“互联”变为“物联”，人、物、媒介和信息之间的有机连接显得尤为重要。移动互联网逐渐成为信息获取、传播、交互和消费的主流入口，各种场景下都会有更便利的网络接入口。一方面，5G让个人移动终端即手机成为超级媒体，一个人+一部手机便可以成为一个全媒体生产主体，受众在信息传播链条中的角色发生转变，由4G时代的信息受众和用户向5G背景下信息源头和信息生产者角色变化。截至2021年6月，我国手机网民规模达10.07亿，网民使用手机上网的比例达99.6%；2021年上半年，移动互联网接入流量达1033亿GB，同比增长38.7%①。这意味着用户的消费习惯进一步向移动端迁移，手机依旧是用户获取信息的主要媒介。人们参与信息传播的典型应用场景就在于短视频和直播领域，截至2021年6月，我国网民规模为10.11亿，网络视频（含短视频）用户规模达9.44亿，占网民整体的93.4%②。短视频、直播正在成为全民新的娱乐方式。庞大的用户规模，使UGC内容持续增长，而随着5G的成熟，伴随流量资费的降低和视频创作的进一步智能化，普通用户的视频创作能力将大大提升。

另一方面，超高清化是继音视频数字化、高清化之后的新一轮技术革新，将推动视频内容消费全面升级。5G高速率、低时延以及大带宽的网络特性，保障了实时、移动、高清的内容传输，超高清视频产业快速发展。根据工业和信息化部、国家新闻出版广电总局、中央广播电视总台联合发布的《超高清视频产业发展行动计划（2019—2022年）》，预计2022年我国超高清视频产业总体规模超过4万亿元，覆盖全国2亿用户，4K产业生态体系基本完善，8K关键技术产品研发和产业化取得突破。2021年2月1日，中国首个8K电视超高清频道——CCTV8K成功实验播出，我国成为世界上第二个拥有8K频道的国家。2021年2月11日，央视春晚以8K超高清形式在深圳某户外大屏幕进行实况播出，为深圳市民

① CNNIC：2021年第48次中国互联网络发展状况统计报告［EB/OL］.［2021-08-27］. http：//www.199it.com/archives/1302411.html.

② CNNIC：上半年我国手机网民规模达10.07亿，电视上网率为25.6%［EB/OL］.［2021-08-30］. http：//www.dvbcn.com/p/125984.html.

带来了一场高质量的视听盛宴。此外，此次央视春晚首次采用 AI+VR 裸眼 3D 演播室技术，让电视机前的用户隔着屏幕体会“身临其境”的参与感。

超高清视频在带来更高画质、更强沉浸感和互动性的同时，也将在社会各行业下得到丰富的应用。如在救灾场景，4K/8K 画质能让现场画面更清晰，帮助救援决策和工作。未来，超高清大屏作为智能系统的入口，可以包含影印、娱乐、照明、安防等功能，在文教娱乐、医疗健康、安防监控等领域得到应用等①。在这样的全社会应用趋势下，4K/8K 超高清、AR/VR/MR、全息投影等技术的应用更加深入和广泛，用户的感官体验将更加多元、沉浸、极致和真实。随着 5G 赋予超高清视频产业的技术支撑，4K/8K 等超高清视频将不再是内容消费中的“奢侈品”，高清的电视剧、电影、直播、短视频等媒介形式将走进人们的日常生活，成为内容消费的基础需求。

（四）应用场景层面：渗透全社会千行百业普遍应用

5G 技术能更好地支撑信息传播的全环节、全平台、全样态、全终端，并创造全新体验和全社会、全行业参与机会。当前，5G 技术助力各行各业垂直领域的信息传播，传统意义上“传媒”和“传播”的涵盖范围得以延伸和扩大。5G 商用后至今，社会各类相关行业都已在 5G 的赋能下实现转型升级，作为“新基建”的核心技术，5G 将继续深入各行各业、千家万户，推动国家产业经济结构向数字化、网络化、智能化发展。

5G 带来的网络传播应用场景之转变，最直接的体现就是从个人场景向行业场景、户外场景和家庭场景的转移②。当前 5G 已经与媒体传播、文化旅游、交通运输、教育培训等行业深度结合，并正在向工业制造、医疗健康、城市管理等领域渗透③。工业和信息化部等十部门联合印发的《5G 应用“扬帆”行动计划（2021—2023 年）》（以下简称《行动计划》），

---

① 陈孟 . 5G 背景下视频行业的发展趋势研究［EB/OL］．［2021-09-24］. https：//www.huxiu. com/article/458989. html.

② 新华社 . 中国新兴媒体融合发展报告（2019—2020）［R］. 厦门：第八届中国新兴媒体产业融合发展大会，2020.

③ 苏涛，彭兰 . 热点与趋势：技术逻辑导向下的媒介生态变革：2019 年新媒体研究述评［J］. 国际新闻界，2020（1）：43-63.

就从突破 5G 应用关键环节、赋能 5G 应用重点领域、提升 5G 应用支撑能力三个方面提出了七大指标，为未来三年 5G 应用发展路径指明方向，也表示我国 5G 发展进入应用创新期。根据《行动计划》，2023 年，我国将实现重点领域 5G 应用深度和广度双突破，5G 在大型工业企业的渗透率要超过 35%，个人用户普及率要超过 40%，每个重点行业 5G 示范应用标杆数超过 100 个①。工业和信息化部新闻发言人、信息通信管理局局长赵志国表示，当前 5G 在行业应用领域已经起到明显效果，特别是工业领域成为 5G 应用创新最活跃的领域之一，目前涵盖电子设备制造、装备制造、钢铁、采矿等 22 个重点行业，形成了远程设备操控、机器视觉质检等一批典型的、有代表性的场景应用②。

5G 消息是 2021 年最突出的 5G 业务应用，在行业赋能方面展现了巨大潜能。2020 年三大运营商合力推出时，5G 消息方面的整个行业还停留在概念阶段。而 2021 年 5G 消息开始走向全面商用，已有多家相关企业展示 5G 消息案例，5G 消息已从概念开始走向行业应用，进阶到打造标杆场景阶段。2021 年全国“两会”期间，新华网与中国移动开发了“新华网两会 5G 消息模拟体验”产品，用户进入 5G 消息页面后，即可在线实时查看“两会”热点调查、“两会”现场新闻，轻松获取“两会”最新资讯。这次活动不仅是新华网在 5G 消息推广方面的一次成功试水，同时也助力新华网圆满实现了在全国“两会”宣传报道上的创新。2021 年中国共产党成立 100 周年临近之际，人民网推出“人民网 · 党史学习教育”5G 消息平台，以 5G 消息解决方案探索智慧党建新模式。2021 年 1 月，中国农业银行开展 5G 消息平台新技术赛道落地试点，持续推进 5G 消息平台建设，促进金融创新场景落地。2021 年 5 月，湖南红网启动 5G 消息服务号，提供看新闻、天气、交通、购物等生活服务，能够和用户有效进行互动交流。

中国移动、中国联通、中国电信三大运营商也开足马力加速推动 5G 与各行各业深度融合。早在 2020 年中国移动就已经在 15 个行业开展了超过 100 个 5G 行业应用示范项目，5G 商业案例已经达到 2000 个。2021

①② 齐旭．深度广度双突破，5G 应用扬帆远航：写在 2021 年中国国际信息通信展召开之际［N/OL］．电子信息产业网，［2021-09-24］．http：//www.cena.com.cn/industrynews/20210924/113281.html.

年，中国移动将实施5G四个计划，即5G专网“引领计划”、行业终端“扬帆计划”、行业平台“9 one计划”及应用场景“绽放计划”，全面构筑5G产业数字化新引擎，从专网到应用场景全面推进与行业深度融合①。中国联通坚持“云网边端业”五位协同创新，打造5G+AIoT数字引擎，在智能制造、采矿、电力、油气、交通、文旅、教育、医疗等领域进行重点实践与突破，尤其在工业互联网领域形成了成熟的工业互联网产品体系能力，助力5G应用规模质量发展。中国电信近年来成立了政务、金融、交通、安全、卫健等十余个行业事业群团队，覆盖政府、工业、互联网、金融、医疗、教育、农业等垂直行业。截至2020年底，中国电信政企客户数达到1302万家，头部客户规模保持行业领先②。在三大运营商和各行各业的合作下，5G将继续在面向企业机构的B端市场，发挥强有力的优势，与各类垂直行业紧密联合，更多的垂直行业将从5G中获益，整个社会产业体系也将逐步升级。

---

① 蒋均牧．中国移动提5G四个计划：从专网到应用场景全面推进与行业深度融合［N/OL］．C114通信网，［2020-11-21］．https：//mp. ofweek. com/5g/a156714896037.

② 借力5G东风，中国电信发力B端业务助力产业数字化［EB/OL］．［2021-09-14］．https：//www. sohu. com/a/489780236_100211059.

直播短视频与新型主流媒体融合：理论与实践的比较

杨　雅　刘　欢　贾贝熙*

近年来，面对直播短视频浪潮，各大主流媒体纷纷入局抢占舆论高地，凭借直播短视频技术的创新价值，实现传统媒体的转型升级。不过，融合实践过程中也呈现出层次不齐、表层大于实质等融合瓶颈，存在着内容生产方式粗放、互动性不足、内容分发主导权受算法桎梏、商业化边界问题等现实困境。本文基于媒体融合现有研究的计量总结，运用熊彼特的"创新理论"框架，结合具体案例，分析梳理在直播短视频影响下，主流媒体融合创新的路径；提出科技赋能实现终端一体多元化、重构融合媒体内容生产流程、打造垂直领域新品牌、跨界混搭创新社会服务价值等路径，再造主流媒体的影响力。

一、研究缘起：媒介融合视频化转向渐成常态

信息技术革命，媒介迭代升级带来"万物皆媒""智能互联"的传播新图景。日常生活中，短视频和直播平台已经成为人们娱乐休闲、接触资讯、获取知识消费购物的主要渠道，总体用户规模不断增加。根据中国互联网络信息中心发布的第49次《中国互联网络发展状况统计报告》，截至2021年12月，我国短视频用户规模为9.34亿，网络直播用户规模7.03

* 杨雅，北京师范大学新闻传播学院副教授，北京师范大学新闻传播学院传播创新与未来媒体实验平台认知传播实验室副主任；刘欢，北京师范大学新闻传播学院硕士研究生；贾贝熙，北京师范大学硕士研究生。

亿，分别占网民整体的90.5%和68.2%。5G大容量、高速率、低延迟的技术引入，以及直播短视频界面易上手、易普及的操作方式，使得社会表达、社会交流、社会传播的资格以较低门槛呈现在普通民众面前，也正在重塑着媒体的产业形态，重构着新闻的生产与风格，再造着用户的心理和习惯。在内外动力的推动下，主流媒体也积极开展媒体融合实践，“短视频/直播+主流媒体”的技术业态创新逐渐成为媒体融合的重要特征[①]。从近年各平台发展情况来看，传统短视频平台不断加码直播业态，社交媒体平台布局短视频与直播板块，中央媒体、地方媒体从自身战略与业务拓展角度布局短视频和直播领域。至此，媒体融合的“视频化转向”渐成常态。

（一）媒体融合与直播短视频

“媒体融合”（Media Convergence）概念最早由伊契尔·普尔提出[②]，其定义呈现多样化的视角，强调了不同媒介技术间的结合，是两种或更多种媒介特征融合后形成的新传播态势，且融合后产生的新媒介功能远大于原先各部分的总和[③]。媒体融合并非单纯地将多种媒介并列在一起形成跨媒体整合，而是通过媒体矩阵的重新构造[④]，呈现出“资源共享、优势互补”的局面，提升媒体的整体传播影响力。有关媒体融合的理论探索与实践应用已经从媒介技术融合，向媒介的内容生产、组织转型、所有权融合、文化融合以及多模态融合等多层面展开[⑤]。

随着视频化的信息传播方式逐渐走向主流，直播和短视频技术开始改变传统的新闻生产与报道方式，重塑媒体格局和舆论生态，并推动媒体融合进入新的阶段。当下，网络直播和短视频已成为媒体融合的重要平台，与VR/全息投影等技术相结合的高质量的直播短视频产品也已成为检验媒体深度融合的试金石。

---

① 黄楚新，许可.2021年媒体融合：新引擎驱动新发展［J］.中国报业，2022（1）：16-20.

② De Sola Pool I. Technologies of Freedom［M］. Cambridge：Harvard University Press，1983.

③ 刘琴.主流媒体直播探索的理论基础［M］.北京：中国书籍出版社，2019：20.

④ 喻国明.推进媒体深度融合需要解决的三个关键问题［J］.教育传媒研究，2021（1）：12-14.

⑤ Gordon R. The Meanings and Implications of Convergence［M］// Kawamoto K. Digital Journalism：Emerging Media and the Changing Horizons of Journalism. Lanham：Rowman & Littlefield，2003：57-73.

（二）创新理论与传媒产业创新

产业创新理论主要起源于对产业革命的研究，并随着创新理论的研究不断深化发展。1912 年，经济学家熊彼特在其出版的《经济发展理论》中第一次系统地提出创新理论（Theory of Innovation），标志着产业创新思想开始萌芽，其核心原理同样适用于传媒产业。根据熊彼特的理论，创新是经济发展的根本现象，其本质是“建立一种新的生产函数，即实现生产要素和生产条件的新组合”。其中，“创新”和“新组合”包括五种情况，即选用一种消费者还不熟悉的新产品或者产品的新特性，采用一种在相关部门中尚未通过经验鉴定的新的生产方法，开辟一个新的市场，控制一种新的供应来源，实现一种新的组织形式，也即传媒产业通常所讲的产品创新、技术创新、市场创新、资源创新和组织创新。这些情况的组合共同构成了创新理论的核心①，也为传媒产业面对各种技术与社会的新变化、新形态构筑了稳固的基础。

随着媒体融合在国家政策层面得到明确支持，媒体融合与创新发展已成为现阶段打造新型主流媒体工作的重心。2014 年 8 月，中央全面深化改革领导小组第四次会议，审议通过了《关于推动传统媒体和新兴媒体融合发展的指导意见》，将媒体融合上升为国家战略。2016 年 2 月 19 日，习近平总书记在党的新闻舆论工作座谈会上发表重要讲话，强调要“尽快从相‘加’阶段迈向相‘融’阶段，从‘你是你、我是我’变成‘你中有我、我中有你’，进而变成‘你就是我、我就是你’，着力打造一批新型主流媒体”。在理论和实践层面，新型主流媒体进行直播和短视频布局，开展媒体融合新尝试，成为传统传媒业生产与组织结构重组、产品形态与市场开拓的表现。因此，我们需从技术和经济相结合的角度，从创新理论出发，探讨直播短视频创新在新型主流媒体融合发展过程中的作用。

二、理论基础：媒体融合理论与实践的现状

为更好地理解媒体融合，探讨当下媒体融合理论与实践发展的现状，

① 刘琴．主流媒体直播探索的理论基础［M］．北京：中国书籍出版社，2019：39.

本文将借助 CiteSpace 知识可视化分析工具绘制科学知识图谱（Mapping Knowledge Domain），回顾媒体融合研究的知识脉络和学术动向，分析国内媒体融合的核心议题和前沿动态。

研究样本数据来源于中文社会科学引文索引（CSSCI）数据库文献和北大核心数据库。选取文献类型为“论文”，检索日期为 2023 年 5 月 26 日，检索式为“主题=媒体融合”。检索得到 8039 条记录，抽取标题、作者、出版物、引文、关键词等信息，剔除会议通知、征稿公告、新闻报道、卷首语等类别，最终共得到有效样本 6689 篇，最早文献时间为 2001 年 7 月。

（一）基于实践导向的历时研究热点

研究运用时区功能对高频关键词（频次≥50 次）进行共现分析，可以分析出媒体融合研究领域的相关话题，如图 1 所示。

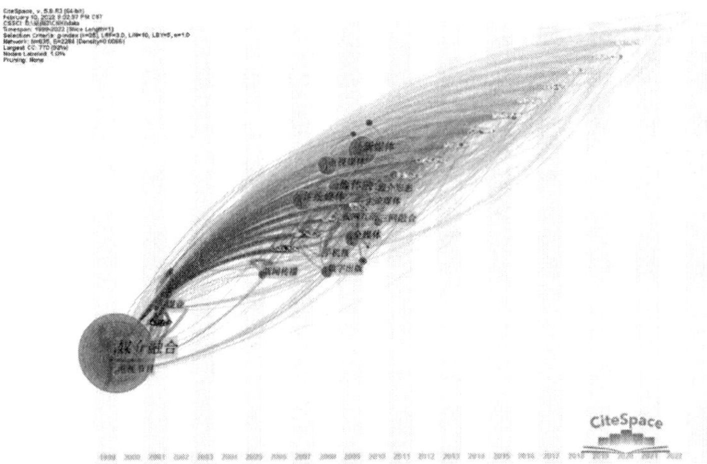

图 1　媒体融合研究发展的时区视图

由图 1 可知，关键词“新媒体”自 2010 年出现后一直处于高频状态，可见在媒体融合相关研究中新媒体的地位及其作用一直是研究热点。“传统媒体”出现于 2002 年，但在 2009 年及以前出现频次并不高，而在 2009 年后，伴随着“媒体融合”“新兴媒体”等概念的提出，如何使传统媒体适应新媒体时代的传播特点，实现传统媒体的转型升级成为新的重要研究主题，此时“传统媒体”的出现频次开始上升。特别是在2014年后，对传统媒体中“主流媒体”这一类别的研究数量上升，如何建设新型主流媒体，提升传统主流媒体在新媒体时代的传播力与影响力同样成为学界关注的话题。此时，对于媒体融合，学界和业界更多讨论的是以传统报纸、电视为主体，结合“全媒体”“三网融合”等相关政策类关键词，探讨如何在互联网浪潮下，通过相关政策与策略实现传统媒体技术与新媒体技术的融合。

由表1可知，媒体融合研究的议题出现了较大的代际更迭，并可归纳为三个阶段。第一个阶段是2001~2008年，这一阶段是媒体融合研究的起步阶段，此时的研究重点是如何实现报纸、电视等传统媒体与网络技术的融合，如在2008年出现的关键词“手机报”便是报纸这一传统媒体摆脱纸质载体，顺应手机这一移动媒体趋势而诞生的产物。此时相关研究虽然认识到了要及时实现传统媒体与新媒体技术的融合，但对于媒体融合的理解却仅停留在技术融合层面，认为媒体融合只是传统媒体技术与互联网等新兴技术的简单叠加，并未认识到互联网等新技术对用户思维、社会环境等要素的重构。这一阶段的另一个研究重点则是探讨如何对媒体融合相关人才进行培养，网络时代的到来给传统媒体带来前所未有的冲击，此时长期处于传统媒体时代的从业者们的经验已不足以支持其应对新媒体的挑战，因此便亟须培养一批符合新媒体时代要求的媒体人才，以更好地实现媒体融合。但此时一个明显的观察是，无论是业界的媒体融合实践还是学界对于媒体融合人才的培养，都在借鉴西方的经验及理论，尚未形成符合我国特点的媒体融合实践方式。

表1　媒体融合研究关键词的代际更迭

序号	关键词	突现强度	突现性开始年份	突现性结束年份
1	全媒体时代	9.48	2001	2013
2	媒体融合	9.51	2006	2013
3	手机报	9.16	2008	2015
4	传统媒体	55.12	2011	2015
5	新兴媒体	54.41	2014	2015

续表

序号	关键词	突现强度	突现性开始年份	突现性结束年份
6	媒体融合发展	28.56	2014	2015
7	互联网思维	15.6	2014	2016
8	新闻舆论工作	14.6	2016	2017
9	中央厨房	15.08	2017	2018
10	移动优先	10.45	2017	2019
11	人工智能	11.65	2018	2020
12	县级融媒体中心	36.01	2019	2021
13	5G	19.06	2019	2021
14	纵深发展	9.56	2019	2021
15	守正创新	9.35	2019	2023
16	短视频	23.02	2020	2023
17	主流媒体	19.88	2020	2023
18	县级融媒体	18.33	2020	2023
19	融媒体	17.54	2020	2023
20	社会治理	15.73	2020	2023

第二个阶段是2009~2019年，这一阶段媒体融合研究数量开始增长，且逐渐结构化、体系化。此时，媒体融合的内涵开始拓宽，人们开始意识到媒体融合不仅是技术的简单叠加，“互联网思维”这一关键词的出现体现出学界与业界都开始意识到互联网对用户思维、社会环境等方面进行着重塑。此时在理论方面，有关不同媒体融合后信息传播功能的研究是重点，学界不仅关注不同媒体渠道、终端的融合，同时还关注如何对媒体内容加以融合。在这一阶段，业界也探索出更适合我国状况的媒体融合形式，如“中央厨房”实施“一次采集、多种生成、多元传播”的创新，“县级融媒体中心”作为基层媒体融合实践的新形式承担了服务基层社会治理的重要功能。

第三个阶段是2020年至今，随着5G技术的普及与应用，催生出了更多的新媒体形式，“融媒体”概念也开始被多次提及。经过前两个阶段的探索，在这一阶段，媒体融合不仅可以在物质层面将VR、AR以及人工智能等新兴技术与传统媒体技术进行更好的融合，在观念层面也开始使用更加契合智能时代传播模式的思维推动媒体转型。此外，除去在前两个阶段已出现的技术融合和观念融合，第三阶段中“社会治理”这一关键词的出现，也体现出社会融合这一新趋势，相关研究开始关注在媒体融合背景下社会关系的结构性转变。其中“短视频”异军突起成为重要的媒体融合形态，而这也正是契合了本文研究的主要议题。

纵观高频关键词的变迁，可以发现国内对媒体融合的研究是对“媒体融合”的概念与内涵不断深化与拓展的过程。“媒体融合”由最初只是物质层面的技术融合（如“手机报”）逐渐演变到观念层面的融合（如“互联网思维”“融媒体”），最后演化到与社会的融合（如“社会治理”）。早期媒体融合主要关注技术革新背景下传媒行业的影响和变迁，后期则开始关注互联网大数据思维对传媒行业的颠覆和创新。信息革命对媒体融合而言不只是技术的更新换代，更是整个传媒行业的转型和升级，同时也是对社会关系的重塑。

（二）关键词共现分析下的研究热点

研究采用关键词共现分析的方法研究知识结构变化。两个同一研究领域或研究方向的关键词出现于同一文献中时，表明了它们所代表的概念间的联系。出现的次数越多，表明关系越密切；网络内节点之间的距离越近，则表明主题内容的亲疏关系。为尽量优化可视化程度，选定频次≥50次，得到知识图谱如图 2 所示。图 2 中节点的大小代表作为关键词出现的频次，体现研究者们讨论的焦点议题；节点之间的连线表示主题之间的关联，连线的粗细程度则表示发生关联的次数。

从关键词频次的角度分析，最高频次出现的关键词依次是“媒体融合—媒体融合发展—传统媒体—新媒体—新兴媒体—主流媒体—新型主流媒体—全媒体—融合发展”，这一主线体现了媒体融合研究的核心主轴。围绕这一主线，可以看到词频关系网络的几个特点：第一，主流媒体仍然是媒体融合相关研究关注的重点。主流媒体由于诞生于传统媒体时代，且大多体量较大，想要实现转型较为困难，但其主流媒体的身份又促使其在新媒体时代仍然要维持较高的影响力。因此，探寻传统主流媒体在新媒体时代的破局之道就成为了研究的热点。第二，个案研究之所以能够成为高频研究热点，是因为相似的个案研究会形成较高的关联度，如“两会报道”

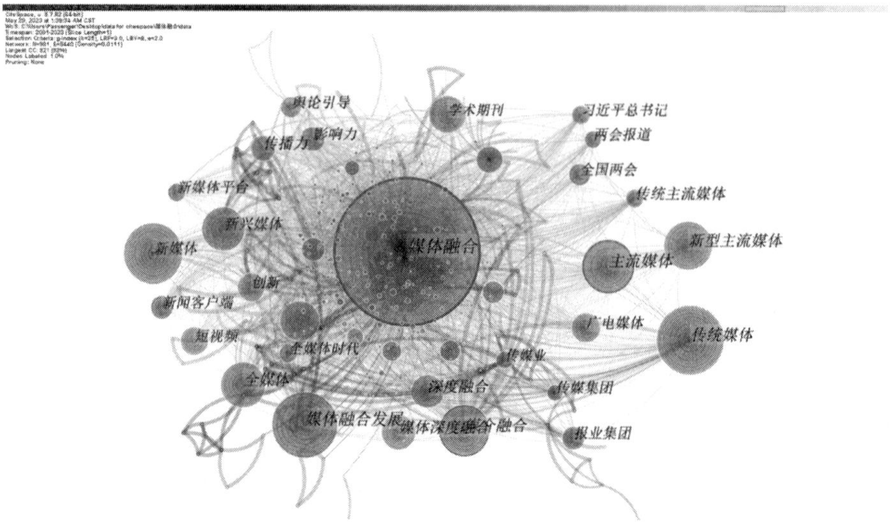

图 2　媒体融合研究的关键词共现图谱

是比较突出的个案研究重点，出现时间段比较集中，且与“主流媒体”“新兴媒体”的中心主题联系密切，形成了直接的关联网络。第三，在当下，虽然各类新媒体形式数量繁多，但是“短视频”这一节点出现频次最高，这同样可以表明将短视频作为传统媒体在当下的破局之法进行研究有其现实意义及理论意义。

三、“直播短视频+”现实困境

在当前媒体深度融合的背景下，直播短视频在推动媒体融合发展中具体呈现何种特点，存在哪些局限，是回答主流媒体如何借助直播短视频创新生产，打造更广更深的社会辐射力和影响力，从而推动深度融合发展的基础性问题。

从主流媒体跨步网络直播短视频领域伊始，我国媒体融合发展总体上呈现出参差不齐、表层融合多于实质性融合的特征①。由于媒体融合的质

① 刘琴．主流媒体直播探索的理论基础［M］．北京：中国书籍出版社，2019：6.

量、速度等各方面会受到不同经济文化地区特点的影响，各级各类媒体的转型与融合呈现明显不均衡的特点。中央媒体融合程度明显高于区县级媒体；经济、科技技术不发达的地区目前还处于适应阶段①。短视频媒介融合虽然为传统媒体提供了利好条件，但是传统媒体依然不免受到长期实践中逐渐形成的不同的价值诉求与操作规则的困扰，这导致其融合仅局限于传统媒体“做新闻”的生产框架中，其融合努力仅仅是一种拼接，而没有实现创造性思维和观念水平上的实质性融合，真正的融合还处于萌芽阶段。综上，直播短视频与媒体融合的困境在所难免，主要体现在如下几个方面：

（一）内容生产方式粗放，缺乏对于直播短视频传播规律的深层把握

由于直播短视频的低门槛和低成本，各类传播主体都可以通过智能移动终端制作和传播，其内容生产方式也就不可避免地呈现粗放的特征。在短视频内容生产上，一方面，短视频制作方式大多数仍是拼贴式，对传统渠道上发布过的新闻内容进行重点画面的截取，添加字幕和音效后向受众推送，这种简单的“图片+文字+音频”的植入式融合方式，很容易引起受众审美疲劳。例如，某报官方抖音号的一个短视频，仅截取新闻播报内容进行推送，当天点赞数、评论数、转发数、收藏数均为个位数。另一方面，部分主流媒体的短视频账号缺乏对短视频平台推送特点和规律的把握，每天重复更新大量同质内容，分散受众注意力，反而无法取得良好的传播效果。例如，某电视台抖音号仅在2022年4月12日当天就发布了71条短视频新闻，信息内容缺乏新意，视频画面质量不高，没有充分利用短视频平台本身的传播特色，长此以往也很容易影响主流媒体本身的公信力，弱化内容的关注度和传播效果。

（二）媒介语体和语态转型滞后，缺乏社交性与引导性的兼顾

网络直播和短视频作为新的媒介形态（Media Morphosis），最为突出的特点在于它的内容凝练、叙事节奏轻快，以及传播的社交性、即时性与场景性。目前主流媒体的短视频账号可以广泛收集受众的转发、点赞、评论等意见和反馈，初步达成了互动性的目标，但其主流价值观念的引导性并

① 谭萍．短视频媒介融合背景下传统媒体转型的思考与实践［J］．中国传媒科技，2022（3）：107-109.

未得到充分发挥。在直播主题上，主流媒体更倾向于报道时事政治，语言风格多选取宏大叙事，较少有生活化的民生关怀。有研究表明，直播短视频平台的语体口语化、语态亲民、幽默风趣，受众更容易转发和记忆，但是会影响人们对于账号主体可信性的评价。因此，主流媒体如何坚守专业操守和职责担当，既要保证重大新闻信息发布的严肃性、有效性，又要融合直播短视频年轻化、活泼化的话语风格，同时避免过度娱乐化和哗众取宠的内容，需要进一步的探索与思考。

（三）商业化边界问题复杂，易陷入算法桎梏和自建平台的两难

主流媒体在布局直播短视频业务进行分发传播的过程中，通过账号矩阵入驻第三方互联网平台似乎是最为简单和便捷的融合方式。不过，这也同时意味着主流媒体需要遵循互联网平台算法制约的“游戏规则”，难以掌控内容分发的主导权；算法所造成的信息茧房，在一定程度上折损了主流媒体账号在内容层面的比较优势。如果通过自建平台的方式，又容易陷入“没用户、没流量、运维难”[①] 的困境。此外，借力直播网红营销所开展的线上活动还需符合主流媒体的价值观和信用体系，在不突破边界、维持和提升媒介声誉的前提下，拓展短视频商业化路径。因此，主流媒体在融合过程中，需要积极推动体制机制创新，强化经营造血和输血能力，以应对愈加激烈的市场竞争；需要深思如何突破现有互联网商业平台的算法桎梏，重塑主流媒体在互联网舆论格局中的主导地位。

四、实践创新：媒体融合向纵深推进

从本质上说，创新是一个创造性的“破旧立新”的过程，即在突破旧有模式的基础上，提出具有独特价值的新思维、新发明和新方法[②]。在直播短视频助力媒体融合的过程中，主要体现在技术创新所带来的终端融合一体多元化、产品创新的优化内容生产方式和流程、市场和资源创新所带

① 刘晓．主流媒体布局短视频业务的融合实践与思考［J］．新媒体研究，2021，7（17）：76-79.

② 王文章．新时代的理论创新与中国现代化建设实践［J］．中共宁波市委党校学报，2021，43（1）：5-13.

来的“跨界”和“混搭”的资源整合，以及传媒组织渠道整合培育垂直领域新品牌，以重塑传播力。

（一）技术赋能：终端融合一体化、多元化

作为媒体融合的核心动力及首要体现，推动媒体融合的核心技术是数字技术①。技术层面的媒体融合主要包括网络融合（Network Convergence）、设备融合（Device Convergence）和应用融合（Application Convergence）。移动互联网视听应用融合的路径包括“跨屏跨网、多屏合一、立足终端，强调服务、融入社交化传播、刺激多维度感官、善用移动新科技”等②。从“三网融合”时代，即电信网、广电网和互联网的融合开始，平面、影像、网络等多种媒体融合形成了多元化、互动式的新传播形态。传媒产业已经从单一技术驱动转向多元技术融合驱动，受众向移动互联网端大规模迁徙，用户体验由“二维平面”转向“三维立体”，用户行为转向“圈层互动”与“永久在线”。

5G通信技术的超低延时、超高速率，在一定程度上满足了迅猛增长的移动互联网需求，即拍即传的短视频、场景化互动的网络直播模式得以实现，其对媒体融合的基础性支撑作用也越发明显。直播短视频技术在创新新闻内容表达、变革媒体内容生产模式的基础上，逐渐嵌入传媒发展战略布局，更加紧密地与媒体发展相融合，与XR（延伸现实）、4K/8K、人工智能设备等进一步融合，为主流媒体信息的高速、高质、高效传播起到了更好的基础设施支持。

举例来说，每年的全国“两会”报道都是媒体融合智能技术应用的重要场景。2022年技术赋能已经从单一的技术加持转向多元技术融合，直播短视频和智能技术等交互共同促进了媒体内容的表达创新。例如，新华社新媒体中心制作出上天、瞬移、跨维度的《全国两会跨屏访谈》等一大批优秀宣传产品；央视网策划推出沉浸式融媒体直播节目《两会C+时刻》，运用动作捕捉、虚拟演播室、XR等技术，在节目中呈现虚拟主播小C与代表委员和专家学者的实时互动；《人民日报》客户端上线的《两会

---

① 韦路．媒体融合的定义、层面与研究议题［J］．新闻记者，2019（3）：32-38.

② 金梦玉，周家旺，李丽波．移动互联网的视听应用与终端融合［J］．现代电视技术，2014（5）：50-57.

晓晓说》《百秒说两会》系列节目，《科技日报》发布的《两会科技快讯》系列短视频等，均运用了直播短视频的形式带观众置身“两会”现场。此外，由中国政府网和国务院客户端推出的《烫嘴 Rap 唱出政府工作报告》迅速“出圈”，用说唱的形式唱响“两会”“好声音”①，使“两会”报道更具新鲜感、科技感、年轻感的用户体验。

《烫嘴 Rap 唱出政府工作报告》视频画面

资料来源：中国政府网微博，https://www.weibo.com/5000609535/LimuimRrZ。

此外，具有百年历史的奥运会不仅是体育赛事的典型代表，也是科技发展的见证者。由闭路电视信号到卫星电视信号，由数字电视信号到各种移动终端，奥运会的转播史也是媒介技术和视觉形态融合的发展史，直播短视频作为新型的媒介形态与体育赛事传播的融合成为必然。2022 年北京冬季奥运会是全球首次“云上奥运”。例如，北京冬奥组委会和国家体育总局冬运中心在抖音平台发起“我的冰雪梦”短视频征集活动获得广泛关注；央视频客户端推出独家报道的短视频内容，如《冬奥我知道》《小水看奥运》《总台记者闭环日常》等，持续为冬奥赛事预热蓄势；中央广播电视总台以“5G+4K/8K+AI”赋能奥运，实现全天候超清化、移动化、

① 米瑷琪．点燃两会报道新活力［N］．中国新闻出版广电报，2022-03-15（005）．

智能化的赛事直播，提供类似“子弹时间”的高自由视角观赛特效[①]；咪咕视频运用中国移动5G技术和HDR Vivid技术，同时与淘宝等购物平台合作，将奥运衍生品购物链接嵌入直播界面，进一步体现了媒介终端融合的一体化多元化。

（二）内容融合：优化生产方式和流程再造

内容融合是各主流媒体产品创新实践的重要方向[②]。直播短视频对传统新闻业的内容生产方式与生产流程带来了巨大的冲击。在新的传媒生态环境中，主流媒体若仍按照其原有的内容生产方式进行生产，就会出现与新时代受众的阅听习惯不适配的现象，将致使信息接收的效度降低。在媒体深度融合背景下，直播短视频技术革新让新闻报道的多模态可视化成为常态，也为以往严肃的时政新闻提供了新的报道路径。近年来，中国共产党成立100周年、中华人民共和国成立70周年等大型专题报道中短视频、vlog（视频网络日志）、现场直播、数据新闻等形式更趋成熟[③]。由此可见，当前优化新闻内容生产方式和流程用以适应新的信息传播环境，对于各类主流媒体而言是有路可循的，也会成为重要的创新契机。

以地方融媒体为例，“荔直播”作为江苏省广电总台精心打造的融媒体产品，2017年开始率先实现了电视直播、移动直播和短视频的有效结合。“荔直播”推出后，在荔枝新闻客户端等自有平台，抖音、微博、微信等公众平台以“江苏新闻”“荔直播”账号进行常态移动直播与短视频每日发布。在内容生产流程上，以移动优先为理念，对传统电视采编进行全面改革，注重媒体融合传播方式，打造“电视、网络直播+短视频”的全覆盖传播模式，实现“一源多屏”的“中央厨房”式发布流程[④]。在面对突发热点事件时，通过短视频平台第一时间将现场情况向外发布，为公

---

① 卢臻．从科技冬奥看直播产业：带动经济与社会双效发展［N］．通信信息报，2022-02-16（003）．

② 黄晓新，刘建华，卢剑锋．中国传媒融合创新研究报告：2019—2020［M］．北京：中国书籍出版社，2020：20

③ 裘娇．重大主题报道融媒体产品创新趋势：以中央媒体2019年全国两会报道为例［J］．现代视听，2019（3）：61-63.

④ 成玲玲．从“荔直播”看主流媒体如何重塑传播力［J］．中国广播电视学刊，2021（1）：118-120.

众了解事件真相及进展率先提供渠道；在日常新闻报道中，运用最多的是直播优先、短视频随后的模式，另辟“大时段特色直播”“短视频主题报道”的新尝试[①]。

值得注意的是，媒体融合使传统媒体的优质内容资源快速向移动端倾斜，也反过来促进了短视频的发展。与主流机构的强强联合，为短视频平台注入更多主流价值，将影像叙事和价值传播融合，推动了短视频的嬗变和内容升级，产生媒介融合的“生产能量”[②]。例如，警方运用网络直播进行反诈知识宣传，取得了良好的宣传效果。直播短视频内容也在与传统媒体的融合中逃离单一的娱乐功能，融入主流媒体传播系统，成为传播生态节点和泛传播体系的重要一环。

（三）拓展渠道：打造垂直领域新品牌

直播短视频“短平快”的优势，为各类各级媒体开辟了新的传播阵地。从创作直播短视频产品，到打造全新的直播短视频形象，探索个性化和差异化的短视频内容创作，深入细分领域打造全新的栏目和品牌，构建新的渠道和栏目 IP 矩阵，成为主流媒体变革的必由路径。很多传统纸媒开始结合内容优势，推出颇具特色的短视频品牌形象，如《新京报》的“我们视频”，《南方周末》的“南瓜视业”，《楚天都市报》的“看楚天”，《郑州日报》的“冬呱视频”等。以“我们视频”为例，矩阵下设《有料》《局面》等十几个精品栏目，覆盖社会热点信息、泛资讯短视频、深度产品等维度，拓宽了原有的内容生产范畴[③]。这就使“纸媒+短视频”在丰富报道形态、拓展传播渠道之外，真正实现了“1+1>2”的融合效应，创造了全新的品牌效应和巨大影响力。

相较之下，传统广电媒体强大的视频制作团队和能力，使其在进军直播短视频赛道方面具备先天优势。过去几年里，从中央媒体到地方广电都

① 季建南，李健，陈毓栋，等．跨媒介直播打造重大主题报道新生态：以江苏广电总台融媒体新闻中心“荔直播”为例［J］．视听界，2018（1）：53-56.

② Hartley J. From the Consciousness Industry to Creative Industries：Consumer-Created Content，Social Network Markets and the Growth of Knowledge［M］//Holt J，Perren A. Media Industries：History，Theory，and Method. Chichester：Wiley-Blackwell，2009：231-244.

③ 众视 DVBC. 短视频演进驱动媒体融合，全新商业模式和媒体形态崭露头角［EB/OL］．［2021-11-08］. https：//mp. weixin. qq. com/s/x36Rt8_ Bs4QcZm7-WSt1zg.

积极打造个性化短视频品牌，如中央广播电视总台的“央视频”、北京广播电视台的“时间视频”、上海广播电视台的“看看新闻”等，均成为观众熟知的短视频品牌。此外，孵化 MCN 机构也成为广电媒体转型、抢占短视频风口的重要途径。例如，湖南娱乐频道的“Drama TV”，在母婴、美妆、美食、娱乐等内容赛道进行布局，成功打造“张丹丹的育儿经”“叨叨酱紫”“维密也小曼”等 IP 矩阵。整体而言，借助短视频平台延伸内容发布渠道、基于自身资源原创短视频产品和品牌、打造 MCN 机构对接市场各细分领域需求，传统媒体逐渐将自身的人力、资源、内容价值更充分地投入短视频市场。在这一过程中，传统媒体转型融合进一步升级，逐步建立起平台化的传播能力和比较优势。

（四）资源创新：“破圈”跨界，创新社会价值

传媒产业发展的关键词“跨界”和“破圈”为路径整合、资源创新开拓了广阔的市场空间。直播短视频所适配的主要应用场景为新闻资讯、社会服务、电商经济等。从新闻信息和服务提供层面，主流媒体创新也需要以短视频形态为核心，形成以“短视频为中心的融合”，做强信息传播，形成全覆盖的新闻链。同时，从传播层业务向服务层业务演进，深度介入教育、就业、扶贫等社会服务领域，既是传统媒体突破经营困境的重要路径，也是媒体融合深度发展的关键。例如，在教育领域，央视频推出《寒假慕课》，联合清华大学附属中学、北京大学附属中学等学校出品美育课程，帮助教育资源匮乏地区的学生获得在线专业素质教育。从传播向服务演进，将传播与服务结合，不仅“破圈”整合了各界资源，也创造了社会价值和品牌声誉。

在电商经济领域，主流媒体开始通过短视频客户端进入旅游、农业、大健康等领域，打造垂直聚合的新商业模式。尤其是对于传统广告为主的营销形态，直播短视频带来互联网营销新模式变革的推动力。一方面，主流媒体可以以短视频直播为抓手，培养“广电网红”，依托自身的专业优势进行 IP 孵化，打造 IP 矩阵，重构传统媒体的产业模式；另一方面，借助其他各种头部和腰部的商业平台打造 MCN 链条，采用网红店铺、电商平台+直播、升级直播栏目等多种模式，依托主持人的影响力和号召力，拓展商业价值、传播价值和导向价值。例如，以康辉、朱广权、撒贝宁、尼格买提为代表的央视主持人合体“出道”，直播带货做公益；朱广权与淘宝主播李佳琦形成“小朱配琦”组合，为武汉带货进行公益直播，使传统媒体的优质资源与新媒体的传播优势得到优质结合。

五、未来已来：再造主流媒体影响力

随着5G、人工智能、虚拟现实等技术的发展，直播短视频作为时代需求，以及技术、个体、社会的连接点，成为重要的移动互联网流量入口。媒体融合对于主流媒体以及直播短视频平台而言是双赢的选择，是创新理论在传媒产业改革过程中的体现。主流传统媒体凭借直播、短视频的创新价值，实现向新媒体转型融合的升级发展。不过，在直播短视频推动主流传统媒体视频化升级的过程中，融合过程呈现参差不齐、表层融合大于实质性融合的问题，存在着内容生产方式粗放、语体语态滞后、社交性和互动性不足、内容分发主导权受到算法桎梏、商业化拓展和“破圈”有待提升等现实困境。

在传统主流媒体影响力持续下降、市场份额逐渐流失的情况下，主流媒体机构如何快速融入直播短视频生态，实现从“增量”到“提质”的变化，提升自身媒体的传播力和影响力，是当前媒体深度融合的关键问题。要在数字化时代掌握先机，必须充分了解受众的需求，以技术为驱动，以经营为导向①。首先，主流媒体在布局直播短视频生态时，更加注重智能化、移动化、社交化等的用户体验感，拥抱年轻化、亲和化的语体语态，同时仍需摆正定位、扛起引领舆论的重任、优化内容生产方式和流程、形成比较优势，传播真正有价值、有深度、有广度的内容产品，以提升自身在公共传播领域的影响力和公信力。其次，主流媒体在布局时应深耕垂直领域，从创作直播短视频产品，升级为打造全新的直播短视频个性化品牌，深化转型升级，逐步建立起平台化的传播能力和竞争优势。最后，从表面上看，直播短视频技术带来的是传播渠道与传播方式的变化，但实质上是传播关系的深层变革。未来媒体的深度融合，更大程度上是在

① 魏然，黄冠雄．美英媒体融合现状与评析［J］．华中师范大学学报（人文社会科学版），2015，54（6）：116-123.

社会媒介化的进程中，充分发挥媒体在激活、连接和整合各种社会要素、商业要素、文化要素的作用①。因此，在媒体深度融合过程中，主流媒体应主动激活、连接和整合各界资源，如教育、就业、医疗、扶贫等，以达到完全融合的新形态②，创造新的社会价值，实现从传播向服务的演进，推动传播与服务的结合，再造媒体融合时代强大社会影响力。

参考文献

［1］陈昌凤．“媒体融合”的学术研究态势与业界变迁方向：21 世纪以来媒体融合研究的文献分析［J］．新闻与写作，2015（3）：40-43.

［2］成玲玲．从“荔直播”看主流媒体如何重塑传播力［J］．中国广播电视学刊，2021（1）：118-120.

［3］黄楚新，许可．2021 年媒体融合：新引擎驱动新发展［J］．中国报业，2022（1）：16-20.

［4］黄晓新，刘建华，卢剑锋．中国传媒融合创新研究报告：2019—2020［M］．北京：中国书籍出版社，2020.

［5］季建南，李健，陈毓栋，等．跨媒介直播打造重大主题报道新生态：以江苏广电总台融媒体新闻中心“荔直播”为例［J］．视听界，2018（1）：53-56.

［6］金梦玉，周家旺，李丽波．移动互联网的视听应用与终端融合［J］．现代电视技术，2014（5）：50-57.

［7］卢臻．从科技冬奥看直播产业：带动经济与社会双效发展［N］．通信信息报，2022-02-16（003）.

［8］刘琴．主流媒体直播探索的理论诠释与实践解读［M］．北京：中国书籍出版社，2019.

［9］刘晓．主流媒体布局短视频业务的融合实践与思考［J］．新媒体研究，2021，7（17）：76-79.

---

① 喻国明．推进媒体深度融合需要解决的三个关键问题［J］．教育传媒研究，2021（1）：12-14.

② Garcíía-Avileés J A，Kaltenbrunner A，Meier K. Media Convergence Revisited：Lessons Learned on Newsroom Integration in Austria，Germany and Spain［J］. Journalism Practice，2014，DOI：10. 1080/17512786. 2014. 885678.

［10］米瑷琪．点燃两会报道新活力［N］．中国新闻出版广电报，2022-03-15（005）．

［11］裘娇．重大主题报道融媒体产品创新趋势：以中央媒体 2019 年全国两会报道为例［J］．现代视听，2019（3）：61-63.

［12］谭萍．短视频媒介融合背景下传统媒体转型的思考与实践［J］．中国传媒科技，2022（3）：107-109.

［13］王文章．新时代的理论创新与中国现代化建设实践［J］．中共宁波市委党校学报，2021，43（1）：5-13.

［14］韦路．媒体融合的定义、层面与研究议题［J］．新闻记者，2019（3）：32-38.

［15］魏然，黄冠雄．美英媒体融合现状与评析［J］．华中师范大学学报（人文社会科学版），2015，54（6）：116-123.

［16］喻国明．推进媒体深度融合需要解决的三个关键问题［J］．教育传媒研究，2021（1）：12-14.

［17］De Sola Pool I. Technologies of Freedom［M］. Cambridge：Harvard University Press，1983.

［18］Gordon R. The Meanings and Implications of Convergence［M］// Kawamoto K. Digital Journalism：Emerging Media and the Changing Horizons of Journalism. Lanham：Rowman & Littlefield，2003.

［19］Garciía-Avileés J A，Kaltenbrunner A，Meier K. Media Convergence Revisited：Lessons Learned on Newsroom Integration in Austria，Germany and Spain［J］. Journalism Practice，2014，DOI：10. 1080/17512786. 2014. 885678.

［20］Hartley J. From the Consciousness Industry to Creative Industries：Consumer-Created Content，Social Network Markets and the Growth of Knowledge［M］// Holt J，Perren A. Media Industries：History，Theory，and Method. Chichester：Wiley-Blackwell，2009.

应用篇

平台化视野下国家治理模式转型与新型主流媒体建设

姬德强　邹　宇*

从2020年9月《关于加快推进媒体深度融合发展的意见》的总体要求到2020年11月《中共中央关于制定国民经济和社会发展第十四个五年规划和二〇三五年远景目标的建议》的明确阐释，标志着媒体融合进入纵深阶段，成为信息化和媒介化语境中推进国家治理体系和治理能力现代化的重要组成部分。在这个意义上，媒体融合已经超越媒体的行业边界和组织身份，与国家治理的数字化，或者更准确地说，与平台化转型紧紧绑定在一起。

反观过去，媒体融合更多是作为一种媒介或平台工具而存在，形成了以《人民日报》等为代表的“中央厨房”模式和以县级融媒体中心为主体的基层媒体矩阵。随着媒体融合的深入，媒体功能逐渐从单一的信息和舆论拓展到服务政务、商务和公共事务，扮演了更多信息化社会的干预和服务角色，具有更高整合力、引导力和服务力等平台化特征的新型主流媒体建设呼之欲出。与此同时，新的商业性数字平台不断涌现，用户数量和用户黏性呈现加速上涨趋势，群众与政府、基层与中央，多方利益主体等共存于这一日益平台化的社会之中，对主流媒体主导的融合提出了新的时代要求，必须尽快从被动转为主动嵌入国家治理体系的建设，成为党和政府的重要执政手段与治国理政新平台。

---

* 姬德强，中国传媒大学教授、博士生导师，人类命运共同体研究院副院长，媒体融合与传播国家重点实验室（中国传媒大学）研究员；邹宇，中国传媒大学传播研究院硕士研究生，数字伦理研究所研究助理。

“平台化”作为数字化技术的最新阶段，是全球范围内国家治理与社会变革的新语境，对于理解当下中国的媒体融合与国家治理模式转型的互构关系具有重要意义。这一国家治理模式的平台化转型包含两个方面的意义：一方面，利用平台观念重新塑造治理架构，将政府打造为“政务平台”和“信息服务枢纽”；另一方面，开启了对商业性超级互联网平台的系统化治理，在反垄断干预的过程中努力解决互联网上的舆论秩序、信息权利和公共服务等问题，并在加剧的平台地缘政治中参与国际互联网治理体系的重构。面对这一复杂的国家治理体系的平台化转型，始自2014年的由上而下的媒体融合，不仅主动参与其中，还同时受到平台化信息和媒介环境的影响，进而不断调整并呈现出新的特征。在这个意义上，媒体融合逐步开始从市场倒逼和技术革命的被动参与，转型为主动嵌入乃至参与建构一个平台化转型的国家治理新体系和新秩序。

一、媒体融合与国家治理的数字化转型

《2020联合国电子政务调查报告》显示，数字政府作为数字化转型的“重中之重”，受到国内外普遍重视，世界各国政府正在利用数字技术创新政府运作方式[①]，政府数字化转型受到广泛关注。唐绪军等从制度建设和制度执行方面指出，数字化成为推进国家治理现代化的核心驱动力，数字治理成为广应用、高成效的国家治理模式，在新媒体时代大大促进了公共服务与社会发展[②]。

《2020联合国电子政务调查报告》还显示，我国的电子政务发展指数创历史新高，其中在线服务指数的全球排名升至第9位，这意味着国家电子政务发展水平大幅提高，而这一成果与我国政府近年来不断深化“放管服”改革和大力推动全国一体化政务服务平台建设的决心与行动密不可分。这凸显出，对于国家治理而言，数字化转向已成定势，也成为推进国

① 王益民．全球电子政务发展与中国实践《2020联合国电子政务调查报告》解读［J］．行政管理改革，2020（12）：43-49.

② 唐绪军，黄楚新，王丹．“5G+”：中国新媒体发展的新起点：2019-2020年中国新媒体发展现状及展望［J］．新闻与写作，2020（7）：43-49.

家治理体系和治理能力现代化的重要一步。这不再是一道选择题，而是必答题。

在这一数字化转型过程中，媒体融合的重要作用与地位也日益凸显并得到重视。2018 年，习近平总书记在全国宣传思想工作会议上强调："推动宣传思想工作不断强起来，促进全体人民在理想信念、价值理念、道德观念上紧紧团结在一起，为服务党和国家事业全局作出更大贡献。"① 习近平总书记的重要讲话，明确指出了宣传思想工作的核心任务和价值目标，这也是媒体融合工作主要服务的国家战略。经过多年的创新发展，媒体融合形成了传播主流意识形态和主流价值观，加强传统媒体在新媒体环境下的话语权等主要功能定位。从实践上来说，具有中国特色的媒体融合是要走好"全媒体时代的群众路线"。也就是说，媒体融合的总体目标是切实提高党的新闻舆论工作的传播力、引导力、影响力、公信力，传播党的声音，听取人民的声音，进而促进国家治理的数字化转型。

2020 年 6 月 30 日，中央全面深化改革委员会第十四次会议审议通过了《关于加快推进媒体深度融合发展的指导意见》。会议强调，推动媒体融合向纵深发展，要深化体制机制改革，加大全媒体人才培养力度，打造一批具有强大影响力和竞争力的新型主流媒体，加快构建网上网下一体、内宣外宣联动的主流舆论格局，建立以内容建设为根本、先进技术为支撑、创新管理为保障的全媒体传播体系，牢牢占据舆论引导、思想引领、文化传承、服务人民的传播制高点。来自中央的论述和安排更加表明经历深度融合的媒体所承担的舆论引导职能和所从事的意识形态工作正是国家治理体系的核心要件。新时代面临更加复杂的社会矛盾和社会问题，而各类信息与传播技术正在全面嵌入这些矛盾和问题之中，这就需要在占领舆论场和提高治理能力两个方面形成融合之力②。尤其是在当前，互联网已经日益成为意识形态工作的主战场，网络空间成为各种声音和势力争夺的重要阵地。借助互联网，所有议题都可以被迅速传播乃至放大，但同时，

---

① 黄小希，罗争光，王思北．高扬党的旗帜　壮大主流声音：中央宣传思想文化单位干部职工学习习近平总书记重要讲话畅谈新时代新使命［N/OL］．新华网，［2018-08-23］．https：//baijiahao. baidu. com/s？ id=1609597703262017860&wfr=spider&for=pc.

② 姬德强．媒体融合推动新时代国家治理与社会建设［N］．中国社会科学报，2019-04-26（006）．

互联网也成为许多新情况和新问题的孵化地。在这个舆论引导和舆论斗争的虚拟阵地上，能否占据主流地位，直接关系到我国的意识形态安全乃至国家总体安全。在这个意义上，全面推进媒体融合有利于国家主导的主流媒体牢牢占据传播和舆论的制高点，将国家发展战略和治理政策全面送达人民群众的日常生活，形成与人民群众的信息互动与传播共情。

从技术和市场的角度来说，媒体融合内嵌于国家治理的数字化转型，也面临着巨大的挑战。近几年，主流媒体一直面临受众流失的困境，在断裂的传受关系中备受煎熬①。字节跳动、腾讯、快手等打造的超级互联网平台和移动互联应用凭借技术、资金、文化优势迅速获取网络用户的注意力资源。传统主流媒体如果要赢得媒体融合的下半场，建成全媒体传播体系和新型主流媒体，参与推动国家治理的数字化转型，必须打破超级互联网平台对网络化传播渠道的垄断，实现到达率和影响力的再次提升，如此才能充分发挥媒体融合在国家治理的数字化转型过程中的积极作用。

早期的媒体融合仅注重组织化建设和技术端拓展，打造出来的平台仅是边缘的探索，是机械式的整合，没有看到互联网究竟给传播带来了怎样的革命性改变，就不可能取得根本性的成功②。与传统思维不同，数字化时代的媒体融合与国家治理的数字化转向呈现出新的运行逻辑和文化诉求。这不仅是介质的融合，更是思维的转变，也包含了下面提到的从数字化到平台化的升级思考，基于此，才能更加深刻地理解媒体融合是如何深度嵌入甚至主动融入社会的数字化以及平台化转型过程中的，以及国家治理所需要做出的相应调整。

二、国家治理的平台化转向

（一）数字化时代的平台化内涵

从时间的维度而言，“平台化”这一概念的出现奠基于之前的数个历史阶段，从“数字化生存”到“互联网+”，再到互联网成为基础设施般的存在，促进理论层面的赛博式转型。“平台化”作为数字化进程的最新

① 卜彦芳．主流媒体深化数字化转型的五重逻辑［J］．新闻战线，2020（8）：55-58.

② 喻国明，姚飞．媒体融合：媒体转型的一场革命［J］．青年记者，2014（24）：26-28.

阶段，已经成为全球范围内社会变革和国家治理的时代背景，对于理解当下中国的媒体融合与国家治理模式转型的互构关系具有重要意义。

我们可以将“平台化”理解为“数字基础设施的搭建过程”①，即超级互联网公司利用技术基础设施和应用生态，借助数据和算法对社会各部门、不同群体、个人进行利益分配、调试，进而完成的一种物质性的技术实践，同时也是“平台逻辑在特定时空环境过程中过程化和语境化的多线程过程”②。这就意味着平台拥有多个层面（Layers）的归类逻辑和理解方式，政治层面的平台、经济层面的平台、文化层面的平台、物理层面的平台、虚拟层面的平台、劳动层面的平台等，都是理解平台的重要维度，而且，这些不同的层面之间是紧密相连、相互联动的，不能单独抽离出来进行分析。正如何塞·范·迪克（Josévan Dijck）所指出的：“平台意义最重要的层面是政治经济的（Political-economic）和社会计算的（Social-computational）。我们都知道平台提供了连接用户和平台开发者的方式，从经济层面来讲，平台已经成为非常重要的经济集会场所，人们在这里销售商品、收集数据和交流沟通。同时，平台的社会—技术（Social-technical）链接，凸显出社会计算的重要性。”③ 从这个意义上我们可以看出，不同层面的平台化是错综复杂地纠缠在一起的，并且深深嵌入到社会系统中，形成所谓的平台社会（Platform Society），对当下的政治、经济和文化等方面产生转型式影响，致使其表现出崭新特征。

从政治上而言，超级互联网平台一方面出于保护自身经济地位的考量而内含结构性的保守色彩，另一方面互联网平台的生态系统已经很大程度上成为一种数字地缘政治，即按照何塞·范·迪克的分类，至少有两大平台系统已经在全球范围内崛起，分别是北美系统和中国系统④。李鲤也指出，我们要超越地缘战略思维，数字平台的政治博弈正在“从‘地缘政治

① 姬德强．平台化突围：我国国际媒体提升传播效能的路径选择［J］．中国出版，2021（16）：8-11.

② 姬德强，朱泓宇．传播与媒体研究的平台化转向：概念基础、理论路径与动力机制［J］．现代传播（中国传媒大学学报），2021（11）：33-38.

③ 何塞·范·迪克，孙少晶，陶禹舟．平台化逻辑与平台社会：对话前荷兰皇家艺术和科学院主席何塞·范·迪克［J］．国际新闻界，2021（9）：49-59.

④ 姬德强．媒体融合与国家治理体系的平台化转型［J］．青年记者，2020（10）：12-14.

时代’推向‘技术政治时代’”[①]。中国如何面对美国所布局的“数字现实政治”国家战略，很大程度上就是依靠打造具有全球竞争力和全球公共服务能力的数字平台，借此进行数据的全球共享、联合治理和多方协调。

从经济上而言，一方面，平台经济的兴起，让平台企业逐渐转化为规模庞大的社会运行中枢系统，已经高度介入了社会经济与国家治理的各个领域[②]。另一方面，互联网平台给整个市场体系带来了巨大的结构性冲击。由于数字技术和网络技术所提供的连接能力，跨越行业边界的多边市场变得更加普遍。这就使拥有庞大资本力量的平台成为聚合力量，使其有能力对整个产业进行融合和再造。同时，面对技术的不断进步、用户的不断流动、政策的不断调整，平台也动态地进行自我调节，使全社会的生产关系不断重新进行匹配，如“驱动着劳动从物质性向非物质性转向，既有增益性也有挤出性”[③]。

从文化上而言，互联网平台会塑造文化生产的创意、劳动和公民精神的策略、惯例、经验和表达[④]。从乐观的角度出发，互联网给传统意义上的弱势文化和文化弱势群体提供了前所未有的发声渠道，令不同形式的自我赋权和机制赋权拥有了可能性[⑤]。互联网让更多元的文化有了自由发展的空间，从而产生进步的动力。但我们也要看到，“文化形式被互联网改造、重塑的结果……以及更加宏大的权力结构之间的关系有更深刻的洞察”[⑥]。互联网平台劳工的不稳定性持续影响着文化产业，这也同时导致了文化工作者转向平台依赖，进一步造就了平台对于文化体系再生产的霸权式影响。数字平台不仅反映数字技术对我们在文化中所做的事情，更反映出我们与技术如何共同形塑文化，并且产生影响。

与其他国家尤其是欧美发达国家相比，中国社会的平台化在经济和文

---

① 李鲤．赋权·赋能·赋意：平台化社会时代国际传播的三重进路［J］．现代传播，2021（10）：60-64.

② 王维佳，周弘．规制与扩张的“双向运动”：中国平台经济的演进历程［J］．新闻与传播研究，2021（S1）：76-90+127.

③ 王惠民．身份生产：人工智能时代的劳动形式［J］．文化纵横，2020（2）：67-75.

④ Duffy B E，Poell T，Nieborg D B. Platform Practices in the Cultural Industries：Creativity，Labor，and Citizenship［J］．Social Media+Society，2019，5（4）：1-8.

⑤⑥ 常江．互联网对当代公共文化的侵蚀［J］．青年记者，2019（34）：92.

化层面进展较快，平台经济的强劲动能也在驱使着政治体系作出积极响应，在应对平台化新挑战和新问题的同时，由上而下调整着国家治理体系①。自媒体融合政策提出和实施至今，我国政府明确指出了应在传统媒体的平台再造和与新兴媒体的统筹合作中搭建全媒体传播体系。在这个意义上，中国语境下的平台化正是借助媒体融合和平台治理等具体战略，将平台的运行逻辑纳入国家治理体系，进而提升国家治理能力。

（二）国家治理的平台化特征

正如前文所引述的，全球范围内崛起了两套平台系统——北美系统和中国系统。欧美的平台化更加关注公共性的重建以及维护，而中国语境下的平台化治理则强调国家能力的提升、普遍服务的达成，以及国家软实力的提高。因此，中国特色的平台化治理至少包含以下三个范畴：一是治理体系的平台化，指一种国家权力主导下的技术主义路线；二是平台规制，指针对超级互联网平台的规制理念和规制方式的融合创新；三是平台化的国际传播，指如何借助和统合国内外数字平台，提高中国的国际传播能力。

1. 治理体系的平台化

国家治理体系的平台化，不仅是一套理念，更是一个实践过程。我们可以将其看作利用平台思维对国家治理体系进行顶层结构设计，形成跨越不同行为主体的特定而复杂的互动网络。

这些年来，平台资本已经将触角深入社会生活和发展的各个行业，互联网巨头在塑造行业内生态和规则时，利用金融手段，也塑造了与平台有关的一切行业的生态和规则②。因此，对于中国而言，政府需要在管理平台企业的同时，转变曾经纯粹政策性修补的思维，将平台治理的逻辑内嵌到治理体系中。正如北京大学“数字政府建设中的问题与对策研究”课题组的研究报告所指出的，政府基于新型数字基础设施，构建广泛联系公众、企业、公务员和所有政府机构的平台，并在平台中持续地实现数字资源的能力化和数字能力的共享化，对外提供优质政务服务，对内提供高效

---

① 姬德强．媒体融合与国家治理体系的平台化转型［J］．青年记者，2020（10）：12-14.

② 王维佳，周弘．规制与扩张的“双向运动”：中国平台经济的演进历程［J］．新闻与传播研究，2021（S1）：76-90+127.

办公协同，实现政府组织数字化转型，促进政府治理能力现代化的过程。

从这个意义上来说，政府可以被看作一种“中介”和“枢纽”。数字资源成为政府提升治理能力的重要资源。利用政府平台，资源可以转化为治理能力。政府作为公共服务的数据平台中心，通过算法统筹相关数据，并对其进行分配、加工，进而在充分发挥社会多元主体参与协商互动、提升治理的民主化和治理能力水平的同时，确保不会出现治理失灵。

2. 平台规制

平台治理不是在真空中发生的，如今平台公司在全球范围内几乎不受约束地行使权力的说辞在国际上司空见惯①，全球的互联网平台不仅对商业市场造成冲击，也给国家治理体系带来巨大挑战。因此，对于超级互联网平台的规制也成为国家治理能力提升的重要一步。

目前学界的相关研究主要集中于反垄断和规制模式的创新。反垄断一方面在于经济层面，防止互联网平台过度扩张，在企业自身创新和消费者权益保护之间寻得巧妙平衡；另一方面在于政治层面，如何利用法律手段应对超级互联网平台对社会资源的垄断行为，同时利用互联网平台“生而全球”的属性使其为国家、全球的传播能力做出贡献。规制模式的创新主要指目前正在发展的“自我治理”“外部治理”和“共同治理”模式之间找到适当的平衡。

正如彼得·诺伦（Pieter Nooren）等学者所建议的：“需要更规范的功能性的方法，而不是静态市场常见的过于详细的监管……可能有必要转向基于原则的监管而不是基于规则的监管。”② 中国的互联网平台规制应理解当今社会中复杂的治理关系，还应体会这些关系如何能对大众而非少数人更有利，用多元主体的模式超越理念和现实之间的断裂，实现包含司法、经济、行政多领域的平台治理。

3. 平台化的国际传播

习近平总书记在中共中央政治局第三十次集体学习时强调：“要深刻

① Gorwa R. What is Platform Governance? [J]. Information, Communication and Society, 2019, 22 (6): 854-871.

② Nooren P, Van Gorp N, Van Eijk N, et al. Should We Regulate Digital Platforms? A New Framework for Evaluating Policy Options [J]. Policy and Internet, 2018, 10 (3): 264-301.

认识新形势下加强和改进国际传播工作的重要性和必要性，下大气力加强国际传播能力建设，形成同我国综合国力和国际地位相匹配的国际话语权，为我国改革发展稳定营造有利的外部舆论环境，为推动构建人类命运共同体作出积极贡献。"① 在学习中，习近平总书记明确指出了利用好"平台"，塑造可亲、可爱、可敬的中国形象。因此，平台化的转型趋势为中国国际媒体的深度融合提供了新的实践空间②，包含我国国际媒体借力国际平台和自我平台搭建，以及参与国际互联网治理和国际信息与传播新秩序建设两方面。

当前，美国凭借着 YouTube、Twitter、Facebook 等全球社交媒体平台在全球范围内的广泛覆盖，延续并进一步扩大了传统时代的文化与经济霸权③，在全世界范围内传播自己的文化与价值观。面对这一国际传播的新平台垄断结构，我国需要在主动借力国际平台的基础上，建构可管可控的自己的平台。目前为止，我国媒体已在 Twitter、Facebook 上开设了如 CGTN、XH News 等多个账号，"粉丝"数合计破亿，贯彻了"多形式采集、同平台共享、多渠道多终端分发"的传播思路。中国自己的互联网平台出海，抖音海外版 TikTok 是显而易见的典型代表。作为带有社交属性的短视频平台，TikTok 背靠字节跳动强大的技术和资金支持，在一定程度上能够打破 YouTube、Twitter 的垄断地位，平台中带有中华文化元素的短视频的流行，能够助推中华文化更好地对外传播。

然而，TikTok 的海外流行并不能自然预设全球传播秩序的改变，正如张志安和潘曼琪所提出的："从全球传播现状来看，文化帝国主义的问题并没有得到根本解决，信息传播业成为发达国家向外扩张的产业支柱，与此相关的物质资源和符号资源也在支配着全球传播秩序。"④ 因此，要实现

① 习近平在中共中央政治局第三十次集体学习时强调加强和改进国际传播工作展示真实立体全面的中国［N/OL］. 新华网，http：//www.xinhuanet.com/politics/2021-06/01/c_1127517461.htm.

② 姬德强. 平台化突围：我国国际媒体提升传播效能的路径选择［J］. 中国出版，2021（16）：8-11.

③ 匡文波. 数字平台如何影响中国对外传播：后疫情时代中国网络媒体全球传播的机遇与挑战［J］. 西北师大学报（社会科学版），2021（5）：5-14.

④ 张志安，潘曼琪. 抖音"出海"与中国互联网平台的逆向扩散［J］. 现代出版，2020（3）：19-25.

基于互联网平台的国际传播能力提升，进而增强中国的国际话语权，则必然要处理好国际互联网治理的问题。王沛楠和史安斌认为，中国互联网企业“需要推动全球化和多元化的管理层建设，提升内容安全的审核能力和数据隐私的保护能力，同时密切关注一些国家内部民族主义和数据保护主义的兴起”①。也就是说，如果中国试图推动国际传播秩序的演变，则必须要提高本土平台国际化运营的能力，处理好对个人利益和国家安全极为重要的数据隐私问题，真正超越地缘政治带来的意识形态偏见，完成中国国际传播的平台化转向。

三、平台工具：媒体融合被动纳入国家治理体系

长期以来，在旧的认知框架里，媒体一直扮演着信息和舆论的“管理者”角色，党的十八大之后，尤其是党的十八届三中全会《关于全面深化改革若干重大问题的决定》通过后，“治理”概念的更多引入和使用，预示了国家治理现代化转型的新征程，主要指向的是“推动‘管理’迈向‘治理’的转变，将更多元的主体纳入治理的进程之中”②。2014 年，《关于推动传统媒体和新兴媒体融合发展的指导意见》将媒体融合上升为国家战略，也就要求媒体的功能从信息功能到社会功能的变迁，在政策与现实驱动下，媒介机构更多地参与到社会治理并融入国家治理体系中③。至少从中央媒体和县级媒体两个角度，我们可以发现媒体融合参与推动国家治理模式的转型，但也经历了从平台工具到新型主流媒体两个阶段的变化，其中的区别在于媒体的角色从平台工具到平台环境的转变。这部分我们聚焦于对平台工具的分析。

（一）中央媒体参与中央治理模式转型

以人民日报社等为代表的“中央厨房”模式的探索成为早期中央媒体

① 王沛楠，史安斌．中国互联网企业全球传播的发展路径与风险应对：以 TikTok 为例［J］．中国编辑，2020（11）：25-30.

② 张虹．主流媒体参与国家治理：历史分期和逻辑演进［J］．青年记者，2020（10）：9-11.

③ 栾轶玫．从市场竞合到纳入国家治理体系：中国媒介融合研究 20 年之语境变迁［J］．编辑之友，2021（5）：13-25.

实践媒体融合的重心。姚丽亚将“中央厨房”阐释为“特指传统媒体转型过程中，通过内容的集约化制作实现信息的多级开发，以提高传播效果，节约传播成本”。各地的“中央厨房”实践不尽相同，但“新旧融合、一次采集、多种生成、多元发布”是基本共识①。此时中央媒体打造的“中央厨房”仅停留在新闻生产的流程再造，仍然停留在信息功能的层面，许多学者对于“中央厨房”的转型价值、传播效果进行了反思，做出了褒贬不一的评价。

直至开始试图建设自主可控平台，中央媒体才真正找准自己在不断平台化的信息环境中的定位，使其能够从根基处进行自我建设，打破分发、反馈、迭代优化等环节受制于商业平台的局面，在自建平台中汇聚散落的节点化用户及内容、用户数据等各类社会资源，进而形成资源自主支配、内外循环互通的完整链条②。以《人民日报》为例，其依托母媒体资源，打造了内容聚合平台“人民号”，以“打造主流媒体、新媒体内容创作、权威政务信息发布聚合平台”为定位，保持其中央媒体的主流和权威。值得关注的是，“人民号”在发挥内容聚合的媒体功能的同时，设置了许多垂直下沉栏目，如极端天气时的各地预警、大型国家活动的官方媒体账号和机构账号入驻等，在发挥政治资源优势的同时，与国家机构形成社会服务与治理的合力。

在这里，我们可以看到，中央媒体推动中央治理的重要途径就是推动此类媒体所持有的公共信息的平台化，利用大数据、云计算等先进技术手段，将来自政府各部门的公共服务信息整合和公开。在这个过程中，政府部门工作协调互动、集中统一、高效决策，使相关社会利益群体和公民个人能够在这个平台上寻找到教育、医疗等方面可靠有效的信息。换句话说，中央媒体平台需要通过关键核心技术的突破，不断地自主创新，支撑自有平台的内容池建设，提高平台的运转效率③。其所做的产品、内容、活动，都需要考虑到百姓民生，将新闻产品进行垂直下沉，用平台开放和

---

① 姚丽亚．基于“中央厨房”模式的新闻生产理念创新［J］．新闻界，2015（14）：163-167.

②③ 蔡雯，汪惠怡．主流媒体平台建设的优势与短板：从三大央媒的平台实践看深化媒体融合［J］．编辑之友，2021（5）：26-31.

连接的能力，将用户吸引进来。如此，一方面提升了中央媒体自身的传播力和影响力，有助于破除传统媒体可持续发展的困局；另一方面能够凝聚社会共识，服务公共生活，发挥引领作用，夯实党性与人民性相统一的媒体角色。

（二）县级融媒体参与基层治理转型

在2018年8月召开的全国宣传思想工作会议上，习近平总书记首次就县级融媒体中心建设作出重要批示，“县级融媒体中心”也第一次在国家级会议上被提及。“县级融媒体”概念的提出标志着媒体融合进程走向全面。习近平总书记在会议上明确指出，要扎实抓好县级融媒体中心建设，更好引导群众、服务群众。这也就意味着县级融媒体从诞生起就紧密地与公共服务、国家治理联系在一起。正如王智丽和张涛甫指出的：“县级融媒体中心建设是国家治理的‘托底工程’，也是中国基层治理结构的承重工程。全面改造县级媒体系统，须找准其功能定位，从根本上解决执政党政治传播体系‘最后一公里’问题，让县级融媒体中心能将执政党的意志、理念、政策下沉到基层。”①

基于此，参与国家基层治理模式的转型成为县级融媒体的核心角色。栾轶玫指出，县级融媒体中心的建设应该是信息传播与公共服务的媒介融合、功能融合，通过以公共服务带动信息接收，收获县域受众的关注与黏性②。罗昕和蔡雨婷则从协商民主的视角，认为县级融媒体在公共政策的讨论发起、协商、接受、执行上，可以让议程之间相互转化；提供协商平台，使多方主体参与；阐明和传达公共政策价值，及时向基层老百姓解疑释惑，有效引导群众；以多种形式进行舆论监督，提供社会评价和效果反馈③。丁和根则认为将县级融媒体的治理角色认知停留在传统的舆论引导、舆论监督层面还不够，“新的媒介生态以及国家（社会）治理现代化的特殊要求，已经对媒体形成了一些新的角色期待……从基层社会治理这一特

① 王智丽，张涛甫．超越媒体视域：县级融媒体中心建设的政治传播学考察［J］．现代传播，中国传媒大学学报，2020（7）：1-6.

② 栾轶玫．信息传播与公共服务：县级融媒体中心建设的“双融合”［J］．视听界，2018（5）：37-40.

③ 罗昕，蔡雨婷．县级融媒体创新基层社会治理的模式构建［J］．新闻与写作，2020（3）：48-55.

定语境和视角来说，它还需要扮演新的角色”①。基于以上讨论，县级融媒体应当扮演的角色至少包括社会对话的组织者、社会冲突的减压者、社会协同的链接者和社会信任的催化者②。

定远县融媒体中心

资料来源：中安在线，http：//ah. anhuinews. com/gdxw/202012/t20201230_5045928. html。

整体而言，学界对于县级融媒体的基层治理能力寄予了厚望，也认为县级融媒体对于整合上至中央政府、下至基层人民的资源、意愿、技术等具有良好的功能。但仍然要清醒地认识到，在县级融媒体推进基层治理转型的过程中，媒体角色边界的把控，尤其需要考虑到中国媒体作为党性和人民性相统一的重要载体，其处在社会协同的中间位置这一本质问题。姬德强和朱泓宇提出了“传播、服务与治理”这一三元综合评价体系，明确指出传播效果依然是第一指标，但也要提升社会服务和内外部治理的能力，打造新型媒介服务平台和主流数字基础设施③。因此，县级融媒体应当在发挥好基础功能之上，在协调社会关系、提供公共服务、助力地方经济等方面发挥更积极的作用。这才是县级融媒体参与和创新基层社会治理的最佳途径。

①② 丁和根．媒体介入基层社会治理的现状、角色与维度［J］．新闻与写作，2021（5）：5-13.

③ 姬德强，朱泓宇．传播、服务与治理：媒体深度融合的三元评价体系［J］．新闻与写作，2021（1）：25-31.

四、新型主流媒体：媒体融合主动嵌入国家治理体系

2020年9月，中共中央办公厅、国务院办公厅印发《关于加快推进媒体深度融合发展的意见》，明确提出媒体深度融合的目标是做强“新型主流媒体”。我国目前已经形成以央媒为代表的一批新型主流媒体。形式多样、内容丰富的新型主流媒体，已经形成规模较大的全媒体矩阵，在国内舆论引导新格局中能发挥巨大的主导作用，能有效引领国内舆论场，基本掌握主动权和主导权①。例如，中央广播电视总台涵盖“两微一端”、抖音、快手、B站等多家平台，粉丝数破亿，频道栏目几乎包含所有频道，真正做到“四力”的全面提升。张志安和谭晓倩，认为新型主流媒体应该有更多元的角色和功能，使新型主流媒体成为媒体融合的结果和国家治理的载体，培育出一批可持续发展的新型主流媒体和更加健全的现代传播体系，强化原创内容生产、发挥议程设置功能，助力国家治理能力现代化②。因此，新型主流媒体主动嵌入国家治理体系的过程主要表现在以下两个方面：

（一）政治性：主流媒体的权威性重建

在中国语境下的媒体深度融合和新型主流媒体建设，不是纯粹的技术问题和传媒业务问题，而是传媒政治问题，关乎执政党基于意识形态安全、执政合法性、社会认同重塑等问题，关乎执政党如何在新传播格局中重建传播领导权和话语权问题③。从这个角度出发，新型主流媒体的建设必然接受也必须夯实党的领导，这是由中国特色社会主义制度决定的，是由中国独特的媒体逻辑决定的④。这也意味着新型主流媒体要处理好主场优势和自主发挥空间之间的平衡。

新冠疫情期间，以人民网为首的新型主流媒体，充分发挥了其在技术

---

① 莫继严．媒体融合时代观照新型主流媒体建设的四个基本维度［J］．中国广播电视学刊，2022（2）：43-46.

② 张志安，谭晓倩．现代传播体系建设中的重大事件主题报道：2021年中国新闻业年度观察报告［J］．新闻界，2022（1）：46-54.

③④ 张涛甫，赵静．媒体融合的政治逻辑：基于意识形态安全的视角［J］．新闻与传播研究，2021（11）：69-83+127-128.

研发、内容生产、数据分析与资源整合等方面的优势①，平台化的新闻制作流程，充分连接了分散的资源，从策划到制作再到分发，全网全平台的联动报道，将疫情的现状、中央的决策等多项议题报道给全国人民，避免了信息失序和舆论失控的局面，展现出了极强的议程设置和舆论引导能力。

党的领导是我国媒体制度最大的优势。新型主流媒体的建设让主流的声音在场，让新闻媒体能够更好地传播国家治理体系和治理能力现代化实践中的典型经验和有效做法，担负起信息传播和推介引领②的职责，进而促进国家治理体系的现代化和国家治理能力的提升。

（二）公共性：公共服务的社会平台

自上而下单一的权力运行逻辑已经不再符合当今时代网络化公众对国家治理的理解方式。人民和政府不应是单线思维中的被管理者与管理者，多元主体参与下的社会导向治理才能得到最广大人民群众的支持和配合。因此，新型主流媒体在嵌入国家治理体系的过程中，也需要遵循公共性原则，理清自身的公共服务职能，进而打造具有公益性质的社会信息平台。

“新闻+政务+服务”的模式是目前比较流行的媒体融合模式，也符合以共建、共治、共享为特征的社会治理新格局的构建。但高慧军等提出了新思路，即“以提供服务为实质的运行机制，同时包括用户需求导向的供给决策机制和多元主体协同供给机制”③。这包含两方面的内容，一方面，我们应该注意用户需求，我们需要依靠以大数据、云计算为代表的先进技术，在给予广大人民反馈渠道的同时主动发现、识别出人民的需求并提供相应的服务。另一方面，侧重于供给侧，在提供服务的过程中，不仅是政府内部从中央到地方再到基层的供给，还是不同层级的行政部门进行全媒体的生产资源协调和配置，实现跨区域、跨部门的流通和共享，更重要的是要打破传统思维，突破壁垒，作为主流媒体的全媒体与互联网平台、自媒体等协同合作，实现系统的开放化、多元化，从而降低成本、提高服务效果④。

---

① 欧勤扬，蒋晓丽．新时代主流媒体发展与国家治理能力现代化进路探究［J］．出版广角，2020（19）：6-9.

② 孔德明．国家治理现代化中的媒体使命与调适创新［J］．新闻战线，2020（1）：4-6.

③④ 高慧军，黄华津，吴竞妍．全媒体在国家治理中的价值及其实现机制［J］．中国行政管理，2020（12）：97-103+137.

流程优化和平台再造是重新构建政府和人民传播关系的不二选择，而真正利用好技术优势，打破思维屏障，才能真正做到想人民之所想，推动新型主流媒体参与社会治理新格局建设，有机嵌入到国家治理体系和治理能力现代化进程中去。

结　语

综上所述，随着媒体深度融合进程的加快，新型主流媒体建设参与国家治理现代化的进程逐步从被动纳入转向主动嵌入，成为党和政府的重要执政手段与治国理政新平台。从信息发布、舆论引导、舆论监督的信息功能到多元主体参与的社会服务，从“中央厨房”的资源整合到县级融媒体打通“最后一公里”，媒体融合已经初见成效，正逐步形成中央媒体联动地方媒体、专业媒体联动互联网商业媒体的全媒体传播体系。坚持“党管媒体”的第一原则引导媒体治理与国家治理现代化的方向，借助先进技术突破真正融合多方主体的力量打造媒体治理平台，让中国特色社会主义的媒体制度优势转化为实际效果。国家治理体系的现代化和媒体深度融合都不是一蹴而就的，都需要一个波浪式前进的过程，如何将两者有机结合，使其互相促进，需要在未来的实践中逐步探索。

重塑舆论中心：媒体融合在舆论引导中的运用与创新

叶　俊*

主流舆论是社会舆论的稳定器，社会稳定离不开科学有效的舆论引导。当前的舆论生态正处于重塑阶段，作为媒体转型发展的战略，媒体融合对舆论引导产生了深刻的影响，深刻改变着网络舆论生态。以互联网、云计算、人工智能、大数据为代表的新技术，以微博、微信、抖音为代表的新平台，以短视频、动漫、VR 等为代表的新传播形态等，使得舆论的生成、传播、演进变得越来越复杂，也越来越难以管控。面对来自舆论生态的综合性挑战，主流媒体必须有所作为，承担起职责使命。

加强舆论引导工作，要重视媒体融合的作用发挥。作为推动新闻业转型发展的重要举措，媒体融合战略已在政策、行动、观念等各方面受到重视，但其对舆论引导的重要性的认知仍有待加强，通过媒体融合重塑舆论中心是下一步媒体融合的核心价值取向。各大媒体在融合发展过程中，围绕传统媒体、新兴主流媒体、全媒体传播体系已经初步建立起舆论引导的新模式。下一步，要在“重塑舆论中心”理念引领下，重视媒体融合的价值塑造，通过技术、渠道、话语创新，构建起属于融合时代的舆论引导格局。

一、媒体融合对舆论引导的影响与趋势

媒介技术的日新月异促使媒体发生深刻变革，互联网等新兴媒介技术

* 叶俊，中国社会科学院新闻与传播研究所副研究员。

对新闻业发展产生了巨大影响，深刻改变了新闻的传播方式。同时，随着互联网深入人们的生活，互联网也成为舆论的主战场，对于舆论的影响力正在迅速增强。在此背景下，媒体走向融合发展道路，而媒体融合发展对整个舆论生态也带来了深刻影响。

（一）媒体融合对舆论生态的深刻影响

自以微博、微信等社交媒体为代表的新媒体兴起之后，舆论生态发生了彻底变化。这是由于新媒体具有准入门槛低、匿名化、便捷性等特点，使人们逐渐习惯了通过新媒体发布消息和言论，不断催生各种舆论议题，意见表达呈现多元化，使网络舆论成为舆论的主要阵地。这首先表现在互联网新媒体成为各种社会议题讨论的主要场所。只要有新闻事件发生，无论首发渠道在哪，最终都会在互联网新媒体上得到充分的关注和讨论。其次表现在互联网新媒体成为舆情事件的集中爆发地。随着社交媒体的普及，大多数的舆情事件都通过社交媒体首先发布并逐步引爆舆情。最后表现在社交媒体放大了社会舆论。社交媒体的粉丝转发具有“裂变式”的传播效果，在公共事件中，无论事件影响大小，都可能在社交媒体上“裂变”，成为全国性话题。正因如此，人们也逐渐习惯了在网上看新闻、参与讨论、了解观点等，而传统媒体也因此逐渐被“边缘化”。

为了抢占舆论引导的舆论阵地，提升舆论的主动权，中央大力推动传统媒体发展，媒体融合发展战略应运而生，并再次改变了舆论生态。主要体现在以下几个方面：

第一，媒体融合助力主流媒体抢占新媒体阵地。在论坛社区、微博、微信刚兴起的几年时间里，无论是舆情事件的爆发还是发酵和引导，几乎都在社交媒体上完成，传统媒体只能“后知后觉”跟进，陷入“边缘化”的危机。在媒体融合战略的推动下，各大主流媒体纷纷进军互联网，建立以“两微一端”（微博、微信、客户端）为代表的新媒体矩阵，抢占新媒体舆论阵地，并逐渐成为新媒体舆论中的主导力量，在很大程度上改变了以往被意见领袖主导的社交媒体舆论格局。对传统主流媒体来说，这不仅有效提升了其舆论引导能力，也提高了其在融媒体环境下的传播力、影响力、竞争力。

第二，媒体融合提高主流舆论的网络传播效果。曾经一段时间内，传统主流媒体不断向互联网靠拢，试图运用互联网提高传播效果，但缺乏系统性的顶层设计，效果并不理想。在媒体融合战略下，主流媒体的互联网战略更具有系统性，新旧媒体之间及各新媒体账号之间的互补共振效果受到重视，一个囊括各类媒体和各种传播形态的全媒体传播体系逐渐建立起来。主流媒体在融合发展的过程中，遵循互联网传播规律和新兴媒体发展规律，适应互联网环境下的媒体使用习惯，更好地满足了用户需求，从而有效提升了传播效果。

第三，媒体融合促使互联网新媒体更加规范化。尽管互联网新媒体已经发展了 20 多年，影响力越来越大，并深入人们日常生活的方方面面，但互联网作为一个低门槛、缺把关的平台，其规范化和公信力一直都是硬伤。随着主流媒体融合发展战略的推进，新媒体平台中主流媒体的身影越来越多，主流媒体开始逐渐成为新媒体平台上的主力军。这些主流媒体延续其传统媒体时代的职业化和规范性，在互联网新媒体中起到了引领和示范作用。同时，在新型主流媒体的示范下，网民也逐渐提高了网络素养，对互联网信息有了更加理性的认识。这些都为主流媒体提升新媒体环境下的舆论引导能力奠定了坚实基础。

以往，我们更多关注的是新媒体对舆论生态的影响。如今，媒体融合对舆论生态的影响已悄然发生，并成为互联网新媒体发展的主流趋势。在媒体融合发展的大背景下，舆论引导也必然发生系列变化。

（二）媒体深度融合下的舆论引导趋势

媒体融合发展有效提高了主流媒体的引导力、传播力、影响力，使网络舆论生态逐渐回归正常。随着媒体融合的不断深入，社会舆论的生成与强化，处处都能看见主流媒体的身影，舆论的演变与引导已离不开主流媒体。总之，融合之后的媒体已经与舆论深刻交融，嵌入舆论的演变链条中。当前，媒体深度融合正在进一步推进，舆论引导也将发生更多变化。

1. 舆论传播载体不断丰富，规范社交媒体舆论传播

在媒体融合战略之前，互联网舆论几乎被几大门户网站和社交媒体所占据，大量的舆论事件在社交媒体上爆发，并通过门户网站和社交媒体不断发酵，主流媒体的声音在与社交媒体舆论博弈时处于劣势。

媒介融合的发展将为舆论传播提供更多的发布平台。当前，新技术、

新平台的不断涌现使得媒体越来越呈现出多功能一体化的趋势，各种社交媒体、自媒体也面临着严重的同质化处境。同时，各大主流媒体在媒体融合过程中推出了众多新型媒体，在微博、微信和客户端布局，凭借其高质量的内容不断占领舆论阵地。不仅如此，不同媒体之间也有广泛的互动，从而对社会舆论形成与传播的格局产生了重大影响。更重要的是，在社交媒体上，由于主流媒体的账号越来越多，影响力越来越大，网民越来越偏向选择主流媒体作为权威信源，那些不负责任的言论在主流媒体的示范下逐渐得到规范，在一定程度上改变了社交媒体发展早期时的各种乱象。随着媒体融合的深度推进，这种示范性和规范性将越来越明显，舆论导向功能也会进一步得到彰显。

2. 主流媒体影响力越来越大，抑制社群传播极化现象影响

微博、微信等社交媒体及各类论坛、社区的出现，使网络传播出现群体传播、圈子文化等新现象，而社交媒体平台在“流量经济”的趋势下，过度使用算法技术，将用户推入“信息茧房”和“回音室”，由群体极化引起的极端观点明显增加[①]。在群体极化现象道德影响下，理性的讨论缺失，网民凭借经验和想象就可以对热点事件发布观点，加大了舆论引导难度。不仅如此，一些媒体不负责任的报道，也会促使极化意见的产生，甚至有的媒体受到群体极化意见的影响，出现各种失实或偏颇的报道。

正因如此，主流媒体的社会责任显得十分重要。基于长期的积累和媒体属性，民众对主流媒体有着较高的信任度，如何把民众对传统媒体的信任度延伸到网络并引导网络舆论生态，是主流媒体在融合发展过程中的重要任务。媒体融合发展，使主流媒体广泛参与到新兴媒体中，影响力也越来越大，同时也把公信力和权威属性带到新兴媒体中，使“去中心化”的网络舆论生态，逐渐有了“主心骨”和判断标杆，从而起到抑制群体极化的作用。面对扁平化、去中心化的传播生态，主流媒体必须要承担起这一责任，重塑网络舆论的“中心”，媒体融合发展则将为此发挥重要作用。当然，仅靠平台的占有还不够，作为履行宣传和传播任务的主流媒体，还

---

① 卢智增，高翔．社交媒体平台群体极化的形成机理与引导策略研究［J］．情报理论与实践，2021（8）：51-58.

要在进行报道或评论时保持公正、平等的客观态度[①]，选取合适的传播方式，把握合适的“度”，提高公信力，这样才能夯实主流媒体在网络舆论中的主导地位。

3. 权威性逐渐向互联网平移，扩大虚拟空间对现实世界的影响

互联网深刻地改变着我们的生活，并在互联网上创造出一个虚拟世界，这种虚拟性和匿名性助长了互联网上各种不负责任的言论，产生网络暴力等各种违背伦理乃至违法的行为，使互联网舆论变得十分复杂。随着新兴媒体技术的发展和应用，虚拟空间与现实空间的互动性不断增强，对现实世界的影响也越来越大。然而，虚拟世界归根结底是现实世界的延伸，互联网不是法外之地。面对虚拟世界及其可能出现的各种问题，需要现实世界的介入并展开积极的舆论引导。

主流媒体融合发展的一项重要使命是进驻并抢占互联网新媒体阵地，掌握网络舆论的主动权。面对纷繁复杂的网络空间，主流媒体的进驻可以为互联网注入传统媒体的权威性，引导互联网舆论走向，在一定程度上维护互联网空间秩序。同时，主流媒体在虚拟空间的影响力也可以辐射到现实世界中。这是因为，当下的信息传播与现实行动间的时间越来越短，虚拟世界的舆论很容易带来现实世界的行动，主流媒体通过融合传播方式介入虚拟世界，积极引导舆论，可以对现实世界的行动产生影响。

二、媒体融合在舆论引导中的运用模式

舆论引导是新闻舆论工作的重点，事关舆论的走向和社会共识的凝聚。随着媒体融合的推进，越来越多的媒体开始重视通过融媒体手段提高舆论引导能力，掌握舆论的主动权。从目前的媒体实践来看，媒体融合在舆论引导中主要有以下几种运用模式：

（一）发挥传统媒体优势，建立舆论引导的权威性

在媒体融合发展进程中，主流媒体拥有很大的作用空间，可以在很大程度上改变舆论生态。其中，利用传统媒体的公信力和权威性优势，在网

---

① 李永健，王雪丽．网络群体极化现象与主流媒体的应对责任［J］．中国记者，2013（8）：116-117.

络舆论生态建立权威性，引导网络舆论发展，营造网络空间舆论氛围，是一个重要的发展模式。

1. 发挥主流媒体权威优势，打造新型主流媒体

主流媒体内容主要以原创为主，主流媒体是党和政府的耳目喉舌，一直以来不仅是网络信息的重要来源，而且是网上权威信息的主要来源，具有很强的权威性。相比之下，互联网新媒体、自媒体缺乏把关，信息鱼龙混杂，冲击了舆论秩序，这对主流媒体来说是个机遇。当前，各大主流媒体趁着融合发展的契机，广泛进驻新兴媒体，把主流媒体的权威性带到互联网上，为参差不齐的网络舆论生态注入了正能量，着力建立新的引导力和权威性。同时，主流媒体以媒体融合为契机，打造出一批新型主流媒体，并逐渐成为互联网各类传播主体中最具公信力的信息来源。通过这种方式，主流媒体奠定了舆论引导的基础。

2. 在融合发展过程中主动发挥舆论引导作用

在融合发展过程中，各大主流媒体致力于传播正能量，弘扬主旋律，发挥主流媒体的喉舌作用。自媒体融合战略实施以来，新型主流媒体已经在各类新媒体平台中布局，引导着平台上的舆论，推动网络舆论走向健康发展道路。新型主流媒体之所以能够在各大平台受到关注并有力地引导舆论，与它们背后传统媒体所拥有的公信力和权威性密切相关。可以看到，在当下的互联网舆论中，无论是什么舆论事件，网民在讨论过程中普遍都会期待主流媒体站出来发声，而对所谓的“网络大V”已经逐渐失去信任。

3. 强化新闻专业水平，引导网络舆论规范化

主流媒体的公信力与权威性的一个重要来源是其长期积累的专业化水平和规范化操作流程。在媒体融合的进程中，主流媒体不能摒弃专业素养，更不能迁就和迎合自媒体各种博眼球的炒作行为，而要以专业水平在网络上确立自己的地位。通过主流媒体的专业化示范，对网络媒体、自媒体和网民的言论也会产生辐射，推动网络舆论的规范化。

（二）构建全媒体传播体系，传播社会主流价值观

自习近平总书记提出构建全媒体传播体系以来，从中央到地方的各级媒体都在积极运用各种新技术、新平台，拓展主流媒体的传播渠道，构建

媒体自身的全媒体矩阵。对于舆论引导来说，全媒体传播体系的建构可以在很大程度上提高主流媒体的舆论引导力，更好地掌握舆论主动权，传播社会主流价值观，净化网络空间环境。

1. 通过构建全媒体传播体系抢占网络舆论阵地

互联网是一个没有硝烟的战场，主流媒体不去占领就会有别人占领，主流舆论不去传播就会有各种言论横行，污染网络空间环境。主流媒体积极构建全媒体传播体系，是抢占互联网舆论阵地的重要方法。通过全媒体传播体系的建构，主流媒体可以在微博、微信、客户端、抖音、快手、小红书、B 站等各种新兴媒体平台上布局，让主流舆论进入各类社群传播，扩大主流舆论影响力。

2. 通过构建全媒体传播体系传播社会主流价值观

在复杂的互联网舆论生态中，要想净化舆论生态，一个有效的办法是积极传播正能量，弘扬主旋律，让主流价值观占据网络舆论主流，从而挤压负面言论、敌对言论、低俗内容的生存空间。例如，人民日报法人微博具有很强的政治性、政策性，且因为身份特殊具有很高的关注度和敏感度，各种各样的观点、诉求都想借助这个平台发声。为此，运营者需要耳目清静，心有定力，不为流言所惑、不为杂音所扰，始终以事实为依据，以主流价值为准绳，以科学理性、公平公正去谋取最大公约数，激发建设性力量①。事实上，各级主流媒体都是如此，一旦主流媒体传播虚假新闻、低俗内容，很快就会被网民关注并传播，从而削弱主流媒体的公信力，降低其舆论引导的影响力。

3. 通过构建全媒体传播体系应对舆情危机

网络舆情应对是舆论引导的一个重要方面。由于社会转型期各类矛盾较多，网民借助社交媒体可以自由发声，导致舆情事件层出不穷，且越来越多的舆情事件都是由互联网首先爆发，增加了网络舆情应对难度。在舆情应对过程中，一个重要的难题是如何传播真相，压缩谣言的传播空间，全媒体传播体系的建立可以提高正面信息的传播速度，扩大真相的传播范围，起到辟谣作用并有效挤压谣言的传播空间，从而引导舆情向积极正面

① 丁伟. 在媒体融合中探索舆论引导新路子［N］. 人民日报，2014-08-14（23）.

方向发展。

（三）运用新兴媒体传播，提升舆论引导能力

主流媒体的舆论引导力由事实报道能力、舆情研判能力、意见整合能力、新闻舆论传播能力、社会舆论导控能力五要素构成①，是其作为主流媒体得以存在的重要基础。媒体融合时代，如果主流失去舆论引导的能力，其价值也会随之下降，而要提高舆论引导能力就要充分利用媒体融合的机遇，运用新兴媒体传播，拓展传播渠道，以适应融媒体发展态势，满足用户需求。

1. 建立新媒体矩阵，提高舆论传播能力

随着新技术、新平台的快速变革及相关应用的普及，它们对媒体的影响和作用已经从形式深度到内容层面。一方面，各类新媒体传播都对舆论形成的影响越来越大，对舆论传播和演变的作用过程也更加直接。另一方面，大数据、人工智能等技术及用户个性化的选择，从多个角度对专业媒体进行审视。为此，专业媒体必须抓住媒体融合发展的风口，建立起自身的新媒体矩阵。当然，新媒体矩阵并不仅是当下流行的“两微一端”（微博、微信、客户端），事实上，新技术、新平台一直在变化，在新媒体阵营中，“两微一端”已成为“旧媒体”，抖音、今日头条、B 站、小红书、快手等新渠道正从不同角度切入，逐渐成为广受欢迎的媒体平台，“两微一端”已经很难满足融合发展的实际需求。

2. 遵循新媒体规律，提高内容亲和力

新媒体既是新闻媒体的一部分，也是互联网的一部分，受新闻媒体和互联网的双重影响，有其自身的发展规律、传播规律和运行规律。传统媒体要想在融合发展中提高舆论引导能力，就必须遵循新媒体规律尤其是新媒体传播规律。从用户角度来看，最重要的是内容要有贴近性，表达要有亲和力，而不是高高在上的说教。新媒体上舆论的形成，有其独特的规律和过程，媒体很多时候只是作为信息的起点，经过互联网传播、网民参与等过程之后才能形成真正的社会舆论。因此，主流媒体在引导舆论的过程中，必须要改变传播方式，贴近网民心理，内容生动，通俗易懂，及时回

---

① 邓海荣．新闻媒介舆论引导力的内在特征及其运作机制［J］．重庆社会科学，2012（9）：58-63.

应社会舆论关切，才能很好地引导网络舆论。

3. 遵循媒体融合规律，提高媒体竞争力

主流媒体的融合发展是提高舆论引导能力和市场竞争力的重要手段。推动媒体融合发展，要遵循新闻传播规律和新兴媒体发展规律，强化互联网思维①。这要求媒体在融合过程中，一方面要适应新兴媒体的特点、形式，在技术上方便网络选用，形态上为网民所乐于接受，内容上能吸引用户注意力。另一方面要求主流媒体无论是在融合发展中还是在舆论引导中，都要有互联网思维，用互动、分享、平等等视角进行媒体融合和舆论引导。这样才能获得更多的用户、更大的市场、更强的竞争力。

三、媒体融合在舆论引导中的路径创新

互联网新媒体的发展，推动整个媒体格局、舆论生态和传播方式发生了巨大变化，舆论引导越发显得重要。主流媒体如何通过媒体融合发展战略，在新的舆论格局中重新抢占领地，维护主流舆论的主导地位，是各大媒体需要探索的一项重大课题。

（一）打造新型主流媒体，提高主流舆论的传播力

传播主流舆论和主流价值观，弘扬正能量，是舆论引导的首要任务。在纷繁复杂的互联网世界中，主流媒体要承担起这项重任，需要把握好媒体融合的契机，推动媒体在渠道、平台、内容、技术、经营、管理、体制、机制、人才等各个方面的全面深度融合，打造符合互联网规律的新型主流媒体。

一方面，要推动媒体深度融合，打造新型主流媒体。习近平总书记强调，要着力打造一批形态多样、手段先进、具有竞争力的新型主流媒体，建成几家拥有强大实力和传播力、公信力、影响力的新型媒体集团，形成立体多样、融合发展的现代传播体系。这是媒体深度融合的目标要求。当前，各大媒体都在推动媒体融合走向深度，打造出一批新型主流媒体。例如，《人民日报》、新华社、央视新闻的微博、抖音账号中都有数千万上亿

① 习近平主持召开中央全面深化改革领导小组第四次会议强调 共同为改革想招 一起为改革发力 群策群力把各项改革工作抓到位［N］. 人民日报，2014-08-19（1）.

“粉丝”，成为名副其实的新型主流媒体。相比之下，还有很多省级、地市级、县级媒体，行业类媒体还处于探索之中。在媒体融合发展的大趋势下，不能打造出具有影响力的新型主流媒体，早晚会被淘汰，更谈不上主流舆论的传播力。下一步，省、市、县三级主流媒体的融合发展应得到重视，其他行业媒体、市场化媒体则会在市场竞争中优胜劣汰，并最终形成较为稳定的舆论格局。

另一方面，要创新融媒体产品，提高主流舆论吸引力。媒体融合发展，技术是支撑，内容才是关键，内容融合是媒体融合的核心所在。用户在使用互联网时，面对浩瀚的信息海洋，不可能都去浏览，而是会根据内容、形态等做出选择。这就需要主流媒体通过融媒体产品，提高内容对用户的吸引力。因此，在推进媒体深度融合的同时，主流媒体还要善于利用各种新技术，创新表达方式、表达内容等，掌握新媒体的特点和网民阅读心理，才能提高主流舆论的吸引力，从而更好地传播主流舆论，引导网络舆论。

（二）优化传统媒体与新兴媒体布局，提高舆论引导的影响力

尽管互联网新媒体已经成为一种新兴传播形式，但传统专业媒体仍然有其存在的价值。因为传统主流媒体有非常专业化的人才队伍、操作流程、职业道德和把关体系，能够确保内容的真实性，而互联网新媒体把关机制缺失，内容泥沙俱下，很难成为舆论引导的“定盘星”。因此，在推进媒体深度融合，打造新型主流媒体之际，有必要优化传统主流媒体、新兴主流媒体的布局，最大程度提高舆论引导的影响力。

首先，要在传播渠道上优化两类媒体的布局。当前，传统媒体与新兴媒体交织，推动和引导舆论发展。一方面，传统媒体在引导舆论、民众参与方面的影响有所减弱，但仍保持其舆论场的“定盘星”地位；另一方面，新兴媒体的影响日益增大，经由传统媒体跟进而影响到整个社会舆论，成为监测整个社会环境的主要渠道。两类媒体各有特点和价值，在提高舆论引导能力之时，要做好两类媒体的布局，有的媒体选择弱化传统媒体，有的则选择强化传统媒体，这要根据自身发展情况而定。当然，即便是强化传统媒体，也离不开新兴媒体，要考虑如何在两者之间搭建高效的连接机制。例如，《解放日报》压缩传统媒体人员，转战新兴媒体，而财新传媒力推版权保护和阅读收费机制。

其次，要在传播内容上优化两类媒体布局。两类媒体的传播对象有所不同，传播话语也存在区别。在舆论引导中，要根据传播内容、传播时效等因素优化两类媒体布局。权威时政要闻、重大主题报道等需要权威性支撑的，需要传统媒体报道；正能量、主旋律的新闻事件，可以选择新兴主流媒体，丰富报道，提高传播时效性；突发性事件报道和回应，则更需要利用新兴媒体。针对不同的内容，侧重不同类型的媒体，这也是融合报道的形式之一。

最后，要提高新型主流媒体的专业化水平。毫无疑问，新型主流媒体建设是媒体融合发展的主要目标，也是主流媒体把握舆论主动权、提高舆论引导能力的重要方式。但这并不意味着仅建立一批新媒体账号就可以实现，而是要注重提高新型主流媒体的传播质量。在一些由传统媒体创建的新媒体账号中，很多账号内容更新慢、质量差、同质化严重，很难成为真正的新型主流媒体。这就要求主流媒体在融合发展中要重视专业化、规范化，树立新媒体形象，占领舆论主动权。例如，四川广播电视台打造的“四川观察”抖音号、《太行日报》的“新闻快车”抖音号在抖音平台上拥有上千万粉丝，影响力大，舆论引导能力强，值得其他传统媒体借鉴。

（三）推动多元话语互动融合，构建新型舆情应对模式

在互联网舆论生态中，舆论主体十分复杂，舆论话语也呈现多样化。尤其是舆情事件中，面临着汹涌而来的舆论，舆论引导难度更大，有时话语的失误就有可能导致新的舆情。因此，在提升舆论引导能力的过程中，要重视话语融合的作用，通过话语融合构建起新型舆情应对模式。

第一，要保持平等的对话姿态。在新媒体时代，传统的传播中心逐渐消失，呈现出“去中心化”“扁平化”的特点，人们彼此之间平等交流，网民参与各种议题互动。因此，在舆情应对中，要改变“我说你听”的单向传播思维，以“友好不讨好、亲和不迎合、对话不对立”的姿态，与网民开展交流互动，以理服人，以情动人。

第二，推动官方话语与民间话语互动融合。当前互联网平台开放性、匿名性特征显著，网络舆情呈现出非常明显的非理性特征，并形成了官方话语与民间话语博弈对抗与互动融合的局面。为此，必须要实现官民话语的互动融合。政府应积极利用大众传播媒介，以客观、真实、公正、平等的态度积极主动地向大众媒体提供政府信息，两者要在公共利益的前提下相互理解各自的信息需求，共同促进公共传播，在不断交流中达成共识，有效地平息和缓解危机。

第三，构建新型舆情应对模式。传统舆情应对是被动型的，遇到质疑时回应，不质疑不回应，且回应时也是“以我为主”。在融媒体时代，各种社交媒体介入，舆论生态复杂化，被动型的舆情应对无法解决舆论质疑的声音。这催生了主动型的舆情应对模式。政府部门和主流媒体积极开展舆情监测，回应社会关切。但从各类危机事件处理来看，这种主动出击的舆情应对，某种程度上仍然受到传统观念制约，是为了消解舆情而应对舆情，难以解决根本问题。随着融媒体时代的到来，民众接触非官方信息、参与互动的窗口越来越多，有关部门到了再次转变舆情应对观念的时候。当务之急，需要一种“互动应对”的危机应对观念，在沟通交流中把握舆情动向，精准回应各类质疑，提高舆论引导水平。

（四）强化创新意识，构建舆论引导新格局

当前，网络舆论环境日趋复杂，意识形态较量非常激烈，思想文化交流交融交锋日益频繁复杂。一些只顾追求物质利益的价值观念受到相当一批人的认同，而一些社会基本价值观念却被污蔑为束缚自由和刻板说教。针对这种情况，应该如何破局呢？改革创新是党的新闻舆论工作的活力之源。

第一，要创新技术应用。技术是推动媒体融合的重要动力，也是媒体融合的重要方法。在舆论引导创新中，要创新技术应用方式。一是利用大数据技术预测舆论热点和舆情走势。舆论引导的前提是对现有舆情的准确把握，因此预测是非常重要的前提。大数据及相关模型可以用来分析和预测舆论热点，做好危机预警，增强舆论引导的主动性，提高舆论引导效率。为此，要运用大数据技术深入研究、分析舆情事件发生、发展和变化的规律。二是运用智能技术改进内容生产及分发模式。例如，智能推送、机器写作技术的应用，可以确保舆论引导过程中的反馈速度，设置好网络舆论议程。三是利用算法技术实现内容精准推送。通过算法技术，可以对用户的浏览、转发、评论、点赞等数据进行分析，描绘用户画像，并依据

画像精准推送相关内容。在舆论引导过程中，可以在算法基础上进行必要的人工干预，议程设置，并根据用户的习惯和偏好，完成内容的精准推送，从而提升舆论引导的针对性、精准性。当然，在利用人工智能技术提升舆论引导能力的同时，也要加强在人工智能技术应用过程中的人工干预，发挥把关人的作用，全面筛选并及时删除不实信息，优先推送有质量的权威信息、深度报道，矫正人工智能技术在实际应用中的负面效应，全面优化舆论引导工作①。

第二，要创新融媒体产品。媒体融合战略实施以来，从中央媒体到地方媒体都在积极运用新技术创作融媒体产品，通过多种形态、多个角度、多个场景向用户报道新闻，实现了内容生产方式上的深度融合。在融媒体产品生产上，各大媒体从技术、内容、渠道等方面入手，广泛运用云技术、大数据、人工智能、H5、VR、动漫等技术，打造出一系列爆款产品。未来，融媒体产品创新一方面要重视连接的作用，通过新技术的运用在媒体、用户、企业和产品之间探索连接通道，通过连接打通整个传媒生态，促进产业链不断延伸。另一方面可以引入更多的技术团队、创意公司进入传媒生态圈，按照市场化运作模式为产业链的发展提供人力、财力和智力资源支持，推动数据新闻、H5 等融媒体产品创新。在这一过程中，也要重视产品的互动，注重产品的内涵挖掘，赋予其更多的符号价值，强化用户对产品本身的认同。值得注意的是，在融媒体产品创新中，不仅要关注技术与新传播的形式，更应思考其背后的人工化、在场的孤独、视觉感知的依赖等文化隐喻②，在互动中实现符号互动，构建场景的仪式感。

第三，要创新体制机制。当前，媒体融合已经进入深度推进的关键阶段，而体制机制融合是其核心和关键所在。为此，必须着力深化媒体内部体制机制改革，强化人才支撑和政策保障，推动媒体融合尽快从相“加”迈向相“融”。媒体融合发展中的体制机制创新，既是政策问题，也是实践问题。在构建新型主流媒体的过程中，一方面应坚持媒体的事业属性，传播好党的政策方针路线；另一方面也要以市场方式推动媒体的配置，构

① 林嘉琳，陈昌凤．人工智能时代的舆论引导［J］．中国记者，2019（9）：38-41.

② 李彪，刘泽溪．思维、创意与技术：融媒体时代传媒产品的生产路径创新［J］．新闻战线，2018（9）：45-48.

建产业型媒体。因此，要合理统筹社会效益与经济效益，坚持“守正创新”，打造紧跟科技前沿的融媒体技术体系，构建完整的媒介生态链条，实现新闻价值和传播效果的有机平衡，在移动互联时代牢牢占据舆论阵地，服务受众、引领导向[①]。传统媒体体制机制创新涉及内部复杂关系，这种改革和融合面临的阻力仍然比较大。

第四，要构建多元主体参与的舆论引导格局。舆论引导事关多个主体，需要建立起立体化多主体参与的舆论引导格局。在主体上，要发挥政府主导作用，以主流媒体作为支柱，调动网民、意见领袖的积极性。在立体化构建上，要有日常性舆论引导和应急性舆论引导的区别[②]。在日常性的舆论引导上，要做好以政府为主导的监测预警，掌握社会热点动态，主动议程设置，以积极正面的态度回应社会舆论热点，激发参与主体之间的互动交流，增强不同参与主体之间的社会互信。同时，政府、媒体之间要建立内部协调，建立良性的联动机制。在应急性舆论引导上，要建立舆情事件的信息公开系统、回应系统和紧急管控系统。信息公开要遵循快速反应、公开透明的原则，依据舆论监测预警所呈现的舆论事件发展走向，迅速启动应急机制，争取话语主导权，抢占舆论制高点。同时，也要有完善的舆情回应系统，及时把握社会舆论关切，通过权威媒体和网络渠道，公开回应社会公众关注的热点话题以及舆论事件中的疑惑。

结　语

在传统媒体时代，信息传播的载体主要是报刊、广播和电视，是一种中心化传播模式，而互联网的传播具有极强的去中心化特征，促使信息传播结构多元化，从线性传播向交互式传播、开放式传播转变，呈现扁平化的发展态势。这消解了传统话语中心体系，削弱了媒体的话语控制力，进而导致意识形态话语权威的解构与话语权传播力的下降，主流价值观边缘化，舆论引导能力弱化。随着互联网生态的演进，媒体生态在经历了一段

---

① 张传香．媒体融合发展要加强体制机制创新［N］．人民日报，2017-04-18.

② 邵鹏，左蒙．社会舆论的现状和挑战与立体化舆论引导格局的建构［J］．东方文化，2016（3）．

时期的去中心化的影响后，出现了明显的再中心化过程[①]，呈现出“去中心化与再中心化的相互交织、深度互动”[②] 的网络传播特征。同时，作为互联网上的新兴力量，各类平台不仅已经成为个人生活不可或缺的消费花园，而且日益成为掌握支配权力的社会组织，平台的权力已经达到了极高地步[③]。为此，必须正视“去中心化—再中心化”趋势的合理存在[④]。

就舆论引导而言，去中心化一度导致舆情处于失控边缘，舆论走向几乎被社交媒体和“网络大 V”所控制，大大增加了舆论引导难度。在此背景之下，把握舆论引导的主动权就必须推进媒体融合发展，让主流媒体进驻并占领互联网舆论的主阵地。当主流媒体广泛进入互联网传播生态时，网络舆论的去中心化趋势得到一定程度的缓解，舆论引导效果明显改善。当前，以社交媒体为代表的新平台和以区块链为代表的新技术，仍在塑造去中心化传播生态，牢牢掌握舆论主动权就要重新塑造互联网舆论的中心，避免舆论失控。从这个意义上说，媒体融合战略是重塑舆论中心的重要契机。一方面，主流媒体要在互联网思维的主导下加强融合发展，融入互联网生态，发挥自身专业性、权威性、规范性的引领作用，打造新型主流媒体并使之成为互联网舆论生态中的主心骨和定心丸；另一方面，要加强互联网治理，完善法律法规，加强互联网企业、新兴媒体平台的行业自律，提升全社会的网络素养，促进网络文明建设，营造风清气正的网络生态。

① 栾春晖．从去中心化传播到再中心化传播［J］．青年记者，2015（30）：112.

② 韩云杰．去中心化与再中心化：网络传播基本特征与秩序构建［J］．中国出版，2020（21）：31-35.

③ 刘晗．平台权力的发生学：网络社会的再中心化机制［J］．文化纵横，2021（1）：31-39+158.

④ 刘康．“去中心化—再中心化”传播环境下主流意识形态话语权面临的双重困境及建构路径［J］．中国青年研究，2019（5）：102-109.

县级融媒体赋能基层治理的逻辑理路与实践进路

常凌翀*

互联网自由、平等、开放的连接属性和快捷、高效的技术优势为基层社会治理打开了“国家治理新疆域”。随着互联网数字技术的广泛普及和实践拓展，互联网平台在引领社会生产新变革、创造社会生活新空间的同时，也深刻影响着国家治理领域的拓展、治理体系的构建以及治理效能的提升，已经成为国家治理的新主体、新内容、新手段和新工具。互联网平台化的快速发展导致社会治理环境发生改变，为社会关系形态的重塑、传播功能的转换升级、数据资源的广泛连接、公共产品的价值提升提供了可能性，进一步彰显了新媒体技术作为国家治理核心要件，同时倒逼政府转变管理职能并创新社会治理模式的重要作用。因此，加强互联网及信息技术嵌入国家治理现代化并双向赋能，是当下亟须重视和研究的时代命题。

互联网新技术为实现国家治理体系和治理能力现代化提供了现实可能性。随着国家治理重心下移和媒体融合渠道下沉，作为地方重要的信息枢纽和内容平台，县级融媒体中心具有多样化参与基层社会治理的功能，势必要成为党和国家底层末梢的舆论阵地，成为治国理政落实到基层的重大举措，不仅是打通媒体融合和基层传播的“最后一公里”，更是推进国家治理能力与治理体系现代化的关键环节和重点领域。嵌入基层社会治理的实践逻辑，既是媒介发展对社会转型的深切回应，也是县级融媒体顶层设

* 常凌翀，湖州师范学院人文学院副教授，中国生态文明研究院副院长，新闻学博士，硕士生导师。国家社会科学基金一般项目“乡村振兴战略下提升县级融媒体传播力研究”（19BXW029）负责人。

计的内在要求。

2019 年 1 月，习近平总书记在中共中央政治局第十二次政治局集体学习时强调："媒体融合发展不仅仅是新闻单位的事，要把我们掌握的社会思想文化公共资源、社会治理大数据、政策制定权的制度优势转化为巩固壮大主流思想舆论的综合优势。"① 此番重要论述旨在强调媒体融合已经成为社会运行的基础架构和实践平台，必将在县域社会治理中肩负重要的功能担当，成为风险防范的雷达站、矛盾化解的催化剂、协同治理的调节器和价值认同的引力场。县级融媒体中心建设不仅是基层媒体机构的深层变革，更是优化县域基层社会治理现代化路径探索的重要契机，其根本要义是精心打造自主可控的治国理政新平台，全景式参与社会治理，加快推进基层社会治理现代化。

本部分以媒介治理社会为逻辑起点，聚焦县级媒体传播失效与基层治理价值失能的现实问题，从治理理念、平台建设、功能转向、价值引导和用户连接等方面审视县级融媒体赋能基层治理的理论逻辑和实践指向，探讨重建基层政府与人民群众的双向沟通机制，一方面为重构基层服务体系和提升基层治理效能提供平台、技术支撑，另一方面也为重塑县级媒体功能转向和提高县级融媒体传播力拓展了新路径，旨在形成"一核多元、融合共治"的治理新格局，加速提升和实现我国制度优势转化为基层治理效能的目标。

一、县级媒体的传播失效与基层治理的价值失能

党中央从战略高度提出"提升国家治理体系和治理能力现代化"这个重大命题，标志着新时代国家建构运动正式启幕。基层社会治理作为连接中央和地方的桥梁，是实现社会与国家同步建构、夯实执政基础的一项重要议题。治国安邦，重在基层。人民的生活中心在基层，社会治理的重心也在基层，只有真正改善人民生活，才能把基层社会治理好，构筑基层人民生活和基层社会治理共同体。因此，从满足人们日益增长的美好生活需

① 习近平．加快推动媒体融合发展　构建全媒体传播格局［J］．求是，2019（6）：4-8.

要出发，多维联动、全景触发、全面协调、统筹推进基层社会综合治理，成为实现国家治理体系和治理能力现代化的基础工程；压实推进基层治理和公共服务重心下移，则是提升群众安全感、幸福感、获得感的重要保障。社会治理重在基层社区，媒体融合落脚在县级融媒体。从传播治理层面看，基层社会的治理对象与县级融媒体的传播受众几乎天然同属于一个群体，两者深度融合并相互自洽正是通过县级媒体助推基层社会创新治理的内在逻辑[①]。习近平总书记指出，基层是一切工作的落脚点，社会治理的重心必须落实到城乡、社区。意在阐明加强和创新基层社会治理改革是推进县级融媒体中心建设的重要内容，强化县级媒体传播力建设成为提升基层社会治理效能的重要途径。

随着社群传播时代的到来，县级融媒体不能仅停留在信息服务的基本功能层面，还应强化社群组织建构和社会关系再生能力，并致力于基层强关系生产的场景再现，强力聚合本地强关系网络用户再造，聚焦社区公共网络空间重构[②]。县级融媒体是基层传播的网络新单元和基层社会治理的智慧新平台，甫一建立就肩负着巩固基层思想文化阵地和创新基层社会治理模式的重要使命，理应遵循主流媒体的传播规律，不断探索技术融入社会治理的创新路径，充分发挥其在基层社会治理中的重要作用，促使媒体融合的技术优势转化为基层治理效能。在推动基层治理的实践中，县级融媒体中心建设方兴未艾，但嵌入基层治理工作还乏善可陈，传播效能和治理效用并不理想，甚至处于“有爆款没用户，有流量没平台，有数字没数据，有倡议没呼应”的尴尬境地。基层社会治理依然存在“条块分割”“权责不匹配”“对上不对下”等体制痼疾，这就导致一方面党和政府自上而下的政策理念在基层的执行力不断减弱，另一方面基层民众的个性化需求也未能得到及时回应，以至于出现了基层传播间歇性“失语”和权力真空的窘况。

在基层治理现代化实践中，复杂多元的内外部环境决定了基层社会治

---

① 曾润喜，杨璨．重建本地用户连接融入基层社会治理：县级融媒体发展路径研究［J］．新闻与写作，2021（5）：22-28.

② 李彪．县级融媒体中心建设：发展模式、关键环节与路径选择［J］．编辑之友，2019（3）：44-49.

理是国家现代化治理工作的重点和短板，其难点在于如何解决事关民生最突出的矛盾，更好实现社会治理的提质增效，尤其要审慎处理好中国特色社会主义现代化治理制度的设计嵌入与基层社会治理有效连接的难题。无论是从治理制度、治理模式还是治理效能转化来说，基层社会治理交织并存着治理难度分层递增与治理效能转化深度递减的症结。数字信息技术在促使国家治理方式发生根本性变革的同时，也在重塑着当代社会的伦理秩序和道德观念，我们亟须重新审视基层社会治理的应用效能和伦理边界，着力推进基层治理“善治”与“善智”并行互构。由此来看，如何实现县级媒体深度融合与提升传播效能将成为基层社会治理效能转化和提升亟须破解的现实难题。

随着互联网的普及应用，数字化技术融入基层治理，虽然激活了基层传播组织动能，盘活了媒体内生资源，并推动基层社会从纵向治理向扁平化转型，形成了链式传播新格局，建构了相对完整的现代传播体系，但多是在制度创设、内容创新、平台搭建和渠道拓展等方面做简单加法，实质上并没有跳脱传统思维的束缚，未能深刻认识到 Web2.0 时代县级媒体的全方位深度融合对传统新闻传播范式的革命性颠覆①。基于新媒体技术功能的创新与扩散使县级融媒体遵循协调多元主体协同治理的技术逻辑，由于不同治理结构所形成的多主体之间的多样化路径依赖，单向度的县级媒体所产生的传播力和影响力非常有限，致使基层民众对社区管理、基层治理、民主协商、多元认同等治理要素的绩效评估呈现出差异化考量，进而影响了基层传播效用，严重弱化了基层治理的理想成效，县级媒体面临“最后一公里传播失灵”的现实困境。随着各种新兴媒体不断兴起，媒体渠道随之下沉，基层传播格局正在经历前所未有的剧变，县域用户成为网络新媒体最大的增量群体，传统媒体所谓的“信息中心”地位开始动摇，县级媒体对于旺盛的信息需求显得有些力不从心，直接影响到县域基层的政治生态秩序和治理成效。随着国家治理实践的逻辑转换，如何通过基层传播的技术优势促使制度优势更好地转变成基层社会治理效能，已成为基层社会治理活动的核心目标和价值追求。

---

① 胡正荣．打造 2.0 版的县级融媒体中心［J］．新闻界，2020（1）：25-29.

二、破解基层社会治理效能低下的痛点

作为国家治理体系的微观基础和神经末梢，县政基层是连接中央与地方、县域与农村的重要联结点，肩负着承上启下的中枢功能，既汇聚了国家权力又集纳了基层社会的无规则，形成了一种相互嵌套的“结构场域”，在生产生活空间上基本是“孤立隔膜”的。纵观中国历代的社会治理实践，城乡社会历来遵循“皇权不下县，县下皆宗族，宗族皆自治”的实践逻辑[①]，在历史更替演进和行政科层变迁过程中，县级政权相当稳固，但县以下的乡镇则多为虚悬之区。新中国成立后，社会主义建设逐渐打破了传统的县乡治理逻辑，政治权力逐渐下沉基层并延伸到广袤农村地区，随之将基层社会治理纳入国家治理体系中。特别是改革开放40多年来，中国乡村社会发生历史性巨变，此前如费孝通先生描述的“熟人和礼俗的社会”正在发生结构性变革，一度面临“国家与农民关系失衡、乡村治理行政化、内卷化和去政治化”的诸多挑战，不仅影响了乡村治理的广度、深度和效度，也钳制了乡村发展的原生动力[②]。县域以下曾经自治无为的散漫状态已变成多要素高度流动、多主体协同治理和多组织动员传播重构为新的基础单元[③]。

国家通过“行政下乡”这一自上而下的“科层”树状结构组织将国家意志和行政命令传导到县级及以下的乡镇，虽能实现对基层政府治理主体的广泛参与和有效监督，使一度孱弱的乡村治理得到加强和改善。但不容忽视的是，这种变化会因公共信息开放不全、横向信息沟通不够流畅、有效信息反馈相对滞后、关键信息部分缺失等因素形成“信息孤岛”，致使基层治理社会化程度不高。

近年来，随着城镇化进程的不断加剧，社会流动渠道更为畅通、社会价值观念日益多元。农村人口大规模周期流动并在城市大量集聚，但大多

① 秦晖．传统十论：本土社会的制度文化与其变革［M］．上海：复旦大学出版社，2003.

② 吕德文．乡村治理70年：国家治理现代化的视角［J］．南京农业大学学报（社会科学版），2019，19（4）：11-19.

③ 姜晓萍．新时代乡村治理的维度透视与融合路径［J］．四川大学学报（哲学社会科学版），2019（4）：29-37.

没有从根本上脱离乡村土地。流动人口与乡村发展的整体利益关系日渐淡化，乡村建设内生源动力后劲乏力，以家族血亲为纽带、乡规民约为依归的乡村社会在基层治理中势必要应对各种新情况、新矛盾、新痛点。由于县域基层治理面积广阔，治理水平参差不齐，极易形成基层社会治理的真空期、断裂带、空白点；传统的社会关系逐渐瓦解，当代社会结构变得更加复杂多元，人际交往变得疏离淡薄，社会凝聚力不断衰减，社会规范日渐失序①；以地缘、血缘和亲缘维系的乡村治理结构、基层社会组织体系及道德价值体系正面临前所未有的冲击和挑战。在科学组织、合理调适相对缺失的情况下，乡村社会出现动荡与撕裂，致使基层治理运转不畅，带来了乡村治理目标失准、治理手段失灵、治理效能低下等突出问题。从方式单一的行政管理到内涵丰富的基层治理，单纯用传统的乡建社会理论来观照现代基层社会治理显然已经不合时宜了。

治理现代化视野下，县级融媒体中心的建设与发展从某种程度上解构了传统的基层传播政治生态和社会关系格局，从传播工具、治理主体、受众需求、应用场景、用户连接等多个维度重塑着基层治理的行动逻辑与实践方式。新媒体技术多维度嵌入基层社会的治理实践意味着县级融媒体作为巩固基层主流舆论阵地的重要载体，已成为基层政府增强基层传播效能、提升基层治理效能的重要抓手。因此，以立足基层治理为逻辑起点，着力重建基层传播秩序，重构基层沟通机制和传播功能，转换基层政府职能，将过去行政命令或意识形态自上而下的强制灌输方式转为民主协商视角下自下而上的协同治理方式已成为学界共识。

三、嵌入与重塑：县级媒体赋能基层社会治理的理论内涵与生成逻辑

随着中国特色社会主义制度的日臻完善和国家治理重心的不断下移，中国共产党为坚持和完善国家治理体系进行了长期、不懈和极具创造性的深入探索与积极实践，协同治理的新发展理念渐入人心，公共事务“管

---

① 郁建兴，吴结兵．市域社会治理现代化的内涵、重心与路径［J］．国家治理，2021（21）：2-6.

理”逐渐演变为社会协同“治理”，国家治理能力现代化水平日益提高。参与社会治理，各级各类媒体从未缺席，历来扮演着重要的角色，被视为“治国理政，定国安邦的大事”，“事关党和国家前途命运”[①]，尤其是党和政府主办的主流媒体，在成为推进国家治理现代化重要舆论工具的同时，也正成为治理内容而面临着现代化转型。

实行智能化管理、开展网上政务是基层政府管理职能在互联网时代的拓展与延伸，是推动基层社会治理创新发展的重要手段。多年来，从一元主管的被动介入到多元治理的主动参与，通过深化“放管服”改革，基层政府实行进阶突破和功能转变，在革新基层政府理念、创新应用数字技术、重塑国家—社会关系上都是一种技术理性和公共价值的突破。作为党和政府的耳目喉舌，大众媒体一直是传播信息、汇聚观点、引导舆论以及构建新型公共空间的公共平台和思想阵地，深刻见证了从“政府管理”到“社会治理”内涵转换的嬗变历程，对于政府与社会的关系彰显出一种全新的角色定位和发展思路。随着移动互联网全面渗透到人们的生产生活中，无论是繁华都市还是偏僻乡野，无远弗届的信息传播都将直接影响社会系统和基层治理，悄然形成的“去中心化”社会传播网络正影响着基层主流声音的传递和思想共识的凝聚[②]，致使人际传播间接弱化和大众媒体短暂性失语，逐渐兴起的社区网络或基层媒体被寄予了民主动员和组织传播的热切厚望。

（一）从创新服务“社区媒体”到建强用好“县级融媒体”的功能转向

2017年6月，中共中央、国务院印发《关于加强和完善城乡社区治理的意见》提出，要实施“互联网+社区”行动计划，加快互联网与社区治理和服务体系的深度融合，积极探索网络化社区治理和服务新模式。显然，这为提升社区治理效能，将互联网介入社会治理并开创治理新模式提供了现实观照和理论遵循。这种超越媒体逻辑和行政思维的探索无疑将

---

① 习近平总书记党的新闻舆论工作座谈会重要讲话精神学习辅助材料［M］．北京：学习出版社，2016.

② 邹军，荆高宏．社会治理视域中的县级融媒体中心：意义、路径及进路［J］．传媒观察，2019（10）：30-36.

Web2.0视野下的社会化媒体定义为引导社区居民参与公共事务、加强民主沟通、创新社区服务的网络技术新平台①，使之全方位融入社区网络化治理进程中，不断渗透进基层民众的日常生活，潜在赋予了城乡社区新媒体在基层治理进程中宣传引导、信息传播、政商服务、多元协同、组织动员等多种功能。

新技术的迭代升级重构了媒介生态格局，深刻影响着大众传播活动的内容创新、渠道再造及关系重塑，县域基层传播实践开始发生新的位移和转向。基于这样的时代背景，党和政府把推进媒体融合和创新发展纳入重要日程，2014年中央全面深化改革领导小组第四次会议审议通过的《关于推进传统媒体与新兴媒体融合发展的指导意见》使媒体融合正式上升为国家战略。2018年，习近平总书记在全国宣传思想工作会议上郑重提出要扎实抓好县级融媒体中心建设，更好引导群众、服务群众，应运而生的县级融媒体中心开始进入国家治理的宏阔视野，长期处于边缘化的基层主流媒体被置于助推国家善治的战略高度，被赋予推进治国理政新平台的职能。同年，中宣部在浙江省湖州市长兴县召开的全国县级融媒体中心建设现场推进会上强调，要努力把县级融媒体中心建成主流舆论阵地、综合服务平台和社区信息枢纽，深切回应了习近平总书记提出的通过打造基层主流舆论阵地以更好地“引导群众”，通过构建基层综合服务平台更好地实现“服务群众”的改革初衷和治国之道。通过县级融媒体重建基层政府与基层民众的双向沟通机制，在某种程度上有效缓解了基层媒体长期以来脱离县域基层社区治理的尴尬境况。

2020年党的十九届五中全会强调，要推进媒体深度融合，实施全媒体传播工程，做强新型主流媒体，建强用好县级融媒体中心。自此县级融媒体进入了“十四五”时期战略规划的顶层设计和国家视野。“建强”是平台技术保障，“用好”是目标愿景，在时间维度上呈现出强烈的现实紧迫性，从空间维度上体现了深厚宏阔的实践性。从“推动媒体融合发展”到“推进媒体深度融合”，折射出当前的媒体融合做得还远远不够；从“扎实抓好”到“建强用好”，反映出县级融媒体要更加注重内容生产质量和

---

① 陈福平．见“微”知著：社区治理中的新媒体［J］．社会学研究，2019（3）：170-193.

平台建设成效。纵观媒体融合发展的演进历程，每一次变革，都深刻影响着主流话语体系的建构和传播话语方式的创新，并在致力于打造“共建、共治、共享”的社会治理新格局的同时也在不断优化基层社会治理新路径。作为社会系统基础环节的县级媒体，其融合发展实践不仅关乎基层主流舆论引导，还与基层公共服务和网络空间治理密切相关，基层治理能力水平不仅影响新发展格局的形成，还关系到国家治理体系和治理能力现代化程度。

（二）从单向传播的机构融合迈向双向赋能的社会融合

2019 年党的十九届四中全会审议通过的《中共中央关于坚持和完善中国特色社会主义制度、推进国家治理体系和治理能力现代化若干重大问题的决定》提出要不断完善“科技支撑的社会治理体系”。“科技支撑”彰显了信息技术在支撑社会治理体系中催化创新的重要作用，体现出我们党对新时代社会治理规律的深刻把握和对信息技术赋能社会治理的高度重视。习近平总书记强调：“随着互联网特别是移动互联网发展，社会治理模式正在从单向管理转向双向互动，从线下转向线上线下融合，从单纯的政府监管向更加注重社会协同治理转变。”深刻揭示了媒体信息的单向传播到组织动员双向互动对社会治理的深远影响，意味着县级媒体作为重要的多元治理主体之一，亟须从旁观记录者转向深度参与者，此举也正暗含了国家治理现代化对于县级融媒体夯实基础底座、创新基层治理的角色期待。

以往国家治理多从法律法规、政府职能、供给侧结构性改革等视角进行制度分析，随着融媒体时代的到来，以各级各类政务社交新媒体为代表的“两微一端”日渐勃发，网络空间治理成为基层社会治理的应然诉求与实然常态。植根基层社会，深耕细作本地信息成为打通基层传播的重要路径。从媒介逻辑和治理本质上看，县级媒体融合创新的内在逻辑应该从基层治理智慧化向信息技术助推基层治理现代化转变，县级融媒体既是治理对象，也是治理内容；既是治理工具，也被当作治理方式，无形中被赋予了基层信息收集与处理、信息援助与减贫、信息生产与传播等县域社会治理体系职能的多重期待，通过基层传统媒体转型升级的优势增强和短板补齐，进而实现完善的信息服务和治理效果①。当移动互联网等数字技术以更深层次、更宽领域实现多维度赋能基层治理活动时，县级媒体在新的媒体格局中从参与“客体”转向治理“主体”，高度契合了县级融媒体作为多元主体深化国家治理体系和治理能力现代化进程的内在要义。

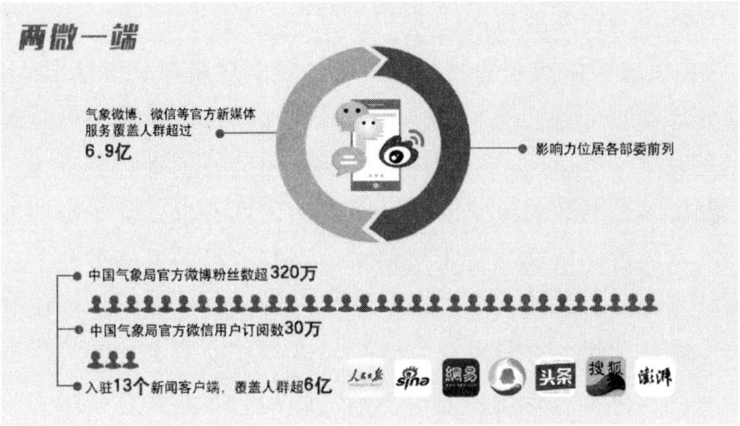

气象宣传科普工作数说成就之两微一端

资料来源：中国气象局，https：//www. cma. gov. cn/2011xzt/2018zt/20181016/2018101606/201810/t20181018_480719. html。

传播学视野下，随着 AI、区块链、人工智能等数字技术的全面融合和广泛渗透，媒体融合已不仅是一种技术更迭的传媒业态，更是一种动态演进的社会形态，并将不断拓展基层社会变革的深度，由多种媒体形态的物理“相加”迈向化学“相融”，进一步实现“一次采集、多形态呈现、多终端分发”的功能转换与流程再造。迭代升级的互联网技术赋予重塑国家与社会关系以双重功能：一方面，数字信息技术延展了社会参与渠道，建构了虚拟公共空间，增强了社会主体的“赋权”功能；另一方面，数字智能技术作为基层政府的治理工具，大大提升了治理主体的“赋能”功能，促使基层政府由回应群众诉求向注重民众需求的积极转变，实现了从粗放

① 沙垚，许楠．融合人民：县级媒体融合与基层协同治理［J］．新闻与写作，2021（5）：31-37.

型管理到精细化治理的华丽蝶变①。基于国家治理体系的层级演进和重心位移，重新审视新媒体在国家治理进程中的方位和角色，互联网治理正以柔性化的方式主动参与到社会治理当中，深刻影响着现有的政府结构和管理体制，在基层社会治理中释放出巨大的创新潜力，努力实现从信息传播到舆论引导再到协同治理的功能转换，进一步揭示县级媒体赋能基层社会治理中的功能担当与实践指向。

（三）县级融媒体嵌入基层社会治理的逻辑理路与价值效能

媒体融合发展是信息技术的应用拓展领域，媒体融合不仅是一个传播命题，更是一个治理命题；不仅注重实操层面的技术融合，更是对媒介变革进程中制度规范与政府组织的相互融合的深度考量。县级媒体嵌入基层社会治理的实质就是将移动互联网技术投入基层社区事务大数据的收集整理，深度挖掘并整合有效信息，科学预测并防范治理风险，确保基层政府科学决策、精准施策、多元参与、协同共治，真正形成“共商、共建、共享”的治理共同体。任何历史阶段上的治理理念与实践方略、理想状态和价值取向以及制度设计和实际操作所能达到的水准与效果，最终还取决于治理的技术和手段②。作为一种新的技术手段和实践方式，县级媒体融合天然具有政治属性，必将超越现行的行政逻辑和公共媒体逻辑嵌入基层社会治理，全新开创一种独有的媒体运行逻辑，勇于打破传统媒体时代的思维定式、经验规则和价值标准，在大众群体与社会系统之间建构一种新型关系，持续广泛地勾连社会各个领域的海量数据，毫无间隙地融入庞大的社会系统之中，通过生产实践知识、凝聚思想共识、升华价值认同，进一步给基层社区和乡村治理带来根本性变革，成为创新基层治理模式与形态的生发器和催化剂。

2021 年 4 月，中共中央、国务院印发了《关于加强基层治理体系和治理能力现代化建设的意见》，突出强调统筹推进乡镇（街道）和城乡社区治理是实现国家治理体系和治理能力现代化的基础工程。国家治理体系和

---

① 孟天广，郭凤林．大数据政治学：新信息时代的政治现象及其探析路径［J］．国外理论动态，2015（1）：46-56.

② 杨敏．“国家—社会”互构关系视角下的国家治理与基层治理：兼论治理技术手段的历史变迁及当代趋向［J］．广西民族大学学报（哲学社会科学版），2016（2）：2-11.

治理能力现代化水平很大程度体现在治理效能上，而提升治理效能的重心和难点都在基层。治理层级越高，治理目标越应侧重于政策公平性和秩序合法性；反之，治理目标越应侧重于具体社会事务的治理效能和社会效率。作为全媒体传播体系的基础底盘和移动终端，县级融媒体随着基层治理创新实践的不断深化，越发显现出其网状传播在技术治理中的鲜明特征，已经成为影响组织结构、重塑社会形态的核心变量，持续激活基层社会治理的创新动能。在政府主导、多元参与、协同治理的新格局下，应当打破“条块分割”，开放连通“数据孤岛”，强化基层媒体公共资源的接入性、内容生产的创新性、智慧数据的共享性、政务服务的有效性，积极拓展社会治理载体，结合本地实情无差别地为县区全域提供优质高效的公共服务。充分发挥媒体融合技术在参与创新社会治理、协同打造基层社会治理共同体中的赋能作用，以“基层之治”夯实“中国之治”。由此，通过媒体融合新技术不断创新社会基层治理方式已成为增强县级媒体传播功能、提升基层治理效能、构建中国特色基层社会治理新格局的必然要求。

四、深融视野下创新基层社会的治理转向及优化路径

2021 年 4 月，中共中央、国务院印发《关于加强基层治理体系和治理能力现代化建设的意见》，明确提出要“实施‘互联网+基层治理’行动”，“加强基层治理平台建设，鼓励基层治理改革创新”，为加强基层社会治理明确了目标任务书、计划时间表和工作路线图，意味着基层社会治理效能正成为衡量国家治理体系和治理能力现代化水平的重要指标。在以数字技术和媒体融合为演进路径和底层逻辑的全媒体时代，县级媒体已不再是游离于国家治理体系和社会运行系统之外的第三方“平行力量”，而是与基层社会高度持平并深层嵌入的基础设施，重构了基层舆论生态新格局和基层社会治理新模式。经过深度融合技术洗礼的县级媒体不断加强与基层政府各类机构及各级组织在内容生产、分发传播、数据沉淀、技术迭代等关键环节的技术对接和功能融合，进一步实现了资源整合和知识共享。作为国家治理大格局的顶层设计和托底工程，县级媒体正步入融合发展的关键期，深入探索并凝练其功能定位与实践指向，不断强化县级融媒

体的传播功用，切实提高基层社会的治理精度和运行效率，凝聚基层民众核心价值认同和思想共识，这些都已成为县级融媒体嵌入基层治理的必由路径和内在要求。

（一）强化移动互联网新思维，优化“立党为公、执政为民”治理路径

理念是行动的先导和指南。基层治理体系和治理能力现代化的顺利实现需要现代化的治理理念加持和引导。建设县级融媒体已成为巩固执政基础和拓展执政资源的重大必然①。40 多年的改革开放，使一度板结的国家体系和社会结构有所松动，并产生了渐进式的解构与重建。基础环境和社会结构的改变，必然促使社会治理方式发生深刻变化，据此深度挖掘，能够窥见中国社会治理的新特点、新趋势。基于互联网新媒体的广泛普及，社区（街道）实现了从相对封闭的“居委会”“村委会”向整个社会开放的“扁平化社会”转型②。自诞生之日起，中国共产党就非常重视政治沟通，充分利用大众传媒进行组织动员和社会整合，并将其纳入党和政府双轨管理体制中，使“党管媒体”体制成为执政党进行合法性传递和价值供给的重要制度安排③。

伴随着移动信息技术的快速发展，人们的多样化公共需求与多元化社会思潮交织叠加，给网络空间综合治理带来了许多现实矛盾。在党管一切的治理视野下，亟待县级融媒体中心不断健全党组织领导、村（居）委会主导、人民群众为主体的基层社会治理框架，推动服务重心下移、社会资源下沉，牢牢把握基层网络空间话语权，打造基层新型主流舆论阵地，巩固基层宣传思想文化阵地，积极调动基层多元主体充分参与，强力引导核心主体良性互动，加紧推进风险应对与常态治理相结合，催化基层网络治理能力实践成效不断显现。很显然，深刻把握基层党组织对县级融媒体的政治引导和思想引领，将互联网思维深度融入基层社会治理，才能构筑好

① 方提，尹韵公．论县级融媒体中心建设的重大意义与实现路径［J］．现代传播，2019（4）：11-14.

② 丁元竹．构建中国特色基层社会治理新格局：实践、理论和政策逻辑［J］．行政管理改革，2021（7）：29-44.

③ 王智丽，张涛甫．超越媒体视域：县级融媒体中心建设的政治传播学考察［J］．现代传播，2020（7）：1-6.

基层治理“桥头堡”；打通基层治理“神经末梢”，才能使基层社会治理政治方向不偏离、资源能力有保障、组织动员有依托。罗伯特·B. 登哈特指出，公共组织是为公共利益而运作，必须反映服务对象的需求和期望。新公共服务理论为公共服务型政府提出了“公民本位”的价值理念，明确了政府实现公共利益的角色定位[①]。作为一种全新的社会治理模式，“互联网+基层治理”就是要在推进治理现代化变革、优化基层治理路径的过程中，跳出基层政府的行政框架和管理桎梏。新公共服务理论提出要坚守“公民本位”定位，积极转换角色职能，始终秉承“立党为公、执政为民”的执政理念，忠实践行“管理即服务”的治理理念，为基层群众和社会力量参与社会治理、实现官民协同共治释放空间与活力，通过融媒体的技术优势和组织结构革新为基层群众提供全方位服务，进而形成强大的社会治理合力，加速我国制度优势转化为基层治理效能的进程。同时，还要更进一步健全完善基层党组织建设，创新“自治、法治、德治”融合工作机制，积极推动“互联网+基层治理+党建”，坚持以群众需求为导向，扩大基层民众社会参与，激活“三治融合”的内生动力，激发基层治理的创新活力，通过县级融媒体的宣传引领，将社会主义核心价值观融入新的乡土秩序规范，以数字乡村建设助力乡村治理效能提升[②]，进一步提高城乡社区精准化、精细化服务管理能力，不断增强社区居民的凝聚力和基层群众的获得感。

（二）重构县级媒体传播功能，探索“新闻+政务服务商务”运营模式

在网络成为治国理政的重要工具之后，以互联网为代表的传播技术正强化着传播与政治的关系，因其本身的草根性、开放性、互动性等特征一改传统的政治传播权力逻辑，渐次打破既有的权力秩序和社会关系格局，两者之间的权力边界日渐消弭，在权力资源的优化配置上基本是互为嵌套并高度同质化的，进而形成对政府政治沟通体系与沟通能力的有效促进[③]。

---

① 罗伯特·B. 登哈特．公共组织理论（第三版）［M］．扶松茂译．北京：中国人民大学出版社，2003.

② 常凌翀．县级融媒体创新数字乡村治理的内在逻辑与推进路径［J］．中国出版，2021（14）：37-41.

③ 朱春阳．政治沟通视野下的媒体融合：核心议题、价值取向与传播特征［J］．新闻记者，2014（11）：9-16.

数字乡村振兴服务平台图示

资料来源：微村智慧新农村百家号，https://baijiahao.baidu.com/s?id=1756269037544046406&wfr=spider&for=pc。

经过无数次创新扩散的互联网及信息技术正以超限的想象力激活社会生产要素，全面渗透社会运行系统和人们的日常生活，改变着传播方式和舆论格局，为全媒体传播体系和社会治理模式带来了深刻变革，进一步重构了国家与社会的关系以及中国政治、经济和社会的组织形态，改写了媒体行业的媒介生态与产业格局。在国家战略的引导下，媒体融合不断向纵深推进，县级融媒体在“质”和“量”上都取得了显著成效，但在提升基层传播功能、赋能基层社会治理实践、提升基层治理效能方面还相当贫弱。一直以来，“县”的地位极为特殊而重要。社会治理巨量的基础性工作主要集中在县域基层，城乡社区一直是基层政府与人民群众各种利益关系的交汇点、庞杂的城乡社会矛盾的集聚点、多元共治基层社会建设的着力点。在社会治理实际推进过程中，为数不少的县级融媒体多是在传统媒体框架内打转，未能从国家治理的宏阔视野和政治传播的整体格局下进行系统性把握，现有的基层传播体系已经不能适应当前的政治传播和基层治理实践，作为政治资源的大众媒体游走于国家和社会之间，呈现出“脱嵌”基层的社会化趋势，在公共舆论空间中面临媒体缺位、传播失语的压力。

简言之，作为执政党的中国共产党决不能对基层政治底座被解构和掏空的风险坐视不管，要破解基层传播功能弱化的问题，实现国家政治管理与政权稳定亟须重构基层传播体系并与国家社会结构相配套，关键在于建强用好县级融媒体才能让“脱嵌”的基层传播机构得以重新加固并实现逆势蝶变。立足本地的县级媒体在有效嵌入基层社会治理后，其传播功能的发挥理应顺应重心下移的治理趋势，通过深度参与基层政务管理，及时回应基层群众关切，积极化解群众不良情绪，善于利用互联网和大数据实现源头治理，有效解决属地民生矛盾，助推提升基层社会治理的理想成效①。此外，要注重传统渠道与移动终端的互通与联动，持续加强在底层逻辑上“权威+精准”与“新型+快速”的融合，再通过分众化、差异化的方式实现多点布局、全面覆盖，形成新的基层主流舆论引导格局②。因此，县级融媒体除了肩负引领政治方向、宣传思想信念、传播价值观念、引导社会舆论等基本功能之外，还必须强化民主政治沟通功能、社会文化融合功能、基层舆论监督以及民生综合服务功能，从新闻发布的纯粹工具升级为县域治理的神经枢纽，有效衔接基层社会治理创新，以引导服务基层民众为根本出发点和落脚点，制定基层社区传播策略，创新基层话语叙述方式，打造覆盖全社会、聚合全功能、惠及全用户的全媒体传播体系，积极承载基层社会治理现代化的功能，使党的创新理论和惠民政策更好地通过基层传播飞入寻常百姓家，真正实现国家治理的远程控制和基层治理的有效整合，切实增强人民群众的获得感、幸福感和安全感。

（三）树立“公民本位”理念，重建基层用户开放连接治理新体系

2020 年 9 月，中共中央办公厅、国务院办公厅印发了《关于加快推进媒体深度融合发展的意见》，提出要坚持效果导向，增强服务意识，强化用户理念。如果说中国媒体融合发展的前期旨在强调传统媒体重构策采编发的技术革新和流程再造，那么后期则主要聚焦如何在“移动优先、数据优先、用户优先”战略指引下更好地提高县级融媒体的传播效能。社会行动者网络理论认为，行为整合系统没有所谓的中心，每一个行动者都是网

① 张诚，朱天．县级融媒体中心嵌入社会治理路径与成效：创造公共价值与矛盾就地化解［J］．中国出版，2020（22）：27-31.

② 张守信．县级融媒体中心建设影响因素研究［J］．新闻大学，2021（2）：103-120.

络系统的一分子，每一种个体行为在整个网络中都处于平权地位的平行节点，参与主体间是一种相互认同、互为依存、彼此影响的主体间性的互补关系①。县级融媒体中心要以开放的政治视野和联动的融合思维进行综合策划，以内容生产者为核心转向为用户服务为核心，坚守“公民本位”的价值理念，确保参与基层治理活动的每个行动者之间信息节点的通达，从而增进民众交流互信，促使每一位县域基层用户都能多渠道、多维度、无差别地得到“知识启蒙”和“媒介普及”，进而形成各种综合服务平台，真正吸引基本受众、留住核心用户、争取潜在民众、用好忠实用户、培育未来用户，形成黏合度较高的不同类型的小平台和朋友圈，广泛连接社会成员，形成庞大的社会网络，汇聚大量民生、民意、民情，为基层政府实施社会精细化治理提供平台和数据支撑，忠实践行“用户为王”的群众路线精神旨归。

社会体制理论认为，成熟稳健的社会关系模式，应是由两个以上的个体在社会互动中形成多能聚合体。随着互联网技术的推动，处于“复杂社会”中的个体通过互联网技术打通了从物理空间到虚拟空间的互动通道，更加注重以利益格局为核心，以公共利益为纽带，以公共领域构筑社会的基本秩序，编织人们之间的社交联结，进而形成以信息化、数据化、智慧化为支撑的社会循环系统，借此可以更好地理解互联网通过数字技术经由时间和空间结构进而改变了人类的社会结构②。因此，新发展阶段搭建并完善“熟人”与“陌生人”共享共治的新型社区就成为互联网语境下基层社会治理的新期待。移动传播的发展态势使县级媒体不再局限于构建信息服务的产品格局，相较于成熟的互联网商业平台，其虽然没有海量用户集聚，但由于天然的政治属性和地缘优势，县级媒体拥有获取诸如教育、医疗、社保、民政及公安等本地基础民生数据的便利条件，由此可以强力聚合本地强关系网络用户，对圈定的利益群体进行类型细分和用户画像，为其提供精准高效的个性化服务，形成价值传递和场景消费的营销闭环，由此成为各类组织机构和社会力量的信息周转基站、声誉管理中

① 赵高辉．传统媒介组织“强制性通过点”地位的消解与重构：行动者网络理论视域下的媒介融合发展探析［J］．现代传播，2019（5）：57-63.

② 丁元竹．以交流和沟通重构社会关系模式［M］．北京：中国社会科学出版社，2020.

心、社会动员中心、用户链接枢纽，大大提升基层社会网络空间的综合治理效能。

随着5G技术的迅猛发展，内容与技术相互驱动双向赋能，万物皆媒的时代悄然来袭，移动互联网的开放链接特征使县级融媒体比以往任何时代更加注重吸纳本地用户以实现更宽广的营销传播。提升县级融媒体的传播力，要把满足用户需求作为根本着力点，牢牢抓住县域内的核心用户，善于盘活基层“在地化”的社会资源，极大程度释放优质内容的创造潜力，全面推进内容生产的开放协同和融合质变，精准提供富有地方特色的实用信息，吸引县域用户自觉关注本地信息服务，增强县域用户对县级媒体的使用黏性和价值认同。传统媒体和新兴媒体简单相“加”阶段致力于盘活媒体内部资源，激活用户自身能量，对于用户资源开发和产能激增还远远不够。深度相“融”阶段就是要在深化与拓展媒体融合的过程中，促使县级融媒体超越媒体内部资源优化配置和自我循环的内在逻辑，坚守媒体融合“移动优先”的基本原则，在融合中推动共通，在融合中催化质变，与更广泛的用户群体进行沟通与交流，在成就核心用户与潜在受众横向体验的过程中多向度拓展平台边界，与本地用户重建连接，提升用户沉浸式体验，满足用户个性化需求。同时，还应增强新闻生产与周边传播的透明度，提升思想共识和价值认同，激发用户潜在能量和活跃度，促进多元主体对话协作以实现“由感动到行动”，进而形成资源自主支配、内外循环互通的完整链条，使用户成为深度关联互嵌的基层民主建构者，努力实现与最广大人民群众的区块链接，实现媒体内容与社会资源的高效聚合，在“去中心化”的传播环境中重新集聚能量，谋求“再中心化”的重构和回归①。

（四）打造治国理政新平台，建构“一核多元、融合共治”治理新格局

在互联网的技术变革过程中，县级媒体处于整个传媒体系的基础底座，必将迎来系统重组和结构转换，赋予基层治理主体以新的内涵、功能和连接方式，以实现媒介平台化和平台媒介化的互构共生。互联网技术为

① 蔡雯．媒体融合进程中的“连接”与“开放”：兼论新型主流媒体建设的难点突破［J］．国际新闻界，2020（12）：6-17.

基层治理赋能增势，恰是基层治理的行动逻辑。基层社会治理现代化通过技术嵌入进而实现治理效能优化，达致县级媒体最大限度的基层善治，此时县级媒体的平台化功能就成为了增强基层治理效果的必备条件。从新型城镇化建设到实施乡村建设行动，从国家治理工程到基层治理活动，基层媒体始终担负着舆论“强化引导”和基层“减负松绑”的社会协调功能。重视县级融媒体嵌入基层社会治理的生成逻辑，对于重建基层信息传播秩序与舆论生态空间来说意义非凡，并肩负着赋能县域治理转型升级的重要功能。

在融合创新的媒介生态和基层传播语境下，县级融媒体中心并非功能单一的信息传播和舆论引导机构，而是依托于党的执政优势，基于应用场景的移动拓展，能够提供政务服务、进行执政资源整合、汇聚人民群众力量的新媒体平台。从县域社区向乡镇（街道）延伸，通过定位提升和功能聚合，切实提高基层社会治理数字化智能化水平，提升政策宣传、民情沟通、便民服务效能，“让数据多跑路、群众少跑腿”，全方位构建网格化管理、精细化服务、信息化支撑、开放共享的基层管理服务平台。让治国理政新平台成为疏通基层社会治理的“神经末梢”和夯实国家治理体系根基的“触角”，在基层社会治理活动中发挥价值整合、舆论导向和行为规范的核心作用，生动体现了基层社会治理效能提升的价值基础和实践旨归。

县域基层用户是媒体深度融合时代最大的增量群体，党和政府要树立互联网平台治理的底层逻辑思维，全面升级技术赋能传播整合能力，深度开发本地特色资源，着力打造基层主流媒体传播平台。同时，还要积极利用外部社交网络平台，改变过去以基层政府为中心的“元治理”管理模式，从单纯的技术应用和实务处理重点转向建设自主可控的治国理政新平台。通过改造内容生产模式、转换经营管理模式和重塑组织动员机制，将县级媒体的深度融合置于基层社会治理的话语体系中进行理性审视，降低基层群众参与社会治理的门槛，拓宽治理边界，增强治理精度，推动跨界融合，促使价值裂变，深广挖掘并聚合外部社会资源，吸纳政府机构、企业组织及各类社会团体的能量，增强对传播渠道的掌控力和用户资源的开发力，勇于突破传统媒体的惯性思维，建立基层媒体移动传播新矩阵，积极顺应互联网新技术的发展态势，提升基层媒体的权威性和公信力。

在“拉新促活”的基层治理实践过程中，县级融媒体要始终以人民为中心、以用户为导向、以服务为旨归，汇聚各类资源在自主可控平台上实现用户与资源的精准对接和优化配置，以增强平台功能来激活存量创新增量。同时，以激活用户稳健增长反哺平台开放性建设，将县级融媒体真正建成向上打通中央及省市级融媒体的云平台，向下铸就引导服务基层民众的网络综合治理新平台，通过小平台嵌入大平台逐渐形成深广的社会联结，全面加强基层社会治理力量的统筹协调，克服基层社区公共资源分散和多种力量相互掣肘的弊端，进而建构“一核多维”多元主体协同共治的新格局。特别是在新冠疫情防控期间，互联网平台汇集整合社情民意的作用凸显，成为影响社会舆论走向的重要力量。县级融媒体通过完善细分各类智慧平台和传播载体，全方位动态汇聚了出行记录、健康数据、核酸检测数据、疫苗注射数据等海量信息于共享平台上，使整个社会疫情状况得到全景监测和高效处理，真正成为打通城乡基层疫情防控宣传引导的“最后一公里”①。

结　语

作为基层新型主流媒体的县级融媒体，历经三年多的高位谋划及探索实践，向来追求工具理性和价值理性的统一。基于治理视野下搭建基层政商服务平台的工具属性，县级融媒体充分利用其技术活性释放工具理性的治理善意②，重新聚合各种技术要素的进阶功能，全面激活媒体平台与基层用户的开放连接，最大程度实现政府治理和社会调节的协同共建，聚力做好公民自治良性互动，建构以信息技术为治理手段的基层协同机制，从而加速推进国家治理体系和治理能力现代化的实现。从国家治理的宏观层面出发，县级媒体向纵深融合发展是单一信息传播转向多元化“政务+商务+服务”的功能拓展与聚合。县级融媒体嵌入基层治理，一方面能更好地将党的国家意志、执政理念、惠民政策下沉辐射到县域基层，另一方面更是成为促进县域产业经济发展的创新引擎、推动数字乡村建设的重要依

① 谢新洲．“十四五”是网络强国建设的关键时期［J］．网络传播，2021（4）：52-54.
② 张涛甫．技术赋能与国家治理［J］．新闻与写作，2021（4）：前插 1.

托、加强农村精神文明建设的重要途径、实施乡村振兴战略的重要抓手。

作为“十四五”规划开局之年，2021 年是建强用好县级融媒体中心的重要窗口期，也是实现基层社会治理体系和能力现代化的关键推进期。媒体深度融合视域下，充分利用好互联网这个技术“变量”，发挥数字新媒体的主体性作用，努力聚焦县域基层“疏解整治促提升”，强化县级媒体作为党和政府基层主流舆论阵地的引导功能，有助于推进基层社会治理现代化实现显著“增量”。县级融媒体中心作为支撑国家社会治理系统的基础要件，是中国共产党治国理政的底层架构和核心力量，对于集聚本地媒体资源、增强基层思想共识、打造基层智慧平台、减少基层社会冲突、预防基层治理风险、提升公共服务品质、优化基层治理效果具有不可或缺的重要作用。重塑和赋能基层媒体的平台功能，下沉县域用户资源与数据，打通新闻与“政务、服务、商务”的有效链接，推进县级融媒体嵌入基层社会治理，已成为提升基层传播效能、强化基层治理效用和丰富完善中国特色社会主义制度的重要路径选择。

县级融媒体如何助力乡村振兴

沙 垚 李 倩*

2017 年，习近平总书记在党的十九大报告中明确指出："中国特色社会主义进入新时代，我国社会主要矛盾已经转化为人民日益增长的美好生活需要和不平衡不充分的发展之间的矛盾。"受二元经济结构、城乡产业特性、农民自身素质、国家经济政策等原因影响①，我国地区发展、城乡发展、农村内部居民发展长期不平衡。20 世纪末 21 世纪初，我国农村发展问题包括农业效益太低、农村发展太慢、农民收入太少②，近年来，有学者提出了"新三农"问题，即农村空心化、农业边缘化和农民老龄化③。随着时代的发展，"三农"问题的具体内涵虽有所改变，但依旧伴随着我国发展长期存在。

农业、农村、农民是我国发展的基础，改革开放以来，我国对"三农"问题保持高度关注。党的十四届五中全会指出，要"把加强农业放在发展国民经济的首位"。党的十五届三中全会指出我国的长期任务是"发展农村生产力，推进农业现代化"，同时要实现农村经济和社会的协调发展。党的十六届三中全会从经济角度指出要深化农村改革，完善农村经济体制，并要加强公共设施建设，改善农村环境。党的十七届三中全会审议

---

* 沙垚，中国社会科学院新闻与传播研究所副研究员；李倩，中国社会科学院大学新闻传播学院硕士研究生。

① 杨荫凯，刘利，杨俊涛．我国区域发展不平衡的基本现状与缓解对策［J］．中国经贸导刊，2010（13）：36-37.

② 顾益康，邵峰．全面推进城乡一体化改革：新时期解决"三农"问题的根本出路［J］．中国农村经济，2003（1）：20-26+44.

③ 项继权，周长友．"新三农"问题的演变与政策选择［J］．中国农村经济，2017（10）：13-25.

通过了《中共中央关于推进农村改革发展若干重大问题的决定》，成为推进中国农村改革发展的指导性文件，明确指出要“必须切实保障农民权益，始终把实现好、维护好、发展好广大农民根本利益作为农村一切工作的出发点和落脚点”，加快推进社会主义新农村建设，推动城乡统筹发展。党的十八届三中全会通过《中共中央关于全面深化改革若干重大问题的决定》，提出要健全城乡发展一体化体制机制，从经济体制、资源分配、落户机制等角度打破城乡二元结构，提出“形成以工促农、以城带乡、工农互惠、城乡一体的新型工农城乡关系”。

细数历次重大会议，全党对“三农”问题持续保持关注，特别是2004年起，我国每年发布的中央一号文件，均聚焦农村地区的经济、社会、产业、文化、治理、生态等各项问题，围绕完善农业基础设施、提高农业生产力、推进农业现代化、增加农民收入、补齐农业农村短板、促进农村改革、统筹城乡发展等系列措施，对推动农业农村发展做出了巨大贡献。“中央一号”文件为乡村振兴战略的实施奠定了基础，在此基础上，2017年提出的乡村振兴是对“中央一号”文件的总结和超越，乡村振兴战略在中国特色社会主义新时代将“三农”问题提升到国家战略的高度①，为系统性、根本性解决我国“三农”问题提供了完整的支撑，使得农业、农村、农民的发展有了新的指导方向。

农业、农村、农民是时代发展的重要命题。自2017年首次提出乡村振兴战略后，“三农”问题有了国家战略高度的解决出路。同时，县级融媒体以服务为支撑，深入乡村触达社会的方方面面，将自己打造成融“政务+商务+文化+治理”等多元一体的综合服务平台，助力乡村振兴发展。

一、乡村振兴的逻辑脉络

乡村振兴是时代发展的重要命题，2017年党的十九大报告首次提出了乡村振兴战略，明确提出“要坚持农业农村优先发展，按照产业兴旺、生态宜居、乡风文明、治理有效、生活富裕的总要求，建立健全城乡融合发

① 孔繁金．乡村振兴战略与中央一号文件关系研究［J］．农村经济，2018（4）：7-14.

展体制机制和政策体系，加快推进农业农村现代化”。2017 年 12 月 19 日召开的中央农村工作会议上，首次提出走中国特色社会主义乡村振兴道路，提出了 2020 年、2035 年、2050 年三步走的战略，为乡村振兴的发展奠定基调。2018 年的中央一号文件《中共中央　国务院关于实施乡村振兴战略的意见》进一步落实中央农村工作会议的部署，明确新时代实施乡村振兴战略的重大意义和总体要求、乡村振兴的重点任务、乡村振兴的制度建设和保障措施等方面[①]。2018 年 9 月，中共中央、国务院印发了《乡村振兴战略规划（2018—2022 年）》，明确了到 2020 年和 2022 年农村战略的各自任务，并提出优化乡村发展布局、分类推进乡村发展等具体要求，更加明确了乡村振兴的方针政策。2019 年第 11 期《求是》杂志发表习近平总书记的重要文章《把乡村振兴战略作为新时代“三农”工作总抓手》，明确提出促进“农业全面升级、农村全面进步、农民全面发展”的农业农村现代化进程。2020 年 12 月召开的中央农村工作会议就全面实施乡村振兴战略做出部署，提出要加快发展乡村产业，加强社会主义精神文明建设。2021 年的中央一号文件《中共中央　国务院关于全面推进乡村振兴加快农业农村现代化的意见》首次针对全面推进乡村振兴提出具体任务安排，包括总体要求、实现巩固拓展脱贫攻坚成果同乡村振兴有效衔接、加快推进农业现代化、大力实施乡村建设行动、加强党对“三农”工作的全面领导。

从全面部署再到细化重点要求，乡村振兴战略一步步明确发展的细节和方向，不断地细化和完善结构，推动农业、农村、农民的发展。2022 年的中央一号文件《中共中央　国务院关于做好 2022 年全面推进乡村振兴重点工作的意见》，这是 21 世纪以来第 19 个有关于“三农”问题的文件。文件的主要内容可用“两条底线、三项重点、一个加强”概括，“两条底线”就是牢牢守住保障国家粮食安全和不发生规模性返贫两条底线，“三项重点”就是扎实有序推进乡村发展、乡村建设、乡村治理，“一个加强”就是坚持和加强党对“三农”工作的全面领导，明确了全面推进乡村振兴的年度工作要点和任务清单。从 2018 年实施乡村振兴战略到 2021

① 刘晓雪．新时代乡村振兴战略的新要求：2018 年中央一号文件解读［J］．毛泽东邓小平理论研究，2018（3）：13-20+107.

年全面推进乡村振兴再到2022年做好全面推进工作，乡村振兴战略正在稳步推进。

二、县级融媒体：一个服务群众的综合服务平台

2018年2月，中共中央印发《关于加强和改进党的新闻舆论工作的意见》，强调县域媒体要强化服务功能，整合资源，充分利用互联网，重点发展新媒体，建设综合信息服务平台。2018年8月21日，习近平总书记在全国宣传思想工作会议上指出，要扎实抓好县级融媒体中心建设，更好引导群众、服务群众。2018年9月20~21日，中宣部在浙江省湖州市长兴县召开县级融媒体中心建设现场推进会上，进一步提出各地各有关部门要聚焦更好引导群众、服务群众，把服务延伸到基层、问题解决在基层，切实推动基层宣传思想工作强起来，努力把县级融媒体中心建成主流舆论阵地、综合服务平台和社区信息枢纽。2020年，中共中央办公厅、国务院办公厅印发《关于加快推进媒体深度融合发展的意见》，强调要走好全媒体时代群众路线，坚持以人民为中心的工作导向，坚持贴近群众服务群众。这些文件和要求为县级融媒体的职能定调，即县级融媒体是一个综合信息服务平台。

2020年，《中共中央关于制定国民经济和社会发展第十四个五年规划和二〇三五年远景目标的建议》明确指出“做强新型主流媒体，建强用好县级融媒体中心”。建强用好县级融媒体中心，应该立足于其基本职能，以服务为抓手推动县级融媒体进一步深度发展。肖春飞指出，“引导群众，服务群众”是县级融媒体中心建设的两个主要功能，越是在基层越要通过服务群众来引导群众，从而增强用户黏性①。如何做好服务功能，谢新洲指出县级融媒体应加强政务服务功能、公共服务功能、电子商务功能和文化服务功能②。郭全中从服务和治理的角度出发，指出县级融媒体应立足当地，把自身置身于当地经济社会数字化转型和当地政府治理体系与治理

① 肖春飞．县级融媒体中心建设的价值观与方法论［J］．中国记者，2019（8）：20-24.

② 谢新洲．县级融媒体中心建设的四梁八柱：融合、创新、引导、服务［J］．新闻战线，2019（3）：45-47.

能力现代化的整体布局中，跳出新闻做融媒，跳出传媒做服务，成为当地媒体服务和治理提升的核心平台①。换句话说，就是用服务促进社会治理，用治理引导媒体服务。

各地也在积极进行实践和探索，努力将服务融入基层的生活中，融入基层社会的脉络之中。从早期单一的县级融媒体 1.0 模式到形成代表性的模式，如横向打造“媒体+产业”的浙江长兴模式，纵向与省级技术平台和省级媒体平台合作的江西分宜模式，以县级电视台为建设主体的甘肃玉门模式，以及县委主导的吉林农安模式②，还包括邳州模式、浏阳模式等，各地的模式各有不同的侧重，并通过政策和市场化逻辑不断自上而下细致化和落实，形成了一个平台、多元服务的形式，县级融媒体的发展转向基层发展和治理提供服务平台。县级融媒体作为县域和村域内的重要主体，在推进乡村振兴的过程中需要从自身服务出发，发挥自身独特的作用。

三、县级融媒体三个思路转变

（一）从信息到服务

要从新闻生产和新闻发布的机构转换为信息服务机构。从生产到服务，这是认识论角度所说的改变或者革命。吴飞认为，“传播研究就是要直面人类因沟通不畅带来的苦难”③。媒体机构作为促进社会有效沟通的平台，在提供基础信息的同时，要为其提供解释、分析、便于操作和行动的方法或者途径，更好地服务群众。这契合了县级融媒体最基础的职能，也是县级融媒体助力乡村振兴的最重要落脚点，以服务推动乡村振兴。服务是为了服务群众，收获群众的良好反馈促进自身的良性发展，并且实现机构的增收，机构自身和工作人员的积极性也随之提高，形成良性的循环模式。

具体而言这里有两个关键词，一个是新闻到信息，另一个是生产到服

---

① 郭全中．“深服务”才是硬道理［J］．传媒，2021（19）：1.

② 谢新洲，朱垚颖，宋琢谢．县级媒体融合的现状、路径与问题研究：基于全国问卷调查和四县融媒体中心实地调研［J］．新闻记者，2019（3）：56-71.

③ 吴飞．何处是家园？——传播研究的逻辑追问［J］．新闻记者，2014（9）：40-47.

务，这也体现了县级融媒体的发展进程。县级融媒体中心即原来的县广播电视台，其自身定位于新闻部门，即利用记者和编辑生产新闻，提供新闻服务，加上电视剧、专题片、广告和一些娱乐，将电视台运转起来。这是传统广播电视台的传播路径，能够起到传达新闻的作用，但是在融媒体时代，单一的功能也显得传播力和影响力不足。同时，新闻从业人员自身的积极性和创造力也会下降，形成传统媒体平台故步自封的局面。面对这种僵局，媒体转型迫在眉睫，需要重新定位自身功能，新闻生产只是平台提供的部分服务功能，还有大量的空间亟待开发，要从单一的新闻生产机构转变为综合信息服务平台，包含政务服务、生活服务、商业服务等。可以将媒体打造为信息智库，为政府、企业、群众提供不同的服务。

首先是提供企业所需的政策信息和策划服务。在县域发展的过程中，常常需要招商引资，而企业家进入某个县城或者乡镇时，极有可能因为不了解当地的政策遭遇阻碍。县级融媒体中心可以依托平台优势，收集并整理有关政策内容，形成政策知识库，为企业发展提供必要的智力和政策支持，减少企业投资的阻力。同时，可以依靠县级融媒体本身的媒体优势和属性，为企业进驻当地提供系统性、针对性的宣传和推广策划。例如，浙江长兴传媒集团为商家提供定制服务，服务项目包括整体辅导模式输出、活动策划、宣传片拍摄以及包装制作、微信托管运营等①。又如，江苏邳州县级融媒体中心整合传统媒体与新媒体资源，为企业提供线上线下策划、创意、推广、执行等服务②。在提供政策信息的同时，县级融媒体自身能够形成增收，获取经济效益，也能促进当地经济的良性发展。

其次是提供政府所需的智库报告。县域或者乡镇部门在调研的过程中，可能会面临调研人数短缺、文字表达能力不强、抓住重点能力不足等问题，调研报告的内容和专业度还有所欠缺。县级融媒体可以更充足的人手和更强的文字表达能力形成智库报告，以内参形式上呈，为政府的决策提供依据，加强与政府之间的交流和关系。例如，北京市昌平区建立以北

---

① 王晓伟．长兴模式：县级融媒体中心的建设探索［J］．新闻与写作，2018（12）：92-94.

② 张辉锋．县级融媒体中心发挥服务功能的价值取向［J］．人民论坛，2020（16）：115-117.

京昌平客户端为核心的全媒体矩阵，借助大数据展开舆情监测、收集、研判和预警，为政府决策提供参考，建立问政督办机制；邳州银杏融媒成立舆情中心，通过汇集社情民意进行舆情监测、分析和研判，为党委、政府、人民群众提供沟通协调的平台，协同政府进行基层社会治理①。同时，县级融媒体中心还可以提供政府所需的其他媒体相关的有偿服务，如浙江省青田县专门规定全县党政部门、乡镇街道在同等价位前提下优先采购青田传媒集团提供的各类文化、信息等产品的等额有偿服务②，实现良性的经济发展。

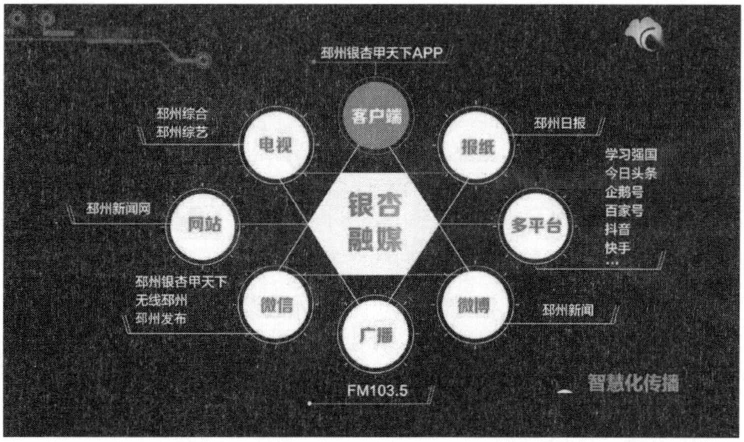

“银杏融媒智慧港”县级智媒创新平台

资料来源：搜狐网，https：//www.sohu.com/a/512918990_121117085。

最后是提供民众所需的政务信息。县级融媒体中心建设要以人民为中心，服务人民。民众在生活中需要大量的政务信息来指导和方便生活，如今大多县域的政务机构比较分散，民众在办事的时候常常会遇到“上门难”或重复跑多个部门的局面。可以县级融媒体中心为抓手，打通部门之

---

① 黄楚新，刘美忆.2020年县级融媒体中心建设现状、问题及趋势［J］.新闻与写作，2021（1）：39-54.

② 陈国权.中国县级融媒体中心改革发展报告［J］.现代传播（中国传媒大学学报），2019（4）：15-23.

间的壁垒，实现一个平台、多元操作。例如，浙江省衢州市的龙游通App，将各行政村及社区按照网格划分设有“一长三员”（网格长、网格指导员、专职网格员、兼职网格员），形成线上的行政层级，为群众提供服务，用户还可以通过“网上约办”或者享受工作人员上门服务，满足自己所需的政务服务需求①。实现政务服务一体化，县级融媒体中心成为政府和群众之间的桥梁和纽带，推动整体的社会治理和社会建设。

如何更好地做好信息服务，最大限度地发挥县级融媒体的优势，需要其提供精准化、精细化服务。县级融媒体具有自己独特的优势，即接近权，首先和商业平台相比，县级融媒体有行政方面的接近权，其本身具有行政级别，也使得其政治功能和政治的接近性更为凸显。其次和全国性的商业平台比，县级融媒体具有在地化的优势，能够深入地方群众，掌握地方的一手资料和实时动态发展，更便于协调在地资源。最后县级融媒体具有专业性和管理者的属性，能够训练和打造一个深入生活并提供民众讨论的平台，在提供专业的文化传媒资源和策划之外，能够以一个管理者而非竞争者的身份进入当地和市场，维护当地的市场生态。只有提供好专业性服务，以平台促进公共问题讨论，包括当地发展的小事，如路灯等基础设施建设，才能更好地引导人民群众，真正担负起管理者的角色，动员更多群众共同参与社会治理，成为政府和群众之间沟通的桥梁和纽带。

（二）从喉舌到桥梁

“耳目喉舌”一词在中国历史上很早就出现了，但它作为报刊的一种功能的提出却要追溯到19世纪末20世纪初以梁启超为代表的一批维新派②。梁启超在《论报馆有益于国事》一文中写道：“有助耳目喉舌之用而起天下废疾者，则报馆之谓也。”这是当时文人面对时代的一种忧思，强调报刊的社会功能。在马克思主义新闻观中，马克思认为报纸是人民的喉舌，在我国的实践和发展中逐渐演变为报纸是党、政府和人民的喉舌。其时代内核和含义在不断变化，而“喉舌”这个称谓一直以来呈现的都是一个单调的角色，更多是单向传声而非双向交流，如黄旦认为“耳目喉

---

① 沈费伟，叶温馨．基层政府数字治理的运作逻辑、现实困境与优化策略：基于“农事通”“社区通”“龙游通”数字治理平台的考察［J］．管理学刊，2020（6）：26-35.

② 翁海勤．“耳目喉舌”说的历史沿革［J］．新闻记者，2007（3）：35-37.

舌”所表示的只能是一个通道，而且是单向的通道，不会是一个公共交往的空间①。同时报刊等传统媒体受制于自身的体制和模式束缚，创造性和积极性不足，面对当今复杂的社会变化，其形式和内容未免显得有些单调。

当今的县级融媒体平台定位不仅是喉舌，还是桥梁，要在党委政府和人民群众之间搭建一个平台，可供双方沟通、交流和碰撞，这也是媒体发展的必然趋势。所谓平台化，即县级融媒体中心可以提供一个具有公共对话功能的平台，这个平台不完全按照商业逻辑和治理逻辑运行，而是更多发挥中介作用，连接党和人民、政府和群众。

在平台化的基础上，可以践行多种方向的发展。基于县级融媒体的基本职能，可以打造县域综合性的在线服务平台，建成全县的在线平台。当前县域平台相对混乱，有新闻平台、门户网站、民生平台、政务平台等，各自归属于不同的主管部门，既增加了群众办事的时间成本，又不利于形成流量红利。县级融媒体中心应建设成县域综合性的在线服务平台，定位为门户 App，县域一切政务、文化、信息等都在此平台上集聚。重点在于需要成立和打通四个中心，即县级融媒体中心、政务服务中心、新时代文明实践中心和综合治理中心，以县级融媒体为支撑做好平台和服务。有些地方的县级融媒体中心明确提出，打通政务服务中心，群众网上办事，实现零处跑；打通新时代文明实践中心，实现线上文化服务与资源共享，如搭建志愿者线上平台，以文化促进社会治理；打通综合治理中心，把自己做成网格员的线上官方平台。市民群众使用县级融媒体中心的 App 就可以办理县域范围内大多数乃至一切线上事务。除此之外，还可开通线上社区，给公共讨论提供空间和平台，疏解舆情，促进社会公共性建设，实现乡村的组织振兴。

以上功能的实现，需要后台行政部门的授权，以及足够的经费搭建和运行平台。这就需要县级融媒体平台积极发挥主观能动性，积极联合和承接乡村振兴方面的任务，旧民居改造等社会服务，破壁生长，融合周边生态，包括建筑、设计、广告、咨询、文创、会展等，形成综合多元的大型

① 黄旦．耳目喉舌：旧知识与新交往——基于戊戌变法前后报刊的考察［J］．学术月刊，2012（11）：127-145.

平台；提供社会各界所需要的功能和服务，以此获得行政和资金支持，促进自身的良好发展。

（三）从宣传到组织

在我国的机构划分中，媒体一直属于宣传部门，承担着重要的政治功能。延安《解放日报》1942 年在《致读者》的社论中指出："党报绝不能是一个有闻必录的消极的记载者，而应该是各种运动的积极倡导者和组织者。"① 党报党媒需要从简单的宣传向动员组织过渡。

在乡村振兴的框架下，这样的动员组织是极其必要的。一是因为小农经济有其局限性，小农生产方式与市场经济的生产方式具有矛盾，一家一户的独立经营模式很难嫁接资本市场，需要重建农村集体经济。集体经济是社会主义公有制的重要组成部分，媒体可引导村民建立新型的村集体经济合作组织，以集体经济的方式提高农村抗击风险的能力，获得更多的经济收入，保障农村和农民利益。二是因为当前外出务工青壮年较多，导致了很多乡村的空心化和空巢化现象，乡村面临着组织涣散、组织力不足、乡村治理困境等问题，甚至面临文化危机。媒体需要在这个过程中有所作为，重新动员和组织当地人民，吸引外来村民，实现新老村民共建、共治、共享，打造新型的乡村生态。

第一，县级融媒体可通过参与社区建设进行组织，可以借鉴商业平台的成功经验。例如，腾讯"为村"打造了一个公益平台，村民可以在这个平台上实现交流和共享，为村庄发展整合资源，推动基层党建、社会治理与乡村振兴。然而，作为全国性的商业平台，"为村"在地性不足，无法深入当地了解实际状况，其组织能力和组织效果也需进一步考量。但其发展建设也为媒体经营留下了很多空间，同时提供了一种可参考和复制的模式。"为村"平台的社区建设有四个方面：一是党建；二是可以呈现乡村实时动态，共享乡村美景，全体村民均可以参与；三是我的家乡，给予当地人和外地人了解乡村的线上空间，在线上平台共商村庄发展的大事，如修桥修路等基础设施建设、翻修祠堂、募资等发展社区建设；四是多元化服务，涉及民生医疗、教育、生活等方面，多角度提高乡村的凝聚力，以

---

① 致读者［N］. 解放日报，1942-04-01（1）.

便利服务和情感关怀促进人才的返乡和回流。县级融媒体可以此为基础，针对当地的特点，提供更为精准化和在地化的服务，以党建统筹、服务引领、对话沟通方式，充分推动社区建设。

第二，发展基层通讯员。党的十八大报告指出，基层党组织“要以服务群众、做群众工作为主要任务”。在我国新闻发展史上，曾有一支强大的基层通讯员，当年被称为工农通讯员，他们不是记者或者编辑，只是普通的市民或者农民，他们从早期的分散小规模发展到人数和规模不断扩大的群众文化队伍，深刻践行了群众工作。培养工农通讯员，是实现新闻传播领域知识分子和工农群众结合的一条典型路径：知识分子在帮助工农群众掌握新闻写作技术过程中努力达到“党的新闻工作者”的标准，工农群众通过掌握新闻写作技术获得了表达的权利进而提高了文化自信①。重新发展基层通讯员队伍，实现知识的嫁接和发展，密切加强县级融媒体中心和当地联系的同时，将群众工作开展到乡村的方方面面，使组织更加高效。

第三，组织文化活动。2021 年出台的《中共中央　国务院关于加强基层治理体系和治理能力现代化建设的意见》中明确提出要建立起党组织统一领导、政府依法履责、各类组织积极协同、群众广泛参与，自治、法治、德治相结合的基层治理体系，党建引领基层群众自治充满活力。提高群众自治的活力，要动员一切力量进行组织建设，文化和媒体是极好的切入点。可将媒体和文化部门的活动转移到乡村，在乡村治理中发挥作用。新中国成立之初，部分农村地区就通过农村俱乐部组织村委发动群众，整合农村文化资源，通过读报、唱戏、美术、器乐等文艺形式激发农民的主体性，充分发挥文化组织的力量。当今的广场舞或者乡村春晚，也是通过文化激发农村和农民的内生积极性，已然成为一个重要的农村公共文化现象。此外，县级融媒体还应运用自己的组织力、动员力、传播力和影响力，配合组织县级主要文化工作。

综上所述，当前县级融媒体中心的方向定位应该是“主阵地、主枢纽、主平台”。主阵地是巩固壮大主流意识形态基地，即建成自己基层党

---

① 田中初．知识分子如何与工农群众相结合：以革命根据地时期的工农通讯员为视点［J］．新闻与传播研究，2011（3）：11-20.

建、意识形态、文化政治和宣传的主阵地，将各行各业连接起来，发挥润滑剂或者黏合剂的作用。主枢纽包含三个方面，即纵向承接中央、省、市的相关资源，横向与不同地区的县级融媒体帮扶和业务合作，以及跨界将各行各业连接起来，发挥润滑剂或者黏合剂的作用，建立三位一体的主枢纽。主平台即建立一个县域综合性在线服务平台。作为融媒体平台，需要积极回应融合什么的问题，最重要的是融合人民，把大家组织起来，大家的事大家来议，提高当地人的归属感和责任感，一起纳入到乡村振兴的框架之中。

四、县级融媒体如何助力乡村振兴

当前乡村振兴正在稳步推进中，但是仍然存在乡村空心化、基层管理单一化、基层内生动力不足等问题。推动以上问题的解决，需要乡村振兴各个主体的组织和行动。县级融媒体作为触达社会“最后一公里”的抓手，需要担负起“服务人民”的责任，以综合服务平台助力乡村振兴的深入发展。

（一）县级融媒体助力直播带货

产业兴旺是乡村振兴的重要基础，当前绝大多数农村都是以农业为主，然而仅依靠农业无法实现产业振兴和农村发展，在农村实现农产品的深加工这种延长农业产业链的方式，使农业和农村成了城市的原料供应地①，只能增加农业的市场行为，其中利益与农民和农村无关。有学者指出，产业兴旺一定是在乡村中与农业、农村、农民相关的产业的兴旺，是要将经济社会发展的利益更多地留在农村、留给农民②。

因而要努力促进农村当地的一、二、三产融合，扩大内需和促进消费并行。2019 年 7 月 30 日召开的中央政治局会议指出，需要深挖国内需求

① 贺雪峰．关于实施乡村振兴战略的几个问题［J］．南京农业大学学报（社会科学版），2018（3）：19-26+152.

② 王亚华，苏毅清．乡村振兴：中国农村发展新战略［J］．中央社会主义学院学报，2017（6）：49-55.

潜力，拓展扩大最终需求，有效启动农村市场，多用改革办法扩大消费①。如何扩大内需，激活农村市场，有效地让利给农村和农民，县级融媒体助力直播带货是一个思路。直播带货是当前媒体融合的一个重要的发展方向，其开展思路的一条线索是媒体展开自救，另一条线索是资本的推动。

当今内容生产等都指向了下沉市场，省级、市级市场趋于饱和状态，诸如县城和乡村等庞大的下沉空间具有极其丰富的未开发资源，农村市场将进一步被激发②，成为资本争夺市场和内容的新主战场。农产品发生滞销时，部分政府开始结合县级融媒体建立自己的直播生态，利用直播精准扶农助农，减少当地农产品积压实现增收。例如，江苏无锡梁溪融媒体中心借助“慧直播”平台开启线上直播，梁溪区委副书记、区长许立新和无锡市商务局局长汪行直接进行直播带货，进行了有效的自救措施。但是直播带货也分为两种，一种是头部“网红”驱动，以市场化的 MCN 机构培育的“网红”进行直播，其优势在于主播经过流程培训拥有更为熟练的话术，直播平台也拥有更广大的客户流量和市场资源。另一种是在地化，即当地的领导和村民成为主播，利用县级融媒体平台充分发挥作用。

两种直播模式背后是不一样的发展逻辑，“网红”直播路径是薄利多销，默认农村的产量无限，以极低的成本卖出农产品赚取中介费用，将农民的利润空间压到极致，是对县域经济或者农业经济的一轮收割，个体在机构面前毫无议价能力。相较于互联网直播平台的日常带货，县级融媒体中心开展直播带货，具有四大突出性的优势。首先，直播导向方面，公益性大于盈利性。作为基层主流媒体平台，县级融媒体中心承担着助推复工复产，助力农产品销售，繁荣县域市场经济的重要社会责任，不能以流量和经济效益至上。其次，专业力量方面，县级融媒体编导、摄像、主播、剪辑等专业力量保障直播的技术要素的完备，充分进行融合传播，跨媒体传播实现传播效果的最大化。再次，平台公信力方面，官媒加持下的直播带货，从商品选择到产品介绍，再到售后服务，都经过严格把关，比流量

---

① 习近平主持中央政治局会议［N/OL］. 新华社，［2019-07-30］. http：//www. gov. cn/xinwen/2019-07/30/content_ 5417282. htm.

② 许英明. 下沉市场将成为消费高速增长的主战场［N］. 中国经济时报，2019-08-09（5）.

效益更重要的是平台的公信力。最后，社会建设方面，县级融媒体中心通过带货行为，可以带动、培育、整合县域范围内的各类社会资源，激发多元主体的能动性。

面对当前资本下沉的现象，县级融媒体起到县域屏障的作用，能将分散多元的基层治理主体和产业主体协同起来、组织起来，不仅能回应基层善治的诉求，更能够形成一道屏障，保护基层，协商平台资本。县级融媒体中心开展直播带货，创造了一种增益平台与惠及百姓双重效益的服务模式。服务县域商家商品推广的直播带货，增加了平台的人气与经济效益；服务乡村农产品销售的助农直播带货，增强了平台的口碑与社会效益。县级融媒体中心开展直播带货，正是本地媒体推销本土产品的本地化服务新模式。这种模式之下，平台与用户，产品供应者与产品消费者的合作空间大大提升，推动县域三次产业的融合发展，数字化发展的红利才能真正赋予基层百姓，县级融媒体中心才能真正反哺一方，推动乡村振兴合理有序发展。

（二）媒体赋能赋予发展契机

媒体赋能是现代乡村振兴不可缺少的环节。乡村振兴离不开知名度和流量，一方面县级媒体中心可以主动制造流量，深耕当地并辐射周边区县，以当地特色进行区域性引流导流，如制造区域性的热点话题和区域性网红打卡，形成区域性的 IP，带来县域及周边人流量。例如，浙江省义乌市何斯路村以村里的薰衣草基地为主，每年开展“浪漫七夕”“情定‘普罗旺斯’”等文旅活动，打造了自身的独特文化景观。另一方面可以借助各级领导的影响力，以领导的高度重视带来政策性支持，促进区域性经济的发展延伸。

同时，也可以积极与全国性媒体合作，这里的合作有四个方向：一是积极打通与主流媒体的合作渠道，利用自身的在地化优势与主流媒体的优质资源进行对接，扩大乡村的影响力，如中央广播电视总台就打造过《中国村庄》《村庄故事》等系列纪录片，聚焦于不同村落展现不同文化。此外，美食纪录片《舌尖上的中国》的爆火，也使曾以制盐为生的云南诺邓村、制作豆腐的云南建水顾城、古老的加工谷物的山西丁村等进入大众视野，刺激了文旅消费，拉动当地的二、三产业发展。

二是加强与文娱平台的合作。部分村庄利用当地的自然景观和人文特色，联合文娱平台制作综艺、电视真人秀等节目，如黄公望笔下的《富春大岭图》实景地浙江省杭州市桐庐县合岭村就被选作湖南卫视《向往的生活》第二季拍摄地，节目中搭建的“蘑菇屋”也将被进一步开发成高端民宿，实现游客的留存和进一步消费。湖南卫视推出的乡村振兴互助体验类节目《云上的小店》选址湖南小河村，以“便利店+直播带货+综艺节目”的形式助力当地的乡村振兴，利用市场化资源打开村庄新的出路。

三是可以与电影游戏等发行商合作，植入乡村场景和文化元素，与电影游戏同步同期发行。例如，2021 年“浮梁红·守千年”浮梁百村过大年系列活动，这个“红”一方面指建党 100 周年，体现了时代风貌，另一方面指的是浮梁红茶，在这样的活动中嵌入了当地有标识度的物品，带动了相关伴手礼的发展。在“浮梁红·守千年”第三季端午篇活动中，在浮梁沧溪村整村 4 万平方米的空间打造了《幻乡沧溪风华录》大型国风穿越沙盒游戏，重现线上的游戏场景，以真人互动剧情实现了线下交互，带动了一个县的经济和主导产业的发展。

四是与快手、抖音、小红书等短视频直播平台合作，制定短视频、直播计划，孵化在地 MCN 机构和当地的直播人员，做自媒体传播，激发活力。例如，四川省成都市新津区与成都瘾食文化传媒有限公司、五八金服共同签署了农业 MCN 项目合作协议，打造集内容制作、直播策划、带货营销、农播学院、基地供应链于一体的天府农业 MCN，推广新津区优质的农产品，助力当地的农业产业发展①。又如，福建省云霄县融媒体中心建立了漳州市首个直播基地，打造了一个直播人才孵化基地、建设了一批田野直播间、培养了一支专业直播团队、培训了一批新农人“四个一”的直播生态园。

（三）乡创产业激发文化活力

所谓乡创就是在乡村进行创造性转化和创新型发展，这对促进乡风文明、治理有效和生态宜居具有重要的作用。乡村有三道屏障，即粮食、生态和文化，其中文化成为后发优势，中国文化的根在传统文化，传统文化

---

① 天府农业 MCN 项目签约仪式在天府农博园举行［EB/OL］.［2020-05-25］. http://www.xinjin.gov.cn/xjxrmzf/c119637/2020-05/26/content_8a2a39f02f014c2a8b6b7c38ca306d1e.shtml.

主要就在乡村，在历史发展中形成了独特的乡土文化。对乡土文化的价值判断不仅要思考乡土文化本身，还需要将乡土文化的价值与非乡土文化的价值进行创造性的关联性思考①。通过文化增加乡村的附加值，做出高附加值的业态，用文化创意来凝聚共识和促进发展。因而，必须在乡村实现文化的创造性转化和创新发展，发展模式也要从向外“走出去”寻找资源转变为在地资源的转化。

这样转化的关键步骤首先进行文化普查，查清当地有什么文化资源，包含传统文化、民俗文化、红色文化等，其次分析研判文化资源的优劣以及合作开发的可能性，最后用创意进行赋能，实现不同地区资源的对接，激活乡土文化的活力和魅力。例如，福建省宁德市屏南县四坪村立足当地的古村落，提出“用文化唤醒乡土，以创意激活乡村，让宜居重归乡村”理念，提升乡村价值推进乡村振兴。又如，陕西省礼泉县袁家村以关中饮食、关中建筑、关中民俗等特色关中文化为依托，将村民和村庄整体融入产业发展，打造了以乡村生活为重点的旅游产品，实现了文化资源的活化和价值转化。

在乡创过程中需要一个“中介”建立关系和模式，沟通和解决不同资源方的矛盾。例如，江西省浮梁县与清华大学文化创意发展研究院展开地校合作，探索出一条“乡创特派员”制度，以第三方的身份推动不同地区的资源对接，推动文化创意和在地资源的有机结合。在此基础上，可以进一步营造社区生态，引导青年回乡返乡、吸引外来人才入驻，培育新老村民的情感认同和利益联结。又如，河南省修武县大南坡村以县域美学为引领，在重唱怀梆戏剧时引入乐队五条人，新老文化交流碰撞形成独特文化生态，艺术机构以及艺术家们开展美育课程、免费讲座和培训搭建文化活动空间，还通过“人人捡垃圾”等活动鼓励当地村民参与社区建设，共同守住当地的生态环境。

（四）人才主体参与乡村治理

党的十九大报告指出，要建立“党委领导、政府负责、社会协同、公众参与、法治保障”的乡村社会治理体制，“法治、德治、自治”相结合

① 索晓霞．乡村振兴战略下的乡土文化价值再认识［J］．贵州社会科学，2018（1）：4-10.

的乡村治理体系，“共建、共治、共享”的乡村治理格局，从宏观角度对乡村振兴做出了系统化和全面性的指示。从2019年的“乡风文明、治理有效”，到2022年中央一号文件中高度概括出了“乡村发展、乡村建设和乡村治理”三条路线，乡村治理的思路一以贯之整个乡村振兴战略。

乡村振兴，治理有效是基础①，治理有效关键在人。乡村振兴离不开农民，但要实现乡村全面振兴，要充分调动基层党组织干部、新老居民、返乡人员的积极性，创新乡村治理的方式，利用媒体等公共平台引导、凝聚和组织群众，使人民群众广泛参与到基层治理和乡村振兴的历史任务中来。可以在此基础上建构支撑性新主体，这个支撑性新主体主要按照“三三制”原则构建，包含1/3的在地村民、1/3的返乡人才、1/3的下乡人才，共同聚集到村落形成新老村民。例如，四川省成都市明月村依托茶、竹等特色产业基础，以“明月窑”为主线发展陶艺、农旅等新兴产业，基于其独特的土地供给政策，吸引了众多艺术家、青年创客入住明月村，成为“新村民”，形成文化创意聚落与文化创客集群，推动新老村民共创、共享②。

但这三类人才由于身份、职业、年龄、性别等各个要素的不同，难免会产生不同的矛盾，如何锻造并凝聚新主体是重中之重。首先，需要党建引领。党建具有联合作用，能够集合多元主体形成合力，将不同主体凝聚并团结起来。在此之下需要进行制度创新，包括宏观层面的政策架构，如江西省浮梁县印发了《关于创建乡创特派员制度的实施方案（试行）》《浮梁县乡创特派员管理暂行办法》，推动乡村振兴主体的联合。各村也可制定本村的村规民约，如浙江省义市何斯路村统一在党建的引领下促进乡村振兴。其次，作为媒体，特别是县级融媒体需要发挥作用，利用自身独特的中介属性，主动深入基层架起沟通的桥梁，利用自身平台和管理优势，为多方人才的交流提供平台，助力思维的迸发和问题的解决，充当不同群体之间的黏合剂。最后，可以通过组织各种活动凝聚新老村民，包括但不限于节会、培训、比赛等，在参与的过程中将各个主体团结整合在一

① 袁勃．中共中央　国务院关于实施乡村振兴战略的意见［N］．人民日报，2018-02-05（1）．

② 潘家恩，沙垚，陈晶晶．更新与互动：文化创意赋能乡村振兴［J］．现代视听，2021（9）：31-35.

起，共同为乡村建设和乡风治理助力。

（五）转变观念创新社会治理

实现社会治理，需要转变观念。《中共中央　国务院关于加强基层治理体系和治理能力现代化建设的意见》指出，让“基层群众自治充满活力”。活力的激发需要文化，文化属于源头活水，具有历久弥新的生命力和独特的价值，对社会治理具有潜移默化的作用。从文化治理的视角审视乡村文化建设，会发现乡村文化除了文化本身的功能之外，还具有政治、经济、社会等多重价值和功能，能有力地助益于“产业兴旺、生态宜居、乡风文明、治理有效、生活富裕”总要求的实现①，因而，要通过文化的方式调动民间的组织能力，可以通过组织节会、乡村春晚、广场舞等活动促进。例如，乡村春晚通过模仿央视春晚，当地人积极参与到主持、歌舞、小品、戏剧等节目中来，其部分内容回应社会关切，体现了农民在乡村振兴中的主体作用，表现了农民对美好生活的向往和文化自信，能够凝聚村民情感、繁荣农村文化、促进乡风文明、推动和谐新农村建设的文化创新载体②。

传媒是推动社会治理的角色之一，特别是在全面落实县级融媒体建设的当下，需要转变观念重新定位县级融媒体的作用。胡正荣指出，要将县级融媒体放在更高的区域治理高度和更大的智慧治理范围内考虑③。县级融媒体以服务为抓手，通过县域内公共平台提供民众所需的“政务+商务+服务”综合服务，从“+服务”转向“服务+”，利用自身在地性和贴近性的优势，打造本地化信息服务平台、集成式政务服务平台、场景化生活服务平台④，将服务融入社会的基层治理的思路之中，激发多元主体参与社会治理的活力，使服务与治理相互促进。

常设的民间红白理事会、老年人协会、村民议事会、道德评议会等村

---

① 吴理财，解胜利．文化治理视角下的乡村文化振兴：价值耦合与体系建构［J］．华中农业大学学报（社会科学版），2019（1）：16-23+162-163.

② 赵月枝，龚伟亮．乡村主体性与农民文化自信：乡村春晚的启示［J］．新闻与传播评论，2018（2）：5-16.

③ 胡正荣．打造 2.0 版的县级融媒体中心［J］．新闻界，2020（1）：25-29.

④ 张昱辰．从机构融合迈向社会融合：县级融媒体中心发展路径再思考［J］．中国出版，2019（16）：10-13.

民自组织是社会治理的重要力量。2019年，中央农办、农业农村部等部门印发《关于进一步推进移风易俗建设文明乡风的指导意见》，指出加强党的领导和依靠群众相结合，在用党风整政风引领乡村文明新风的同时，充分发挥村民自治的作用，合理引导自上而下的组织力和民间自由的组织力相结合，充分调动所有人的主体性。自2016年国家大力推进移风易俗建设后，各地大力推行红白理事会，红白理事会作为国家社会治理的符号和工具，不仅要继续为群众服务，更要担负起乡村治理和乡风文明建设的重任①，利用婚丧等传统礼乐的革新来规范和引导村民的行为，破除旧习。人的主体性是未来乡村发展的根本，只有通过转变当地新老居民的观念，充分发挥其主观能动性，通过积极参与这些文化活动和群众自组织，才能起到社会治理的作用，在农耕文化中看见新的未来，实现乡村振兴。

结　语

农业、农村、农民发展是长期以来的重大命题，关系着我国和我党的长期发展的命运。在此基础上的乡村振兴战略是新时代党中央基于我国基本国情和现阶段经济社会发展的基本特征而提出的重大举措，站在极高的战略高度统筹农业农村发展，具有极其重要的时代意义和前瞻性。如何更好地推进乡村振兴的建设和发展，需要多元主体的共同参与，其中县级融媒体作为触达农村和民众的触手，能够以自身的服务为基础，打造一个综合枢纽，为县域经济发展提供保护屏障，为政府服务打通上下枢纽，为精神文化提供激活源泉，为交流沟通提供公共平台，为社会治理凝聚多元人才，为乡村振兴注入活力。

---

① 戴莹莹．博弈与谅解：移风易俗视域下的红白理事会研究［D］．辽宁大学硕士学位论文，2018.

媒体融合与国际传播

张毓强*

媒体融合是在信息传播技术变革和创新的背景下发展起来的理念。在新一轮科技革新和产业发展的背景下，原先在人类生活中产生巨大影响的大众传播媒介范式面临着颠覆性的变革，其不仅带来了技术上传统媒体与新媒体在传播平台、路径和内容生产上的融合，而且带来了在资本与商业等领域的全方位的融合。技术驱动下的融合发展已经成为了一种全球化的趋势，给国际传播格局带来了调整和变革的机遇，国际传播经历着“百年未有之大变局”。在这种趋势下，给中国国际传播带来的不仅是冲破原先在现代性意义上以欧美发达国家为中心的传播秩序藩篱，并且也带来了巨大的挑战。本部分考察了新媒体和融媒体的国际传播研究现状，对媒体融合时代下国际传播的整体发展和实践情况进行了解，在此基础上展开了技术驱动下的融合转型趋势的特征描述，从一个融与合的视角重新理解和思考中国的国际传播理论与实践。

一、研究现状

（一）新媒体国际传播

1. 新媒体环境下国际传播的主要特点和格局

（1）新媒体时代国际传播的主要特点。

第一，突破时空限制。传统媒体的国际传播在时间和空间上往往受到

* 张毓强，中国传媒大学出版社社长，教授、博士生导师。

较大的限制。无论是传统报纸新闻还是传统电视节目，从制作到抵达海外读者和观众需要一定的时间周期，而互联网、手机等新媒体的出现和普及打破了时间、空间的障碍，消解了国家与国家之间的边界①。新媒体实现了国际传播的跨越时空，具体表现为时间上即刻传递、空间上突破国别和区域边界②。

第二，主体多元化。新媒体时代拥有多元化的传播主体，个人传播的自主性和主体性得到了极大提升③。以自媒体、社交媒体为代表的新媒体使国际传播走进了“人人都是麦克风”的新时代，无论是国家政府、跨国集团、国际组织还是普通民众都可以进行跨国传播④。技术降低了新闻传播的门槛，赋予每个公民传播的权力，而政府对新媒体难以进行有效控制，客观上打破了原先政府及传统的专业媒体的控制与垄断，形成传播主体多元化格局⑤。政府以外的行为体被赋予了媒介接近权，普通民众从以往的信息消费者，转变为兼具信息生产、流通和消费多维身份的传播主体⑥。因此，在以现代信息技术为基础的新媒体环境下，国际传播呈现主体多元化的特点，本质上是一种社会传播权力结构内部的资源和权力不断调整和重新分配的结果⑦。

第三，民间力量的崛起。在国际社会中，非官方力量逐渐登上国际舞台，其地位和影响力在不断提升⑧。从早期的 BBS、博客到即时社交媒体平台，互联网不断赋予民间群体在国际传播中的全新的话语表达空间和表

---

① 唐润华，刘滢．重点突破：中国媒体国际传播的战略选择［J］．南京社会科学，2011（12）：105-111.

② 李丹，郭书．新媒体环境下国际传播特点分析［J］．中国记者，2014（7）：104-105.

③ 苏姝．新媒体时代下的国际传播：以“美国之音”对华传播转型为例［J］．新闻研究导刊，2014，5（17）：37.

④ 祁芝红．试析新媒体环境下国际传播的新特点［M］//学习贯彻党的十九大精神　推进“五个现代化天津”建设——天津市社会科学界第十三届学术年会优秀论文集（上）．天津：天津出版传媒集团，天津人民出版社，2017：291-296.

⑤ 钱晓文．新媒体时代传媒国际传播力构建解析［J］．编辑之友，2014（12）：43-47.

⑥ 邢丽菊，赵婧．新媒体与中国国家形象的国际传播［J］．现代国际关系，2021（11）：51-59+61.

⑦ 史安斌，盛阳．开创国际传播能力建设的新局面、新理念、新形式［J］．电视研究，2018（11）：4-7.

⑧ 赵楠，宋燕．媒体外交与国家形象构建：传播手段视角下的新媒体外交［J］．兰州大学学报（社会科学版），2012，40（6）：26-33.

达方式[①]。以用户制作内容出现的新媒体接纳内容成为国际传播重要的民间力量[②]。由此可见，新媒体时代不仅带来了多元化的主体，并且民间的个人和群体作为其中突出的一支力量，其影响力和地位都在不断攀升。

（2）新媒体时代国际传播的格局。

上述新媒体时代国际传播的特征体现出了新媒体在一定程度上改变了目前的国际传播格局[③]。总体来看，新媒体时代国际传播秩序产生了重构，主要体现在以下两个方面：一是新媒体的加入在一定程度上改变了以往西方话语权支配下的体系和格局。在传播技术的发展的背景下，虽然短时间内以西方为主导的话语秩序和传播格局不会改变，但是新兴力量推动了其重构的过程中实现动态平衡，具有流动的趋势[④]。同时，在中国国际传播的语境下，新媒体时代的到来为中国的国际传播提供了机遇。二是原来由政府或专业媒体机构主导的国际传播已经成为了过去式，多元化的传播主体、丰富的传播形式和渠道使国际传播实践进入了新时代[⑤]。原先国际传播的内容传播和生产是由专业内容生产机构或者权威机构把握的，在新媒体的背景下，现在以个人、企业和社会组织等为代表的民间力量也可以通过以社交媒体为代表的新媒体进行国际交流与传播。

2. 新媒体时代中国对外传播媒体的国际传播实践

2016年，习近平总书记在党的新闻舆论工作座谈会上强调：“要加强国际传播能力建设，增强国际话语权，集中讲好中国故事，同时优化战略布局，着力打造具有较强国际影响的外宣旗舰媒体。”[⑥] 近年来，以CGTN为代表的我国主流的对外传播媒体不断加强国际传播能力建设。例如，

---

① 杨奇光，常江．搭建中国国际话语平台的民间力量及其实践路径［J］．对外传播，2017（5）：7-9.

② 田智辉．论新媒体语境下的国际传播［J］．现代传播（中国传媒大学学报），2010（7）：39-42.

③ 栾轶玫．国际传播平台的新媒体转移：国外媒介机构利用新媒体进行国际传播的案例研究［J］．新闻与写作，2012（7）：40-43.

④ 张涛甫．新媒体技术迭代与国际舆论话语权重构［J］．人民论坛·学术前沿，2020（15）：6-11.

⑤ 刘滢．新媒体环境下国际传播的转向与重构［J］．新闻与写作，2018（10）：78-81.

⑥ 杜尚泽．习近平在党的新闻舆论工作座谈会上强调：坚持正确方向　创新方法手段　提高新闻舆论传播力引导力［N］．人民日报，2016-02-20（1）.

CGTN 法语频道微视频的新媒体实践，为我国外宣媒体创新对外传播方式、提升国际传播能力提供了成功案例①。尤其是新冠疫情期间，CGTN 法语频道凭借长期新媒体平台内容制作和运营的经验积累，摆脱了因为疫情无法现场采访的困境，高效准确地做好国际传播②。此外，澎湃新闻旗下英文新媒体“第六声”（Sixth Tone）的报道以超越国界的穿透力和冲击力，让国际社会可以平和认识中国现代化进程③。由此可见，对外传播媒体作为“讲好中国故事”的重要力量，需要紧紧跟随现代信息技术发展，运用新媒体主体和技术来进行国际传播实践。

3. 新媒体时代中国企业和品牌的国际传播实践

近年来，随着全球贸易往来的增多，中国企业大力实施“走出去”战略，不断拓展海外市场，在这个过程中，中国企业是展现中国形象的重要载体和窗口。因此，在新媒体时代，中国企业和品牌在“走出去”的同时也在努力传播其精神和理念，在塑造良好企业形象的同时也体现着中国的国家形象。徐梦阳提出，品牌化是我国跨境出口的重要问题，新媒体时代要做好品牌国际传播，就需要从平台、内容和对象等方面进行发力④。我国的互联网企业可以在新媒体发展浪潮下通过全媒体战略、多国本土化战略、媒体受众战略和品牌化战略进行国际战略传播，实现可持续发展，增强国际影响力⑤。

4. 新媒体平台与社交媒体的国际传播

不同于过去对外传播以政府和官方媒体为主导，新媒体时代官方媒体的话语权正在被越来越广泛的、多元化的社会传播主体分享，呈现出从政

---

① 刘坚，张旭．从“走出去”到“走进去”：CGTN 法语频道微视频对外传播的新媒体探索［J］．电视研究，2019（5）：46-48.

② 董颜．浅析国际传播中缺乏现场采访条件时的新媒体报道形式：以新冠肺炎疫情期间 CGTN 法语频道新媒体报道为例［J］．电视研究，2020（8）：32-34.

③ 吴挺，张茹．英文新媒体“第六声”创新国际传播的实践和思考［J］．中国记者，2021（7）：53-57.

④ 徐梦阳．新媒体时代如何提高中小企业品牌的国际传播效果：以跨境电商出口为例［J］．中国商论，2016（36）：9-10.

⑤ 吴映璇．新媒体时代下互联网企业如何进行国际战略传播：以 TikTok 海外推广为例［J］．新媒体研究，2018，4（8）：130-131.

府向社会转移的趋势[①]。随着新媒体时代全球范围内传播技术的发展和迭代，以社交媒体、新闻客户端为代表的新媒体平台逐渐成为国际传播的主战场，社交媒体平台在开展国际传播上具有独特优势[②]。社交媒体自身具有参与性、对话性、情感联动性、跨界性等特性，其对于提升中国国家形象、提高中国国际传播力和实现国际传播效果最大化非常重要[③]。通过移动社交网络媒体，能直接影响到全球各地的年轻网民，大大提高国际影响力[④]。当前，我国在新媒体国际传播平台的影响力和传播力不足，可以借助微信（WeChat）等社交软件平台打入国际市场，有效开展对外传播[⑤]。

在社交媒体平台中，作为传播主体的个体被赋予了传播权力，也能像过去的国家和跨国公司那样发出自己的声音。网红在其中作为“个体”中的组成部分，具备“人格化”的形象，能淡化意识形态的冲突，更容易被海外社交媒体平台和受众接受，因此在国际传播中具有强大的影响力和渗透力[⑥]。其中，李子柒作为民间传播中的“网红”个体，借助社交媒体平台传播中国文化，获得了传统国际传播主体难以企及的传播效果[⑦]。总之，在新媒体时代，多元的社会传播主体活跃在世界舞台，因此更要借助社交媒体平台的特点和优势来进行国际传播策略和实践。

5. 精准化概念下的区域与国别新媒体国际传播

精准传播被定义为在时间、产品、方式上以“恰当”的方式精准地推送给受众，产生与预期一致或大体一致的效果[⑧]。比起以往国际传播活动

① 孙敬鑫．新媒体环境下中国全球传播体系的构建刍议［J］．中共成都市委党校学报，2014（2）：48-52.

② 刘滢，胡洁．新媒体国际传播的现状、问题与对策：中国主流媒体国际传播从业者调查报告［J］．国际传播，2017（2）：66-79.

③ 栾轶玫．社交媒体：国际传播新战场［J］．中国传媒科技，2012（11）：19-21.

④ 李可宝．从“今日俄罗斯”看俄罗斯媒体国际传播策略［J］．学术交流，2019（8）：177-186.

⑤ 张楠．从 WeChat 海外推广看新媒体时代国际传播战略选择［J］．今传媒，2016，24（6）：16-18.

⑥ 任孟山，李呈野．中华文化对外传播的新时代经验与可能路径：李子柒爆红海外给国际传播带来的思考［J］．对外传播，2020（1）：16-18.

⑦ 黄志敏．国际传播民间传播者研究综述：结合李子柒个案分析［J］．新闻传播，2021（7）：10-12.

⑧ 文建．提升传播精准度增强国际话语权［J］．中国记者，2019（8）：6-10.

范围大、目标偏向宏观、参加主体偏向泛化所形成的“粗放式局面”，媒介技术的发展赋予了深入掌握和剖析国际传播效果的能力，从而形成了“精准化”的国际传播战略与格局，强调国际传播的效果要“因人而异、因时而异、因事而异”[①]。因此，在精准化概念的基础上，应深入研究具体区域与国别的新媒体基本情况与国际传播实践，探寻有针对性的传播策略。例如，克罗地亚的传播特点是拥有多家主流报纸、以电视媒体为主流、新媒体蓬勃发展，在新媒体时代应生产符合克罗地亚受众需求的优质内容，利用中国民间力量和学习中文的克罗地亚受众进行有效传播[②]。对非洲的传播则应加强与非洲媒体的合作，丰富传播语种，扩大传播范围，不能一味做正面报道，应适当增加批判性报道，全面深度挖掘报道内容[③]。近年来，广东广播电视台在北美的国际传播较有成效，他们积极与北美主流新媒体报道互动，创新对外传播的手段和方法，借助网络推广手段和话题设置使得报道在美国和加拿大当地引起关注，收到实效[④]。

6. 新媒体国际舆情、国际舆论斗争

综观世界舆论场的整体格局，虽然西强我弱的局面没有发生根本性的变化，但是在新媒体时代，中国力量正在世界舆论场上日益凸显[⑤]。新媒体以其技术优势引发了国际舆论格局的重构。基于现代数字网络技术的新媒体调整了舆论发生、储存、表达和引导的格局，并且新媒体传播的去国家中心化、去政府管理化和自媒体化等特点影响着国际舆论的形成和导向[⑥]。新媒体的开放性、草根性、即时性和互动性使其成为打破西方舆论垄断的重要突破口和开展国际舆论引导与国际公关的绝佳平台[⑦]。基于新

---

① 胡正荣．国际传播的三个关键：全媒体·一国一策·精准化［J］．对外传播，2017（8）：10-11.

② 贾霁．新媒体时代下如何做好国际传播：以国际台克罗地亚语部为例［J］．传媒论坛，2019，2（4）：106-107.

③ 夏媛媛．在新媒体时代对非洲国际传播更有效的途径［J］．新闻传播，2019（16）：105-106.

④ 陈持，张引．广东广播电视台的北美全媒体国际传播战略［J］．新闻战线，2019（2）：94-97.

⑤ 戴元初．日益走近世界舆论场中心的中国力量：2017 中国媒体国际传播实践述评［J］．对外传播，2017（12）：4-6.

⑥ 张开．新媒体时代国际舆论引导与国家安全［J］．南京社会科学，2015（11）：105-112.

⑦ 邹建华．如何利用新媒体做好国际舆论工作［J］．国际公关，2012（6）：86-87.

媒体技术对互联网传播生态动态重构，需要推动普适性的传播话语创新，倡导多元化的话语体系和建构有文化敏感性的传播叙事体系，才能真正获得互联网舆论话语权①。尤其是面对世界性的突发公共事件舆论焦点，如2019年底暴发的新冠疫情，这一事件的信息传播和报道对我国的国际传播能力形成了巨大考验，需要探索切实可行的传播策略，掌握国际话语权，塑造国家形象②。由此可见，新媒体技术的发展不仅对传播方式和渠道进行改造和革新，而且在国际传播的层面上对整个国际舆论格局和话语权力结构进行重构。新媒体成为中国争夺国际话语权、引导国际舆论和塑造国家形象的重要平台。

7. 新媒体与国家软实力

现如今，提高国家文化软实力、推动国际能力建设已经成为国际竞争中的关键。基于数字技术等现代化手段的新媒体在塑造国家形象上发挥着重要作用，成为国家软实力的重要组成部分③。

文化是组成国家软实力的重要部分。文化在国际传播中占有重要地位，要重视利用新媒体对民族文化的传播，增强中国文化在国际上的影响力。语言对国家和民族的文化传播战略有着重大意义，而以互联网为代表的、影响力大的新媒体为语言文化的国际传播提供了一条方便快捷、有效通达的途径④。此外，民族文化的国际传播有着丰富的资源，例如，少数民族民歌的国际化传播有利于促进少数民族文化与世界文化的交流⑤。民族音乐文化作为中华民族文化的重要组成部分，在新媒体传播环境中承受着多元制约和侵蚀，影响着民族音乐国际传播⑥。新媒体技术提供了方便快捷的途径和平台，会提升文化的传播范围和广度，但是也存在不同文化

---

① 张涛甫．新媒体技术迭代与国际舆论话语权重构［J］．人民论坛·学术前沿，2020（15）：6-11.

② 胡正荣，田晓．新媒体时代突发公共事件的国际传播：以新冠肺炎疫情报道为例［J］．对外传播，2020（4）：7-9+1.

③ 谢新洲，陈春彦．新型媒体与国家软实力战略："今日俄罗斯"（RT）的发展与启示［J］．智库理论与实践，2016，1（1）：94-97.

④ 蔡燕．新媒体环境下的语言国际传播研究［J］．山东社会科学，2015（10）：156-160.

⑤ 张红蕾．新媒体背景下少数民族民歌的国际化传播策略［J］．贵州民族研究，2017，38（2）：87-90.

⑥ 王德聪．新媒体时代民族音乐传播路径探析：评《中华民族音乐文化的国际传播与推广》［J］．新闻爱好者，2021（8）：105-106.

的碰撞与冲击等问题。

利用新媒体提升国家软实力需要建立情感联动并制定相应的策略。与硬实力不同，软实力的建构和传播注重与对象国的情感联动，而新媒体所提供的各种传播技术、去中心化和立体化等特点具备这种“情感联动”的能力，在一定程度上能使对象国的民众对我国设置的议程以及我国形象产生认同感[①]。需要放弃固化的“硬宣传”，利用互联网的新媒介和平台引起受众的兴趣和共鸣，从而达到传播国家文化、提升国家文化软实力的目标[②]。需要充分利用新媒体的传播特点和特征，推进传统文化资源数字化战略，探索传统文化资源娱乐化表达，利用社会化网络新媒体进行文化传播，推动优秀文化走向世界，提升国家软实力[③]。在借鉴成功的国外经验的同时，借助视听传播技术手段实现新媒体时代的外宣突破，使中国的国家形象和国家软实力在新环境下实现突破和提升[④]。总之，在新媒体时代提升国家软实力，需要摒弃固有的宣传思维，利用新媒体的技术特性实现跨越国界和疆域的情感联动，从而更好地传播国家文化，增强中国在世界上的影响力。

8. 新媒体与人类命运共同体理念的国际传播

面对当今世界前所未有的大变局，全球秩序有待调整和完善，而中国提出的人类命运共同体理念是一种共享的观念，旨在构建一种更加合理的全球生存和发展空间，昭示着对世界未来的总体构想和价值追求[⑤]。人类命运共同体理念是全球治理背景下的中国方案和智慧，对于中国媒体的国际传播具有重要指导作用[⑥]。在新媒体视域下，新媒体受众广泛、传播速度快等特点能扩展人类命运共同体理念传播的范围，以更加生动立体的形

---

① 栾轶玫．新媒体与中国软实力的建构与传播［J］．文化艺术研究，2011，4（2）：29-33.

② 杨金曜．探究国家软实力的传播策略［J］．新闻研究导刊，2016，7（18）：114.

③ 刘锦宏，张亚敏．新媒体时代国家软实力建构对策研究［J］．中国广播电视学刊，2015（8）：32-34.

④ 常江，石谷岩．视听传播与国家软实力提升：观念、路径、方法［J］．新闻与写作，2018（5）：21-28.

⑤ 陈伟军．人类命运共同体构建与中国价值观的国际传播［J］．新闻界，2019（3）：92-100.

⑥ 李宇．人类命运共同体视域下国际传播理念创新与实践探索［J］．国际传播，2020（6）：8-15.

式展现在世界各国人民面前[①]。例如，在新媒体时代，可以通过平台思维和复媒体逻辑推进中国减贫事业的国际传播，构建人类命运共同体理念下有关贫困和减贫的基本共识[②]。无论是新冠疫情下的全球治理还是中国减贫事业的对外传播，其背后都是中国人类命运共同体价值观的体现，需要借助新媒体的优势和特点更好地展示在全世界人民的面前。

（二）融媒体国际传播

如果说新媒体时代强调国际传播要充分利用技术革新下具有特性的新媒体，那么在融媒体时代，其强调的就不仅是传统媒体和新媒体的融合达到优势互补的效果，而是逐渐淡化其边界，形成“你中有我，我中有你”的局面。因此对于媒体融合，不仅要求能够利用和适应新媒体，而且需要通过实现各种资源和生产要素的整合，实现内容、资源、平台和管理的融合共通。因此，融媒体并不是技术背景下新旧媒介形态的融合，而是在文本生产中实现不同技术形态的融合，创造新的知觉方式，进而勾连到人的社会关系网络[③]。

1. 融媒体国际传播的背景

通过梳理相关研究成果可以发现，现如今融媒体和国际传播的发展是相辅相成、互相作用的。在融媒体时代，世界面临国际传播媒体格局重构的趋势。以技术为驱动的媒介融合与世界政治经济权力转型的过程相互作用，各个国家通过布局融媒体展开了新一轮的话语权争夺[④]。例如，在媒体融合的背景下，以美国广播公司（CNN）为代表的美国新闻媒介在保证传统媒体优势的同时，针对不同传播方式和不同的新媒体终端着手开展数字化改革，进一步巩固了其国际传播的强势地位[⑤]。以半岛电视台和“今日俄罗斯”（RT）等为代表的新兴国际媒体在融媒时代通过与数字化平台

---

① 杨跃辉．新媒体视阈下人类命运共同体理念的国际传播［J］．今传媒，2021，29（4）：1-3.

② 姬德强，朱泓宇，吴琼静．平台思维、故事架构与话语创新：新媒体语境下中国减贫事业的国际传播路径［J］．国际传播，2020（6）：24-30.

③ 孙玮．融媒体生产：感官重组与知觉再造［J］．新闻记者，2019（3）：27-31.

④ 王润珏，胡正荣．融媒体时代国际传播的新特点与新格局［J］．国际传播，2017（5）：31-36.

⑤ 刘小淙．媒介融合时代电视新闻媒体国际传播新路径：以 CNN 数字化改革为例［J］．对外传播，2014（9）：7-8+11.

的深度融合后迅速崛起，在重大新闻事件的报道和评论中独树一帜，改变了长期以来信息由西方向世界其他地区单向流动的格局①。在以互联网和移动通信技术为基础的新媒体时代，中国有“弯道超车”和冲破“媒介帝国主义”羁縻的可能②。因此，在以信息技术为基础的融媒体时代，国际传播媒体格局可能会面临重构，这是中国争夺国际话语权、提升话语影响力的机遇。

因此，中国的国际传播工作也对媒体的深度融合发展有了更高的要求。2014 年，习近平总书记提出传统媒体和新兴媒体要在内容、渠道、平台、经营、管理等方面深度融合③。2019 年，习近平总书记在致中国外文局成立 70 周年的贺信中提到，要“加快融合发展，不断提升国际传播能力和水平，努力建设世界一流、具有强大综合实力的国际传播机构，更好向世界介绍新时代的中国”④。因此，为了提升中国国际传播能力，更好地向世界介绍和展示真实立体全面的中国，对媒体的深度融合也提出了更高的要求。

2. 融媒体国际传播的实践特征

（1）不同主体的融媒体国际传播实践。

媒体融合的要求不仅是利用新兴技术支持下的新媒体，而且还要对不同媒体进行有效整合，从而达到互融互通，实现强大的影响力和竞争力。在融媒体时代，全国一张网、全球互联的传播环境为各级媒体参与国际传播提供了机遇⑤。国际传播中不同主体都在推行多维度融合发展的战略，并且不同国际传播主体的职责和分工不同，其能力也存在差异。

第一，对外传播媒体的实践。在融媒体时代，我国各大主流媒体如新华社、《人民日报》等设立了与融媒体相关的研发或编辑部门，传统对外

---

① 史安斌，盛阳．融媒时代电视机构国际传播的创新路径［J］．电视研究，2017（1）：20-22.

② 梁德学，唐润华．媒介技术演进与中国价值观国际传播的路径创新［J］．国际传播，2018（3）：8-18.

③ 习近平：共同为改革想招一起为改革发力　群策群力把各项改革工作抓到位［N］．人民日报，2014-08-19（1）．

④ 习近平：不断提升国际传播能力和水平更好向世界介绍新时代的中国［N］．人民日报，2019-09-05（1）．

⑤ 钟新．以媒体深度融合新格局提升国际传播效能［J］．网络传播，2021（6）：26-28.

传播机构的组织结构发生了变革①。不仅如此，为了提升国际传播力和建设国家软实力，对外传播机构面临着运用新技术推动融合发展、抢占国际传播前沿和制高点的任务②。例如，CGTN 作为外宣旗舰媒体，积极贯彻了中央广播电视总台“台网并重，先网后台，移动优先”的融合发展战略，致力于融媒体国际传播，取得了一定成效，但是在融媒体平台订阅数、跨平台互动能力、新媒体手段以及融媒体平台运营与维护方面还有待提高③，需要从融媒体的传播内容、传播技术和传播手段的维度提升国际传播能力④。作为对外传播的主阵地之一，中央广播电视总台、中国国际广播电台及其旗下的“国际锐评”栏目，成功通过融媒体舆论场打造国际时政评论，发挥了中央主流媒体的舆论引领作用⑤。从国际传播类媒体的融媒体转型实践来看，国际传播类媒体的改革转型空间还非常巨大，需要抓住媒体融合转型机遇，专注内容构建，加快媒体融合发展⑥，利用融媒体技术和手段赋能精准传播，提高对外讲故事的能力⑦。在国际传播的发展要求下，为了提升国际传播能力，做好国际传播工作，需要不断推进媒体深度融合，尤其是把对外传播机构作为中国对话世界的重要窗口，不断整合资源，优势互补，融合发展。

第二，国内主流媒体的国际传播实践。不仅对外传播机构肩负着传播好中国声音的使命和任务，我国其他主流媒体也在融媒体的背景下进行了一些探索与实践。主流媒体在国际传播中占据重要地位，作为增强国际传播能力的中坚力量，承担着讲好中国故事、提升国家话语权、塑造国家形

---

① 刘滢．融媒体对外传播的优势、问题与改进思路［J］．对外传播，2016（11）：9-11.

② 耿晓彦．浅析对外传播机构建设的五个问题［J］．对外传播，2018（10）：25-26.

③ 何国平，伍思懿．CGTN 融媒体国际传播效果评估与效果提升研究［J］．电视研究，2019（9）：14-17.

④ 王晓博．融媒体发展助力国际传播力建设：以 CGTN 俄语频道为例［J］．中国报业，2019（23）：78-79.

⑤ 张富丽．融媒体背景下国际时事评论“国际锐评”的守正创新［J］．电视研究，2019（7）：47-49.

⑥ 何晶．国际传播媒体融合发展之路初探：以中国外文局国际传播类媒体的融媒体转型发展为例［J］．印刷文化（中英文），2021（2）：186-192.

⑦ 张春燕．紧扣海外关切融媒技术赋能精准传播：以中国日报网融媒体报道为例［J］．新闻战线，2021（20）：36-39.

象的重要职责[①]。在融媒体时代，中国主流媒体需要从媒介形态、内容和渠道入手，考虑国外受众习惯的接受方式来优化国际传播的生产机制、互动关系和场景结构[②]。例如，中国网在建构融媒体时代国际传播体系的实践中形成了资源共享、架构科学、协作高效的融媒体传播新模式，为完善融媒体时代国际传播的新体系做出了贡献[③]。在国际传播中，主流媒体承担着塑造国家形象、发展国际传播事业的任务，是融媒体时代国际传播体系中的重要构成部分。

第三，影视公司与互联网视频平台的实践。在媒体融合发展的背景下，已经有影视公司和机构意识到了中国电视节目的国际传播需要体现媒体融合发展的理念[④]。在信息技术和互联网的发展背景下，互联网视频平台在向国外输出文化产品的过程中也开展了融合发展的策略。例如，芒果TV的海外融媒体建设探索既符合社交媒体使用者需求，也为国外受众了解中国提供了内容和渠道，为构建良好国家形象做出了贡献[⑤]。

（2）融媒体时代产品形式多样化的国际传播实践。

融媒体时代的国际传播实践特点除了传播主体多元化外，还呈现出传播产品形式的多样化，包括融媒体报道、融媒体纪录片、评论漫画等。在融媒体时代，国内和国际传播的界限逐渐消弭，英文融媒体报道对地方形象的海外推广作用显著，对于提升城市对外形象也有重要影响[⑥]。融媒体纪录片产品的互联网载体属性更为显著，相比传统纪录片，在时间、空间上更有传播优势，更易掌握国际互联网话语权[⑦]。微纪录片等新型融媒体

---

① 张丹．媒介融合背景下的主流媒体国际传播与国家形象塑造［J］．湖北经济学院学报（人文社会科学版），2020，17（6）：17-19.

② 王乐．以融媒体创新提升国际传播实效：以中央广播电视总台建党百年主题对外报道为例［J］．中国记者，2021（8）：58-60.

③ 杜潇枭．媒体融合背景下国际传播的新体系与新实践：以中国网为例［J］．传媒，2020（12）：66-68.

④ 仇园园．融媒体时代中国电视节目的国际传播策略思考：基于本土化创新的视角［J］．电视研究，2021（6）：26-29.

⑤ 肖旻．从芒果TV“文化出海”看视频平台海外融媒体实践［J］．东南传播，2020（5）：116-118.

⑥ 解传姣．英文融媒体报道助推城市国际形象塑造［J］．对外传播，2019（1）：62-64.

⑦ 李逸．纪录片的国际传播探索：以SMG纪录片中心抗疫纪录片为例［J］．上海广播电视研究，2020（4）：93-104.

传播模式业态在呈现国家形象上显示出独特优势[①]。基于漫画开发出的融媒体产品——评论漫画的创作文化背景多样，在国际舆论场中具有良好的传播效果[②]。由此可见，在融媒体时代，在基于媒体深度融合的技术优势背景下，传播产品打破传统报道形式的局限，以融媒体纪录片、评论漫画等创新形态，在整个互联网获得更迅速、更大规模的传播。

（3）融媒体时代内容取向的国际传播实践。

融媒体时代的国际传播主体和产品本质上是一种硬件设施，通过多元主体的分布和多种产品的生产扩大传播规模，使中国故事和中国声音能够快速并且大面积扩散到世界上的更多地方。但是，这种硬件设施的建设只是解决了传播通道的问题，是一种粗放型的实践，我国还面临着“说了没人听，听了没人信”的尴尬局面，因此需要重视传播内容的内涵建设[③]。国际传播内容制作和价值实现需要国际传播产品具有吸引力，文化作为国家和制度的基础，作为民族历史的积淀塑造着传播对象的心灵，因此对国际传播内容的建设需要重视文化吸引力和影响力[④]。我国文化符号和文化产品等物化形式的国际传播已经取得一些成效，但是中华民族精神维度的隐性文化还相对薄弱，因此不仅要开发利用融媒体资源来丰富显性文化的表现形式，而且要创新隐性文化融媒体传播内容生产机制来促进文化认同[⑤]。融媒体时代的到来，为传统文化“走出去”注入了新的活力，可以通过对传统文化传播进行移动化、可视化的融媒体式的生存转型来融通文化隔阂[⑥]。总之，国际传播中打造多主体、立体化多层次的融媒体格局是一种建立“传播赛道”，能把我们的声音传得更远、更广。融媒体时代的

① 云海辉．融媒体背景下微纪录片对国家形象的建构［J］．当代电视，2019（5）：63-65+103.

② 张周项．融媒体时代评论漫画的创新与发展：以《中国日报》漫画及融媒体产品为例［J］．对外传播，2021（8）：68-72.

③ 郭光华．我国媒体国际传播能力构建路径探索［J］．现代传播（中国传媒大学学报），2015，37（5）：24-28.

④ 谢立文，万杏华．融媒体时代国际传播的内容取向和价值实现［J］．新闻战线，2021（20）：54-57.

⑤ 刘军．加强中华文化融媒体国际传播内容构建［J］．中国广播电视学刊，2019（9）：90-92.

⑥ 徐洋．融媒体对传统文化国际化传播的影响［J］．青年记者，2019（29）：8-10.

国际传播要以“内容为王”，重视国际传播的内容建设，而文化作为传播内容的重要一环需要认真把握，利用融媒体的优势将中华文化内容传递到世界各地，增强文化影响力。

3. 融媒体学术国际传播

长期以来，中国的学术期刊发展主要以欧美为主要参考，学术话语生产能力、学术影响力、学术体系建设处于偏弱的态势。习近平总书记在给《文史哲》编辑部全体编辑人员的回信中就提到了要“让世界更好认识中国、了解中国，需要深入理解中华文明，从历史和现实、理论和实践相结合的角度深入阐释如何更好坚持中国道路、弘扬中国精神、凝聚中国力量”。现如今，提高国际学术话语权，增强中国学术在世界上的影响力已经成为中国“走出去”的重要任务，而学术国际传播渠道问题非常重要。在学术话语传播阶段存在结构功能失调的问题，其主要表现在传播渠道不通畅和传播效果欠佳①。因此，需要从媒体融合的角度优化学术传播渠道，探寻如何增强中国学术的国际传播力和影响力。不仅要积极利用各种新媒体新技术实现自身发展，将中国声音传播出去，还要整合资源，集合一切可以集合的力量，实现各平台的联动发展②。在这方面，学术期刊要加快学术社交平台的融合，可以把分散的学术期刊整合到一个平台上，增强编辑出版的集约性，同时为精准的内容生产和传播提供便利③。在数字化网络的大环境背景下，除了个人、机构、组织的网址提供学术信息之外，还有学术讨论小组以及论坛、电子期刊、各种文献数据等链接资源，可以通过超文本技术以及多媒体技术应用将文字、图画、声音等进行整合，实现非正式和正式学术传播渠道融合④。综上，提高我国学术传播能力不仅要加强我国的科研成果产出，还需要保证渠道的畅通和效果。因此，在创新学术发展手段实现自身发展的同时，也要积极整合各种资源，实现正式、非正式的学术

---

① 梁砾文，王雪梅．中国人文社科学术话语的国际传播力建构［J］．社会科学文摘，2018（2）：16-17.

② 杨姣．我国学术期刊国际传播力的制约因素与提升［J］．青年记者，2020（14）：53-54.

③ 许志敏，杨蕾歆．我国学术期刊国际传播渠道现状、问题及对策［J］．科技与出版，2019（6）：60-65.

④ 周雨阳．中国新闻传播学研究成果国际传播方式的研究［D］．上海外国语大学硕士学位论文，2013.

传播渠道融合和互补，从而为学术内容生产和传播提供畅通的渠道。

4. 智能传播时代社交机器人的国际传播

一个完成了在线化、数据化、平台化的媒体其融合路径必将走向智能化，它以数字化、人工智能技术为基础和核心，改变着人类社会生活的各个方面，大大提升和优化了人类传播活动①。在大数据和人工智能的推动下，机器模拟人类听觉、视觉感知信息，从设计、创作等方面不断实现智能化，推动媒体融合不断深入，并朝着更加智能化、个性化的方向发展，重塑整个媒体格局②。社交机器人在国际社交媒体中的运用正产生不可忽视的影响。社交机器人是人工智能技术应用于社交网络的产物，具体是在线社交网络中模拟人类用户进行关注、点赞、评论、转发等操作，本质上是自主生产发布内容的算法智能体③。海外社交媒体上指代中国的标签下均有明显的自动化操纵痕迹，对中国政体、人权状况的批评有相当一部分是被社交机器人操纵而形成意见气候④。随着中国的崛起和智能传播时代的到来，社交机器人对当下的国际社交媒体舆论生态产生重要影响，其表现在社交机器人基于人类的特定的道德基础或者政治立场来参与到国际社交媒体的舆论互动中，从而影响用户思想、操纵舆论⑤。随着媒体融合的不断深入，以人工智能技术为核心的智能化时代影响着整个传播格局。社交机器人的出现重塑了整个传播生态，其潜在的对用户的影响力被各方注意到从而投入使用，因此全球范围内重大事件的传播都有着它的身影，甚至会影响到国家形象和国际话语权，使得整个国际舆论环境变得更加复杂。

5. 数据安全与国际传播

在数字化时代，各个行业领域发展高度依赖于网络设施和信息系统⑥。

① 吕尚彬．媒体融合的进化：从在线化到智能化［J］．人民论坛·学术前沿，2018（24）：50-59.

② 沈浩，袁璐．人工智能：重塑媒体融合新生态［J］．现代传播（中国传媒大学学报），2018，40（7）：8-11.

③ 高山冰，汪婧．智能传播时代社交机器人的兴起、挑战与反思［J］．现代传播（中国传媒大学学报），2020，42（11）：8-11+18.

④ 师文，陈昌凤．分布与互动模式：社交机器人操纵 Twitter 上的中国议题研究［J］．国际新闻界，2020，42（5）：61-80.

⑤ 相德宝，韦向洁．忠诚、权威与伤害：美国大选涉华计算宣传的道德基础研究［J］．情报杂志，2022（3）：108-113.

⑥ 庞雪莹．数据安全影响国家安全的微观分析［J］．法制博览，2021（33）：6-11.

在国际传播中，如果要通过算法向目标国群体推送相关内容，就需要收集平台上用户的数据并进行分析，跨境数据流动必然会发生①。但是，随着跨境数据流动成为常态，其滋生的数据安全问题变得日益严峻，给国家安全带来了重大挑战，各国在数据主权和数据治理问题上均存在着困境和风险。在大数据时代，数据成为战略资源，其虚化了地理意义上的主权国家的边界，是国家主权在数字化、全球化趋势下的表现②。在跨境数据流动的背景下，各个国家对数据管辖权及数据的来源和去向的确认之间存在着矛盾，也就是在数据安全治理领域还存在争议③。而且，数据安全不仅停留在治理层面上，还与国际政治形势和权力斗争结合在一起。数据从发布到解读的过程会对国际政治、经济、社会的运行产生实质的“权力性”的影响，在此背景下，国际上数据话语权的战略地位更加凸显④。所以，国际传播中的数据的跨境流动所带来的安全问题在数字化时代显得尤为突出，并且与国际形势和政治权力关系紧密相关。

通过以上对新媒体和融媒体国际传播的研究综述，我们可以发现，在技术变革的新媒体环境下国际传播突破了时空限制，传播主体变得多元化，同时伴随着民间力量的崛起，在一定程度上推动了国际传播格局的重构。中国在国际传播实践中，对外传播媒体、企业品牌、社交媒体平台都积极推动和开展国际传播实践，并且还形成了精准化的国际传播战略与格局。为了进一步提升中国的国际传播能力，要借助新媒体的优势更好地引导国际舆论、提升国家软实力、在国际传播中传播人类命运共同体理念。在融媒体时代，国际传播不能仅停留在新媒体的技术优势上，更多地要强调新信息传播技术下的资源整合和媒体融合发展，这样才有机会打破原先欧美发达国家垄断国际传播格局。

---

① 徐偲骕，姚建华．“看不见”的国际传播：跨境数据流动与中国应对［J］．国际传播，2019（6）：46-56.

② 黄海瑛，何梦婷，冉从敬．数据主权安全风险的国际治理体系与我国路径研究［J］．图书与情报，2021（4）：15-28.

③ 阙天舒，王子玥．数字经济时代的全球数据安全治理与中国策略［J］．国际安全研究，2022，40（1）：130-154+158.

④ 陆小华．数据话语权：国际传播的战略性竞争焦点［J］．现代传播（中国传媒大学学报），2020，42（10）：1-6.

二、技术驱动下的媒体融合特征

总的来说，技术驱动下的融合转型是当下世界媒体发展的一个重要趋势。这一趋势本身呈现出以下几个基本特征：

第一，19 世纪末 20 世纪初，在人类生活当中产生巨大影响的大众传播媒介范式面临着颠覆性的变革。在机构和产业意义上，传统媒体，无论是报纸、广播、电视，还是早期的 HTML 文本和以 TCP 协议为主要特征的早期互联网媒体形态（如新闻网站）都要在新信息传播技术的驱动下调整自己的生存策略，否则就无法生存。欧美发达国家在早期就开始尝试开展媒体融合并取得一定成就，在世界处于领先地位。例如，美国的《纽约时报》早期实行了数字化转型的战略，通过开启线上付费订阅模式来抵抗广告收入的下降和纸质发行量的下滑，在互联网的浪潮中谋求生存空间，并带动了一众报纸对该模式的效仿，纷纷开展了数字化转型的策略。在俄罗斯的媒体融合改革中，“今日俄罗斯”（RT）是其中不可忽视的组成部分。“今日俄罗斯”虽然最初是作为传统媒体中的电视频道出现，但是在现代化的信息传播手段的支持下，通过自身的实践和努力转变成了以电视频道为主、互联网和新媒体全面发展的俄罗斯新型主流媒体，成为俄罗斯国家软实力的重要组成部分①。虽然我国迈出媒体融合的步伐较晚，但是同样也在积极探索传统媒体的数字化转型，利用新媒体技术走向融合发展的道路。无论是人民日报社“两微一端”的尝试、“中央厨房”的设立，还是新华社的利用人工智能、大数据推出的“媒体大脑”，都代表着我国传统媒体通过在互联网新技术背景下的转型和发展来保证自身的生存，并为我国的媒体融合起到了良好的带头作用，指明了前进的方向。由此可见，无论是领头变革的欧美发达国家，还是后来努力尝试的俄罗斯和中国，其传统的大众传播媒介范式都在新信息技术的冲击下遭到了颠覆，因此要在技术的驱动下进行调整和变革，推动媒体融合发展。

第二，在传播内容生产意义上，大众传播机构在一个多世纪中积累下

---

① 谢新洲，陈春彦．新型媒体与国家软实力战略：“今日俄罗斯”（RT）的发展与启示［J］．智库理论与实践，2016，1（1）：94-97.

来的专业性优势仍会在一个很长的历史时期内赓续，因而它们不会在短时间内消亡。从背景来看，首先，在现代信息技术的支持下发展起来的互联网为信息传播提供了更多样化的渠道，但是与此同时，大量的信息通过拓宽的渠道蜂拥而至，造成了信息“过剩”，大量重复的信息充斥在各个渠道平台上，从而导致优质内容的匮乏。其次，在后真相时代，信息来源复杂，许多媒体为博取眼球，将事实让位于情感，以发布偏激、对立的观点来激起讨论度、增加点击率，从而形成了低俗、同质化的内容创作环境，因此人们在这一时期更加渴望获取到高质量的、深度的内容，“内容为王”依旧是媒体进行内容生产和传播的重要准则。大众媒体机构很长时期内在人才、资源、运作机制等方面积累了专业性的经验，在制作新闻内容，尤其是深度报道和专业化调查上具有强大的生产力，并且在长期的运作中积累了公信力和知名度，具有一定的影响力。因此，其并不会在新的信息传播技术的冲击下消亡，并且其生存的路径将会是在这些优势与新信息传播技术支撑下的传播平台、传播路径、内容形态结合起来，实现某种意义上的传统、现代与未来的融合。

第三，不断迭代的信息传播技术使得传播主体呈现泛化趋势，其所带来的传播的权力空间在全球范围内不断重构。以往舆论信息通常掌握在少数人手中，传播主体较为单一，往往是由专业机构负责生产制作内容和传播。现在从作为个体的人到家庭、机构、政府、企业、社会组织均被技术再度赋权，呈现出了传播主体泛化的趋势。它们既是传统意义上的内容接收方，同传统时期一样接收内容和信息，它们在技术赋权的背景下又是当代意义上的内容生产者。无论是曾经看起来“势单力薄”的个人，还是组织化的机构、企业，抑或是具有权威性的政府都能拥有属于自身的“麦克风”，在一定程度上打破了原先单向、垄断的传播局面，而原先的内容接收方也开始期待自己的想法被外界所了解，并且积极参与进了传播活动中，大大增强了其中的参与性和互动性。由此可见，原来的内容接收方不仅维持接收内容信息的现状，同时也兼具了内容生产者的身份，在这种交互式的结构中，原先泾渭分明的“生产方（传播方）”和“接收方”的概念也逐渐变得模糊，它们之间的关系变得更加复杂、微妙。

第四，全球范围内专业内容生产者不再局限于媒体机构，呈现出全球性的传播素养提升状态，给传统媒体机构的专业性带来了本质性的挑战。互联网的接入使得位于世界各个地方的人群大量涌入并活跃在各个网络平台，持续不断地生产和贡献出大量新鲜、丰富的内容，其产出的速度和数量是传统媒体机构无法与之匹敌的。并且这些用户生产的“形式多样、视角不一的内容是专业新闻生产的重要线索和信息来源”①。传统媒体机构的权威性和专业性在此基础上正在被消解。聚焦到传播媒体机构的新闻工作者身上，原来的他们固定从事专业的内容生产、掌握着当时稀有的先进的技术和资源来进行新闻的采编播发，并拥有着大量实践的经验，而相比之下由于技术的限制，大众并不具备收集第一手信息和掌握采编播发的能力，仅仅是从该渠道获得已经生产好的内容信息。新传播信息技术的发展打破了原先存在的资源获取和传播技术的壁垒，多元主体拥有不同视角，并且其生产出的及时、海量和多样化的内容冲击着传统媒体机构的专业生产。

第五，上述四个特征突破了沃勒斯坦意义上的“中心—边缘—半边缘”的世界体系的判断，一定意义上它们是在全球范围内迅速发展和扩张，从而给全球传播秩序带来了调整甚至迭代的机遇。在现代互联网、移动通信技术的发展背景下，原先存在的时空的壁垒和技术的局限可以被突破，融媒体时代的国际传播格局面临着重构。也就是说，曾经在全球范围内，大众传播技术的创新扩散过程更多是被掌握着先进和核心技术与知识的欧美发达国家所占据，其他传播能力和技术落后于欧美的国家和地区只能是学习者和追随者。但是，在媒体融合的背景下，以欧美为中心的历史可能一去不复返了，曾经作为学习者和追随者的其他国家和地区存在“弯道超车”的机会，因而，才会出现传播意义上的世界百年未有之大变局。当下，我们理解国际传播也必须跳出欧美中心主义和传统的大众传播范式，在一个融与合的视角上重新理解和思考中国的国际传播理论与实践。

三、全球范围内媒体融合带来的挑战

新信息传播技术支撑下的全球范围内的媒体融合并非仅是给我们带来

① 钟瑛，李苏，方晨．新媒介环境中用户生产内容的价值及实现路径［J］．西南民族大学学报（人文社科版），2017，38（1）：163-168.

了“弯道超车”和世界国际传播格局重构的机遇，同时也给我们带来了巨大的挑战。在我国现有的社会政治文化背景下，传统控制论意义上的媒体治理和信息治理方式需要在一个全新的融合视角下进行深度调整。首先，它需要应对仍在继续的大众传播时代的全球内容生产劣势。虽然融媒体时代传播渠道变得多样，但是其本质上还要比拼传播的硬件设施，即在技术层面上有能力把内容传达到世界的各个地方。传播的效力，也就是生产内容对于其他国家民众的影响力依旧是处于劣势①。例如，早期“粗放式”的国际传播内容生产，忽略了不同民族、国家、文化之间的差异；抑或是秉承着内宣思维进行外宣，将国内的生产内容直接照搬至国外，忽略国外受众的文化差异和接触媒体平台的不同习惯；还有在具体内容生产上偏向于“硬性”的新闻资讯的传播而缺少“软性”的影视和文化上的实践，依然存在“传不开”的尴尬局面②。因此，融媒体时代在国际传播的理念和内容上仍然需要进行反思和改进。

其次，这一时期的国际传播能力建设对我国媒体融合提出了更高的要求。虽然媒体融合已经是必然的趋势，无论是外宣旗舰媒体，还是新型主流媒体、县级融媒体，都已接受了融合发展的理念并进行转型发展，从而赢得数字化时代的生存，提升自身竞争力和传播力，但是，我国在国际传播中将面临海外庞大群体的更加多样化的需求，以及在打造新媒体传播平台时面临着国外社交媒体平台（如 Facebook 和 Twitter）的强势影响力和竞争性等问题，因此，需要更高效地推动媒体转型、升级和融合，关注并解决融合进程中存在的媒体内部，以及不同媒体、传统媒体和新媒体之间的融合问题，从而更加有效地开展国际传播工作，提高国际影响力和话语权③。因此，我们的国际传播面临着严峻的内外挑战，这对媒体融合提出了更高的要求，需要持续推进媒体深度融合发展。

最后，还要全面关注新信息传播技术迭代带来的跨境平台媒体、跨境

---

① 张小娅．对话的重要性：国际传播中的理解与接受［J］．清华大学学报（哲学社会科学版），2015，30（1）：129-136+183.

② 黄娴，丁柏铨．论国际传播“五力”：对加强国际传播能力建设的几点思考［J］．新闻爱好者，2021（8）：18-23.

③ 陈柏屹．探讨融媒体对海外传播的优势、问题与改进思路［J］．中国传媒科技，2021（2）：54-56.

数据安全、新型情报战、舆论战等问题。在大数据时代，随着各个国家对于数据不断增长的依赖，数据已经成为国家战略发展的重要资源，但是，跨境数据流动在一定程度上也带来了数据安全问题。网络空间中的大数据无限增长和扩张，随之产生的风险也会跨境传导，并且也对传统物理环境意义上的国家主权体系产生冲击①。“棱镜门”事件不仅警示了个人数据隐私泄露的问题，并且还揭露了网络信息技术发展带来的信息安全与情报监控问题②。在信息技术迅速发展的今天，情报搜集和处理有了更加新型、高效的手段，传统意义上陆海空的作战空间也拓展到了网络虚拟空间，推动了世界新型情报战的出现。同样，信息传播技术的更新也促进了舆论战的升级。各个国家高度重视舆论战，整合多种传播资源，设立专门的机构，利用信息技术优势来系统化、制度化展开舆论战，影响国际舆论格局③。无论是中美贸易摩擦引起的舆论争端，还是西方炮制“新疆棉”议题对中国的舆论围攻，以及疫情期间以美国为首的一些西方国家挑起“病毒起源论”等对中国抹黑，都显示了西方利用新信息传播技术和国际传播媒体平台发起舆论战攻势的威力。因此，如何在国际舆论战中抢夺舆论先机、占领国际舆论高地、扩大舆论影响力，已经成为当今国际传播能力建设刻不容缓的关键性任务。

四、媒体融合背景下开展国际传播工作的应对

综上，在全球媒体融合的背景下，中国的国际传播面临着机遇和挑战，这需要我们持续做好以下几个方面的工作：

第一，继续做强做大传统媒体，发挥传统媒体专业性内容生产的优势，深度推动传统媒体技术变革和融媒发展，在新的全球传播秩序调整风口中争取一定优势。技术革新带来的不是新媒体对传统媒体的代替，而是整合资源和优势互补。传统媒体长期以来积累了专业化内容生产的经验，

---

① 石静霞，张舵．跨境数据流动规制的国家安全问题［J］．广西社会科学，2018（8）：128-133.

② 李振宁．论国家情报监控行为的“边界”：从“棱镜门”事件谈起［J］．情报杂志，2014，33（8）：6-12+75.

③ 荣婷，李晶菡．国际舆论战的历史、现状及应对策略研究［J］．传媒，2020（1）：94-96.

包括对图文和视频的编辑和生产，并且在此基础上具备深度报道和内容整合的能力，能提供更加全面和深刻的内容。在国际传播工作中，传统媒体具备较强的议程设置能力。传统媒体需要发挥专业性内容生产的优势，推动技术变革和更新迭代，实现媒体内部的资源有效整合，促进媒体深度融合发展，推动全球传播新秩序的构建。

第二，高度关注世界传播百年未有之大变局这一历史性趋势，加快建设自主可控的数字化信息传播平台，持续推动这些平台全球影响力的提升。技术驱动下的媒体融合转型给世界传播格局带来了重构的机遇。其中，平台本身就是一个融合的概念，其不仅包括新闻媒体、政府、组织、互联网公司等多元主体，而且涵盖信息技术、资本、政治力量等多元因素①。平台化是全球信息社会的一个重要发展趋势，平台作为核心力量构成了互联网时代的基础设施，对全球社会起着重构的作用②。以美国为首的发达国家推出了 YouTube 和 Facebook 等内容型平台，吸引了全球大部分的用户，延续着传统媒体时代的文化霸权③。

在这样的背景下，我国需要加快发展数字化信息传播平台。这不仅是局限于单一内容生产传播的拓展或者是传播渠道的拓宽，而且要在融合理念下整合内容、技术和资本，形成在全球有强大影响力的平台。传播主体同样也要具备平台思维和逻辑，增强传播的对话性和亲和性，强调用户思维，积极利用海外社交媒体平台讲好中国故事，开展国际传播工作，加强与海外受众的联系和对话。

第三，充分认识信息安全、数据安全等国际传播新型交叉性问题的重要性，持续推动相关领域国际传播工作的系统性和协同性。当今，信息数据技术已广泛应用于社会发展的各行各业，并处理国家政治、经济、文化、军事等领域的事务。在大数据、物联网、人工智能等技术高度发展和深度应用的今天，信息安全和数据安全深刻地影响着国家安全。基于自身

---

① 李鲤．赋权·赋能·赋意：平台化社会时代国际传播的三重进路［J］．现代传播（中国传媒大学学报），2021，43（10）：60-64.

② 姬德强，杜学志．平台化时代的国际传播：兼论媒体融合的外部效应［J］．对外传播，2019（5）：13-15+44.

③ 张志安，潘曼琪．抖音“出海”与中国互联网平台的逆向扩散［J］．现代出版，2020（3）：19-25.

实际和制度，各国政府、国际组织都在数据安全领域（如跨境信息流通）建立了相关规则，但是，由于各国的利益考量不同，制定的法律政策和规则存在较大的差异，信息安全、数据安全的国际规制问题成为国际社会面临的重要问题，因此，各国都在努力争取数据安全相关规则制定的国际话语权[①]。我国应高度重视这一问题，争取占得先机，形成优势。在数据安全规则制定的国际工作中，努力协调全球相关力量，在国际政策、标准、组织等根本性话语权领域建构符合人类命运共同体倡议的新型全球话语秩序，把握数据安全规则的制定权，提升我国在数据安全等领域的国际话语权。

第四，关注人类生活数字化转型的大趋势，充分认识这种转型所带来的传播主体的多元化变革，采取有力措施推动全民国际传播素养的提升，助力于新时代中国国际传播实践的深度转型。要认识到，原先由政府主导的国际传播秩序，在数字化转型的趋势中将被颠覆，个人、家庭、企业和组织等多元主体在数字化时代将发挥更重要的作用。在此背景下，国际传播不再仅由政府和主流媒体主导，权力逐渐从上往下流动，每个人都会成为国际传播的主体。我们应对民众开展网络信息辨识能力培养，有效辨别网络上的虚假信息，避免被不实信息煽动情绪，做出极端举动。企业和政府相关人员同样需要接受国际传播知识和技能的培训，从理论和实践上提升国际传播能力，借助新信息传播技术优势讲好中国故事。媒体机构人员要深度了解当今国际时事发展、政治关系格局、经济发展状况，要储备多国文化知识，锤炼多种语言能力，学会综合运用全媒体技术进行采编等内容生产活动，提升新闻传播基本素养。总之，在国际传播中，应借助多元化传播主体的共同努力，来提升我国的国际传播实力，推进国际传播实践的深度转型。

第五，深刻认识全球媒体融合背景下内外关系发生的变化，高度统筹国际国内两个舆论大局，高度统筹传统媒体与新兴媒体，高度统筹多元化传播主体，高度统筹具有文化思想意识形态属性的各类媒体，将相关力量充分协同起来。当下，中华民族伟大复兴的大局与世界百年未有之大变局

---

① 叶海君．跨境数据流动的国际规制研究［D］．华侨大学硕士学位论文，2020.

叠加在一起。一方面，我国快速崛起，前所未有地走近世界的中心，成为世界的中国、全球的中国，使传统意义上的国内问题开始深度国际化，国内的一举一动会引起国外的关注和讨论。另一方面，在密集且深度的全球交往和交互中，全球和国外问题也更加深刻和全面地影响着国内问题，国家之间在政治、经济、文化和外交等领域的合作更加紧密，“牵一发而动全身”。另外，信息传播技术的赋权在某种意义上模糊了内外分界，传统看待国际传播实践的内外二元分法，以及所谓内外有别、泾渭分明等国际传播理念，已不再适用或不那么适用。这要求我们必须在战略上将全球、媒体、传播、舆论、环境进行一体化研究，综合全面思考问题，以融合的思维进行观察和行动。

第六，重点关注全球人类生活时间和空间的压缩与迭代问题。新信息传播技术带来的人类生活在时空意义上的高度压缩甚至迭代异化，是现代性的重要结果，它使得人类在信息内容的传播获取、理解判断等方面都表现出新的特征。一方面，这些特征体现为人群的迭代异化加剧。全球范围内“80后”甚至“Z世代”人群逐渐进入社会生活的主导阶层，他们是数字文化的原住民，从出生就接触使用互联网、手机或者其他智能设备。他们通过电子屏幕学习、阅读和理解这个世界，做出自己的判断，其社会交往行为和方式与网络信息技术紧密结合。他们的生活节奏在数字化时代明显加快，信息获取量增大，碎片化特征加强。国际传播信息传受的时效性观念也需要基于人群特征而重新界定，在国际传播中要更加注重用户思维，根据对象人群的特征和使用习惯来进行精准化的传播，从而提升国际传播的实际效果。另一方面，信息传播速度的加快与高度的碎片化带来了社会判断力与社会发展实践之间的紧张关系，这在新冠疫情这样的突发重大事件上特别明显，加速了社会风险传播，导致全球性风险爆发，也加剧了国际舆论和意识形态的冲突风险。在本轮的全球社会变革中，信息与传播成为变革的主要动力，甚至成为社会变革的核心动力，渗透到政治、经济、文化、社会等所有细节中。这都需要掌握更多的数字信息创新技术，推进媒体深度融合发展，提高国际传播的能力和实力。

后　记

本书是中国社会科学院产业与区域发展智库2022年重点项目“媒体融合比较研究”的研究成果，同时也受到中国社会科学院创新工程学术出版资助项目的资助。项目研究历时一年多，具体选题和报告均为媒体融合的最新理论和实践成果。

本书的撰写得到了国内新闻传播学界众多专家学者和在校同学的支持，前后几易其稿，他们不仅提供了研究思路建议，也积极参与到书稿的撰写之中，确保了本书研究的深度和质量。

参与本书编撰的作者如下（按章节顺序排序）：

季为民：中国社会科学院工业经济研究所副所长，《中国经营报》社社长、总编辑

叶　俊：中国社会科学院新闻与传播研究所副研究员

张　垒：中央民族大学新闻与传播学院教授

王　妍：中央民族大学新闻与传播学院硕士研究生

涂凌波：中国传媒大学电视学院教授

王子薇：中国人民大学新闻学院博士研究生

杨泰一：中国传媒大学电视学院硕士研究生

郭全中：中央民族大学新闻与传播学院教授

李黎丹：廊坊师范学院传媒学院教授，前人民网研究院研究员

张化冰：中国社会科学院新闻与传播研究所副研究员

汤志成：中国社会科学院大学新闻传播学院硕士研究生

王凤翔：中国社会科学院新闻与传播研究所研究员

张　萌：中国社会科学院新闻与传播研究所助理研究员，传媒发展研

究中心副主任

韩瑞娜：河南工业大学新闻与传播学院讲师

路佳煜：河南工业大学新闻与传播学院硕士研究生

梁静涵：河南工业大学新闻与传播学院学生

沈　浩：中国传媒大学新闻学院教授

袁　璐：中国传媒大学互联网信息研究院博士研究生

卢　迪：中国传媒大学媒体融合与传播国家重点实验室副研究员

米文霞：中国传媒大学新媒体研究院硕士研究生

杨　雅：北京师范大学新闻传播学院副教授

刘　欢：北京师范大学新闻传播学院硕士研究生

贾贝熙：北京师范大学硕士研究生

姬德强：中国传媒大学教授，人类命运共同体研究院副院长

邹　宇：中国传媒大学传播研究院硕士研究生

常凌翀：湖州师范学院人文学院副教授

沙　垚：中国社会科学院新闻与传播研究所副研究员

李　倩：中国社会科学院大学新闻传播学院硕士研究生

张毓强：中国传媒大学教授，中国传媒大学出版社社长

在本书出版之际，向这些积极参与撰稿的作者表示诚挚谢意。同时，向推动本书出版的经济管理出版社和本书编辑胡茜、杜羽茜表示感谢。